무역실무

신한동
김만길 공저

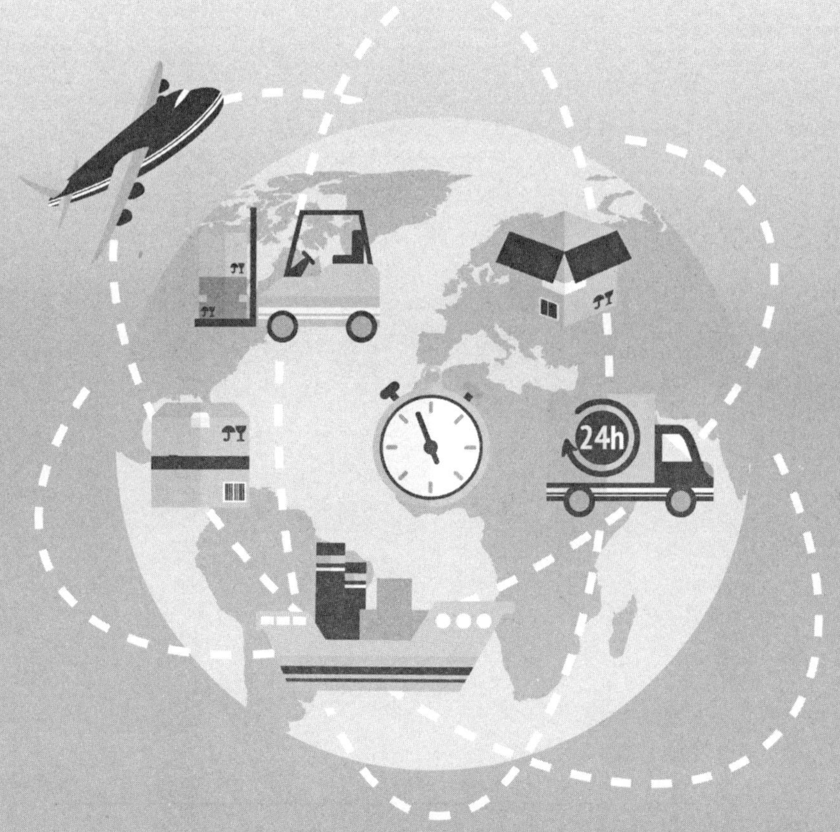

도서출판 두남

머리말

우리나라 옛말에 10년이면 강산도 변한다는 말이 있다. 이 말은 무역현장에서도 적용되고 있는데, 통신 및 운송수단의 변화는 새로운 무역방법을 요구하고, 새로운 무역방법은 기존의 무역법규의 개정을 요구하게 된다. 이러한 영향을 받아 신용장통일규칙이나 INCOTERMS가 제정된 이후 거의 10년마다 개정되어 왔음을 알 수 있다.

따라서 무역현장에서 사용되는 관행은 국제통신수단이나 운송수단의 발전에 따라 지속적으로 변화를 거듭하며 관련 무역법제도도 개정되어야 할 것이다. 새로운 무역용어도 생성될 것이고, 대학에서는 이러한 새로운 용어나 무역관행을 대학생들에게 주지시켜 이들이 장차 무역현장에서 능동적으로 잘 적응할 수 있도록 해야 할 것이다.

이러한 맥락에서 무역실무는 자국에서 과잉 생산된 물품을 다른 나라에 어떻게 판로를 개척하고 수출하며, 자국에서 생산할 수 없거나 부족한 상품을 다른 나라에서 저렴한 가격으로 수입할 수 있는 방법과 관련절차를 쉽게 이해할 수 있도록 하는 교과서라 할 수 있다. 본 집필자는 무역현장에서 무역계약을 어떻게 체결하고 그 과정에서 주의해야 할 내용은 무엇인지, 물품대금을 어떻게 지불하고 또는 지불받을 수 있는지, 그리고 수출입과정에서 발생하는 무역 분쟁은 어떤 방법으로 어떻게 해결할 수 있는지 등에 치중하여 누구나 수출입 업무를 수행하는데 필요한 지식을 쉽게 이해할 수 있도록 본 무역실무를 집필하였다.

본 서의 구성은 제1부 무역실무의 기초 편으로 제1장에서 무역실무의 기초, 제2장 무역관련 규범과 무역관리기구를 다루며, 제2부 무역실무의 이행 편에서는 제3장 거래관계개설, 제4장 무역계약의 체결, 제5장 정형거래조건과 인코텀즈, 제6장 무역대금 결제방식, 제7장 해상운송, 제8장 항공운송과 복합운송, 제9장 무역관련 보험, 제10장 무역서류, 제11장 수출입통관과 관세, 제12장 무역클레임과 상사중재를 다룬다. 특히 부록으로 과거 수년 동안 출제되었던 무역실무 문제와 그 해답을 게재하였기 때문에 국제무역사나 무역영어 자격시험을 준비하는 수험생들은 이 문제들을 풀어봄으로써 자기 자신의 실력 테스트를 해 볼 수 있는 좋은 기회가 되리라 믿는다.

부족한 원고를 기꺼이 맡아준 도서출판 두남에 감사드리며, 이 책을 지속적으로 수정 보완하여 나갈 것을 약속드린다.

2015. 1.

저자 신한동, 김만길

차례

Part I 무역실무의 기초

Part Ⅱ 무역실무의 이행

Part I

무역실무의 기초

Chapter 1

무역의 기초

제1절 무역의 개념과 특징

1. 무역의 개념

무역이란 필요한 상품을 서로 바꾼다는 뜻이다. 인간은 상품이용의 효율성을 극대화시키기 위하여 필요한 상품이나 용역을 교환한다. 이때 교환의 행위가 국내로 한정되면 국내무역(domestic trade)이라 하고, 국가와 국가 사이에 국제적으로 상품을 이동하여 교환행위를 하면 국제무역이라 한다.

여기서 사람의 눈으로 볼 수 있는 형태를 가진 상품을 대상으로 국가 사이에 이동시키는 거래행위를 유형무역(visible trade)이라 하고, 형태를 갖추지 않아 눈으로 볼 수 없는 행위기법(know-how), 특허권, 용역이나 기술 등을 대상으로 국가 간에 이동시키는 거래행위를 무형무역(invisible trade)이라 한다.[1)]

무역에 대한 구체적인 정의를 살펴보면 다음과 같다.

1) 대외무역법상 수출입의 정의

무역에 관한 기본법인 대외무역법 제2조에서 "무역이라 함은 물품 등의 수출과 수입을 말한다."라고 규정하고 있다.

---

1) 무역은 상품(유형무역)과 기술(특허권, 실용신안권, 상표권, 의장권 등의 양도 및 know-how 제공 등), 용역(상품거래에 수반되는 운송료, 보험료 및 수수료 지급관계) 및 자본(자본투자에 따른 이자 또는 배당금지급) 등을 거래대상으로 한다.

(1) 수출의 정의

수출의 정의를 대외무역법 시행령에서는 다음과 같이 규정하고 있다.

① 매매,[2] 교환,[3] 임대차,[4] 사용대차(使用貸借),[5] 증여[6] 등을 원인으로 국내[7]에서 외국으로 물품[8]을 이동하는 것(우리나라의 선박으로 외국에서 채취한 광물(鑛物) 또는 포획한 수산물을 외국에 매도(賣渡)하는 것을 포함한다.)

② 유상(有償)[9]으로 외국에서 외국으로 물품을 인도(引渡)하는 것으로서 산업통상자원부장관이 정하여[10] 고시하는 기준에 해당하는 것

③ 외국환거래법에서 규정한 거주자[11]가 비거주자[12]에게 산업통상자원부장관이 정하여 고시하는 방법으로 대외무역법령상 용역을 제공하는 것

④ 거주자가 비거주자에게 정보통신망을 통한 전송과 그 밖에 산업통상자원부장관이 정하여 고시하는 방법으로 대외무역법령상 전자적 형태의 무체물(無體物)을 인도하는 것

---

2) 당사자 일방이(매도인) 어떤 재산권을 상대방에게 이전할 것을 약정하고 상대방(매수인)은 그 대금을 지급할 것을 약정함으로써 성립되는 거래이다.

3) 당사자가 서로 금전 이외의 재산권을 이전할 것을 약정함으로써 성립되는 거래이다.

4) 당사자 일방(임대인)이 상대방(임차인)에게 목적물을 사용, 수익하게 할 것을 약정하고 상대방은 이에 그 차임을 일방에게 지급할 것을 약정함으로써 성립되는 거래이다.

5) 당사자의 일방(대주)이 상대방(차주)에게 무상으로 사용, 수익하게 하기 위하여 목적물을 인도할 것을 약정하고 상대방은 이를 사용, 수익한 후 그 물건을 반환할 것을 약정하는 거래이다.

6) 당사자 일방이 자기의 재산을 무상으로 상대방에게 수여한다는 의사표시를 상대방이 이를 수락함으로써 성립하는 거래이다.

7) 대외무역법에서 말하는 국내란 대한민국의 주권이 미치는 지역을, 외국이란 국내 이외의 지역을 말한다. 관세법에서 적용되는 개념을 살펴보면 우리나라, 공해, 외국으로 구분하여 법령을 적용하는데, 대외무역법에서는 국내와 외국으로 구분하고 있어 그 개념에 차이가 있다.

8) 대외무역법상 물품이란 외국환거래법에서 정하는 지급수단, 증권, 채권(債券)을 화체(化體)한 서류를 제외한 동산을 말한다.

9) 유상이란 물품을 인도함으로써 그에 상응하는 반대급부로서 외화 또는 물품을 수취하는 것을 말한다.

10) 산업통상자원부장관이 정하는 것이란 해외건설사업에 사용하기 위하여 외국에서 구입한 시설 및 원료·기재를 현지에서 사용한 후 현지국 또는 제3국에 판매하는 등의 외국인도방식수출을 말한다. 외국인도수출은 수출대금을 국내에서 영수하지만 국내에서 통관절차를 거치지 않은 수출물품을 외국으로 인도하는 수출을 말한다.

11) 거주자는 대한민국에 주소 또는 거소를 둔 개인과 대한민국에 주된 사무소를 둔 법인이다.

12) 비거주자는 대한민국이 아닌 외국에 주소 또는 거소를 둔 개인과 대한민국이 아닌 외국에 주된 사무소를 둔 법인이다.

(2) 수입의 정의

수입의 정의를 대외무역법시행령에서는 다음과 같이 규정하고 있다.

① 매매, 교환, 임대차, 사용대차, 증여 등을 원인으로 외국으로부터 국내로 물품이 이동하는 것

② 유상으로 외국에서 외국으로 물품을 인수하는 것으로서 산업통상자원부장관이 정하여[13] 고시하는 기준에 해당하는 것

③ 비거주자가 거주자에게 산업통상자원부장관이 정하여 고시하는 방법으로 대외무역법령상 용역을 제공하는 것

④ 비거주자가 거주자에게 정보통신망을 통한 전송과 그 밖에 산업통상자원부장관이 정하여 고시하는 방법으로 대외무역법령상 전자적 형태의 무체물을 인도하는 것

2) 관세법상 수출입의 정의

(1) 수출의 정의

관세법상 "수출이란 내국물품을 외국으로 반출하는 것을 말한다."라고 규정하고 있다. 그러므로 수출의 대상이 되는 것은 내국물품이다. 내국물품이란 ① 우리나라에 있는 물품으로서 외국물품이 아닌 것, ② 우리나라의 선박 등이 공해에서 채집하거나 포획한 수산물 등, ③ 입항전수입신고가 수리된 물품,[14] ④ 수입신고수리전 반출승인을 받아 반출된 물품,[15] ⑤ 수입신고전 즉시반출신고를 하고 반출된 물품[16]을 말한다.

여기서 우리나라의 선박에 의하여 공해에서 채포된 수산물을 수출의 대상으로 한 것은 수출의 경제적 의의를 고려한 것으로 우리나라의 선박에 의하여 공해에서 채포된 물품을 그대로 외국에 반출하는 경우에는 기타의 내국물품을 외국에 반출하는 것과 실제상 아무런 차이가 없기 때문이다. 한편 우리나라의 선박에 의하여 공해에서 채포된 수

13) 산업통상자원부장관이 정하는 것이란 해외건설사업현장에서 사용하기 위한 시설 및 원료·기재를 외국에서 구입하여 사업현장에 송부하는 등의 외국인수수입을 말한다. 외국인수수입은 수입대금은 국내에서 지급되지만 수입물품을 외국에서 인수하는 수입을 말한다.

14) 수입하려는 물품의 신속한 통관이 필요할 때에는 대통령령으로 정하는 바에 따라 해당 물품을 적재한 선박이나 항공기가 입항하기 전에 수입신고를 할 수 있다. 이 경우 입항전수입신고가 된 물품은 우리나라에 도착한 것으로 본다.

15) 수입신고를 한 물품을 세관장의 수리 전에 해당 물품이 장치된 장소로부터 반출하려는 자는 납부하여야 할 관세에 상당하는 담보를 제공하고 세관장의 승인을 받아야 한다.

16) 수입하려는 물품을 수입신고 전에 운송수단, 관세통로, 하역통로 또는 이 법에 따른 장치 장소로부터 즉시 반출하려는 자는 대통령령으로 정하는 바에 따라 세관장에게 즉시반출신고를 하여야 한다. 이 경우 세관장은 납부하여야 하는 관세에 상당하는 담보를 제공하게 할 수 있다.

산물에는 이를 원료로 가공 또는 제조한 물품을 포함한다.

(2) 수입의 정의

관세법상 수입의 정의는 다음과 같이 규정하고 있다. "수입"이란 외국물품을 우리나라에 반입(보세구역을 경유하는 것은 보세구역으로부터 반입하는 것을 말한다)하거나 우리나라에서 소비 또는 사용하는 것(우리나라의 운송수단 안에서의 소비 또는 사용을 포함하며, 제239조[17] 각 호의 어느 하나에 해당하는 소비 또는 사용은 제외한다)을 말한다. 외국물품이란 ① 외국으로부터 우리나라에 도착한 물품[외국의 선박 등이 공해(공해, 외국의 영해가 아닌 경제수역을 포함한다)에서 채집하거나 포획한 수산물 등을 포함한다]으로서 수입의 신고가 수리(受理)되기 전의 것, ② 수출의 신고가 수리된 물품을 말한다.

여기서 물품의 반입이란 물품이 사실상 관세법에 의한 기속(羈束)으로부터 해제되어 내국물품이 되거나 또는 자유유통상태에 들어가는 것을 뜻한다.

대체적으로 수입이란 외국으로부터 우리나라에 물품이 이동하는 사실 상태를 말하나 관세법에서는 이 일련의 사실상태 가운데서 최종단계인 국내로 물품을 반입하는 시점을 포착하여 수입이라고 정의하고 있다.

수입의 대상이 되는 물품은 외국으로부터 우리나라에 도착된 물품 또는 수출신고가 수리된 물품인데, 여기서 외국으로부터 우리나라에 도착된 물품에 외국의 선박에 의하여 공해에서 채포된 수산물을 포함하고 있는 것은 수입이 갖는 경제적인 의미를 고려하였기 때문이다. 즉 공해는 엄격한 의미에서는 여기서 말하는 외국에는 포함되지 않으나 외국의 선박(우리나라 국적으로 외국의 법인 또는 개인에게 용선되어 있는 경우를 포함한다)이 공해에서 포획 또는 채취한 수산물(그 수산물을 원료로 가공 또는 제조한 물품을 포함한다)을 우리나라에 반입하는 것은 경제적 관점에서 볼 때 외국으로부터 도착된 물품을 우리나라에 반입하는 것과 차이가 없기 때문에 수입의 대상으로 한 것이다.

또한 수출신고가 수리된 물품을 우리나라에 다시 반입하는 것도 수입이라고 하고 있

---

17) 외국물품의 소비나 사용이 다음 각 호의 어느 하나에 해당하는 경우에는 이를 수입으로 보지 아니한다.
① 선용품·기용품 또는 차량용품을 운송수단 안에서 그 용도에 따라 소비하거나 사용하는 경우
② 선용품·기용품 또는 차량용품을 관세청장이 정하는 지정보세구역에서 「출입국관리법」에 따라 출국심사를 마치거나 우리나라에 입국하지 아니하고 우리나라를 경유하여 제3국으로 출발하려는 자에게 제공하여 그 용도에 따라 소비하거나 사용하는 경우
③ 여행자가 휴대품을 운송수단 또는 관세통로에서 소비하거나 사용하는 경우
④ 이 법에서 인정하는 바에 따라 소비하거나 사용하는 경우

는데, 이것은 일반적인 수입의 개념과는 다르다. 수출신고가 수리된 물품이 외국에 도착한 후 반송되어 올 경우에는 외국으로부터 우리나라에 도착된 물품으로 간주되므로 수출신고가 수리된 물품이란 수출신고 수리를 받고서 아직 선적되지 않은 물품이나 외국에 도착하기 이전에 반송된 물품을 말한다. 이들 물품을 수입의 대상으로 하고 있는 것은 수출신고가 수리된 물품은 관세법상 외국물품으로 규정되어 있기 때문이다.

한편 보세구역을 경유하여 우리나라에 반입하는 것을 수입이라고 하는데, 이것은 보통의 수입에서는 대부분의 물품이 보세구역을 경유하는 실정에 비추어 보세구역을 경유하는 물품은 보세구역으로 양륙된 것만으로는 수입이 아니며, 보세구역을 거쳐 국내로 반입하고 우리나라의 경제권내에서 자유유통상태에 놓이게 되는 것이 수입이 된다는 것을 의미한다.

2. 무역의 대상

대외무역법상 무역의 대상은 물품 등이 해당된다(대외무역법 제2조). 물품 등에는 물품(goods), 용역(service) 및 전자적 형태의 무체물이 포함된다.

1) 물품의 정의

대외무역법에서는 물품은 외국환거래법에서 정하는 지급수단·증권 및 채권을 화체(化體)한 서류를 제외한 동산을 의미한다고 규정되어 있다.

2) 용역의 정의

대외무역법에서 수출입으로 인정되는 용역은 다음과 같다(대외무역법시행령 제3조).

① 다음에 해당하는 업종의 사업을 영위하는 자가 제공하는 용역

㉠ 경영 상담업, ㉡ 법무 관련 서비스업, ㉢ 회계 및 세무 관련 서비스업, ㉣ 엔지니어링 서비스업, ㉤ 디자인, ㉥ 컴퓨터시스템 설계 및 자문업, ㉦ 문화산업진흥기본법 제2조제1호의 규정에 의한 문화산업에 해당하는 업종, ㉧ 운수업, ㉨ 관광진흥법 제3조제1항에 따른 관광사업에 해당하는 업종, ㉩ 그밖에 지식기반용역 등 수출유망산업으로서 산업통상자원부장관이 정하여 고시하는 업종[18]

18) 산업통상자원부장관이 정하여 고시하는 업종은 다음과 같다.
㉠ 전기통신업, ㉡ 금융 및 보험업, ㉢ 임대업, ㉣ 광고업, ㉤ 사업시설 유지관리 서비스업, ㉥

② 국내의 법령 또는 대한민국이 당사자인 조약에 따라 보호되는 특허권·실용신안권·디자인권·상표권·저작권·저작인접권·프로그램저작권·반도체집적회로의 배치설계권의 양도, 전용실시권의 설정 또는 통상실시권의 허락

3) 전자적 형태의 무체물

대외무역법에서 정하는 전자적 형태의 무체물이란 다음 각 호의 어느 하나에 해당하는 것을 말한다.

① 소프트웨어산업 진흥법에 따른 소프트웨어
② 부호·문자·음성·음향·이미지·영상 등을 디지털 방식으로 제작하거나 처리한 자료 또는 정보 등으로서 산업통상자원부장관이 정하여 고시하는 것
③ 위의 ①과 ②의 집합체와 그 밖에 이와 유사한 전자적 형태의 무체물로서 산업통상자원부장관이 정하여 고시하는 것[19]

3. 무역의 주체

무역의 주체란 무역을 주도하며 행위의 주된 역할을 하고 행위결과에 대한 책임과 의무를 지고 권리를 주장할 수 있는 지위에 있는 자를 말한다. 무역을 수행하는 주체는 경제행위의 주체와 같이 자연인(개인), 법인(회사), 국가 또는 국가기관이 있으나 국제거래의 복잡성과 거래규모 등을 고려하여 주로 국가와 법인이 무역을 주도한다.

영리 또는 비영리를 목적으로 반복적으로 수출 또는 수입거래를 하거나 양쪽을 동시에 수행하는 자를 무역거래자라 한다(대외무역법 제2조). 즉 무역거래자란 수출 또는 수입을 하는 자, 외국의 수입자 또는 수출자의 위임을 받은 자 및 수출과 수입을 위임하는 자 등 물품 등의 수출행위와 수입행위의 전부 또는 일부를 위임하거나 행하는 자를 말한다. 또 무역업자는 수출과 수입만을 하는 경우도 있지만 대부분 제조와 판매를 동시에 하는 업체들이다. 위임을 받아 수출업자 또는 수입업자의 지사 또는 대리점으로서 국내에서 수출물품을 구매하거나 수입물품을 수입함에 있어 그 계약의 체결과 이에 부대되는 행위를 업으로 영위하는 것을 무역대리업이라 한다. 결국 무역거래자는 무역업자와 무역대리업자가 모두 포함된다.[20]

교육 서비스업, ㉦ 보건업

19) ㉠ 영상물(영화, 게임, 애니메이션, 만화, 캐릭터 포함), ㉡ 음향·음성물, ㉢ 전자서적, ㉣ 데이터베이스 등

1) 국가 및 국가기관

국가는 일정한 지역과 영해 또는 영공을 가지고 구성원의 사상과 행위를 통제하는 권력을 가지고 있어 대내적으로는 최고의 조직체이며 대외적으로는 독립성을 가진다. 특히 국가와 국가기관은 자연인(가계)과 기업으로부터 조세를 징수하여 가계와 기업을 위한 각종 행정 업무를 수행하는 동시에 업무를 규제하는 행위도 하고 있다.

국가(정부)나 국가기관은 공공법인의 특성을 가지고 무역의 주체로서 국제거래에 직접 참여하기도 하고 무역을 직접 통제하기도 하는데 지방자치단체, 조달청, 한국수자원개발공사, 한국조폐공사, 한국가스개발공사 등이 있다.

그러나 국가(정부)나 국가기관이 무역의 주체로서 영리목적의 무역계약을 체결하고 계약당사자 지위에서 계약내용을 수행하는 경우에는 기본적으로 법인에 준하여 대우를 받게 되어 국가로서 누리는 주권면제의 특권을 누리지 못하게 된다.

주권면제의 특권이란 국가 또는 국가기관이 국제거래의 계약당사자가 되는 경우는 다른 국가법원의 소송당사자로 되거나 외국의 재판권에 복종하지 않는다는 원칙을 말한다. 1972년의 유럽국가면제조약(European Convention on State Immunity), 미국의 1976년 외국주권면제법(Foreign Sovereign Immunity Act) 및 영국의 1978년 국가면제법(State Immunity Act of 1978) 등이 제정되어 있다.

2) 법인

법인(法人)은 인간처럼 생명은 없지만 법에 의하여 권리능력이 부여된 법으로 만든 사람이다. 존속하는 모든 법인은 법인을 구성하는 사람 또는 재산의 변동과는 관계없이 권리능력을 가지지만 그 권리능력은 법인의 종속법(從屬法)에 따라 일정한 범위로 제한된다.

법인은 존속하여야 하므로 설립부터 청산종결까지 사람으로 인정되지만 법인격 없는 사단법인 또는 재단법인은 특별한 경우에 한하여 예외적으로만 사람으로 취급된다. 사람은 실제로 생명을 가지고 있는 자연인과 생명은 없지만 생명을 가진 사람처럼 법으로 만든 법인이 있다. 법인에게는 사람이 생명을 가지고 살아갈 수 있는 생존권은 없지만 법인은 사람처럼 권리의무를 가지고 무역을 수행하는 법적 인격자로서 지위를 가진다.

법인은 특별한 규정이 없는 한 당해 법인을 규율하는 국가법률에 따라 정관을 갖추고, 주된 사무소의 소재지에서 설립등기를 함으로써 성립한다(민법 제33조, 상법 제172조 등). 사람(자연인)은 사망함으로써 권리의무를 잃게 되지만 법인의 소멸은 해산(解

20) 무역업자와 대행계약을 체결하고 일정한 수수료를 받고서 자기 명의로 무역거래를 하는 자를 무역대행업자라 한다. 무역대행업자는 자기 명의로 거래한다는 점에서 무역대리업자와 구분된다.

散)과 청산(淸算)을 거쳐서 성립한다. 법인은 해산만으로는 소멸(消滅)하지 않으며 청산이 사실상 종료됨으로써 소멸한다(민법 제81조). 법인은 가계와 정부에 재화나 서비스를 제공하고 받은 대금으로 생산·소비 활동을 촉진시켜 국민소득의 원천이 되도록 한다.

3) 자연인

자연인은 살아 있는 모든 사람을 지칭하는 법적 용어다. 자연인은 성, 연령, 종교, 직업, 심신 기타 어떠한 것에 의하여도 차별 없이 평등하게 권리능력과 행위능력을 가진다.

법률관계에서 나타나는 권리·의무에는 반드시 귀속자로서 주체가 있어야 하며, 그 주체가 곧 사람이다. 사람은 '인(人)'이라고 표현한다. 본인(本人), 타인(他人), 상인(商人), 매도인(賣渡人)·매수인(買受人), 임대인(賃貸人)·임차인(賃借人), 도급인(都給人)·수급인(受給人), 위임인(委任人)·수임인(受任人) 등이 그 예이며, 대부분의 나라에서는 외국인[21]에게 선박이나 항공기와 같은 특별한 동산이나 토지와 같은 부동산을 소유·사용하는 것을 제한하고 있다.

우리나라는 만 19세를 성년(민법 제4조)으로 보고 만 19세 이하의 자연인(미성년자)이 체결한 계약은 정상적인 사고와 판단력이 없다고 하여 법정대리인 없이 체결한 계약을 취소할 수 있도록 규정하고 있고 미국, 영국, 프랑스, 독일은 만 18세를 성년으로 정하고 있다. 대부분의 국가에서 미성년자는 재산을 취득할 수 있으나 처분할 수 없으며, 취득재산은 부모가 관리하는데 법원이 그 남용에 대한 사후심사를 언제나 할 수 있도록 하고 있다. 따라서 금치산선고나 한정치산선고 등을 받은 사람이나 미성년자는 재산상의 행위능력이 없다고 보고 이들과 무역을 할 때에는 특별한 주의가 요구된다.

4. 무역의 특성

무역은 국민경제와 세계경제에 밀접한 관련을 맺고 있을 뿐만 아니라 국내 상거래와는 여러 가지 면에서 상이한 국제간의 거래로서 다음과 같은 특수성을 가지고 있다. 그 내용을 살펴보면 고도의 해상의존성, 기업의 위험성, 산업 관련성, 국제 관습성으로 설명할 수 있다.

21) 외국인은 국제법과 조약이 정하는 바에 의하여 그 지위가 보장된다. 헌법 제6조 제2항

1) 무역의 해상의존성

무역은 대부분이 해상운송에 의하여 이루어지고 있으므로 해운과 밀접한 관련성을 갖고 있다. 해운(carriage by sea)이란 해상에서 선박을 이용하여 사람이나 화물의 장소적 이동을 시켜주고 그 대가로서 운임을 취득하는 상업적인 행위를 의미한다.

세계의 무역은 해운의 발달과 함께 발전하여 왔으며, 그 후 경제규모의 확대와 더불어 무역과 해운이 분화되고 또다시 해운과 해상보험이 분리되어 각각의 분야로 성장하게 되었다. 운송도 해상운송, 육상운송, 항공운송 및 내수로운송 등으로 세분화되었으나 오늘날에 있어서의 해상은 이들 일체의 운송과 결합하여 복합운송의 형태로 발전하고 있다. 이와 같이 무역의 해상의존성은 절대적이라고 할 수 있다.

2) 무역의 기업위험성

국제간 무역거래는 일반적으로 제도, 조직, 관습 등이 다른 이질적 국가를 상대로 거래가 이루어지고, 또한 무역자체의 특유한 성질 때문에 국내거래에서 볼 수 없는 기업적 위험성이 존재하고 있다.

(1) 물품운송의 위험

무역거래 시 장거리 운송이나 보관이 불가피하기 때문에 물품 자체의 변질이나 부패는 물론 도난이나 손상의 위험이 국내거래의 경우보다 많이 노출되게 된다. 이러한 위험을 해결하기 위해 해상보험제도 및 항공보험제도 등이 운영되고 있다.

(2) 대금결제의 위험

대금결제시 수입업자의 지급불능 또는 지급거절이 생긴 경우로서 대금회수에 문제가 발생될 수 있다. 이 위험에 대해서는 외국의 경우 일반적으로 신용보험제도나 국가의 재보험 제도 또는 손실보상제도에 의하여 어느 정도 그 위험을 담보해주고 있는 것이 통례이다. 우리나라의 경우 무역보험제도에 의하여 그 위험을 담보해 주고 있다.

(3) 가격 및 환율 변동의 위험

무역거래에서는 무역계약 시와 대금결제 시까지 상당한 기일이 발생하는데 이 기간 중에 상품가격의 변동이나 환율이 변동함에 따라 어느 한 당사자가 손해를 입는 위험이 발생할 수 있다. 상품가격 변동에 따른 위험은 헷징(hedging)[22)]방식을 통하여 위험을 전가시키고 있으며, 환율변동에 따른 위험(환위험 : Exchange Risk)은 외국환은행에 환예약을 함으로써 그 위험을 외국환은행에 전가시킨다.

3) 무역의 산업관련성

무역은 세계의 자원과 세계시장의 활용을 그 성립요건으로 하고 있기 때문에 산업과 상호의존관계에 있다. 또한 무역은 국제분업을 통한 국제적 공급 및 수요를 충족시킬 뿐만 아니라 당사국의 국내산업을 육성, 발전시켜 국민경제의 수준을 향상시킨다. 무역의 산업 관련성은 무역과 국제분업, 무역과 국내산업이라는 두 가지 측면에서 고찰할 수 있다.

(1) 무역과 국제분업

무역은 국제분업(International division of labor)의 발달을 촉진시켜 생산요소의 국제적 이동을 원활하게 한다. 즉 무역은 생산조건상으로 보아 자국에서 생산하는 것이 불리한 제품은 외국에서 수입하여 자국의 수요를 충족하는 동시에 자국에서 생산하는 것이 유리한 제품은 직접 생산하여 타국의 수요를 충족시켜 준다. 이렇게 되면 생산요소가 직접적으로 국제간에 이동하기에는 많은 애로가 있는 경우에도 한 국가의 생산요소인 자본과 노동을 가지고 직접 생산하여 자국에 공급할 뿐만 아니라 국제시장에 널리 배급할 수 있게 된다.

(2) 무역과 국내산업

무역은 그 성질상 국내산업의 발전과 밀접한 관련을 가지고 있다. 특히 개발도상국에 있어서 국제무역은 경제발전을 촉진시키는 기본적 전략이 되고 있다. 수입의 경우 그 자체는 국제수지를 악화시키는 요인이 되지만 선진자본재와 국산 불능 원자재의 수입은 국내 투자를 증대시켜 경제발전을 촉진시키는 요인이 된다. 국내재화와 대체관계에 있는 경쟁수입의 경우도 유치산업 보호라는 관점에서 수입이 억제되기도 하지만 국내산업

---

22) 헷징(hedging)이란 연계 매매라고 하며, 이는 상품의 가격변동에 따른 손실을 사전에 방지하기 위한 방법으로 널리 이용하고 있는 매매 방법인데, 이는 실물거래에서의 손실 또는 이익이 청산거래에 있어서 그에 상당하는 이익 또는 손실로 상계되도록 하기 위하여 행하는 반대의 성질을 지닌 상대적 거래를 말한다. 예컨대 상품의 선물을 대량으로 실물시장에서 매수한 경우에 장래 상품을 수령할 때의 가격변동에 대비하여 거래소에 동일한 조건으로 매도해 두는 것이다. 이와 같이 동일인이 동시에 양 시장에서 반대의 매매를 함으로써 한편에서의 손실(이익)이 되는 경우 다른 편에서의 이익(손실)으로 보상받게 된다.

과의 건전한 경쟁을 조성하여 국내산업의 육성에 도움이 되기도 한다. 수출의 경우는 시장의 확대에 따른 생산규모의 확대를 도모함으로써 공업화를 추진하는 기본적 요소가 될 뿐만 아니라 수출산업자체의 소득증대 효과가 발생한다. 또한 수출산업의 육성이 다른 산업의 생산과정을 유발하는 파급효과는 산업정책면에서도 중요한 것이다.

4) 무역의 국제관습성

무역은 원래 순수한 상업의 본질을 갖고 있는 물품매매라 할 수 있다. 따라서 사적 무역 경영체로서의 무역업자들은 개별적이고 지속적인 매매활동을 통하여 수익을 올리며 또한 경영목적을 달성할 뿐만 아니라 대규모의 세계적인 국제무역도 이와 같은 개별적인 무역업자들의 매매활동의 결과라 하겠다. 그러므로 사적 무역 경영의 합리적 발전은 전적으로 국제매매(International sale of goods)의 활동에 의해서 실현된다. 따라서 국제매매의 기본이 되고 있는 정형의 무역조건(trade terms)과 그것을 내용으로 하는 각종의 매매조건 및 중요한 국제상품의 무역거래에서 채택, 운용되고 있는 관례적인 거래조건에 관한 연구는 무역에 있어 기본적인 과제이다.

오늘날 순수한 상업적 기초위에서 실현되고 있는 국제매매로서의 무역은 주로 소유권 이전의 목적으로 체결된 물품매매계약(Contract sale of goods)의 형식으로 이루어지고 있다. 그러나 국제매매행위는 일종의 법률행위로서 효과면에서 권리·의무가 발생하며 또한 법률적인 성질면에서는 낙성, 쌍무, 유상의 상사계약임에도 불구하고 세계무역에 있어 공통적인 국제매매입법이 없기 때문에 사실상 국제적인 매매 실천에 대한 준거법이 없는 것이다.

이와 같이 국제매매에 관한 통일된 국제규칙 또는 협약이 없기 때문에 무역은 일반적으로 언어, 관습, 법률 등이 다른 국가사이에 이루어지는 동안 여러 가지 마찰과 시련을 거쳐 이루어진 정형화된 무역관습에 준거하여 국제매매계약을 체결하여 이행되고 있다.

이러한 무역관습은 국제상업회의소(International Chamber of Commerce : ICC)나 국제법 협회(International Law Association : ILA)와 같은 권위 있는 국제적인 협의기구에 의하여 오랫동안 조사연구, 분석됨으로서 국제규칙(International rules)으로 성장하여 오늘의 국제관습법이 되었다. 따라서 무역에 관한 어떠한 분쟁 등이 발생하게 되면 관계 국제규칙에 따라 처리하게 된다.

제 2 절 무역의 형태

무역의 형태는 국가의 정치 및 사회적 특성과 지리적 여건에 따라 무역당사자의 계약 자유원칙에 의거 다양하게 나타나고 있다. 그러나 대부분의 국가는 무역을 통해 국부가 부당하게 유출되는 것을 막고 국제수지를 효율적으로 관리하기 위해 무역거래의 형태와 대금지급방법에 대해 제한 내지 규제하고 있는 실정이다.

우리나라 상품수출을 촉진하고 불요불급한 상품의 수입을 억제하는 정책적 전략으로 대외무역법을 통해 무역형태를 관리·선도하고 있다.

1. 특정거래형태

우리나라 산업통상자원부장관은 무역거래의 전부 또는 일부가 ① 수출 또는 수입의 제한을 회피할 우려가 있는 거래, ② 산업 보호에 지장을 초래할 우려가 있는 거래, ③ 외국에서 외국으로 물품 등의 이동이 있고, 그 대금의 지급이나 영수(領收)가 국내에서 이루어지는 거래로서 대금 결제 상황의 확인이 곤란하다고 인정되는 거래, ④ 대금 결제 없이 물품 등의 이동만 이루어지는 거래 등에 해당하는 경우에는 특정거래형태로 규정하고 있는데(대외무역법 제20조), 이를 정리하면 다음 11가지의 거래형태가 있다.

1) 위탁가공무역

위탁가공무역(processing trade on consignment)은 가공임(加工賃)을 지급하는 조건으로 가공할 원자재의 전부 또는 일부를 외국의 거래 상대방에게 수출하거나 외국에서 조달하여 이를 가공(제조, 조립, 재생, 개조)한 후 가공된 물품을 다시 수입하거나 외국으로 인도하는 수출입거래를 말한다. 따라서 자국의 임금수준이 높아 자국 내에서 가공하는 것보다 가공임이 저렴한 국가에 가공을 위탁하는 것이 유리하거나 또는 자국의 기술수준이 낮아 기술이 발달된 국가에서 가공하고자 하는 경우에 이루어지는 거래로서 중국과 동남아국가 사이에 섬유산업과 전자기기 제조업에서 많이 활용되고 있다.

2) 수탁가공무역

수탁가공무역(processing trade on trust)이란 가득액(稼得額)을 획득하기 위해 원자재의 전부 또는 일부를 거래 상대방의 위탁에 의하여 외국으로부터 수입하여 이를 가공한 후 위탁자 또는 그가 지정하는 자에게 가공된 상품을 수출하는 수출입거래를 말한다. 해당 가득액을 수취하는 방식에 따라 유환(有換)수탁가공무역과 무환(無換)수탁가공무역으로 나누어진다. 전자는 원자재의 수입대금과 가공제품의 수출대금이 별도로 지급·회수되는 거래이지만 후자는 그 차액(稼得額)만이 영수되는 방법이다. 수탁가공무역 방식의 거래는 저렴한 노동력 또는 고도의 기술을 이용하고자 하는 경우에 발생하는 거래로서 수입과 수출승인이 동시에 이루어진다. 수탁가공무역에 의해 수입되는 원료는 대외무역법상 외화획득 원료로 취급되므로 수출입공고에서 수입이 제한되는 품목일지라도 수입승인이 가능하다.

국내자원이 빈약한 한국은 제1차 원자재를 거의 해외수입에 의존하고, 이를 가공하여 수출하고 가공수수료를 받아 경제발전을 도모했다. 가공수출을 목적으로 외국으로부터 수입하는 원재료와 반제품에 대해서는 특정한 조건하에 관세부과를 면제받는 보세공장·보세구역 등의 설치와 금융 및 제도상의 우대를 취하는 것이 일반적이다. 따라서 수탁가공무역(加工貿易)은 외국에서 원재료 또는 반제품을 수입하여 이를 국내에서 가공·제품화하여 다시 수출하는 무역으로서 산업과 무역을 결부시켜 외국의 자원과 시장을 활용함으로써 국민경제를 발전시키는 장점을 지니고 있다.

그 외 가공무역으로는 보세가공무역(bonded processing trade)이 있는데, 이는 외국에서 수입한 원자재에 대하여 관세를 부과하지 않고 지정한 보세공장에서 가공한 뒤 다시 외국으로 수출하는 거래를 의미한다.

3) 위탁판매수출

수출업자 또는 제조업자가 상품을 무환으로 수출하고 그 상품이 판매된 범위 안에서 상품대금을 결제하는 계약에 의한 수출을 말한다. 이 경우 판매위탁자(consignor)는 매매계약을 체결하지 않고 자신의 계산과 위험부담으로 외국의 판매수탁자(consignee)에게 물품을 송부하지만 소유권은 위탁자에게 있다. 수탁자는 약정된 조건에 따라서 당해 물품을 판매하고 그 판매대금에서 경비와 수수료 등을 제하고 난 나머지 금액을 위탁자에게 송금하여야 한다. 만일 판매하고 남은 물품의 잔량이 있으면 이는 위탁자에게 다시 반환된다. 판매조건에는 판매할 최저가격을 지정할지 아니면 아무런 제한 없이 일임할 것인가에 대한 내용을 포함할 수 있다.

이러한 위탁판매수출은 해외시장에서의 경쟁력이 없는 상품(재고품)을 해외상인에게 위탁하여 실행하는 방법이라 할 수 있다. 그러나 수출능력이 발달한 경우에도 경쟁적 시장에서 상품판로 유지책으로서 또는 새로운 시장에서 신제품의 판로를 개척하기 위한 방책으로서 목적시장의 유력한 상인과 제휴하거나 그의 힘을 빌리기 위해 이용할 수도 있다.

위탁판매수출과 유사한 보세창고인도조건[23](BWT : Bonded Warehouse Transaction) 거래와 현지법인판매방식(CTS : Central terminal station)이 있다. BWT거래조건은 수출상사가 자신의 위험과 비용으로 해당지역에 지점, 출장소 또는 대리점을 설치해 두고 거래 상대국의 정부로부터 허가 받은 창고에 상품을 무환으로 반출하여 현지에서 판매하는 방식이다.

BWT거래는 보세구역에서 관리기간 내에 물품을 판매하므로 적절히 판매할 수 있는 기회를 가질 수 있고 바이어를 충분히 물색할 수 있다는 장점이 있으며 시장상황에 맞춰 판매를 하거나 반송할 수도 있다. 주로 수송거리가 먼 국가 사이에 수출용 원자재를 거래할 때 많이 이용되며, 화물에 대한 창고증권을 발급하여 매매상 편익을 얻을 수도 있다.

CTS판매방식은 수출상사가 판매대상국으로부터 인가를 받아 현지법인을 설립하고, 그 법인의 이름으로 본국에서 상품을 수입하여 현지에서 직접 수출하는 거래방식이다.

이러한 2가지 판매방식은 수출상사가 전략적으로 신제품의 신시장 개척이나 재고품을 정리하기 위한 판매방식으로 많이 활용되고 있다.

4) 수탁판매수입

상품을 무환으로 수입하여 당해 상품이 판매된 범위 안에서 상품대금을 결제하는 계약에 의한 수입을 말하며, 위탁판매수출과 반대되는 개념이다. 이러한 수탁판매수입에 대하여 산업통상자원부장관으로부터 별도의 인정을 요하지 않는다.

5) 임대수출

임대수출이란 임대료를 받기 위하여 물품(주요기기)을 외국의 사용자에게 임대계약에 의해 수출한 후 일정기간 사용하게 한 다음 임대계약기간의 만료전 또는 만료후 당해

23) 수출업자가 화물을 수입절차 및 수입통관 절차를 취하지 않은 채 수입국의 보세창고에 입고시킨 뒤 인도하면 책임과 위험이 끝나는 무역거래조건이다. 수입지인도조건, 국경인도조건의 한 형태이다.

물품(기기)의 소유권을 이전 받는 조건으로 거래하는 것을 말한다. 이러한 임대방식의 수출은 주로 시설기기의 리스 형태로 많이 이용되고 있다.

6) 임차수입

주요 기기의 경우 외국의 소유자로부터 계약에 의해 수입하여 일정기간 사용하다가 계약에 따라 수출하거나, 임차계약기간의 만료전 또는 만료 후 당해물품의 소유권을 이전받는 수입거래를 임차수입이라 한다. 이는 임대수출의 반대개념이다.

7) 연계무역

연계무역(counter trade)이란 수출을 조건으로 수입을 허용하는 무역거래로 물물교환(barter trade), 구상무역(求償貿易, compensation trade), 대응구매(counter purchase), 쌍무무역(雙務貿易, bilateral trade), 링크무역제(link system), 제품환매(buy back) 등의 명칭으로 수입과 수출을 연계하여 수지균형을 목적으로 하는 무역거래를 말한다.

무역을 하는 2국가 사이에 협정을 맺고 일정기간 서로 수출을 균등하게 하여 무역차액을 영(零)으로 만들고, 결제자금이 필요 없게 하는 무역으로서 주로 외화가 부족한 국가가 국제수지균형을 목적으로 정책적으로 취하는 무역이다.

무역수지균형을 유지하기 위하여 외환의 개입 없이 거래하는 무환구상무역(無換求償貿易)과 외환을 사용하는 유환구상무역(有換求償貿易)으로 구분하여 이용할 수 있다.

연계무역의 방식에는 ① 개개의 거래에 대해서는 결제를 하지 않고, 일정기간 후에 대차(貸借)에 차액이 생겼을 경우에만 현금결제(現金決濟)를 하는 방식, ② 당사자 쌍방이 서로 개설하여 상대방에게 교부하는 신용장(信用狀)으로 개개의 거래를 상계(相計)하는 동시개설신용장(back to back credit) 방식, ③ 상대방의 수출대금을 유치(留置)하여 두고 이를 담보(擔保)로 하여 개설한 측의 신용장의 결제에만 사용하는 것을 인정하는 기탁계정 신용장(escrow credit) 방식 등이 있다.

8) 중계무역

중계무역(中繼貿易, intermediary trade)은 수출할 것을 목적으로 물품을 수입하여, 이를 가공하지 않고 원형 그대로 제3국에 수출하는 무역형태이다. 이는 국제적으로 장소와 시기에 따라 시세가 변동되어 발생하는 가격차익을 이윤으로 얻기 위한 무역형태로서, 수입한 상품을 물품의 성질을 변형시키지 않고 원상태로 수출하여 수입대금 지급액과의 차액 즉, 가득액[수출금액(FOB기준)－수입금액(CIF기준)]을 취하는 거래를 말한다. 중계무역은 자국 상품의 공급능력에 한계가 있을 때 제3국에서 상품을 수입하여 이를 또 다른 제3국에 수출함으로써 지속적으로 해외시장을 관리하고자 할 때 활용되기도 한다.

오늘날 중계무역이 성행하고 있는 대표적인 중계무역항으로서는 홍콩·싱가포르 등이 있는데, 일반적으로 중계무역항이 되기 위한 전제 조건으로서는 ① 관세를 부과하지 않는 자유항(free port)일 것, ② 물품의 집산지로써 운수보관업이 발달되어 있어야 할 것, ③ 외화의 교환이 자유로울 것 등을 만족시켜야 한다. 중계무역은 중계수입국의 중계수출국에 대한 무역제한을 회피할 수 있는 수단이나 무역수지불균형을 시정하려는 수단으로 이용되기도 한다. 중계무역은 중계무역자가 무역거래의 주체로서 중계상품의 소유권 이전을 전제로 하여 매매차익을 취하지만 중개무역은 중개상품의 소유권 이전과 관계없이 중개수수료를 취득할 목적으로 원수출자와 최종수입자 사이에 거래를 중개·알선한다는 점에서 차이가 있다.

중계무역의 경우 산업통상자원부장관의 인정을 받아야 하는 경우가 있는데 구체적으로는 대금의 영수 및 지급을 하나의 외국환은행을 통하여 행하지 아니하는 송금방식의 거래와 선적서류를 하나의 외국환은행을 통하여 인수 및 송부하지 아니하는 거래(단, 수입대금 결제은행이 수출대금 영수은행을 지정하고 수출대금 영수은행의 수출환어음 매입사실을 관련서류를 통하여 확인할 수 있는 경우에는 인정없이 거래가능)가 그 대상이 된다.

9) 외국인수수입

외국인수수입이란 상품의 수입대금은 국내에서 지급되지만 수입물품은 외국에서 인수하는 수입을 말한다. 예를 들면 현대건설이 중동지역에 투입할 건설장비를 건설현장에서 가까운 외국에서 구매하여 건설현장에 직접 투입하고 건설장비대금은 현대건설 본사가 있는 서울에서 지급하는 경우이다.

10) 외국인도수출

외국인도수출은 외국인수수입과 반대되는 거래로 수출대금은 국내에서 영수하지만 국내에서 수출통관되지 아니한 수출물품(외국에 있는 물품)을 외국으로 수출하는 거래를 말한다. 예를 들면 현대건설이 외국인수 수입으로 사용하던 건설장비나 본사에서 반출해간 건설장비를 공사가 완료된 후 현지에서 매각하는 경우에 건설장비는 현지에서

외국에 인도하고 장비대금은 본사로 입금하는 거래이다.

11) 무환수출입

무환수출입[24]은 외국환 거래가 수반되지 아니하는 물품 등의 수출입을 말한다. 물품의 수출입에 대금결제가 이루어지지 않고 물품의 이동만 이루어지는 거래를 의미하며, 여기에는 대가를 지급하지 않는 물품의 수출인 무상수출 즉 상품견본, 선물, 여행자 휴대품, 이사물품, 기증물품 등과 클레임의 처리를 위한 대체화물의 수출 또는 대리점 수수료를 물품으로 보내는 것과 같이 유상으로 수출하는 방식이 있다. 무환수출은 외화획득에 도움이 되지 못하고, 자본의 해외도피수단으로 사용될 수 있는 가능성이 많기 때문에 특별관리를 받는다.

무환수출입의 경우 따로 산업통상자원부장관의 인정을 받지 아니하여도 되지만, 무환수출로서 신고가격기준 미화 5만불 상당액의 초과물품 등은 대외무역관리규정 별표 3-1에 해당하지 않는 사유로 무환수출(당해 거래의 전부 또는 일부가 무환수출과 상호 결합된 거래 포함)하는 경우는 산업통상자원부장관의 인정을 얻어야 수출할 수 있다. 다만, ① 위탁판매수출 ② 수탁판매수입 ③ 위탁가공무역 ④ 수탁가공무역 ⑤ 임대수출 ⑥ 임차수입 ⑦ 연계무역에 해당하는 무역거래를 위한 무환수출입은 제외한다.

2. 기타 무역형태

1) 플랜트수출

플랜트는 좁은 의미에서 기계류를 중심으로 하는 생산시스템과 이에 부수되는 기술·노하우·컨설팅 등 소프트웨어 부분이 혼합된 설비를 의미하나, 넓은 의미에서는 댐·교량·항만·도로 등의 국토개발설비와 도시개발·병원·학교건설 등 사회개발설비가 폭넓게 포함된다. 석유·철강·화학·발전설비 등 중화학 계열과 섬유제조·식료품·가공설비 등 경공업계열의 산업설비는 좁은 의미의 플랜트이다.

일반적으로 산업설비라 할 때는 좁은 의미의 플랜트를 의미하고, 국토개발이나 사회

---

24) 무환수출입은 환거래가 수반되지 않는 거래를 말한다. 한편 무환수출입은 대가가 수반되는 수출입과 대가가 수반되지 않는 수출입으로 분류된다. 대가가 수반되지 않는 수출입은 무상 무환수출입을 의미하며, 대가가 수반되지만 물물교환과 같이 환거래가 수반되지 않고 물품의 이동만 이루어지는 유상 무환수출입으로 분류된다.

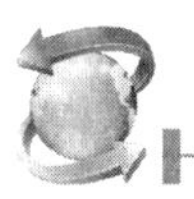

개발설비는 해외건설공사의 범주로 분류하고 있다. 따라서 시멘트공장이나 발전소와 공장(plant) 전체를 현지에 설치하고 가동하도록 하기 위해서는 필요한 자재와 이에 수반되는 설비 및 용역으로 많은 자본과 기술이 요구된다. 설계에서 장비제조, 장치, 시운전에 이르기까지 필요한 제반 운영기술 및 행정업무시스템의 전부 또는 일부를 수출자가 수입자에게 인수인계하는 무역형태로 거래하는데 특별히 준공시장에서 열쇠로 시운전하여 이상이 없는 조건을 Turn-Key Base 거래라 한다. 실무현장에서는 선박과 철도차량을 제조할 때에도 플랜트수출이라는 용어를 사용하고 있는 실정이다.

2) knock-down수출

플랜트수출국은 무역마찰을 회피하기 위하여 상품의 완제품보다는 부품이나 반제품의 형태로 수출한 후 수요현지에서 완제품으로 완성시키는 현지조립방식의 수출로 시장을 계속 유지하는 수출전략이 필요하다. 자동차와 같은 완제품에 대한 고율의 관세나 수입제한조치를 피해가면서 현지에 부품 또는 반제품을 수출한 후 조립하여 계속해서 수출시장을 유지·확보해 가는 수출형태를 knock-down수출이라 한다.

3) OEM수출

OEM이란 original equipment manufacturing의 약자로서 상품을 주문한 수입자가 지정한 상표를 수출자가 생산한 상품에 부착하여 수출하는 방법을 말한다. OEM 수출국가의 입장에서는 수입업자로부터 제품의 생산을 의뢰받아 주문 상품에 상대방의 상표를 부착하여 수출하기 때문에 ① 상품판매시장에 대한 불안 없이 수출유지 또는 확대와 기술축적의 계기가 되고, ② 현지에서 제품판매에 따른 제반 경비 및 위험부담에서 벗어날 수 있으며, ③ 현지국의 상표를 부착함으로써 현지인의 거부반응을 피할 수 있다는 장점이 있다.

그러나 ① 대부분 저가로 수출되어 수출채산성이 떨어지며, ② 인건비 상승으로 수입업자의 거래선 변경으로 인한 위험노출, ③ 현실에 만족하기 쉬워 독자적인 운영상의 한계로 수출시장을 개척하기가 어렵다는 단점도 있다.

OEM 수출과 비슷한 ODM(original Development Manufacturing) 수출은 주문자의 요구(설계나 상표)에 제조업자가 주도적으로 연구개발, 설계, 디자인한 것으로 변경하여 새로운 부가가치를 높여 생산한 상품을 수출하는 방식이다. ODM 수출은 기술력은 있으나 브랜드 파워를 갖추지 못한 중소업체들이 창조적으로 개발, 설계, 디자인한 것을 주문받은 상품에 접목시켜 부가가치를 높여 수출할 수 있다는 점에서 중소기업에

게는 자신의 기술력을 주문자에게 반영할 수 있는 기회가 된다는 장점이 있다.

4) 전자무역

전자무역(electronic commerce trade)이란 재화 또는 서비스의 국가간 거래인 무역행위의 본질적 업무를 인터넷과 전자우편(e-mail), 전자문서교환(EDI), 전자자금이체(EFT) 등 IT수단을 활용하여 전자적·정보집약적 방법으로 수행하는 무역을 말한다.

소속이 다른 국가 사이에 인터넷통신망을 바탕으로 하여 서류 없는(paperless) 상거래를 구축함으로써 신속하게 무역 업무를 처리할 수 있게 되었다. 거미줄 같이 연결된 인터넷 네트워크를 이용하여 상품의 시장조사, 거래처신용조회, 홍보활동, 의사전달, 전자결제 등 거의 모든 무역업무의 과정을 컴퓨터 앞에서 키보드와 마우스를 통해 무역업무를 수행한다. 특히 시간과 공간의 제약을 초월하여 가상공간(cyber space)에서 무역업무가 이루어진다고 하여 사이버무역(Internet Trade)이라고도 한다.

5) 연불수출

연불수출(deferred payment export)이란 수출대금의 지불을 일정기간 연기하여 주는 결제조건으로 상품을 수출하는 방법으로 주로 기계 및 기타 플랜트와 같은 대형 설비재는 금액이 많기 때문에 수출과 함께 전도금(前渡金)을 받고, 나머지는 5~7년에 걸쳐 지불하도록 하는 경우가 많다. 최근 수출경쟁의 치열함과 개발도상국으로의 플랜트류의 수출 증대로 연불수출이 늘고 있는데, 경제협력개발기구(OECD) 등에서는 국제적 규제가 논의되고 있다. 특히 개발도상국에 대한 기계 등의 자본재 수출은 거의가 연불수출인데, 이러한 경우 연불신용공여액은 경제원조액의 일부로 취급된다.

6) 국제팩토링방식의 무역

Factoring이란 상품제조업자(수출자)가 구매자(수입자)에게 상품을 외상으로 판매한 후 발생하는 채권을 팩토링회사가 지속적으로 매입해 줌으로써 제조업자는 대금회수, 매출채권관리, 부실채권의 보호, 전도금융 등의 혜택을 제공하는 서비스를 말한다.

제조업자는 신용조사와 금융이라는 복합기능을 갖추고 있는 팩토링회사를 통해 수출대금을 회수할 수 있고 필요한 경우 전도금융을 제공받을 수 있다는 장점이 있다. 이는 신용장거래조건과 비슷한 거래로서 팩토링회사가 은행의 역할을 대신하여 사전에 제조회사와 구매자의 신용을 조사한 후에 하자가 없다고 판단될 때 이용될 수 있는 무역거래이다.

Chapter 2

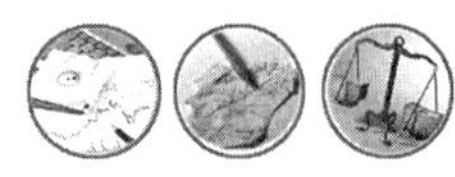

무역관련 규범과 무역관리기구

제1절 무역관련 규범

1. 국내 무역 법규

1) 대외무역법

우리나라의 무역관계법규는 대외무역법, 외국환거래법, 관세법을 중심으로 하여 중재법, 무역보험법, 외자도입법, 관세환급특례법 등 60여개의 국내법이 있다.

대외무역법은 상품과 서비스 및 자본의 국제간 이동에 관한 기본 법률로서 공정한 무역을 통하여 산업의 효율성을 높이고 수출입질서를 유지할 목적으로 1967년 제정되었다. 대외무역법은 ① 대외무역의 진흥, ② 공정한 무역거래질서 확립, ③ 국제수지균형, ④ 통상확대의 도모, ⑤ 국민경제 발전에 이바지 등에 목적을 두고 수시로 변하고 있는 국제무역환경(국제상관습이나 국제조약의 내용을 수용)을 수용하며 여러 차례 변경되면서 물품과 전자적형태의 무체물의 수출 및 수입을 안내하는 지침이 되고 있다.

특히 우리나라 대외무역법은 “우리나라 무역은 헌법에 의하여 체결·공포된 무역에 관한 조약과 일반적으로 승인된 국제법규가 정하는 바에 따라 자유롭고 공정한 무역을 조장함을 원칙으로 한다.”[1] 는 규정에 명시되어 있듯이 국제법규와의 조화, 자유공정무역의 원칙, 무역제한의 최소화, 품목별 수출입관리, 거래형태별 관리, 위임·위탁에 의한 분산관리, 수출 진흥을 위한 노력 등에 관한 내용으로 구성되어 있다.

대외무역법은 무역에 관한 인적관리를 위해 무역업의 고유번호를 부여하고 있고, 물

---

1) 대외무역법(법률 제8852호) 제3조 제1항

적 관리를 위해 상품에 대한 수출입승인을 하며, 행위관리를 위해 수출입공고 및 통합공고를 하고, 행정관리를 위해 외화획득용 원료승인 및 불공정 수출입금지 등에 관한 내용이 규정되어 있다. 이러한 업무를 효율적으로 관장하기 위해 대외무역법, 시행령 및 대외무역관리규정이 있다.

2) 관세법

관세법은 관세의 부과, 징수 및 수출입물품의 통관을 적정하게 하여 국민경제의 발전에 기여하고 관세수입의 확보를 목적으로 1967년에 제정되었으며, 그 후 여러 차례 개정되어 효율적인 관세행정에 기여하고 있다. 관세법 시행령과 관세법 시행규칙 그리고 관세청 고시와 관세청 훈령으로 관세감면제도, 관세환급제도 및 보세제도에 대해 규정하고 있다.

관세법은 국민경제생활의 안정과 국가재정수입의 확보를 위해 관세의 과세요건·부과와 징수·감면·분할납부, 관세평가제도, 보세구역 및 보세운송제도, 상품분류, 원산지판정 규정, 수출입물품의 통관 등에 관하여 적정을 기하도록 하는 내용을 규정하고 있다.

3) 외국환거래법

외국환거래법은 외국환거래를 합리적으로 조정·관리하여 국제수지의 균형과 통화가치의 안정을 도모하여 국민경제의 건전한 발전에 이바지할 목적으로 1961년에 제정되었으며 그 효율적인 적용을 위해 세부적인 시행령과 규정이 마련되어 있다.

외국환거래법은 외국환과 외국환거래, 대외거래에 따른 채권·채무관계를 규제하는 법으로서 거주자와 비거주자의 구분, 환율, 외국환은행, 환전상, 외국환수급계획, 외화결제방법의 제한, 외국환의 집중, 용역거래 및 자본거래 등에 관하여 규정하고 있다.

| 그림 2-1 | 외국환거래법의 체계

2. 국제 무역 규범

국가마다 상관습이 다르고 국내 법률체계가 다르기 때문에 거래당사자가 통일되게 인식할 수 있는 국제규범이 필요하다. 무역거래에서는 당사자간 계약자유의 원칙에 따른

| 표 2-1 | 무역관련 국제 법규 및 규칙

	구 분	국제 법규 및 규칙
기본계약 (주계약)	무역계약법규	CISG(Vienna Convention), Incoterms 2010, New York onvention
보조계약 (종속계약)	무역운송법규	Hague Rules, Hague Visby Rules, Hamburg Rules
	무역보험법규	MIA, ICC A,B,C
	무역결제법규	UCP 600, eUCP, ISBP, URC 522

기본계약과 계약이행을 위한 부수계약으로 운송, 보험, 결제가 필요한 바 이러한 계약의 성립, 이행 및 종결을 위한 국제규칙이 존재하고 있다. 국제무역규칙은 무역거래의 진행 과정에 따라 무역계약규칙, 무역운송규칙, 무역결제규칙 등으로 구분할 수 있다.

1) 무역계약과 관련된 규칙

(1) Incoterms 2010

Incoterms란 정형무역거래조건의 해석에 관한 국제규칙(International Rules for the Interpretation Commercial Terms)의 약칭이다. 국제상업회의소(International Chamber of Commerce: ICC)에서 1936년 제정된 후, 7차례의 개정을 거쳐 2010년 최종 개정되어 2011년 1월 1일부터 사용되고 있다. 계약당사자들이 각 국가 간의 상이한 무역관행을 인식하지 못하고 있기 때문에 야기될 수 있는 시간 및 금전상의 낭비와 오해 및 분쟁 등의 문제를 해소하기 위하여 제정되었으며 11가지 거래조건으로 구성되어 있다.

Incoterms는 정형거래조건별로 계약의 당사자, 즉 매도인과 매수인이 각각 무엇을 해야 하는가, 위험부담을 포함하여 상대방에 대하여 어떠한 의무를 부담하는가에 관하여 상세히 규정하고 있다.

(2) 국제물품매매계약에 관한 유엔협약(일명 비엔나 협약, 1980)

국제물품매매계약에 관한 유엔협약(United Nations Convention on Contracts for the International Sale of Goods : CISG)은 유엔국제법위원회(UNCITRAL)에서 1966년부터 본격적인 초안 작성과 검토를 시작하였으며 1980년 비엔나 유엔외교회의에서 국제물품매매계약에 관한 유엔협약(UNCCIS)이 정식으로 채택되었고 1988년 1월 1일부터 발효하게 되었다. 이 협약은 국제물품매매계약에 있어서 적용범위, 계약의 성립, 물품의 매매에 대한 매도인, 매수인의 의무와 책임, 그리고 협약의 가입과 관련된 사항을 규정하고 있다.

2) 무역결제와 관련된 규칙

(1) 화환신용장통일규칙 및 관례

신용장거래 당사자의 권리와 의무관계를 규정하고 있는 화환신용장 통일규칙 및 관례(Uniform Customs & Practice for Documentary Credits : UCP600)는 총49개

조항으로 구성되어 있다. 1933년 국제상업회의소(ICC)에 의해 제정된 이후 무역실무, 은행업무, 운송기술, 운송계약 등의 변화에 대응하여 2007년까지 여섯 차례 개정되었다.

아울러 기존의 종이서류 중심의 UCP 적용상 한계를 보완하기 위하여 전자적 제시를 위한 화환신용장 통일규칙 및 관행의 보칙(eUCP)이 제정되어 2002년 4월부터 시행중에 있으며 신용장거래에서 하자서류로 인한 클레임을 줄이고자 화환신용장 서류심사를 위한 국제표준은행관행(ISBP)이 제정되어 2003년 1월부터 사용하고 있다.

(2) 추심통일규칙

1956년 추심통일규칙(Uniform Rules for Collection : URC)을 국제상업회의소(ICC)가 제정하고 1967년 및 1978년에 개정되어 오다가 1995년에 제3차 개정 추심통일규칙(URC522)이 세계 대부분의 은행들에서 채택하여 사용함에 따라 Incoterms, UCP 등과 함께 무역과 관련된 국제관습 및 관행의 통일에 기여하고 있다. 우리나라는 1979년 6월부터 전국은행연합회에서 이를 채택하고 시행하여 오고 있으며 현재 총 26개 조항으로 구성되어 있다.

3) 무역운송과 관련된 규칙

(1) 헤이그 규칙

1921년 국제해사법위원회(CMI)가 승인한 국제규칙으로 원명은 "선하증권에 관한 법률 일부 규칙의 통일을 위한 국제협약"(International Convention for the Unification of Certain Rules of Law relating to Bills of Lading)으로 헤이그 규칙이라고도 부른다. 이 규칙은 미국의 하터법(Harter Act)의 정신을 그대로 이어받아 운송인의 과실을 항해과실과 상업과실로 구분하고, 상업과실과 감항성 확보는 운송인의 책임으로 항해과실은 운송인 면책으로 규정하고 있다. 특히 항해과실을 포함한 운송인의 면책사유 17가지를 열거하고 있다.

(2) 헤이그 비스비 규칙

헤이그 규칙이 제정된 후 40여년이 지나는 동안 해상운송의 여건이 너무나 많이 변하여서 새로운 규정의 제정이 절실히 요구되어 오던 중 1968년에 개정내용이 채택되어 선하증권통일조약 개정의정서인 소위 헤이그 비스비 규칙(Hague-Visby Rules)이 나와 헤이그 규칙의 일부가 수정되거나 새로운 내용이 추가되었다.

(3) 해상화물운송에 관한 유엔협약

1978년에 제정된 해상화물운송에 관한 유엔협약(United Nations Convention on the Carriage of Goods by Sea : Hamburg Rules)은 운송인과 화주의 권리의무를 규정하고 있으며 제7장 제34조로 구성되어 있다.

일명 함부르크 규칙이라고도 하며 본 규칙은 그 당시 발효에 필요한 20개국이 비준했으나 해운이나 무역에 관한 주요 국가가 비준하지 않아 국제적으로 확산되지 않고 있다.

(4) 국제물품복합운송에 관한 유엔협약

1980년에 제정된 국제물품복합운송에 관한 유엔협약(United Nations Convention on International Multimodal Transport of Goods)은 복합운송인과 화주의 권리의무를 규정하고 있다. 본 협약은 40개 조문으로 구성되어 있으며 그 부속서에 5개 조문이 추가되어 있다. 이것은 다른 종류의 운송형태를 국제적으로 법적 규제하여 통합하는 것이 상당히 곤란한 작업으로 각국의 이해 대립이 심하여 아직까지 발효되지 않고 있다.

4) 무역보험과 관련된 규칙

(1) 해상보험법

1906년에 제정된 영국 해상보험법(Marine Insurance Act : MIA)은 해상보험증권과 관련된 방대한 판례들을 정리한 것으로 영국방식의 해상보험증권을 사용하고 있는 보험시장에서는 중요한 준거법이다.

(2) 협회적하약관

해상보험 관련한 국제 표준약관으로 협회적하약관(Institute Cargo Clause : ICC)이 런던보험자협회(ILU)가 주축이 되어 1912년에 제정되었으며, 1982년도에 개정된 신협회적하약관은 ① Institute Cargo Clauses(A) : A Clause ② Institute Cargo Clauses(B) : B Clause ③ Institute Cargo Clauses(C) : C Clause 의 세 가지 기본약관과 협회전쟁약관(Institute War Clause), 협회동맹파업약관(Institute Strikes Clause) 등으로 구분된다. 협회적하약관의 세 가지 기본약관은 몇 가지 조항만 그 내용이 서로 약간 다르지만 모두 19개조로 구성된 것은 동일하다.

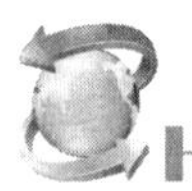

제2절 무역관리 기구

1. 국내 무역관리기구

1) 주무기관

우리나라에서 무역거래 행위를 직접 조정, 간섭 또는 규제하는 기관을 무역관리기관이라 하며 산업통상자원부(www.mke.go.kr)가 그 대표기관이다. 산업통상자원부는 중소기업청과 특허청 등을 산하 행정기관으로 두고 공업, 상업, 무역, 광업 및 동력에 대한 사무를 관장하도록 규정함으로써 산업통상자원부장관이 무역행정을 담당하는 중앙행정기관의 최고 책임기관이다. 그리고 산업통상자원부장관은 외환 및 통관업무에 대하여 기획재정부와 긴밀한 협력을 하도록 하고 있다.

행정업무의 신속한 수행과 효율적인 집행을 위하여 그 권한의 일부를 대통령이 정하는 바에 따라 소속기관의 장, 서울특별시장, 광역시장 또는 시도지사에게 위임하거나 관계 행정기관의 장, 세관장, 한국은행총재, 한국수출입은행장, 외국환은행의 장 또는 대통령이 정하는 법인 또는 단체(한국무역협회장 등)에 위임 또는 위탁하여 관리하고 있다. 또한 특정한 상품의 수입증가나 불공정무역행위로 국내산업이 피해를 입을 경우 이를 조사, 판정, 구제조치를 위해 무역위원회를 운영하고 있다. 이러한 관리체제는 관주도형에서 나타나는 경직성과 역기능에서 탈피하여 분야별로 자주적으로 무역관리를 할 수 있도록 하려는 취지로서 무역자유화를 지향하는 무역관리 체제라 할 수 있다.

2) 협력기관

(1) 한국무역협회(www.kita.or.kr)

한국무역협회(Korea International Trade Association, KITA)는 1946년에 사단법인으로 설립된 무역협력 및 자문기관으로서 우리나라 기업의 해외시장 개척지원, 무역거래자별 고유번호의 부여 및 관리, 수출상품 해외홍보, 거래알선·무역상담, 조사·연구, 대정부 건의, 국제통상협력, 하주 권익옹호, 무역정보 제공, 무역전문 인력양성, 신무역전략 구현 등의 다양한 활동을 통해 무역증진에 기여하고 있다. 현재 8만여 회원사를 거느리고 한국무역을 대표하는 경제단체로서 "한국무역의 길잡이" 역할을 하고 있으

나 사실상 산업통상자원부 산하기관이다. 한국무역협회는 상공회의소와 함께 우리나라 경제단체[2])를 대표하는 기관으로서 정부의 경제시책에 대하여 무역회사를 대표해서 무역회사의 권익을 보호 또는 행사하고 있다.

(2) 대한상공회의소(www.korcham.net)

대한상공회의소(Korea Chamber of Commerce and Industry : KCCI)는 우리나라 상공업의 개선 및 발전을 위해 상공업계의 소망을 대변하고 실현시키기 위하여 1884년에 설립된 법정 민간경제단체로서 물품에 대한 원산지 발급업무를 담당하며 무역에 관한 국제법령을 제정하거나 개정하는 역할을 하고 있다. 주로 우리나라 상공업의 종합적인 개선·발전과 국민경제 그리고 지역사회의 균형성장을 도모함은 물론 상공인의 권익보호를 위한 대변기관으로서 다양하고 광범위한 서비스를 제공하고 있다. 특히 모든 업종(농·수산업 등 1차 산업은 제외)의 대·중소기업을 총망라하여 상공업자 모두를 회원으로 하는 종합 경제단체로서 상공회의소법에 근거하여 그 활동이 보장되며 경제계 전체를 대표하는 단체이다. 전국 각 지역 상공업의 개선·발전과 지역사회의 개발을 위해 지역 내 상공인들이 자율적으로 설립한 단체로서 63개 주요 도시에 설립된 상공회의소가 전국의 행정구역을 분할·관장하고 있다.

(3) 대한무역투자진흥공사(www.kotra.or.kr)

대한무역투자진흥공사(Korea Trade and Investment Promotion Agency : KOTRA)는 해외시장의 조사·개척, 수출입거래의 알선 등을 통해 우리나라의 무역진흥을 도모하여 우리나라의 국제수지를 개선하고 나아가 자립경제를 달성할 목적으로 1962년에 발족된 전액 정부투자기관이다. 국내업체의 해외투자지원과 선진 외국기업의 국내투자유치 업무를 수행하고 있으며 현재 98개의 재외 한국무역관과 11개의 국내 지방무역관이 있다. 상품별로 각국의 수입업자의 최근 명단과 무역관련 정보를 해외 현지로부터 직접 수집하여 중소기업에 제공하는 사업과 우리나라 기업의 해외전시사업, 해외홍보사업, 투자진흥사업 등 입체적인 무역진흥사업을 전개함으로써 우리 기업의 세계화를 선도하고 있다.

---

2) 우리나라를 대표하는 경제5단체라 하면 한국무역협회, 상공회의소, 전국경제인연합회, 중소기업중앙회, 한국경영자총연합회를 말한다.

(4) 중소기업협동조합중앙회(www.kfsb.or.kr)

우리나라 중소기업인의 경영의욕을 고취하고 중소기업의 경영여건을 개선하고자 1962년에 중소기업협동조합법에 의해 설립된 경제단체이다. 현재 88개 업종별로 조직화된 각급 협동조합을 중심으로 고유업종에 대한 대기업의 참여를 원칙적으로 제한하고 부득이한 참여의 경우에도 고유업종 사업의 인수, 개시, 확장 2개월 전에 중소기업청장에게 신고하도록 하고 있다. 업종에 따라 중소기업 규모로 사업을 영위하는 것이 산업의 효율성을 증대시킬 수 있다고 보고 이러한 사업분야를 중소기업 고유업종으로 지정하여 대기업의 참여 또는 확장을 제한하는 제도를 견지하고자 하는 중소기업인의 이익단체라 할 수 있다. 특히 중소기업이기 때문에 감수할 수밖에 없는 제도적, 관행적 애로사항들을 조사하여 정부나 관련기관에서 법이나 규정 등으로 반영 또는 수용하도록 함으로써 중소기업의 힘을 결집하는 기능과 역할을 하기도 한다.

(5) 한국무역보험공사(www.ksure.or.kr)

통상의 해상보험제도로는 담보하기가 불가능한 수출위험(수입회사의 대금지급불능과 같은 신용위험)으로 인한 재산상의 손실을 일정한 보험 제도를 통해 보상해 줄 목적으로 1968년 수출보험법을 제정하여 공포하고 1969년 대한재보험공사[3]에서 수출보험 업무가 개시되었다. 1992년 7월 수출보험 독립전담기구로서 한국수출보험공사(Korea Export Insurance Co.)로 설립되어 비영리 정책보험기관으로서 수출거래에 수반되는 여러 위험 가운데 통상의 보험으로는 구제될 수 없는 불의의 손실을 정부가 보상하는 수출보험 업무를 전담 운영하였고, 2010년 7월 수출보험뿐만 아니라 수입보험 전담기구로서 한국무역보험공사(K-sure)로 재출범하였다. K-sure는 각종 대외거래와 관련하여 13개의 보험제도, 2개의 보증제도 및 기타 서비스를 제공하고 있다. 기타 서비스로는 환변동보험, 신뢰성보험, 수입자 신용조사 서비스, 해외채권 추심대행 서비스를 제공하고 있다.

기타 유관기관으로서 KTNET(Korea Trade Network), 한국종합전시장(COEX), 중소기업진흥공단(SMIPC), 중소기업청(SMBA), 한국수출입은행, 대한상사중재원 등이 있으며, 각 시·도지사, 관세청장, 세관장, 기술표준원장, 자유무역지역관리원장, 외국환은행장과 산업통상자원부장관으로부터 지정된 단체기관장 등이 산업통상자원부장관의 권한을 위임 또는 위탁받아 무역관리 업무를 수행하고 있다.

---

3) 1977년 대한재보험공사에서 한국수출입은행으로 수출보험업무 대행기관이 변경되었다가 1979년에는 수출보험 관장부처도 재무부에서 상공부(현재의 산업통상자원부)로 변경되었다.

| 표 2-2 | 수출입관련 위임·위탁 기관

기 관		해당기관	위임·위탁 내용
산업통상자원부	위임	기술표준원장	• 외화획득용 원료·기재 기준소요량(목재가구 제외) • 외화획득 이행여부의 사후관리
		시·도지사	• 외화획득이행기간의 연장 • 외화획득용 원료·기재의 사용목적 변경승인 • 원산지표시 관련업무
		자유무역지역관리원장	• 자유무역지역관리원의 관할구역의 입주업체에 대한 관세양허를 받기 위한 원산지증명서 발급업무
	위탁	관계중앙행정기관의 장	• 외화획득용 원료·기재 관련 규정 • 수출입질서유지를 위한 조정명령
		국립산림과학원장	• 목재가구에 대한 외화획득용 원료·기재 기준소요량 결정
		세관장	• 수출입승인면제의 확인, 원산지표시의 확인 • 원산지증명서 제출명령, 원산지증명서 발급 등
		한국무역협회	• 무역업고유번호의 부여 및 관리 • 수출입거래에 관한 정보의 수집 및 분석 • 전자적 형태 무체물의 수출입확인
		한국선주협회	• 해운업 용역의 수출입확인
		한국관광협회중앙회	• 관광사업 용역의 수출입확인
		한국소프트웨어산업협회	• 전자적 형태 무체물의 수출입확인
		관세청장	• 원산지표시 관련업무
		관계행정기관 또는 단체의 장	• 수출입대상물품 등
		한국기계산업진흥회장	• 산업설비수출승인 관련업무
		한국수출입은행장	• 한국기계산업진흥협회에 위탁한 권한 중 연불금융지원
		대한상사중재원장	• 무역분쟁 관련업무
		대한상공회의소	• 원산지증명서 발급업무
		외국환은행장 전자무역기반사업자	• 구매확인서의 발급 및 사후관리
		전략물자관리원	• 전략물자의 판정 및 통보

2. 국제 무역관리기구

무역거래는 일반적으로 언어·관습·법률이 다르며, 역사적·경제적·사회적 배경이 상이한 국가사이에 이루어지기 때문에 각국은 국제무역기구와 협조하지 않으면 국제무역으로부터 경제적 효율성을 취득할 수 없고 국제무대에서 낙오하기 쉽다. 따라서 국가의 엄격한 무역관리는 국제무역의 위축과 축소를 초래하기 쉬우므로 가급적 국제무역기구에 협력하여 자유무역을 지향할 수 있도록 하여야 한다.

무역관리와 관련된 주요 국제기구로는 세계무역기구(World Trade Organization: WTO), 국제통화기금[4](International Monetary Fund: IMF), 세계은행으로 불리는 국제부흥개발은행(International Bank for Reconstruction and Development: IBRD), 경제협력개발기구[5](Organization for Economic Cooperation and Development: OECD), 유엔무역개발회의(United Nations Conference on Trade and Development: UNCTAD) 및 세계관세기구(World Customs Organization: WCO) 등이 있다. 그 중에서 국제무역을 주도하는 대표기관은 세계무역기구와 세계관세기구이다.

WTO는 GATT[6]체제의 한계를 극복하고 새로운 국제무역질서를 더욱 효과적으로 규율하기 위하여 125개 국가의 지지로 1995년 설립된 세계최대의 무역기구이다. WTO는 국제무역규범 제정, 서비스 및 지적재산권 등 모든 분야의 국경 없는 자유무역지향, 집행력 있는 무역분쟁해결 등에 치중한 무역관리로 세계무역의 질서를 주도하고 있는 상설기구이다. 특정국가에 대하여 다른 국가보다 불리한 교역조건을 부여해서는 안 된다는 최혜국대우의 원칙으로 지금까지 다소 묵인되어 오던 서비스, 농업, 지적재산권 분야까지 교역대상으로 보고 공정하고 투명한 무역관리를 지향하고 있다.

WCO는 관세협력이사회(Customs Cooperation Council : CCC)를 1994년 10월 개편한 것으로 불법·부정무역의 감시와 단속을 위한 국제공조, 무역원활화를 위한 국제공조, HS품목분류와 관련한 국제협력과 권고, 관세평가와 관련한 국제협력과 권고 등 다양하며 이들 영역에서 WTO와 긴밀한 협력관계를 유지한다. 2001년 미국에서 발생한 9·11테러 이후에는 물류보안과 무역원활화의 조화에 특히 많은 관심을 기울이고 있다.

---

4) 1944년 7월 브레튼우즈 협정으로 전쟁의 피해를 정상적으로 복구하기 위하여 설립된 국제금융기구로서 현재는 자유무역을 원칙으로 환율안정과 국제통화가치안정에 치중하고 있다.

5) 1961년 경제성장과 저개발국 원조 및 통상확대를 도모할 목적으로 선진국 간의 국제협력기구로 설립되어 현재 세계무역의 방향을 제시하고 주요정책을 결정·추진하고 있다.

6) 브레튼우즈 협정에 따라 설립예정이었던 국제무역기구가 창립하지 못하자 국제무역의 차별대우 철폐, 무역의 양적 제한조치 중지 및 협상을 통한 무역분쟁해결을 위해 1948년 체결된 협정이었으나 WTO가 설립되어 본 업무를 승계하고 있다.

Part Ⅱ

무역실무의 이행

Chapter 3

거래관계의 개설

제 1 절 해외시장조사

1. 해외시장조사의 의의

무역을 하려는 사람은 자기가 생산 또는 취급하는 상품이 세계 어느 시장에서 가장 많이 사용되고 또 자기가 수입하고자 하는 상품이 세계 어느 시장에서 많이 공급되고 있는가를 자세히 조사·탐구하지 않으면 안 된다.

특정상품에 대한 수출입절차의 최초단계로서 상품의 판매 또는 구매가능성을 조사하고 탐구하는 행위를 해외시장조사(foreign market research)라 하는데, 이는 특정시장에서 어떤 상품의 판매가능성(selling possibility)이 있고 또는 구매가능성(purchasing or buying possibility)이 있는지를 조사하는 것을 말한다.

해외시장은 국내시장과 달리 지역적인 이질감, 상관습, 언어, 종교 및 기후 등의 차이로 인해 국내시장의 개척보다 훨씬 어렵고 복잡하다. 상품의 구매 또는 활동을 국경 너머로 확대시키는 것을 의미하므로 여러 분야에서 전문성을 요구하고 있다. 이러한 전문성의 요구 때문에 해외시장의 조사를 위해서는 경제지리학과 시장분석(market analysis)을 응용하여 국제상품 및 국제시장을 연구할 필요가 있다.[1)]

경제지리학은 자연현상 및 인류의 경제생활과의 관계를 연구하는 학문으로 이를 연구함으로써 세계 각국의 기후·풍토·지세 및 기타 지리적 조건과 그 영향을 받는 산업과

1) 기업의 해외활동 정도에 따라 국제마케팅, 다국적 마케팅, 글로벌마케팅으로 구분할 수 있다. 국제마케팅은 기업의 영업활동범위가 해외시장을 포함하고 있지만 기업활동의 비중이 국내시장에 있는 단계이며, 다국적 마케팅은 국내외시장을 동일한 비중으로 활동하는 기업활동을 말한다. 글로벌마케팅은 세계를 단일시장으로 간주하고 활동하는 것을 말한다.

무역상태, 교통·금융 등의 특수한 경제상태를 파악할 수 있으며 시장분석을 통하여 특정시장을 형성하는 여러 가지 요소를 과학적으로 조사·분석하여 그 무역가능성을 측정하는 학문분야로 이를 연구함으로써 무역상이 취급하는 상품의 수출지 또는 수입지로서 일정지역이 적당한가 아닌가를 판단할 수가 있다.

특히 주의하여야 할 점은 첫째, 우연이나 단편적인 지식에 의존하지 말고 구체적이고 철저한 조사를 행하여야 하며 둘째, 목적시장에 대하여 주관이나 편견을 버리고 전체시장을 객관적으로 통찰할 수 있어야 하고 셋째, 조사·분석은 언제나 새롭고 과학적인 자료를 이용해야 한다. 중요한 것은 해외시장의 동향이 시시각각으로 변화하고 있어 장기간에 걸쳐 거래한 시장일지라도 시장의 동향에 대하여 끊임없는 조사와 분석이 진행되어야 한다는 것이다.

2. 해외시장조사 내용

해외시장조사의 내용은 거래대상 국가의 일반환경조사, 고객조사, 상품조사, 판매경로조사 및 판매조사 등을 구체적으로 실시한 후 전망 있는 거래처를 발굴하는 단계를 거친다.

1) 거래대상국가의 일반환경조사

① **정치적 환경** : 정치체제, 정치적 안정도 및 정치적인 위험여부
② **경제적 환경** : 전반적인 경제사정, 경제안정도, 국민소득, 국제수지, 경제성장률, 주요자원, 노동 및 고용사정, 임금, 물가, 조세체계, 금융기관 및 산업구조
③ **사회적 환경** : 인구, 인주증가율, 면적, 기후, 인종, 종교, 문화, 통신, 교통, 언어, 교육수준 및 법률제도
④ **무역환경** : 품목별·지역별 수출규모, 수출입장벽, 외환관리, 대금결제조건, 관세율, 환율, 특허, 항만 및 공항사정, 운송수단, 상관습

2) 고객조사

고객은 해당물품을 직접적으로 수출할 수 있는 거래처와 실제 최종 수요자 모두를 포함하는 개념이다. 고객조사와 관련하여 다음과 같은 사항을 조사한다.

① **고객층** : 소비자 또는 사용자의 지역적 분포, 소득분포, 계급별 분포 및 구매능력

② **고객의 기호 및 이미지** : 기호, 취향 및 품질·상표·생산자 등의 이미지

3) 상품조사

상품조사는 취급품에 대한 전반적인 조사가 이루어져야 하며 다음과 같은 사항들을 조사한다.

① **상품수요** : 수요품목, 품질, 규격, 현재의 수요량, 장래의 수요량, 계절적 수요 및 현지에서의 국산품의 수요량

② **상품공급** : 주요 공급처, 공급처의 상호, 계절적 상품의 특별공급 가능성 및 현지에서의 국산품의 현황

③ **상품환경** : 경쟁상품, 대체상품 및 유사상품의 현황

④ **가격** : 수입품과 현지 국산품의 가격

⑤ **지식재산권 등** : 해당상품에 대한 특허권, 상표권, 공업소유권 등의 저촉 여부

4) 판매경로조사

판매경로조사는 고객이 수입한 물품이 어떠한 경로를 통하여 판매되고 소비자 및 사용자에게 전달되는지를 조사하는 것으로 다음과 같은 사항들을 조사한다.

① **유통과정** : 수입상, 판매점, 특약점, 백화점, 체인스토어, 도매상, 소매상 등의 기구와 유통경로

② **서비스** : 판매전에 행해지는 사전서비스 및 사후서비스

5) 판매조사

판매조사는 상품계획과 효과적인 판매정책을 어떻게 수립할 것인지를 조사하는 것으로 다음과 같은 사항들을 조사한다.

① **상품계획** : 수출물품의 품목, 품질, 디자인, 상표, 특허, 포장 및 운송 등에 대한 선택

② **판매정책** : 판매계획과 예측, 견본, 카탈로그, 안내서 제공 등 판매촉진, 광고 전시 전략

3. 해외시장조사 방법

1) 무역통계자료를 이용한 조사

해외시장조사를 하는데 가장 편리하고 경제적인 방법은 문헌 또는 인터넷을 통하여 각종 경제 및 무역통계자료를 이용한 조사방법이다. 목적시장에 대한 세부적인 무역통계자료는 해당 국가의 통계청 등의 자료를 이용할 수 있다. 대표적인 무역통계자료를 수집할 수 있는 사이트로는 유엔의 국제통계연보(http://comtrade.un.org), 국제통화기금(IMF)의 무역재무통계온라인(http://www.imfstatistices.org/imf), 세계무역기구(WTO)의 국제무역통계(http://wto.org), 한국무역협회의 무역통계(http://kita.net), 한국관세청의 무역통계(http://www.customs.go.kr) 등이다.

2) 무역유관기관을 통한 조사

대한무역투자진흥공사(KOTRA), 한국무역협회(KITA), 대한상공회의소 등을 통하여 조사할 수 있다. KOTRA는 한국의 무역진흥을 위하여 전액 정부출자로 설립된 특수법인으로 무역동향에 대한 해외시장조사, 무역관련 각종 자료의 간행, 한국무역의 홍보, 무역상품 전시업무 등을 담당하고 있다. 현재 해외 각국에 무역관이 설치되어 있어 신속한 무역정보수집기능을 수행하고 있으며, 국내 무역기업으로부터 조사를 의뢰받아 전세계 KOTRA 네트워크를 통하여 정보서비스를 제공하고 있다.

3) 자체 현지조사

수출업체 단독으로 현지 출장조사를 할 수 있고 수출입조합이나 경제단체의 해외시장조사단에 참가하여 조사를 할 수도 있다. 현지 우리나라의 공관, 대한무역투자진흥공사의 현지 무역관 또는 현지의 상업회의소를 방문하여 일반적인 시장현황을 청취하고 최대한의 협조를 구할 수 있다. 구체적인 자료 수집을 위하여 현지에 진출한 동업자와 면담하여 정보를 획득하고 백화점 및 유통체인 등을 방문하여 해당 품목에 관련된 시황, 유통구조, 소비자패턴, 가격 등의 정보를 얻을 수 있다.

제 2 절 거래선 발굴

해외시장조사를 통하여 목적시장이 결정되면 믿을 만한 거래선을 발굴하여야 한다. 거래선 발굴이란 목적시장에서의 잠재적인 판매 또는 구매가능성을 보유하고 있는 고객이나 유망한 거래선을 선정하는 것을 말한다. 거래처를 발굴하는 방법에는 다음과 같은 것들이 있다.

1. 거래알선 사이트 활용

전자거래알선 사이트에서는 인콰이어리(Inquiry), 상품카달로그 및 기업 디렉토리 정보 등을 등록할 수 있으며 오퍼 형태별, 품목별 및 업체명 등 다양한 형태로 검색할 수 있다. 우리나라에는 한국무역협회, 중소기업진흥공단, 대한상공회의소, 대한무역투자진흥공사, 지방자치단체 등의 유관기관과 (주)EC21, EC Plaza 등의 사기업들이 운영하고 있는 사이트들이 있다.

| 표 3-1 | 주요 전자거래알선사이트 및 서비스 내용

알선 사이트	서비스 내용
World Trade Federation (http://www.wtpfed.org)	155개국의 1만개 무역관련 기관과 연결되는 세계 최대의 거래알선사이트
World's Top 100 Free Trade Lead Site (http://www.5five.tv/tradeleads.htm)	전 세계 거래알선사이트가 1위에서 100위까지 순서별로 링크되고 무료이용가능
Kompass Directory (http://www.kompass.com)	세계 최대의 기업정보 디렉토리를 품목별로 수출, 수입, 유통, 제조업체 검색가능하며 약 160만개 업체들이 수록됨
World Trade Center Association Online (http://iserve.wtca.org)	전 세계 100여 개국 300개의 무역센터가 모인 세계무역센터 온라인 시스템으로 전자카달로그, 오퍼정보 등을 제공

Yellow Pages Directory on the Web (http://www.infobel.com)	전 세계 170여개국의 비즈니스 디렉토리, e-mail 주소, fax 리스트 등의 링크서비스
한국무역협회 (http://www.kita.net, www.kita.org)	무역협회 회원사에 대한 정보제공, 품목명, 회사명, HS번호 등으로 검색가능
EC21(http://ec21.com)	전자거래알선 전문사이트로 오퍼정보 검색 및 등록, 전자카달로그 정보 제공
Aisan Sources Online (http://www.globalsources.com)	전자카달로그가 포함된 상품별, 공급자별, 국가별 생산업체 검색서비스 제공
Alibaba(중국) (http://alibaba.com)	중국에서 운영하는 ETO사이트로 수출입 오퍼정보, 카달로그 정보 등을 제공
tradeKorea.com (http://www.tradeKorea.com)	한국무역협회에서 운영하는 것으로 이마켓플레이스(e-market place)를 제공
BUYKOREA (http://www.buykorea.org)	KOTRA에서 운영하는 것으로 한국 수출자와 1:1 온라인 상담이 가능하도록 지원
GobizKorea(http://www.gobizkorea.com)	중소기업진흥공단이 국내 중소기업제품의 해외 판로확보 및 홍보지원
Alibaba(http://www.alibaba.com)	중국 알리바바사가 온라인 기업 간 마켓플레이스를 제공
Tradeky(http://sss.tradeky.com)	온라인 글로벌 무역을 용이하게 하기 위해 설립된 세계굴지의 마켓플레이스
EUROPAGES (http://www.europages.com)	유럽바이어와 공급자 특약점 및 수출자를 위한 온라인 상공인명부

2. 상공인명부 활용

거래처 발굴을 위해 가장 쉬운 방법은 상공인명부(business directory)를 이용하는 방법이다. 상공인명부에는 품목별, 업종별 업체명, 주소, 전화번호, 전자우편(e-mail)주

소 및 팩스번호 등이 명시되고 수출입지역과 함께 영업실적 등이 포함되기도 한다. 이 가운데 잠정적인 거래처를 선정하여 카달로그와 함께 권유장(circular letter)을 발송한다.

3. 국내외 무역유관기관의 활용

국내에서 활용할 수 있는 무역유관기관은 대한무역투자진흥공사(Korea Trade and Investment Promotion Agency : KOTRA), 한국무역협회, 대한상공회의소 등이고, 해외의 무역유관기관은 현지국에 있는 대한무역투자진흥공사의 공관, 현지 국가의 상업회의소 등이다. KOTRA는 무역동향에 대한 해외시장조사, 무역관련 각종 자료의 간행, 한국무역의 홍보, 상품전시회업무 등을 담당하고 있다. 또한 세계적인 조직망을 가지고 있어 시장조사의 신뢰도가 높은 편이기 때문에 거래처별, 품목별 자세한 시장정보를 유료위탁에 의한 방법으로 조사를 의뢰할 수 있다.

4. 주한 외국 공관의 활용

한국에 주재하고 있는 외국 공관의 상무관실 또는 자료실에 비치된 자료를 통하거나 또는 외국 상무관이나 대사와의 상담을 통하여 해당국의 시장정보와 거래처 관련 정보를 얻을 수 있다.

5. 해외 홍보매체 활용

해외 거래처를 발굴하기 위한 기초단계로 해외 홍보용 카달로그를 제작하여 예상 거래처에 배포할 수 있다. 또한 국내의 해외 홍보매체 등에 자사물품을 홍보하거나 인터넷을 통하여 거래처를 물색할 수도 있다. 아울러 인터넷의 온라인 사에서 전자카달로그를 제작하여 홍보할 수도 있다.

카달로그나 홈페이지는 전문가를 활용하여 영문 또는 대상국가의 언어로 제작하도록 한다. 홍보물의 내용은 회사 또는 대표자의 홍보보다는 취급상품의 규격, 용도, 재질 등 상품의 차별성이 부각되도록 하여야 한다.

홍보물 배포시에는 지역별 상공인명부에 의거하여 물색된 예정거래처, 주한 외국공관의 바이어 안내, 기타 대한무역투자진흥공사, 한국무역협회 등 수출유관기관의 거래알선 및 안내 등을 활용하여 배포하는 것이 효과적이다. 우리나라에서 영문으로 간행되어 해외의 거래처에게 배포되는 주요 수출상품 홍보용 잡지로는 다음과 같다.

① World Trade Zone : EC21의 수출상품 종합광고 서비스로 책자는 물론 e-Book, 온라인 배너광고 등을 병행하고 있다.

② Korea Buyers Guide : (주)매경바이어스가이드에서 General Items, Electronics, Machinery, Automotives 등을 발간하여 전 세계 바이어들에게 발송하고 있다.

6. 국제전시회 참가

무역관련 기관에서 주관하여 파견하는 각종 투자 및 무역사절단, 박람회 및 전시회에 참여하여 거래처를 직접 물색할 수 있다. 특히 한국무역협회에서 총괄하여 파견하는 해외투자 및 무역사절단과 대한무역투자진흥공사에서 총괄하여 참가하는 해외박람회 및 전시회, 그리고 지방자치단체에서 지원하는 전시회를 활용할 수 있다.

7. 해외광고

해외홍보용 카달로그를 제작하여 예상 거래선에 배포하거나, 국내의 해외홍보매체 등에 자사상품을 홍보하여 거래선을 물색할 수 있다. 홍보물을 배포할 경우에는 경제적인 비용으로 홍보효과를 극대화시키기 위하여 작성 배포처를 선정하는 것이 중요한데, 작성 배포처는 지역별 상공인명부를 통해 물색된 예정 거래선, 주한 외국공관의 바이어 안내, 기타 대한무역투자진흥공사, 한국무역협회 등 무역유관기관의 거래알선 및 안내 등을 활용하여 선정·배포하는 것이 효과적이다.

제 3 절 거래제의 및 신용조회

1. 거래제의

거래제의(business proposal)는 거래선 발굴방법을 통하여 선정된 잠재적인 거래상대방에게 거래를 희망하는 내용의 서신인 권유장(circular letter)을 발송하는 것을 말하는 것으로 거래의 권유라고도 한다. 권유장이란 미지의 잠재 거래처에게 자신의 회사를 소개하고 취급물품과 거래조건 등을 간단하게 안내하여 거래관계를 권유하는 서신을 말한다. 특히 권유장은 문화가 다른 외국인에게 송부하는 것이기 때문에 상대방으로 하여금 구매의욕이 생기도록 개성과 진실이 있고 호감이 가도록 작성하여야 한다.

권유장에 대해 상대방으로부터 문의(inquiry)가 오면 계약을 체결하기 전에 상대방에 대한 신용조사를 실시하여 거래로 인한 문제점을 사전에 확인하여야 한다. 권유장의 발송은 전자메일이나 인터넷 팩스 등을 이용하여 발송하게 되므로, 전자메일을 보낼 때에는 인터넷에 자사의 홈페이지가 있을 경우 웹사이트 주소를 기재하는 것이 바람직하다.

2. 신용조회

신용조회(credit inquiry)는 신용을 공급하는 자의 지급능력과 지급불능 시 지급을 강제할 수 있는 자산의 보유 등을 사전에 조사하여 장래에 대한 지급의 확실성을 파악하는 것이다.

1) 신용조회의 내용

(1) Capital

아무리 성실하고 신용이 보장된다고 해도 회사의 재무상태가 건실하지 않으면 거래에 문제가 발생할 수 있다. 재무제표 등을 근거로 재무상태, 자기자본과 타인자본의 비율, 자본금의 규모, 재무구조의 건전성 등을 조사하여야 한다.

(2) Capacity

회사의 영업능력으로 연간매출액, 업체형태, 영업능력 등에 대해 평가한다. 이 외에도 조건(condition)에 대한 조회도 필요하다. 즉 정치적, 경제적 조건으로 상대국에 대한 수입·외환에 대한 규제는 어떠한지, 통관절차, 항만운송시설 등에 대한 주의점 등을 조사할 필요가 있다.

(3) Character

계약내용대로 수출업자가 적시에 물품을 송부하고 수입업자가 대금결제를 성실히 이행해 주는지에 대한 문제는 기업의 규모나 재정 상태라기보다는 그 기업의 성격적인 요인이 중요한 역할을 한다. 성격과 관련하여 업체의 개성, 성실성, 정직성, 영업태도, 평판, 의무이행 열의 등에 대한 내용을 조사한다.

2) 신용조회처

(1) 은행조회(Bank Reference)

은행조회는 해당업체의 거래은행에 신용조회를 의뢰하여 신용조사를 하는 방법으로 일반적으로 많이 이용된다. 해외 거래처의 신용조사를 하는 경우 수출입은행이나 신용보증기금을 이용할 수도 있다.

(2) 동업자조회(Trade Reference)

동업자조회는 거래를 하려는 상대방과 동종의 사업에 종사하는 업체에 의뢰하여 신용조사를 하는 방법이다.

(3) 해외지사, 출장소, 판매대리점

무역업자의 해외지사나, 출장소 및 판매대리점 등을 통하여 원하는 상대 기업의 신용을 조사할 수 있다.

(4) 상업흥신소(Mercantile Agency)

세계적인 상업흥신소를 통하여 해외 거래선의 신용조사를 할 경우 보다 상세한 신용상태를 알 수 있다. 상업흥신소는 신용조사를 본업으로 하고 있는 업체로 세계 주요 도시에 지소 혹은 통신원을 두고 요청된 기업에 대한 신용조사를 하여 고객의 의뢰에 부응

해 주고 있다. 국제적인 상업흥신소로는 미국의 Dun and Bradstreet Incorporated, 영국의 Bradstreet British Ltd., 독일의 Auskunft W. Schimmelpfung, 일본의 Tokyo Mercantile Agency 등이 있다. 우리나라의 신용조사 전문기관으로는 대한무역투자진흥공사, 한국무역보험공사, 신용보증기금 등이 있다.

▌표 3-2▐ 신용조회 방법

조사경로	방 법
은행조회	해당업체의 거래은행을 통한 조회(bank reference)
동업자조회	상대국의 거래선을 통한 조회(trade reference)
해외지사	기업의 해외지사 등을 통한 조회
상업흥신소	D&B Korea, ABC Korea
국내 신용조사 전문기관	KOTRA, 한국신용정보, 한국무역보험공사, 신용보증기금, 한미신용정보(http://www.hanmici.com)

Chapter 4

무역계약의 체결

제 1 절 무역계약의 의의

1. 무역계약의 개념

일반적으로 계약이란 당사자가 지켜야 할 의무에 관한 약속을 말하며, 특별히 채권의 발생을 목적으로 하는 두 사람 이상의 의사표시가 합치되어 성립하는 법률행위를 말한다. 구두로 하든 서면으로 하든 상호간의 의사가 합치되면 계약당사자 사이에 권리와 의무가 발생하고 효력이 발생하여 계약은 성립된다.

무역계약이란 국제간에 이루어지는 매매계약으로서 매도인이 매수인에게 물품의 소유권을 양도하며 물품을 인도할 것을 약속하고 매수인은 이에 상응하여 물품대금을 지불할 것을 약정하는 계약이다.

영국의 물품매매법(Sale of Goods Act : SGA)에 따르면 "물품매매 계약이라 함은 매도인이 대금이라는 금전의 대가를 받고 매수인에게 물품의 소유권을 이전하거나 또는 이전하기로 약정하는 계약을 말한다."라고 정의하고 있다. 또한 미국의 통일상법전(Uniform Commercial Code : UCC)에서도 "매매는 금전의 대가를 받고 매도인으로부터 매수인에게 권리를 이전하는 것"이라고 규정하고 있다. 그리고 한국의 민법도 "매매는 당사자 일방의 재산권을 상대방에게 이전할 것을 약정하고 상대방이 그 대금을 지급할 것을 약정함으로써 그 효력이 생긴다."라고 영미법과 비슷한 취지로 규정되어 있다. 그러므로 무역계약은 당사자 사이에 합의적 계약이며, 쌍무적 계약이고 반대급부가 있는 유상적 계약이다.

무역계약은 사용하는 언어가 다르고 관습이 다른 상태에서 상대를 잘 모르고 체결하

기 쉬우므로 거래 상대방이 이러한 심신상실자가 아닌 정상인과 특히 상품 점유권이전, 상품 소유권이전, 위험의 이전 등 3가지에 유의하여 계약을 체결하도록 하여야 한다.

2. 무역계약의 특성

무역계약은 물품 및 용역의 수출입을 위하여 양자 또는 다자간에 체결되어 법률적 구속력을 가지며, 모든 당사자는 계약조건의 이행에 관한 권리와 의무를 가지게 된다.

1) 낙성계약

낙성계약(consensual contract)이란 일반적으로 일정한 조건에 따라 상품을 매도하겠다는 매도인의 의사표시(offer)에 대하여 매수인이 이를 구매하겠다는 의사표시(acceptance)를 함으로써 성립되는 계약을 말한다. 이는 합의계약이라고도 하는데, 매도인의 오퍼에 대한 매수인의 승낙으로 매매계약이 성립되기 때문에 거래 양당사자의 합의가 있으면 이것만으로 계약이 성립되는 것으로서 특별히 계약문서의 작성이나 그 교부를 성약요건으로 하지 않는다. 이런 점에서 이행미필인 채로 계약이 성립되는 요물계약(substantial contract)[1]과 구별된다.

그러므로 후일의 이행을 확실하고 원활히 하기 위하여 큰 거래에서는 문서에 의한 계약내용의 확인이 관습적으로 행하여진다. 특히 국제매매계약에서는 매도인과 매수인이 서로 외국에 거주하고 있는 관계로 그 계약은 우선 통신에 의한 합의로 계약이 성립되고 다음에 문서에 의한 확인으로 계약이 완성되는 특수성을 지니고 있다.

2) 쌍무계약

쌍무계약(bilateral obligation contract)은 계약의 성립에 의하여 매도인인 수출자는 합의된 무역조건에 따라 상품을 인도할 의무가 발생하는 동시에 매수인인 수입자는 이에 대한 대가로 대금을 지급할 의무가 발생하는 계약이다. 따라서 매도인은 매수인으로부터 대금을 지급받을 권리가 발생하는 동시에 매수인은 매도인으로부터 상품을 인도받을 권리가 발생한다.

쌍무계약은 편무계약(unilateral contract)[2]의 경우와 달리 당사자의 어느 한 편이

1) 요물계약이란 합의 이전에 물품의 인도 등의 급부를 계약의 성립요건으로 하는 것으로서 사용대차, 소비대차 등이 그것이다.

불법으로 채무이행을 태만히 하였거나, 불가항력의 사유로 이행불능인 경우에 그 상대방은 위험부담에 직면하게 되는 불리한 입장에 놓이게 된다.

3) 유상계약

유상계약(remunerative contract)은 물품의 급부에 대한 화폐의 반대급부가 이루어짐으로써 계약의무가 이행되는 계약이다. 매도인은 물품을 매수인에게 인도하고 매수인은 매도인에게 물품의 대가에 해당하는 가치의 상품이나 현금을 지급 이행하는 상호급부를 조건으로 하는 계약이다.

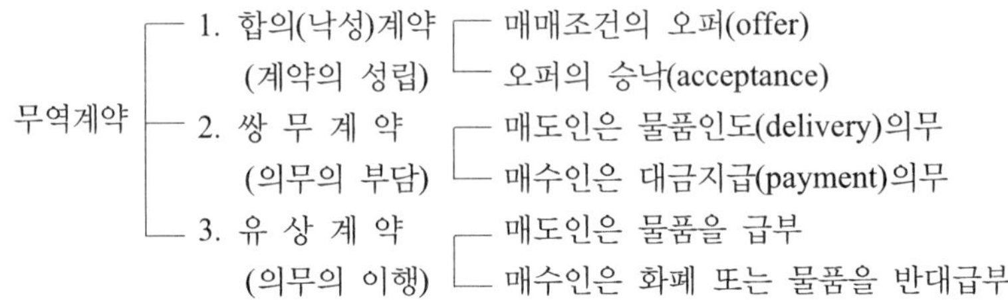

4) 불요식계약

불요식계약(informal contract)이란 무역당사자 사이의 의사표시를 일정한 요식[3]에 의하지 아니하고 간단한 문서나 구두에 의한 명시계약이나 묵시계약(implied contract)도 계약으로 성립되는 계약을 말한다. 국제물품매매계약에서는 대부분 청약과 승낙의 절차로 성립되지만 서면 대신에 증인에 의한 입증으로도 무역계약의 성립을 인정할 수 있다.

---

2) 편무계약이란 상대방의 행위와 상환으로 한 편만이 약속하는 것. 곧 당사자의 한 편만이 채무를 부담하는 계약이다(예: 증여·소비대차·사용대차 등).

3) 서류에 기재하여야 할 사항(내용)과 방식이 법으로 정해져 있는 계약을 요식계약(要式契約)이라 한다. 즉, 어음행위와 같이 계약 체결에 일정한 형식을 필요로 하는 계약을 요식계약이라 하고, 계약 자유의 원칙에 따라 아무런 형식을 요하지 않는 계약을 불요식계약이라고 한다.

3. 청약과 승낙

1) 청약

(1) 청약의 의의

청약(offer)이란 청약자(offeror)가 피청약자(offeree)에 대하여 일정한 조건으로 계약을 체결하고 싶다는 취지의 의사표시로서 그 의사표시에 대한 무조건의 승낙(acceptance)이 있을 때 계약이 성립되고 이에 구속된다고 하는 확정적 의사표시이다.

청약의 주요 내용은 매매의 목적물인 물품의 품명 외에 규격, 수량, 단가, 금액, 선적일과 선적항, 목적항, 포장재와 포장방법, 품질, 원산지, 결제방법 등 무역계약의 기본조건이 제시되며 이밖에 오퍼의 발행일, 유효기간도 표시된다.

(2) 청약의 효력

청약은 그 통지가 상대방에게 도달한 때 효력이 발생한다. 우리나라에서는 그 통지가 청약자로부터 피청약자에게 도달한 때 효력을 발생한다는 도달주의를 취하고 있다. 또한 청약자는 일정기간 청약을 철회하는 것이 가능하지 않고 승낙의 기간을 정하여 한 청약은 그 기간 내에 철회하는 것이 가능하지 않다고 규정하고 있다. 승낙의 기간을 정하지 아니한 청약은 청약자가 합리적인 기간 내에 승낙의 통지를 받지 못한 때에는 그 효력을 잃는다.

합리적인 기간(a reasonable time)이란 청약이 상대방에 도달하는 것에 필요한 기간으로 이미 청약을 받은 자가 그 내용을 검토한 후에 승낙의 통지를 함에 필요한 기간을 말한다. 실제는 청약과 승낙의 방법, 계약의 중요도, 시세의 변동, 당해 물품의 거래관행 등의 제요소를 감안하여 결정한다. 청약의 경우에는 청약 시에 유효기간을 명시하는 것이 중요하다.

청약의 유효기간은 청약을 행하는 자가 자유로 정하는 것이 가능하다. 그러기 때문에 승낙의 기간을 정하지 아니한 청약에 대하여는 합리적인 기간 내에 승낙을 하는 것이 필요하다. 단지 합리적인 기간의 의미를 명확히 결정하는 것이 어려워 청약의 기간을 명시하는 것이 일반적이다.

컴퓨터를 이용한 전자거래에 있어 대부분의 경우 다수의 불특정한 상대방에게 재화 또는 용역을 급부한다는 의사표시를 하고 있는데 이러한 표시를 구속력 있는 청약으로 보아야 하는가 아니면 청약을 유도하기 위한 청약의 유인(invitation to offer)으로 보아야 하는가 하는 문제가 발생하게 된다. 이에 관해서 다수의 견해가 존재하나 일반적으로 무역거래 알선사이트에서 제시하고 있는 매도청약(offer to sell), 매수청약(offer to buy) 등은 확정적 계약체결 의사를 지닌 확정청약으로 보는 것은 무리가 있다. 무역거래 알선사이트의 청약은 청약의 유인 성격이 강하다.

(3) 청약의 효력 소멸

청약은 다음과 같은 여러 가지 원인에 의하여 그 효력을 상실하는 바 첫째 상대방의 승낙이다. 즉 청약은 승낙에 의하여 계약이 성립되며 청약은 그 효력을 상실한다. 둘째, 청약의 거절 또는 대응청약이다. 즉 피청약자가 청약을 거절하면 청약의 효력은 소멸된다. 또한 청약의 내용에 조건을 붙이거나 일부만의 승낙은 대응청약이 되며 이는 최초의 청약에 대하여 거절하는 효과를 갖게 됨과 동시에 새로운 청약이 된다. 따라서 최초의 청약은 효력을 상실한다. 셋째, 청약의 취소(revocation)이다. 청약의 취소는 청약의 효력이 발생한 뒤에 그 효력을 소멸시키는 것으로 이는 반드시 상대방에게 통지되어야 하고, 그 통지는 상대방의 승낙이 발송되기 전에 상대방에게 도달하여야 한다. 넷째, 당사자의 사망이다. 청약이나 대응청약이 승낙되기 이전에 어느 일방이 사망하면 청약이나 대응청약의 효력이 상실된다. 다섯째, 유효기간(validity)의 경과이다. 청약은 그 내용에 승낙기간이 정해져 있을 때에는 그 기간이 경과하면 당연히 효력을 상실하며, 그러한 기간이 정해져 있지 않을 때에도 상당한 기간이 경과하면 그 효력을 상실한다.

(4) 청약의 종류

① 확정청약(firm offer)

확정청약은 유효 기간 내에는 그 내용의 변경이나 취소, 철회가 불가능하며 그 유효기간 내에 피청약자가 승낙하면 계약이 유효하게 성립되는 청약을 의미한다. 그러나 확정청약이라 할지라도 그것이 피청약자에게 도달하기 전에는 청약자가 그 내용을 변경 또는 철회할 수 있는데, 다만 그 변경철회의 통지는 당해 원청약(original offer)이 피청약자에 도달하기 이전에 피청약자에게 도달해야 한다.

② 자유청약(free offer)

자유청약은 보통 유효기간이나 거래조건이 확정되어 있지 않아 청약자가 그 내용을 임의로 변경, 취소 또는 철회할 수 있고, 피청약자가 승낙해도 다시 청약자의 최종확인이 있어야 계약이 성립되는 청약을 말한다.

③ **반대청약(counter offer)**

청약이 제시되면 피청약자가 이를 곧 바로 승낙하는 경우는 드물다. 피청약자는 그 나름대로의 가격수준이나 그 밖의 거래조건을 의중에 두고 있을 것이며, 가능한 한 그 것에 접근시키려 할 것이기 때문이다. 이 경우 피청약자는 청약자가 제시한 원청약의 내용 중에 일부를 수정하여 제시하게 되는데 이런 청약을 반대청약이라고 한다. 이는 법률적으로 원청약의 내용을 거절함과 동시에 새로운 조건을 제시하는 청약의 성질을 가지고 있다.

④ **특수청약**

- 무확정 청약(offer without engagement) : 시세의 변동에 따라서 수시로 그 조건의 변경을 인정하는 청약으로서 일종의 자유청약이다.
- 재고잔류조건부 청약(offer subject to being unsold) : 어떤 한정된 수량의 물품에 대하여 동시에 다수의 매수인 앞으로 청약을 하고 물품의 매진과 동시에 청약의 효력도 소멸되며 일종의 자유청약으로 선착순매매조건부 청약(offer subject to prior sale)이라고도 한다.
- 점검매매 청약(offer on approval) : 청약과 함께 발송한 현물을 피청약자가 점검한 후 만약 구매의사가 있으면 송금하고 그렇지 않으면 현물을 반환하도록 하는 청약으로서 일종의 확정청약이다.
- 반품허용조건부 청약(offer on sale or return) : 청약과 함께 물품을 대량으로 송부하여 피청약자로 하여금 이를 판매하게 하고 팔리지 않은 물품을 다시 반납하도록 하는 조건의 청약으로 일종의 확정청약이다.

2) 승낙

(1) 승낙의 의의

승낙(acceptance)이란 피청약자가 청약자의 청약을 수락하여 계약을 성립시키고자 하는 의사표시를 말한다. 승낙은 청약의 모든 조건에 대하여 절대적(absolute), 무조건적(unconditional) 승낙을 해야만 계약이 성립되며 청약에 대하여 승낙이 있어야 비로소 하나의 계약이 성립된다. 승낙도 청약과 마찬가지로 우편, 전화, 전보, 텔렉스, 팩스, 전자우편 등의 통신수단과 직접구두에 의해서 또는 승낙이라고 보여지는 행위에 의해서도 가능하다.

(2) 승낙의 효력

많은 국가들이 승낙기간의 유무와 관계없이 승낙의 효력발생 시기에 대해서는 도달주의를 취하고 있다. 그러나 일부 국가에서는 우편 또는 전보로 승낙의 통지를 하고 그것이 청약자의 지정에 반하지 아니한 경우에는 발신주의를 취하고 있다. 또한 격지자 사이에 있어서 청약자가 지정한 승낙의 방법에 의하여 또는 명시의 방법이 없는 경우에는 묵시적으로 지정한 것으로 보여지는 방법에 의하여 승낙의 통지를 한 경우에는 통지를 발신한 때에 효력이 발생한다.

우리나라의 경우에는 전보 또는 우편에 의한 청약에 대한 승낙에는 발신주의의 입장을 취하고 있으나 청약자가 승낙기간을 정하여 한 청약 즉, 확정오퍼에 대한 승낙에 대해서는 도달주의 입장을 취하고 있다. 이에 대하여 영국 및 미국은 발신주의 입장을 취하고 있다.

유엔협약(CISG)에서는 승낙기간을 정한 청약에 대해서는 승낙의 통지가 당해 통지기간 내에 도달한 때, 승낙기간을 정하지 아니한 청약에 대해서는 승낙의 통지가 합리적인 기간 내에 도달한 때에 계약이 성립한다고 하는 도달주의를 취하고 있다.

표 4-1 승낙통지의 효력발생시기에 관한 규정

구분			영국법	미국법	독일법	일본법	한국법	UN통일 매매법
의사표시에 대한 일반원칙			도달주의					
승낙의 의사 표시	대화자간	대화	도달주의	도달주의	도달주의	도달주의	도달주의	도달주의
		전화	도달주의	발신주의	도달주의	도달주의	도달주의	도달주의
		텔렉스	도달주의	발신주의	도달주의	도달주의	도달주의	도달주의
	격지간	우편	발신주의	발신주의	도달주의	발신주의	도달주의	도달주의
		전보	발신주의	발신주의	도달주의	발신주의	발신주의	도달주의

(3) 승낙의 철회

승낙의 통지가 청약자에게 도달하기 전 또는 그와 동시에 철회의 의사표시가 청약자에게 도달하면 철회 가능하다. 왜냐하면 승낙이 발효하면 계약이 성립되기 때문이다. 승낙이 철회되기 위해서는 승낙의 통지가 먼저 또는 동시에 청약자에게 도달하여야 하므로 승낙이 동시통신수단으로 이루어진 경우 발신과 수신이 동시적이기 때문에 철회문제는 생길 수 없다.

4. 무역계약의 성립요건

무역계약의 대부분은 청약과 승낙이라는 절차로 성립되는데 이러한 절차가 유효하기 위해서는 다음의 요건을 갖출 것을 요구하고 있다.

1) 당사자의사의 합치

청약과 승낙은 유효한 청약에 대하여 유효한 승낙이어야 당사자의 의사가 합치되는 것으로 인정된다. 따라서 거짓이나 허위로 합의된 계약은 무효이다. 계약서는 보통 2통(in duplicate)을 작성하여 서명한 후 상대방에게 발송하고, 상대방은 내용을 점검하고 확인한 다음 미비점이나 틀린 점이 없을 때에는 계약서 2통에 각각 서명한다. 그 중에 1부(original)를 자신이 보유하고 부본(duplicate)을 작성자에게 교부함으로써 계약이 성립된다.

2) 당사자의 행위능력

대부분의 국가에서는 미성년자, 한정치산자, 금치산자의 행위능력을 제한하고 있다. 따라서 무역계약을 체결할 당시에 당사자가 파산자이거나 정신이상자 또는 무능력자의 지위에 있었다면 그 계약은 효력을 상실한다. 국제사법 제13조에 따르면 사람의 행위능력은 그의 본국법에 의하며, 이미 취득한 행위능력은 국적의 변경에 의하여 상실되거나 제한되지 않는다. 우리나라에서 성인은 만 19세 이상이나 미국, 영국, 프랑스, 독일 등 국가에서는 만 18세 이상으로 하고 있다. 그러므로 만 19세 미만의 한국인이 체결한 계약은 법정대리인의 동의가 없는 한 취소될 수 있다(민법 제4-5조).

3) 당사자의 권리능력

자연인의 권리능력은 국제거래에서는 거의 문제되지 않으나 외국인에게 권리행사가 제한되는 경우가 있다. 외국인에게 선박 및 항공기 소유를 제한하고 외국인으로부터 선박의 양도 또는 임차하는 경우 정부의 허가를 받도록 하는 국가가 대부분이다. 은행업, 증권업, 보험업, 철도사업, 자동차운송사업, 전기사업, 가스사업, 전기통신 및 무선통신사업 등은 인가 또는 허가를 받도록 하고 있다. 특허권, 실용신안권, 의장권, 상표권 및 저작권보호에서도 외국인에 대하여 차별을 하는 국가가 많고, 증권투자, 대내직접투자, 농수산업, 광업, 석유업 및 피혁제품 제조업 등은 신고를 하도록 하고 있다. 항공기산업, 무기제조업, 원자력산업 등에 대한 투자도 국가의 안전보장 등과 관련되어 있어 제

한되는 경우가 대부분이다.

따라서 외국인과 거래를 시작할 때에는 위와 같은 내용을 참고하여 사전에 철저한 조사가 필요하다. 우리나라는 외국인투자촉진법에 따라 외국인투자를 종합적으로 관리하고 있다.

5. 무역계약과 후속계약

1) 무역계약의 종류

무역계약은 계약의 주체가 직접 자기의 이름으로 하는 본인 거래와 타인명의로 하는 대리계약이 있다. 본인(principal)이라 함은 그 거래로부터 발생하는 권리, 의무의 주체로서 자신의 계산과 위험(for account and risk)으로 거래를 하는 자를 말하며, 대리인(Agent)이라 함은 해당 거래로부터 발생하는 권리, 의무의 주체가 타인으로서 타인의 계산과 위험으로 거래를 하는 자를 말한다. 대리인은 매매계약의 당사자가 아니므로 해당 거래로부터 발생하는 손익을 특정의 본인에게 귀속하게 된다.

따라서 대리인은 특정인을 위해 제공한 서비스에 대한 대가로 그 본인으로부터 일정의 수수료(Commission)를 받게 된다. 본인과 대리인간에는 대개 이러한 내부관계를 규정하는 대리점계약(Agency Agreement)을 체결하게 되는데, 대리인이 본인으로부터 정당한 위임을 받고 있는지 위임장을 확인·첨부한 후 당사자의 권리·의무관계를 분명하게 명시하여 후일의 혼란을 방지하도록 특별한 주의가 필요하다.

이러한 형태의 무역계약은 거래가 있을 때마다 대상품목 별로 거래조건을 명기하여 계약서를 작성하는 ① 개별계약(Sales Note 또는 Purchase Note), 연간 또는 장기간 기준으로 기본약정을 해놓고 필요할 때마다 주문으로 거래하는 ② 일반거래약정서(Agreement on General Terms and Conditions of Business), 특정한 상품의 독점 공급을 약정하는 ③ 독점계약(Exclusive Contract) 등이 있다.

일반거래약정은 거래가 빈번하여 거래할 때마다 체결하는 개별계약의 번거로움을 피하기 위한 방법으로서 계약의 본질, 즉 거래형태에 대한 조건, 청약과 승낙에 의해 계약이 성립되는 조건, 품질, 수량, 가격, 선적, 지급, 보험, 포장 등 계약물품에 대한 조건과 분쟁해결을 위한 조건에 대한 내용을 명시하게 된다. 독점계약은 계약기간동안 타인의 개입이 허용되지 않기 때문에 일정한 가격과 품질로 시장을 독점할 수 있는 장점이 있다.

이와 같은 형태로 체결되는 무역계약은 수출입매매계약 이외에 특허 및 기술도입계약

(License and Technical Assistance Agreement), 합작투자계약(Joint Venture Agreement), 대리점계약(Agency Agreement), 용역계약(Service Agreement), 판매점계약(Distributorship Agreement), 중재계약(Arbitration Agreement) 등이 있다.

계약서를 작성하거나 점검-확인할 때 유의할 내용은 다음과 같다.

① 계약내용이 합법적이고 법적 구속력을 지니고 있는가?

② 계약을 이행하는 과정에서 발생할 세금 및 비용부담을 분명하게 명시하고 있는가?

③ 계약의 변경, 해지, 취소에 관한 권리-의무사항이 적절한가?

④ 애매한 용어로 혼란을 발생하거나 가중시킬 가능성은 없는가?

⑤ 준거법 적용과 분쟁해결처리에 대한 내용이 분명하게 명시되어 있는가?

2) 후속계약

무역 업무를 수행하는 과정에서 앞에서 설명한 바와 같이 개별계약, 일반거래약정서 및 독점계약과 같은 무역대상물품에 대한 매매계약 외에도 운송계약, 보험계약, 대리점계약, 리스계약, 팩토링계약 등이 있다.

(1) 화물운송계약

운송인이 화물의 장소적 이동을 화주에게 약속하고, 화주는 이에 대한 보수(운임)의 지급을 약정하는 계약을 말한다. 운송계약은 운송의 방법에 따라 해상, 육상, 항공, 복합운송 등으로 구분되며, 운송계약의 내용은 무역계약서에 약정된 무역조건에 따라 결정된다. 해상운송은 화물을 정기선에 선적하느냐 부정기선(용선운송)에 선적하느냐에 따라 선적 및 하역비용을 별도로 약정하여야 하는 등 복잡한 문제가 발생할 수도 있다. 육상운송계약에 관해서는 자동차운수사업법과 철도운송사업법 및 철도운송규정이, 해상운송계약에 관해서는 해상운송사업법이, 항공운송계약에 관해서는 항공법 등의 특별규정이 적용 또는 준용된다.

운송계약은 형식상 계약당사자가 평등한 지위에서 체결하지만 대부분의 운송계약은 운송인에 의해 독점적·일방적으로 정해 놓은 운송약관(約款)에 의해 운임 및 권리의무사항이 결정된다. Incoterms 2010의 11가지 가격조건 중에 FCA, FOB, FAS조건에서는 매수인이 운송계약을 체결하고, CFR, CIF, CPT, CIP조건에서는 매도인이 운송계약을 체결하고 운임을 부담하여야 한다.

(2) 보험계약

화물은 운송수단에 따라 위험의 정도는 다르지만 운송 중에 상당한 위험에 노출되어 있다. 이러한 위험을 담보하기 위하여 보험회사가 책정한 담보내용과 유형을 화주가 선택하여 보험계약을 체결하고 일정한 보험료를 부담하여야 하는 문제가 발생한다. 운송위험은 운송구간과 운송수단에 따라 다르므로 화주는 일정한 담보위험과 보험료를 고려하여 보험계약을 체결하여야 하는데 통상적으로 FCA, FAS, FOB, CFR, CPT조건은 매수인이 자신을 피보험자로 하여 보험계약을 체결하고 보험료를 부담하여야 하지만, CIF나 CIP조건은 매도인이 매수인을 피보험자로 하여 보험계약을 체결하고 보험료를 부담해야 한다.

(3) 대리점계약

매도인은 자사 제품을 판매촉진 시키기 위하여 특정한 지역의 사정을 잘 알고 있는 사람과 판매대리점 계약을 체결하고 일정한 기간 동안 일정한 판매량을 배정하여 시장을 개척하거나 점유하는 전략이 필요하다. 매수인 역시 해외로부터 품질이 좋고 저렴한 가격으로 장기적이며 안정적으로 원자재와 같은 상품을 수입하려면 동 상품을 구매 수집할 수 있는 현지사정에 밝은 사람을 대리인으로 지명하고 대리점계약을 체결하는 것이 좋을 것이다. 따라서 무역업자는 자사제품의 판매망을 확보하거나 수급이 불안정한 원료를 안정적으로 확보-구입하기 위해 현지인과 체결하는 계약이다.

(4) 리스계약

「리스」는 경제적으로는 물적 금융이므로 물융(物融)이라 하고, 상법에서는 「기계·시설 기타 물융에 관한 행위」라고 규정하고 있다. 리스(lease)는 원래 영국의 common law에서 유래하여 영미법에서 주로 발달된 독특한 계약유형으로서 시설의 대여를 전문으로 하는 대여회사와 대여 받은 그 시설을 이용하는 이용자 사이의 계약을 말한다.

대여회사는 이용자가 선정한 특정물건을 제3자로부터 매수하여 그 이용자에게 장기간 사용하게 하고, 그 대가로 사용기간 동안의 대여료를 받는다. 사용기간이 만료되었을 때에는 리스회사는 일정한 금액을 받고 이용자에게 소유권을 이전해 주기도 한다. 반면에 리스이용자는 목돈을 내고 시설물을 구입하는 대신에 리스회사에게 리스료를 지급하며 시설물이용의 목적을 달성하는 것이므로 리스료 총액에 상당하는 금액을 리스회사로 융자를 받는 것과 같은 혜택을 누릴 수 있다. 리스는 현대적인 기계설비의 확보로 기계노후화와 기술진부화의 위험을 극복할 수 있다는 장점이 있다.

최근 막대한 자금과 다양한 기계·설비를 갖춘 대기업 또는 다국적 기업이 영세 중소기업을 상대로 리스(lease), 프랜차이징(franchising), 팩토링(factoring)과 같은 자본운영기법을 제공하고 있다. 우리나라는 1972년에 시설대여산업육성법을 제정하고 1995년에 리스산업을 상법에 반영하여, 막대한 자금이 소요되는 생산기계를 임대기업으로부터 리스계약을 통해 사용하게 함으로서 중소기업의 경영효율성을 높이고 있다.

(5) 팩토링계약

국제팩토링이란 신용장개설 담보가 부족한 중소기업에게 신용장개설을 꺼리는 은행을 대신하여 팩토링회사가 수출상사와 수입회사의 신용을 조사한 후 신용위험을 인수하고 금융제공과 대금회수 등의 서비스를 제공하는 것을 업으로 하는 금융운용기법이다.

국제팩토링방식에 의한 거래당사자는 수출자, 수출팩터, 수입자, 수입팩터 등 4자로 구성되며, 수출자는 수출팩터와 팩토링계약을 체결하고 수출팩터의 신용조사 의뢰에 따라 수입팩터는 수입자의 신용상태를 조사한 후 이에 근거하여 수출팩터에게 신용승낙을 통보하는데, 이 신용승낙이 있을 때 수출자는 수입자와의 계약에 따라 안전하게 물품을 선적할 수 있다. 팩토링수입은 연지급 수입방법의 한 형태로서 수입자는 외상으로 수입하고, 수출자는 외상수출채권을 팩토링회사(수출 Factor)에 매각하여 자금을 조달할 수 있다는 장점이 있어 중소기업이 10만불 이하의 소규모 거래를 할 때만 이용하고 있다.

제2절 무역계약의 기본조건

무역계약이 성립하기 위해서는 기본적 조건 모두에 대한 합의가 필요하다. 이들 조건 모두에 대한 합의가 되어 있지 않으면 계약의 성립이라 인정할 수 없는 경우가 생긴다. 따라서 무역거래에 있어서는 계약의 내용을 구체적으로 정하는 것이 대단히 중요하다. 일반적으로 무역계약에 있어서는 품질, 가격, 수량, 인도, 결제, 보험, 포장 조건이 계약의 기본적 조건이다.

1. 품질조건

무역계약이 성립하면 매도인은 계약에서 정한 품질대로의 물품을 매수인에게 인도해야 한다. 따라서 목적물인 물품의 품질을 매도인과 매수인 사이에 명확히 해두어야 한다. 품질은 목적물품의 성질을 표시하는 방법에 의하여 결정된다.

1) 품질결정의 방법

(1) 견본매매

견본매매(sale by sample)는 품질을 결정할 때 장래 인도할 실물이 견본과 일치하는 것을 전제로 성립되는 매매계약이다. 당사자의 합의에 의하여 실제로 거래될 상품을 대표하며 상대방은 견본에 의하여 목적물의 성질 및 형상을 파악할 수 있게 된다.

매도인이 제공하는 견본을 매도인 견본(seller's sample), 매수인이 구입을 희망하는 물품을 제시하기 위해서 제공하는 견본을 매수인 견본(buyer's sample)이라고 한다. 제시된 견본에 대하여 거래 상대방이 그 견본에 만족하지 못하고 제시자에게 역으로 제출하는 것을 대응견본(counter sample)이라고 한다. 실제 거래에서는 아무런 설명없이 견본만을 제시하는 경우는 거의 없고, 품명 및 품질 내용을 설명한 카달로그를 제시하는 것이 일반적이다. 또한 견본매매에서는 제시된 견본과 실제 인도된 물품과는 품질, 성능, 형상에 있어서 일치해야 한다. 따라서 견본과 현품이 상이한 경우에는 매도인은 그 책임을 져야 한다.

(2) 표준품매매

표준품매매(sale on standard)는 미수확 농산물이나 수산물, 광물 등의 1차 상품과 같이 자연적 조건에 따라 품질의 변화가 많은 상품에 주로 사용된다. 따라서 이러한 상품의 거래에서는 일정한 표준품을 제시하여 그와 유사한 수준의 상품을 인도하면 된다. 만약 인도상품과 표준품 사이에 품질상 차등이 있는 경우에는 그 차등에 따라 대금을 증감하여 지급하면 된다. 미수확 생산물인 면화, 소맥, 담배 등과 같은 농산물의 선물거래에서나 목재, 냉동어류 등과 같이 현품견본을 이용할 수 없는 물품의 거래에 이용된다.

표준품 매매에 있어서 그 거래물품의 표준품질을 표시하는 방법은 다음과 같다.

① **평균중등품질조건(Fair Average Quality : FAQ)**

이 조건은 주로 곡물이나 과실과 같은 농산물과 광산물 등의 매매에 이용되며 표준품은 법규에 의하여 공공기관이 정한다. 인도상품의 표준품질은 선적의 시기 및 장소에 있어서 그 계절출하품의 평균중등품질(fair average quality for the season's shipment at time and place of shipment)이어야 하는 조건이다. 따라서 농수산물이나 천연물의 무역계약을 체결할 때에는 전년도 수확물의 중등품질을 표준으로 가격을 정하고, 인도되어야 할 목적상품은 새로이 수확된 곡물의 중등품이어야 함을 품질의 결정조건으로 삼게 된다.

② **판매적격품질조건(Good Merchantable Quality : GMQ)**

정확한 견본 또는 표준품의 이용이 곤란할 때 사용되는 품질조건으로서 인도하는 상품의 품질이 거래상 판매적격이어야 하는 품질조건을 말한다. 이는 원피, 목재 또는 냉동어류 등의 거래에 주로 적용하는 조건으로서 이들 목재나 어류는 내부가 부패되어 있어도 외형상으로는 식별이 어렵기 때문에 수입지에서 현물을 인수하면서 내부의 흠을 발견하면 배상을 요구할 수 있는 조건이다.

③ **보통품질조건(Usual Standard Quality : USQ)**

보통 품질을 표준품의 품질로 결정하는 것으로서 공인된 표준품을 기초로 계약품질을 정하고, 현물의 수도는 이 표준품을 비교하여 차이를 정하여 대금의 증액, 감액을 결정하는 것이다.

(3) 상표매매

상표매매(sales by brand or trade mark)는 매매상품이 세계시장에 널리 알려진 경우 품질에 관한 설명이나 견본을 제시할 필요 없이 상표나 브랜드(Gucci 가방, Rolex 손목시계, Burberry 코트 등)에 의하여 품질을 결정하는 것이 당사자들에게 유익하다. 따라서 견본이나 명세서 등에 의한 설명은 불필요하다.

(4) 규격매매

규격매매(sales by grade or type)는 국제적으로 상품의 규격이 정해져 있거나 통일되어 있는 경우, 수출국의 공인된 기관에 의하여 규격이 정해져 있는 상품의 경우(예를 들면 K.S Mark : Korean Stand Mark 또는 UL Mark : Underwriter's License Mark)에는 그 규격에 의하여 품질을 결정하는 것이 여러모로 편리하다. 우리나라는

K.S Mark 제품을 수출할 경우 수출검사를 면제받으며, 미국소비 시장에서는 가전·전기제품은 물론 장난감에 이르기까지 U.L Mark를 획득하지 못한 상품은 소비자들로부터 외면당한다.

(5) 명세서매매

명세서매매(sales by specification)는 주로 선박이나 플랜트 등 기계공업제품의 매매에서는 재료, 구조, 성능 기타의 필요사항에 대하여 그 명세를 표시한 설명서(description), 설계도, 청사진, 카달로그(illustrated catalog) 등에 있는 내용으로 상품의 품질을 결정한다. 정밀한 기계나 정교한 물품의 국제 거래에서는 형상, 치수, 재료 등을 자세히 설명한 명세서에 의해, 그리고 영양식품이나 유지, 기타의 화학제품거래에서는 색채, 광택, 향기, 맛, 순분 등을 표시한 명세서에 의하여 품질을 표시하고 거래가 이루어진다.

(6) 점검매매

점검매매(sales by inspection)는 매수인이 현품을 실제로 점검하고 점검한 그 현품을 매매하는 것으로, 소비자가 점포에서 상품을 직접 보고 구입하는 것과 같은 것이다. 보세창고인도조건(Bonded Warehouse Transaction : BWT), 현물상환지급조건(cash on delivery : COD) 등에서 주로 이용되고 있다.

2) 품질결정의 시기

국제거래에 있어서 상품의 수송은 대부분 장기간에 걸쳐 원거리의 해상운송으로 이루어지기 때문에, 물품에 따라서는 목적지에 양륙되었을 때와 선적되었을 때 품질이 다를 경우가 있다. 그러므로 이러한 종류의 상품거래에는 품질결정의 기준을 선적지에 있어서 선적시의 품질로 할 것인지(선적품질조건, Shipped Quality Terms : TQ, Tale Quale), 아니면 양륙시의 품질로 할 것인지(양륙품질조건, Landed Quality Terms : RT, Rye Terms)를 미리 결정하는 것은 대단히 중요하다.

목적상품의 품질을 선적당시의 품질에 의하여 결정할 것인가, 혹은 양륙당시의 품질에 의하여 결정할 것인가에 따라 다음의 두 가지로 구별된다.

(1) 선적품질조건

선적품질조건(Shipped Quality Terms)이란 인도상품의 품질이 약정품질과 일치하느냐의 여부를 상품의 선적시의 품질에 의하여 결정하는 방법으로서, 공산품 등에 널리

이용되고 있다. 이 조건에서는 매도인이 운송 중에 변질된 상품이나 조수 등에 의한 상품의 손해에 대하여는 책임이 면제된다. 이때에 약정한 품질과 동일하다는 것을 입증하기 위하여 권위 있는 사증기관(surveyor)[4]의 품질증명서(certificate of quality) 또는 검사증명서(certification of inspection)를 매수인에게 제공하여야 한다. 즉, 매도인은 선적시의 품질이 약정품질과 일치할 것은 보증하나 수송도중의 변질에 의한 도착시의 상태에 대해서는 책임을 지지 않는 조건이다. 곡물류의 거래에서는 선적품질조건을 TQ(Tale Quale, tel quel)로 표시하는 경우도 있다. 또한 TQ와 유사한 것으로 SD(Sea Damaged)가 있는데 이는 수송도중의 모든 품질위험은 매수인이 부담하나, 다만 해수에 의한 손해를 입은 경우에만 수송중의 위험을 매도인이 부담하는 조건이다.

① T.Q.(Tale Quale)

일종의 선적품질조건으로서 seller가 계약에 적합한 품질을 선적한 이상 품질은 도착시 및 장소에 있어서 현 상태로 인도되며 해상운송 도중에 야기되는 손해에 대하여서는 buyer에게 책임을 지게 하는 조건으로서 R.T.(Rye Terms)조건과는 정반대되는 조건이다. 따라서 seller에게는 유리하나, buyer에게는 불리한 조건이라고 할 수 있다.

② S.D.(Sea Damaged)

이 조건은 약정상품이 수송되는 동안의 품질위험에 관한 것으로서 해수로 인한 손해에 대해서만 seller가 부담하는 것(Seller is liable for damaged by sea water)을 말한다. 그러므로 S.D. 조건은 T.Q. 조건에 비해 seller에게는 다소 불리하고 buyer에게는 다소 유리한 조건이다. 따라서 이러한 조건에 따라 무역계약을 체결할 때에는 'Damaged by sea water, if any, to be seller's account' 라는 문구를 계약서에 기재함이 보통이다.

(2) 양륙품질조건

양륙품질조건(Landed Quality Terms)이란 인도상품의 품질과 약정된 품질과의 일치여부를 상품의 양륙시의 품질에 의하여 결정하는 조건으로 수송 도중에 변질되기 쉬운 농산물이나 양륙 후 정확한 분석에 의거하여 품질이 결정되는 광산물 등에 주로 이

4) Surveyor란 선적화물에 손해가 발생했을 때 이해관계자의 의뢰에 의하여 그것을 검사·감정하는 전문가를 말하며 감정인이라고도 한다. 오늘날 국제적으로 이용되고 있는 것은 Lloyd's Surveyor로서 가장 신용이 있으며 Lloyd's Surveyor가 작성한 감정보고서(Survey Report)는 국제적인 권위를 자랑하고 있으므로 거의 절대적인 것으로 간주되고 있다.

용되고 있다. 이 조건에서는 매도인이 운송중의 상품의 변질 등에 대하여 책임을 져야 하며, 매수인이 수입상품에 관하여 품질의 불일치임을 발견하였을 경우에는 수입지의 사증기관에 품질감정을 의뢰하고 거기에서 발행된 감정보고서(survey report)를 매도인에게 보내어 손해배상을 청구하는 것이 보통이다. 만약 수입지에 이러한 사증기관이 없으면 수입지 주재의 수출국영사 또는 수입지의 상업회의소에 사증기관의 선정을 의뢰하여 사증을 시킬 수도 있다. 곡물류의 거래에서는 양륙품질조건을 RT(Rye Terms)라고도 하는데 이는 원래 Rye(호밀) 거래에서 처음 사용된 것에서 유래된 것이다.

3) 품질의 증명방법

선적품질조건의 경우에 매도인은 필요시 선적 이전에 검사기관으로부터 품질증명서를 발급 받아 매수인에게 제출함으로써 책임이 면제되고, 양륙품질조건의 경우 매수인은 품질에 이상이 있으면 양륙지의 검사기관으로부터 감정보고서(survey report)를 발급받아 매도인에게 손해배상을 청구할 수 있다.

양당사자는 미리 검사기관 및 검사방법 등을 계약으로 또는 신용장에 명시해 둘 필요가 있으며 특히 불량품의 처리방법은 계약서에 명확하게 해 두는 것이 좋다.

2. 수량조건

수량조건은 품질조건 다음으로 분쟁이 많이 일어나기 쉬운 것으로서 국제매매계약에서는 ① 수량단위, ② 수량결정시기, ③ 수량과부족 등에 관하여 명확하게 하여야 한다.

1) 수량의 단위

매매계약상품의 수량단위는 상품의 성질과 거래관습에 따라 ㉠ 중량(weight), ㉡ 용적(measurement), ㉢ 개수(piece, dozen), ㉣ 포장(bale, case, bag), ㉤ 길이(length) 등이 있는데, 이 수량단위 중 가장 중요한 것은 톤(ton), 파운드(lbs), 킬로그램(kg) 등과 같은 중량단위이다.

(1) 중량(weight)

수량단위 중에서 가장 많이 사용되고 또한 가장 많이 문제가 야기되는 것이 중량인데, 중량에 의한 매매상품에는 농산물·천연산물·철강제품·양모·화학품·약품·유지 등

매우 광범위하다.

중량에는 lb(pound), kg, ton 등이 광범하게 사용되는데 ton에는 다음과 같은 종류가 있다.

① Long Ton(English Ton, Gross Ton) = 2,240lbs = 1,016kg

② Short Ton(American Ton, Net Ton) = 2,000lbs = 907kg

③ Metric Ton(French Ton, Kilo Ton) = 2,204lbs = 1,000kg

또 중량단위에 총중량(gross weight), 순중량(net weight) 및 순순중량(net net weight)의 구별이 있다. 총중량은 물품의 무게와 포장의 무게를 합한 중량이며, 순중량은 포장의 무게를 제외한 순물품의 무게이다. 순순중량은 상품에 따라서는 수입관세의 적정한 부과를 위해서 수입국의 세관이 특별히 요청하는 경우가 많다.

(2) 용적단위(measurement)

액체나 목재 등의 측정은 용적을 기준으로 하여 liter, gallon, barrel, cubic meter (cbm), cubic foot(cft), super foot(sf) 등의 단위가 사용된다.

용적단위도 ton과 같이 같은 gallon이라도 액체의 경우 미국에서는 wine gallon이라 하여 3.7853 liters(231 cubic inch)이고, 영국에서는 imperial gallon이라 하여 4.546 liters(277 cubic inch)인 것과 같이 물품과 나라에 따라 차이가 있는 것에 주의를 요한다. super foot는 목재에 사용되는 단위로서 1 square foot×1 inch이다.

참고로 용적 ton(measurement ton: M/T)은 선박회사가 화물의 운임을 계산할 때 사용하는 단위로서 1 M/T은 40 cubic feet, 즉 480 sf에 해당된다.

(3) 길이(length)

길이에 의해 매매되는 상품에는 생사(silk), 면사(cotton yarn), 인견(rayon), 모직물(wooden piece goods) 등의 원단 직물류에 많이 쓰인다. 단위로는 meter, yard, foot, inch 등이 사용된다.

(4) 개수(piece, dozen)

개수를 단위로 하는 거래도 매우 많다. 라디오, 시계, 현미경, 기계 등은 piece, set 등을 단위로 하지만 작거나 값싼 대부분의 잡제품은 dozen, gross(12×12=144) 또는 small gross(12×10), great gross(12×12×12=1728)를 단위로 한다.

(5) 포장단위

면화·시멘트·비료·통조림·유통 등에는 bale, bag, case, can, drum 포장을 단위로 거래되고 그 단위로서는 keg(작은 통), bag(부대), case(나무상자), bale(꾸러미=곤포), carton(지기제의 상자=paper—packing box), bundle(다발), drum(드럼통), can(함석통), carboy(채롱에 든 대형 유리병) 등의 단위가 있다.

2) 수량결정시기

품질의 결정시기와 마찬가지로 수량의 결정시기에 관해서도 선적수량조건(shipped quantity terms)과 양륙수량조건(landed quantity terms)이 있다.

선적수량조건은 선적지에 있어서 선적의 수량이 계약상의 수량과 일치하느냐 여부를 조사하여 계약상의 수량과 일치하였을 경우에는 비록 해상수송 중에 어떠한 감량이 일어났더라도 매도인이 그 책임을 부담하지 않는 조건이다. 따라서 이 조건은 매도인에게 유리한 것인데, 매도인에 의한 부정이 있기 쉬우므로 선적시의 수량은 매수인이 승인한 검사기관 또는 공인검량인(public weigher)의 검량을 받아 그들이 작성한 중량증명서(certificate of weight)로서 증명하도록 한다. FOB 계약 및 CIF 계약의 어느 경우를 불문하고 계약상 특별한 조건이 명시되어 있지 않는 한 이 선적수량조건을 원칙으로 한다.

양륙수량조건은 양륙항에서 화물을 양하할 때의 중량을 대금계산의 기준으로 하는 것이며, 수송도중에서 일어난 감량은 매도인의 부담이 된다. Incoterms의 D 그룹의 계약에서는 특약이 없는 한 양륙수량조건을 원칙으로 한다. 잡곡류, 해산물, 유지류, 공업약품 등과 같이 장기수송 중에 감량이나 누손이 발생하기 쉬운 상품에서는 그 도착당시의 수량증명을 조건으로 하고 있다. 따라서 이 조건은 매수인에게 유리한 조건이며 매수인의 부정을 방지하기 위하여서도 또한 누손되기 쉬운 상품의 경우 양륙 후의 검량이 지연되면 지연될수록 부당한 손해청구의 구실을 매수인에게 제공하게 되므로 양륙수량은 매도인이 승인한 검량인에 의하여 규정된 검량기일 내에 행해져야 한다.

3) 과부족용인조항

유류(油類)와 같이 휘발성이 있거나 광물 또는 곡물처럼 산물(Bulk Cargo)인 경우 운송 도중 감량이 생길 우려가 있는 물품에 대하여 매매계약시 과부족 한도를 정해 두고 그 범위 내에서 물품인도가 이루어지면 수량부족에 대한 클레임을 제기하지 않기로

약정하는 수량표시방법을 과부족용인조항(More or Less Clause : M/L Clause)이라고 한다.

① **특약에 의한 과부족용인조항 설정**

물품의 성질에 따라 수량과부족을 인정해야 할 경우에 얼마만큼 허용할 것인가와 과부족 선택권자를 누구로 할 것인가에 대하여 계약시에 명시해 두는 것이 좋다. 예를 들면 "Quality shall be subject to a variation of 3% more or less at seller's option."와 같이 약정하도록 한다.

② **신용장거래시의 과부족용인**

곡물·광산물 등과 같이 장기간의 운송 도중 감량이 예상되는 경우는 물론 상품의 성질 또는 생산이나 선박의 사정상 정확하게 계약된 수량을 인도하기 곤란한 경우가 있다. 이러한 물품에 대해서는 어느 정도의 과부족은 허용한다는 용인조건을 채택하게 되는데, 그 용인율을 명시하는 것을 무역계약에서는 과부족용인조건(More or Less Clause : M/L Clause)이라고 한다.

신용장통일규칙에서는 수량의 과부족용인조건이 없을 때 그 허용범위와 관련하여 상품 수량의 과부족허용한도를 5%까지의 범위로 규정하고 있으며(제30조 b항), 신용장에 금액 또는 수량이나 단가에 '약'이라는 뜻의 'about', 'circa' 또는 'approximately'와 같은 표현이 사용되는 경우 10%를 초과하지 아니하는 수량의 증감(plus or minus in quantity, increase or decrease in quantity)은 허용되는 것으로 규정하고 있다(제30조 a항). 비록 위와 같이 신용장통일규칙에 수량의 과부족에 대한 허용 범위가 있지만, 실제 당사자가 계약을 체결함에 있어서는 구체적인 과부족용인율을 기재해 둘 필요가 있다. 이를테면 5% More or Less at Seller's(or Buyer's) Option(5%의 과부족은 Seller 또는 Buyer의 임의로 한다)이라고 기재하는 것과 같다.

3. 가격조건

가격(price)이란 시장에서의 물품의 교환가치(exchange value, value in exchange)를 화폐가치(value of money)로 표시한 것이다. 따라서 교환의 대상인 상품가치는 시장에서 교환에 의해 실현되고, 그 가치는 가격에 의하여 실현되고, 가격은 매수인에게 상품매입을 결정하는 주요한 요인이 되며, 매도인에게는 그 가격에 판매할 의사발생의 요인이 된다. "가격조건(price term)은 적정한 매매가격을 산정하는 데 기본적인 조건이며 중요한 가격이다. 가격조건을 약정하는 데는 ① 매매가격의 표시통화 ② 매매가격의 산출근거, ③ 매매가격의 원가요소 등을 들 수 있다."

1) 매매가격의 표시통화

물품의 수출입대금을 결제하는 데는 국제적으로 통용되는 화폐가 필요하며 어느 나라 화폐로 결정하느냐에 따라 환율변동에 의한 환위험(exchange risk)을 회피하는 데 중요하다.

매매가격에 표시되는 통화의 종류에는 다음의 세 가지 경우가 있다.

① 수출국통화(The Currency of the Export Country)로 표시하는 경우

② 수입국통화(The Currency of the Import Country)로 표시하는 경우

③ 제3국통화(The Currency of an Intermediate Country)로 표시하는 경우

위의 세 가지 중에서 어느 통화로 거래할 것인가 하는 것은 거래당사자간의 협정에 의하여 결정하여야 하지만 통화의 안정성이나 당사자의 이해관계에 따라 결정할 문제이다. 거래통화를 자국통화로 할 경우 환위험을 피할 수 있으나 상대방 국가의 통화나 제3국의 통화로 표시할 경우에는 환위험이 수반된다. 우리나라는 수출·입 허가나 승인을 할 때 외국환거래법에 규정된 지정통화[5]로 거래하도록 제한하고 있다.

2) 매매가격의 산출근거

매매가격은 매도인과 매수인이 부담해야 할 여러 가지의 원가요소와 물품의 인도장소 등을 감안하여 정하여진다. 그러나 매매당사자가 이러한 점을 고려하여 매거래시마다 계약서상에 구체적으로 정한다는 것은 번잡하고 불편한 일이다. 따라서 실제 거래에서는 국제적으로 무역거래관습상 형성된 정형거래조건에 의하여 매매가격이 산출되고 있다. 이를테면 FOB나 CIF 등의 간단한 정형의 사용으로 국가간 상관습의 상이함에서 오는 불충분한 지식, 해석상의 상이점, 실무상의 번거로운 점들을 대부분 해소시킬 수 있다. 따라서 매매당사자는 계약자유의 원칙에 따라 어떠한 거래 관습의 조건을 채택할 것인가를 계약 시에 명시적으로 약정하는 것이 무엇보다도 중요하다. 왜냐하면 FOB,

---

5) 외국환거래법상 지정통화는 ① 영수통화 : IMF 8조국 통화, 스위스 프랑화, 홍콩 달러화 ② 지급통화 : 모든 외국 통화로 규정되어 있다. 가맹국의 일반적 의무를 규정한 IMF협정 제8조(① 경상지불에 있어서 제약을 가하지 말 것, ② 차별적 협정을 폐지할 것, ③ 외국소유의 자기 나라 통화에 교환성을 부여할 것 등)를 이행하기로 수락한 IMF가맹국을 IMF 8조국이라 하는데 우리나라도 1988년 11월에 8조국이 되었다. IMF 8조국에는 미국, 일본 등 20개 선진국, 중동 9개 산유국, 동남아 개도국 3개국과 중남미 5개 신흥 공업국 등이 포함되어 약 66여 개국이다.

CIF 조건이라도 미국의 관습과 인코텀즈의 관습이 서로 달라 상거래 분쟁이 야기될 수 있기 때문이다.

3) 매매가격의 원가요소

물품의 수출 또는 수입가격은 여러 가지의 원가요소를 포함하여 가격을 제시하게 된다.

수출물품의 가격은 제조원가(manufacturing cost)에 기업이윤(profit), 그리고 포장비(packing charges), 각종 검사 및 증명료와 인허가비용, 수출국 내의 내륙운송비(inland freight), 창고비용(godown) 또는 보관료(storage), 터미널화물처리비(terminal handling charges), 혼적 및 분류작업비(CFS charges), 수출통관비용(export clearance cost), 선적비용(shipping charges) 및 적부비용(stowing charges), 해상운임(ocean freight), 보험료(insurance premium), 그 밖의 수출에 수반되는 각종 행정 및 통신비용 등을 포함하여 정하게 된다.

수입물품의 가격은 해상운임(ocean freight), 보험료(insurance premium), 양화비용(unloading charges), 항구세(port duties)와 부두사용료(wharfage charges), 수입통관비용(import clearance cost) 및 수입관세(import duties), 수입국 내에서의 창고료와 보관료(storage godown rent) 및 각종 행정비용, 그 밖에 수출입에 수반되는 이자(interests), 외환비용, 수출입수수료(commissions) 등의 여러 가지 영업비용들이 포함된다.

수출입물품의 가격은 매도인과 매수인이 어느 지점까지의 비용과 위험을 부담하는가에 따라 달라지게 된다. 인코텀즈에 규정되어 있는 11가지 규칙들에 따라 매도인과 매수인의 비용과 위험의 분기점이 결정된다.

4. 대금결제조건

1) 대금결제방식

수출입에 대한 대금결제방식은 크게 송금방식, 추심방식, 신용장방식, 팩토링방식 등이 있다. 국제간의 대금결제에 따른 위험을 제거하기 위해 무역당사자들은 대부분 은행을 이용하게 되는데 은행은 여러 가지 금융기법을 제공하고 있다.

송금방식은 수출입대금을 직접 송금하는 방식으로 CWO(cash with order)와 같은 사전송금과 COD(cash on delivery)와 CAD(cash against document), OA(open account)와 같은 송금방식이 있다.

신용장방식은 수출회사가 신용장 조건과 일치하는 환어음을 선적서류와 함께 은행에 제시하면 대금을 결제하는 금융기법을 말하며, 어음의 결제시기에 따라 일람불(at sight)과 기한부(usance)조건으로 나누어진다.

추심방식은 신용장없이 어음과 선적서류를 수령하는 동시에 대금을 지급하는 D/P거래(document against payment)와 일정한 기간이 지난 후에 지급하는 D/A거래(document against acceptance)가 있다.

또한 팩토링방식은 무신용장 거래의 일종으로 수출국과 수입국에 있는 제3의 금융업자인 팩토링회사가 상호 연계하여 수입상의 신용위험 인수와 수출상에 대한 외상매출채권(환어음)의 할인 매입 등의 서비스를 하는 거래를 말한다.

2) 대금결제시기

대금결제 시기는 선지급, 동시지급, 후지급으로 나눌 수 있다.

선지급(payment in advance)은 물품이 선적 또는 인도되기 전에 대금을 송금하는 방식으로 소량의 견본대금을 지급하거나 특별주문시 이용된다. 선지급에는 송금수표나 우편송금환 또는 전신송금환 등에 의해 송금되는 단순송금방식, 신용장수령과 동시에 결제되는 선대신용장(Red Clause L/C), 주문시 지급(Cash With Order : CWO) 등이 있다.

동시지급(concurrent payment)은 물품이 인도되거나 물품을 화체한 서류의 인도와 동시에 대금이 지급되는 방식을 말한다. 동시지급으로는 서류상환지급방식(Cash Against Document : CAD), 현품인도지급방식(Cash On Delivery : COD)이 있다. 서류상환지급방식은 수출업자가 물품의 선적을 증명하는 운송서류를 수출지에 있는 수입업자의 대리인이나 거래은행에 제시하여 대금을 지급받는 방식이고, 현품인도지급방식은 수입지에서 물품과 대금을 교환하는 현금결제방식이다.

후지급은 물품의 선적이나 서류의 인도 후 일정기간이 경과된 후에 대금지급이 이루어지는 방식으로 기한부신용장(Usance L/C), 인수인도조건(D/A), 청산계정(O/A) 등이 이에 해당된다.

대금결제 방식은 제6장에서 자세히 다룬다.

5. 선적조건

신용장통일규칙에서 선적(shipment)이란 용어는 loading on board(본선적재), dispatch(발송), accepted for carriage(운송을 위한 인수), date of post receipt(우편수령일), date of pick-up(접수일), taking in charge(수탁)의 뜻을 표현하는 것으로 광범위하게 이해되고 있다. 따라서 선적은 계약물품을 선적항의 지정선박에 적재하는 것뿐만 아니라 복합운송이 이루어지는 경우 매도인의 공장 문전에서 운송인(carrier)에게 인도하는 것을 포함하는 개념으로 받아들여져야 한다.

무역계약서에서의 선적에 관한 조건은 계약물품이 어느 시기에 선적이 이행되어야 하느냐를 약정하는 것이다. 선적조건은 ① 선적시기의 약정, ② 분할선적과 환적의 허용여부, ③ 선적지연에 따른 면책조항의 설정, ④ 선적일자의 해석기준 등에 대하여 합의하여야 한다.

1) 선적시기

(1) 특정일선적

가장 많이 사용하는 방식으로 신용장상에 최종선적일을 지정하는 경우이다. 예를 들어 "March 30, 2014"일 경우 2014년 3월 30일까지만 선적하면 된다.

(2) 특정월선적

이 선적시기는 상품의 준비가 완료되는 것과 선편을 종합해서 적당히 정하는데, 1월 중 선적(January shipment)과 같이 1개월 동안에 매도인의 선적의무를 규정하는 단월조건과, 1~2월 중 선적(January/February shipment)과 같이 연속으로 규정하는 연월조건이 있다. 여기에서 1~2월 중 선적과 같은 연월조건의 경우에는 별도의 협정이 없는 한 매도인은 한 번에 약정품을 모두 적재하든 여러 차례에 나누어 적재하든지 1월 1일부터 2월 말일까지 사이에 적재를 완료하면 된다.

(3) 즉시선적

선적시기의 표시를 'immediate shipment', 'prompt shipment', 'shipment as soon as possible', 'shipment without delay' 등 조속 또는 즉시라는 일반적 문언으로 표시하는 경우가 있는데 이러한 표현은 애매한 표현으로서 사람에 따라 다르게 해석될 수 있다. 따라서 이러한 표현은 무역용어로 사용하지 말아야 분쟁을 줄일 수 있다.

(4) 조건부선적

이는 어떤 특정한 조건을 전제로 하여 기한을 정하고 그 조건이 이루어질 때 그 기간 내에 선적하는 조건으로서 Shipment during January-February subject to seller's receipt of L/C by February 25 또는 Shipment within 30 days after contract 등과 같은 것이 그 예이다. Subject to ship's space being available(선적획득조건)은 선복이 획득되는 경우에 한하여 특정시기에 선적하고 그렇지 않으면 기간 내에 선적을 못 해도 책임이 면제되는 조건이다.

2) 선적지연

매도인의 고의·과실 또는 태만 등에 의한 선적지연(delayed shipment, delay in shipment)에 대하여는 당연히 매도인이 책임을 져야 한다. 그러나 천재지변·전쟁·파업·수출금지·전염병 등 불가항력(force majeure)에 의한 선적지연의 경우에 매도인은 선적을 일시 연기하거나 선적의무를 전적으로 면제받을 수 있다. 불가항력적 사태를 입증하기 위해서는 수출국 주재의 수입국영사 또는 상공회의소 등의 증명서가 이용된다. 이러한 불가항력에 의한 면책은 일반적으로 국제거래관습으로 인정되지만 그 처리에 관하여 미리 계약서의 불가항력조항에서 당사자간에 명확하게 협정해 두는 것이 좋다.

3) 분할선적과 환적

(1) 분할선적

계약한 수량 전량을 1회에 선적하느냐 또는 2회 이상 분할하여 선적하느냐 하는 것은 계약당사자 사이에 별도의 특약이 없으면 약정한 선적기일 내에서 분할선적이 허용되며, 그 횟수와 수량정도는 매수인의 이익을 고려하는 범위 내에서 매도인의 자유선택(seller's option)사항이다. 신용장통일규칙에서도 신용장에 분할선적(partial shipment, instalment shipment)을 금지한다는 명시가 없으면 허용하는 것으로 규정하고 있다.

동일한 선박(운송수단)에 비록 상품이 여러 차례 각기 다른 항구에서 선적(상이한 수탁지와 발송지를 표시)되었다 하더라도 상품이 동일한 날자와 동일한 목적지에 도착된 상품은 분할선적으로 간주되지 않는다(신용장통일규칙 제31조 b항).

이와 같이 하나의 계약상품을 분할해서 선적하는 것을 분할선적이라고 하는데, 매수인이 분할의 횟수와 각 선적횟수마다 적재수량을 한정하고 있을 때는 이것을 계약조건에 명시해야 한다. 예를 들면, '1월 중 40상자, 2월 중 20상자(Shipment 40 c/s during

Jan. and 20 c/s during Feb.)'와 같이 명시해야 한다. 분할선적의 경우 어느 선적분(instalment)에 관하여 계약위반이 있으면 그것이 계약 전체에 미치느냐? 아니면 그 선적분으로 제한하느냐? 하는 것이 문제가 된다.

이 점에 관하여 신용장통일규칙에는 지정기간(within given periods)의 분할선적이 규정되어 있으나 어느 분할선적분이 그 분할선적 허용기간 내에 선적되지 아니한 경우 동 신용장에 별도의 명시가 없는 한 당해 분할선적분 또는 그 이후의 분할선적분이 모두 효력을 상실하는 것으로 규정하고 있다. 각 분할선적분이 별개독립의 계약으로 취급되게 하기 위해서는 "In case of shipment by instalments, each shipment shall constitute a separate contract."로 명시하는 것이 좋다.

(2) 환적

환적은 환적허용(transshipment allowed)이라는 문구가 없는 한 환적작업 중에 상품이 파괴될 수 있고 환적에 따른 추가 비용이 발생하기 때문에 원칙상 금지된다. 다만 신용장에 환적금지라는 명시조항이 없는 한 선적서류에 환적이 될 수도 있다는 문구가 있으며 운송구간 전체를 하나의 운송서류로 커버되는 선적서류는 은행이 수리하여야 하는 것으로 신용장통일규칙에 규정하고 있다.

선적조건의 일부로 'direct shipment' 또는 'shipment by direct steamer'라고 표시하는 경우가 있다. 이러한 직항선적은 표면적으로는 환적금지(transshipment prohibited)와 같은 뜻으로 운송도중에 다른 선박에 환적(이적)을 하지 않고 목적항까지 관습항로(customary route)를 항행하는 선박에 선적하여야 한다는 취지로 해석해야 할 것이다.

그러므로 계약서에 명확하게 'direct shipment by customary route'라고 표시하는 것이 좋다. January shipment, to be transshipped at Seoul for Tokyo와 같이 환적항(port of transshipment)이 지정되기도 한다.

4) 선적일 해석기준

신용장거래에서 일자와 관련된 용어로 선적기간을 결정하기 위하여 사용된 경우 to, until, till, from, between이라는 단어는 언급된 일자를 포함하며, before 및 after라는 단어는 언급된 일자를 제외한다. 하지만, 만기일을 결정하기 위하여 사용된 경우 from 및 after라는 단어는 언급된 일자를 제외한다.

어느 달의 전반(first half)과 후반(second half)은 그 달의 1일부터 15일, 그리고 16일부터 말일까지 포함하는 것으로 해석된다. 어느 달의 상순(beginning), 중순(middle)

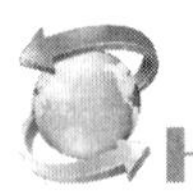

또는 하순(end)은 각기 그 달의 1일부터 10일, 11일부터 20일, 그리고 21일부터 말일까지를 포함하는 것으로 해석된다.

또한 선적시기와 관련하여 "Shipment shall be effected on or about July 20, 2014"와 같이 on or about이나 이와 유사한 표현이 사용될 경우 선적일은 지정일자인 7월 20일로부터 5일 전후까지의 기간 내에 선적이 이행되는 것으로 해석되며 전후 양 말일은 포함된다. 따라서 매도인은 7월 15일에서 25일 사이에 선적할 수 있다.

6. 보험조건

화물을 해외로 수송하는 도중에 많은 위험에 노출되어 있어 불가피한 사고로 인하여 화물에 손상을 입는다면 하주(荷主)는 손해를 입게 된다. 보험제도가 없어 운송중에 있는 화물을 보험으로 보호할 수 없었더라면 국제무역은 오늘날과 같이 발달하지 못하였을 것이다. 오늘날 보험이 부보되지 않는 무역거래는 거의 없는 실정이므로 매도인 또는 매수인 중 어느 한쪽이 부보해야 한다. 따라서 반드시 운송중에 있는 화물을 해상보험에 가입시켜야 화물이 수송도중에 전쟁, 폭풍우 또는 본선의 충돌과 같은 외적 사고나 화재에 의하여 손해를 입었을 경우 손해의 정도와 부보조건에 따라 보험회사로부터 보상을 받을 수 있다.

운송중인 화물에 대해 부보책임자가 보험자 또는 보험회사와 보험계약을 체결할 때, 보험회사가 부담할 보험보상 조건을 어떻게 약정하느냐가 무역계약상의 보험조건이며 이를 계약서에 약정해야 한다. 해상위험의 정도는 천차만별이므로 보험회사의 보상조건 역시 보험의 목적물의 성질, 운송항로, 선박의 종류, 계절, 특수거래에 있어서 특수관습 등에 다양한 보험종류가 있다.

우리나라는 이제까지 런던해상보험자협회와 로이즈보험자협회가 합동으로 만들어 1963년에 개정한 협회적하약관(ICC)인 ① 전위험담보(A/R) ② 분손담보(WA) ③ 분손부담보(FPA)를 사용하여 왔다. 그러나 런던보험자협회는 1982년 구 협회적하약관을 개정하여 A/R을 ICC(A)로, WA를 ICC(B)로, FPA를 ICC(C)로 그 명칭을 변경하였다. 이에 따라 우리나라도 1983년 3월 1일부터 신 ICC를 구 ICC와 함께 사용하고 있다.

보험부보의무는 인코텀즈의 거래규칙에 따라 결정된다. CIF나 CIP규칙의 경우 부보의무는 매도인에게 있으나 물품운송의 위험은 매수인이 부담하므로 보험계약자는 매도인이 되지만 피보험자는 매수인이 된다. EXW, FCA, FAS, FOB, CFR, CPT규칙의 경우 매수인이, DAT, DAP, DDP규칙의 경우 매도인이 각각 자신을 피보험자로 부보할 수 있다.

7. 포장조건

1) 포장의 개념

포장수출이란 수출품의 매매·수송·하역·보관 등의 처리에 있어서 그 물품의 내용 및 외형을 보호하고 상품으로서의 가치를 유지하기 위하여 적절한 재료나 용기로 물품을 둘러싸는 기술작업 및 포장한 상태를 말한다.

수출포장은 충분히 튼튼하게 하여야 하나 화물의 중량 및 용적이 필요이상으로 크게 되면 운송비의 부담이 커진다. 따라서 수출포장시에는 ① 가볍고, ② 부피가 적고, ③ 튼튼하고, ④ 값싸고, ⑤ 보기 좋은 것으로 하되 수출상품의 종류, 성질, 도착지, 운송도중의 기후, 환적의 횟수, 도착국의 화물포장에 관한 법규, 상관습, 그리고 포장비와 운임 등을 충분히 고려하여 가장 합리적이고 안전한 포장을 하여야 한다. 포장화물의 운송, 환적 또는 하역과정에서 내용물이 손상되거나 분실 또는 잘못 운송되기 쉬우므로 포장화물에 대한 화인을 분명하게 하기 위하여 미리 계약으로 정할 필요가 있다.

2) 수출포장의 종류

(1) 개장(unitary packing)

개장이란 일반적으로 소매를 위하여 물품의 최소단위로 하나하나 포장하는 것을 말한다. 상표나 제조업체의 이름을 개장에 표시하여 보기 좋은 포장지를 사용한다.

(2) 내장(interior packing)

내장이란 개장된 물품을 운송 또는 취급하기에 편리하도록 골판지나 플라스틱과 같은 재료를 사용하거나 용기에 수용하는 것을 말한다. 외장보다 튼튼한 포장재가 사용되어 내용물이 수분, 습기 또는 광선이나 진동 등에 의하여 손상되지 않도록 외장의 내부에 판지, 목모(excelsior, wood wool), 솜, 플라스틱 등을 채우거나 칸막이를 하는 것을 내장이라 한다.

(3) 외장(outer packing)

외장은 화물을 수송하는 과정에 파손·변질·도난·분실 등을 방지하고 주의해서 화물을 취급하도록 하기 위하여 포장하는 것을 말한다. 외장은 다년간의 경험과 연구에 의하여 정형화된 포장격식(style of packing)이 고안되어 사용되고 있으며, 일반적으로 목상

자(wooden case)·판지상자(carton)·대(bag)·드럼(drum) 등이 많이 이용되고 있다.

3) 화인

수출자는 수출품을 제조공장에서 수입자(매수인)의 창고까지 운송하는 동안에 수시로 확인·점검하며 혼란과 지연 없이 신속·안전·경제적으로 도착할 수 있도록 화물의 외장에 특정의 기호·번호·목적지·취급주의 문구 등 각종 표시를 하는 것을 화인(shipping marks, cargo marks)이라 한다.

화인은 운송물취급관계자가 조심스럽게 화물을 다루면서 다른 화물과의 식별을 용이하게 함으로써 화물의 손상과 잘못 선적을 방지할 수 있다. 화인(화물표지)의 주요부분은 기호 및 번호(marks and numbers)이며, 이는 선화증권·송장 등에도 기재되어 화물과의 대조를 용이하게 한다. 기호와 번호가 불완전하게 표시된 포장으로 말미암아 일어나는 사고에 대하여는 매도인이 책임을 져야 한다.

(1) 주화인(main mark)

주화인은 다른 화물과의 식별을 용이하게 하기 위하여 일정한 기호로서 보통 외장면에 삼각형·다이아몬드형·정방형·마름모형·타원형 등의 표시를 하고 그 안에 상호의 약자 등을 써 넣는다. 경우에 따라서는 삼각형 등의 그림을 표시하지 않고 문자나 숫자만으로 된 주화인도 있다.

(2) 부화인(counter mark)

부화인은 주화인의 보조로서 같은 lot의 타화물과 식별이 용이하게 하기 위하여 표시하는 것인데, 부화인이 내용물의 품질 또는 등급을 표시할 경우에는 품질표시(quality mark)가 된다.

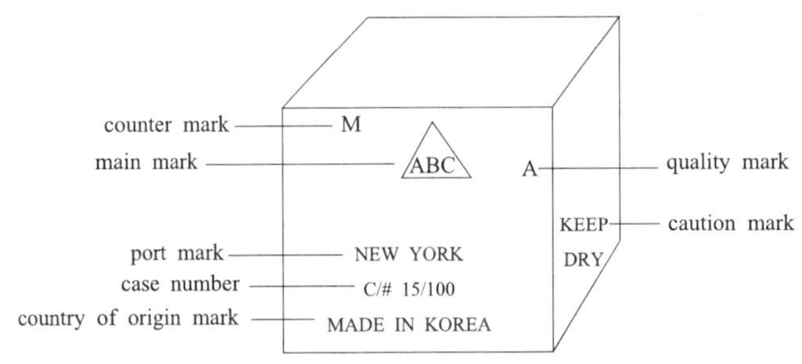

▌그림 4-1▌ 화인의 방법

(3) 중량 표시(weight mark)

화물의 순중량과 총중량을 표시한다. 용적표시(measurement mark)가 필요한 경우에는 용적도 표시한다.

(4) 목적항 표시(port mark)

화물의 선적 또는 양화작업을 용이하게 하고 화물이 오송되는 일이 없도록 목적항 또는 목적지를 표시한다. 시애틀을 거쳐 육로로 시카고로 수송할 경우 “CHICAGO OVERLAND VIA SEATTLE”로 표시하고, 홍콩을 거쳐 마닐라로 운송할 경우 “MANILLA VIA HONGKONG”로 표기한다. 그리고 항구에서 지방으로 운송하는 상품은 “NEW YORK IN TRANSIT”이다.

(5) 번호(case number)

포장물이 여러 개인 경우에는 매 포장마다 총 개수 중에서 몇 번째 개수에 해당하는지를 일련번호로 표시한다. 예를 들면 총 100상자 중에 15번째 화물상자라 한다면 “Nos. 15/100”로 표기하여 포장명세서에 기재된 내용물을 통해 정확한 포장 내용물을 확인할 수 있다.

(6) 원산지 표시(country of origin mark)

당해 화물의 원산지를 표시한다. 즉, 우리나라가 원산지인 경우의 상품은 MADE IN KOREA로 표시한다.

(7) 주의표시(caution mark, care mark)

선적 또는 하역과정에서 화물운송작업부가 화물을 취급할 때 주의하도록 표시하는 것인데, 주로 작업장의 노동자는 글씨를 읽지 못하므로 갈고리, 우산 등 그림으로 표시하며 보통 포장의 측면에 표시되기 때문에 side mark 라고도 한다. 주의표시에는 USE NO HOOK, WITH CARE, KEEP DRY, THIS SIDE UP, OPEN HERE, FRAGILE 등이 있다.

(8) 기타의 표시

수입상이 수입화물의 분류나 통관 등의 편의를 위하여 주문번호(Order No.) 기타를 외장에 표시하도록 지시하는 경우가 있다.

8. 분쟁해결조건

분쟁해결조건은 계약당사자의 일방 또는 쌍방에 의한 계약불이행 또는 사기 등으로 분쟁이 발생할 경우 해결할 수 있는 방법을 약정하는 것이다. 이를 위해 불가항력 조항, 클레임 및 중재 조항, 준거법 조항 등이 포함된다.

1) 불가항력 조항

불가항력(force majeure)이란 관련 당사자의 통제를 넘어서는 모든 사건을 말한다. 수출업자의 고의적인 과실이나 태만 등으로 야기되는 계약불이행에 대해서는 수출업자가 책임을 져야 하지만 전쟁, 천재지변 등과 같은 불가항력에 의한 계약불이행은 면책될 수 있다. 이에 대한 범위를 계약서에 명시할 필요가 있다.

2) 클레임과 중재조항

클레임(claim)이란 당사자가 약정된 계약을 위반함으로써 상대방이 단순한 불평(complaint)의 차원을 넘어 손해배상을 요구하는 것을 의미한다. 무역계약시 클레임 제기시한을 정하는 것이 바람직하며, 클레임의 정당성을 입증할 수 있는 공인된 감정인의 감정보고서(surveyor's report)를 첨부하도록 합의하는 것이 중요하다.

클레임은 가능한 당사자들 간에 우호적으로 해결되어야 하지만 그렇지 못할 경우에는 중재(arbitration)에 의해 해결하도록 한다. 따라서 중재지역, 중재기관 및 중재법 등에 대한 약정을 해두어야 한다.

당사자는 국내외적으로 공신력 있는 유명중재기관에서 권유하고 있는 표준중재조항을 계약서에 미리 삽입해 둘 필요가 있는데, 대한상사중재원에서 권유하는 중재조항을 보면 다음과 같다.

> "All disputes, controversies, or differences which may arise between the parties, out of or in relation to or in connection with this contract, or for the breach thereof, shall be finally settled by arbitration in Seoul, Korea in accordance with the Commercial Arbitration Rules of the Korean Commercial Arbitration Board and under the Laws of Korea. The award rendered by the arbitrator(s) shall be final and binding upon both parties concerned."

「이 계약으로부터 또는 이 계약과 관련하여 또는 이 계약의 불이행으로 말미암아 당사자 간에 발생하는 모든 분쟁, 논쟁 또는 의견 차이는 대한민국 서울특별시에서 대한상사중재원의 상사중재규칙 및 대한민국 법에 따라 중재인에 의하여 최종적으로 해결한다. 중재인(들)에 의하여 내려지는 판정은 최종적인 것으로 당사자 쌍방에 대하여 구속력을 가진다.」

3) 준거법 조항

무역계약의 성립과 이행 및 해석에 관해 어느 나라의 법을 적용할 것인가에 대한 준거법(governing)이 문제가 된다. 따라서 계약 당사자가 준거법을 어느 국가의 법으로 할 것인가를 약정해야 한다.

Chapter 5

정형거래조건과 인코텀즈

제1절 Incoterms의 개요

1. Incoterms 의의

Incoterms라는 말은 1936년 국제상업회의소에서 제정 당시 "International Commercial Terms"의 문자조합의 합성어이다. 부제는 6차 개정까지 '무역거래조건의 해석에 관한 국제규칙'(International Rules for the Interpretation of Trade Terms)이었으나, 7차 개정인 Incoterms® 2010부터는 '국내 및 국제무역거래조건의 사용에 관한 국제상업회의소 규칙'(ICC rules for the use of domestic and international trade terms)이라는 부제를 달아 국내거래 및 국제거래시 사용가능하도록 그 의미를 확장하였다. 또한 Incoterms® 2010은 국제상업회의소의 등록상표로 FOB와 같은 정형거래규칙을 표기할 경우 이를 반드시 병행표기(예: FOB Busan Incoterms® 2010) 하도록 하고 있다.

인코텀즈는 매도인의 인도의무, 위험분담, 물품의 수출입통관 의무, 물품포장, 매수인의 인수의 의무, 인도의 증거서류 제공의무, 안전관련 정보제공의무 등을 다루고 있는 것이다. 따라서 인코텀즈는 강행규정이 아닌, 임의규정으로 매매계약 시 계약당사자가 Incoterms® 2010 규칙을 적용하기로 합의하여야만 비로소 구속력을 가지게 된다.

반면 인코텀즈는 매매당사자간의 최소한의 의무(각 10가지)에 대한 해석기준을 제공하지만 운송계약이나 보험계약 내용까지 전부 포괄하여 적용되는 것은 아니다.

반면 소유권 및 기타 재산권의 이전, 계약의 위반과 권리구제, 의무면제 등은 다루지 않고 있다. 따라서 계약위반의 결과와 다양한 장애요인에 기인되는 문제들은 매매계약

상의 다른 규정과 준거법에 의하여 해결되어야 한다.

2. Incoterms® 2010 규칙의 주요 특징

1) 정형거래조건의 축소

컨테이너화의 진전 및 지점 간(point to point) 인도방식의 확대 등과 같은 운송환경 변화를 반영하여 2000년 Incoterms에 있던 조건 중 DAF(delivered at frontier : 국경인도), DES(delivered ex ship : 착선인도), DDU(delivered duty unpaid : 관세미지급인도) 조건을 DAP(delivered at place : 목적지인도규칙)로 변경하였고, DEQ (delivered ex quay : 부두인도)조건을 DAT(delivered at terminal : 터미널인도규칙)로 변경하여 11가지 규칙으로 사용되고 있다. DAT규칙과 DAP규칙은 운송방식에 상관없이 사용될 수 있다. 물품인도와 관련하여 DAT규칙은 기존의 DEQ조건에서와 같이 도착된 운송수단으로부터 양륙하여 매수인의 처분에 맡긴 때에, 그리고 DAP규칙에서는 기존의 DAF, DES 및 DDU조건과 같이 양륙준비가 되어 있는 상태, 즉 양륙하지 않은 상태로 운송수단상에서 매수인의 처분에 맡긴 채 인도가 이루어진다.[1)]

2) 분류방식의 변경

Incoterms 2000에서는 4개의 그룹(E, F, C, D)으로 분류하였으나 Incoterms® 2010은 현대의 상거래 현실을 반영하여 전체 11가지 거래규칙을 운송수단에 따라 다음과 같이 두 가지로 구분하여 분류하고 있다.

① 모든 운송방식에 상관없이 사용될 수 있는 규칙(rules for any mode or modes of transport)

② 해상 및 내수로 운송에 사용되는 규칙(rules for sea and inland waterway transport)

---

1) 대한상공회의소, 인코텀즈 개정 및 무역환경 변화 대응전략 세미나, 2011, 참조.

| 표 5-1 | Incoterms® 2010의 규칙

구 분	가격조건	약어
운송수단에 관계없이 사용되는 규칙	• 공장인도(Ex Works : insert named place of delivery)	EXW
	• 운송인인도(Free Carrier : insert named place of delivery)	FCA
	• 운송비지급인도(Carriage Paid To : insert named place of destination)	CPT
	• 운송비보험료지급인도(Carriage and Insurance Paid to : insert named place of destination)	CIP
	• 터미널인도(Delivered At Terminal : insert named terminal at port or place of destination)	DAT
	• 목적지인도((Delivered At Place : insert named place of destination)	DAP
	• 관세지급인도(Delivered Duty Paid : insert named place of destination)	DDP
해상운송 및 내륙수로운송에 사용되는 규칙	• 선측인도(Free alongside ship : insert named port of shipment)	FAS
	• 본선인도(Free on board : insert named port of shipment)	FOB
	• 운임포함인도(Cost and Freight : insert named port of destination)	CFR
	• 운임보험료포함인도(Cost, Insurance & Freight : insert named port of destination)	CIF

3) 본선인도 개념의 변경

Incoterms® 2010의 두 번째 분류인 '해상 및 내륙수로운송에 사용되는 규칙'의 경우 인도지점 및 매수인에게 물품이 인도되어야 하는 장소가 모두 항구이다. 2000년 Incoterms까지는 FOB, CFR 및 CIF조건에서 인도지점을 '본선의 난간'(ship's rail)을 유효하게 통과할 때'로 규정하고 있었으나, 2010년 Incoterms에서는 물품이 '본선상에 적재된 때'(when the goods are on board the vessel)에 인도되는 것으로 규정하고 있다. 이는 현실적 개념의 선적의 의미를 반영한 것으로 위험이 가상의 수직선을 통과할 때 이전된다는 추상적인 관념이 변경된 것이다.

4) 국내 및 국제거래를 위한 규칙

Incoterms는 전통적으로 물품이 국경을 통과하는 국제매매계약에 사용되어 왔다. 2010년 Incoterms에서는 그 부제를 '국내 및 국제거래조건의 사용에 관한 ICC규칙'(ICC Rules for the Use of Domestic and International Trade Terms)으로 바꾸었다. 종래에는 3자 약어로 표시한 거래조건의 해석이 주안이었으므로 '조건'이라고

명명하였으나, Incoterms® 2010에서는 '거래조건을 사용하기 위한 규칙'이라고 하는 취지에서 각기 '규칙'(rule)이라고 부르고 있다.

5) 사용지침(guidance note)의 도입

Incoterms® 2010 서문에서는 물품, 선택된 운송수단, 그리고 당사자들이 매도인 또는 매수인에게 추가의무를 부과할 의사가 있느냐의 여부에 따라 적절한 조건을 사용할 필요성을 강조하고 있다. 이에 추가하여 각 규칙의 앞부분에는 '사용지침'을 두어 거래조건의 선택에 도움이 되는 정보를 담고 있다. 사용지침은 각각의 Incoterms 규칙에 대하여 언제 사용되어야 하고, 언제 위험이 이전되며, 비용은 매매당사자 사이에 어떻게 배분되는지 등 기본적인 사항을 설명하고 있다. 이와 같이 사용지침은 특정거래에서 적절한 인코텀즈 규칙을 사용자가 정확하고 효과적으로 사용할 수 있도록 도와주는 역할을 하고 있다.

6) 전자통신에 종이서류와 동일한 효력 부여

종전의 Incoterms에서는 EDI 메시지로 대체할 수 있는 서류를 특정하고 있다. 하지만 Incoterms® 2010에서는 당사자들이 서류를 전자통신수단으로 제공하기로 합의하거나 관습적인 경우, 전자통신수단에 의한 전자기록 또는 절차는 종이서류와 동일한 효력을 부여받는다.

7) 2009년 협회적하약관에 관한 규정 반영

Incoterms® 2010은 새롭게 개정된 협회적하약관(Institute Cargo Clause : ICC)이 시행된 2009년 이후 처음으로 개정된 것이므로 개정된 약관의 내용을 고려하였다. 매도인의 의무(A)와 매수인의 의무(B)에서 보험계약과 관련된 A3 b)와 B3 b)에서 보험에 관한 정보제공의무를 규정하였다.

8) 보안에 관련된 규정 도입

최근 물품의 이동에 있어서 보안에 대한 관심이 높아지면서 물품이 생명이나 재산에 위협을 가하지 않는다는 취지의 증명을 요구하고 있다. 예컨대, '물증보관의 연속성'(chain of custody)정보와 같은 보안관련 정보를 확인하는데 매매당사자가 상호 협력하도록 의무를 부과하고 있다. 'Chain of Custody'는 물리적 또는 전자적 자료의 입수, 양도, 취급 및 처분의 전체과정을 보여주는 증거서류를 가리킨다.

9) 터미널 취급수수료의 취급에 관련된 규정 추가

운송비용은 종종 항구나 컨테이너 터미널 내에서 물품을 취급하고 운반하는 비용까지 포함된다. 운송비용이 매도인의 책임인 경우 터미널 취급수수료(Terminal Handling Charge : THC) 등의 제비용도 운임의 일부에 포함되기 때문에 계약시 가격에 전가되어 결국 매수인이 지급하게 되는 셈이다. 그럼에도 불구하고 운송인 또는 터미널 운영자는 이들 비용을 물품을 수령하는 매수인에게 청구하는 경우도 있는데 이는 매수인이 총 판매가격의 일부로서 매도인에게 지급하였음에도 불구하고 다시 지급함으로써 이중 지급하게 되는 문제가 발생된다.

Incoterms® 2010에서는 이러한 불합리한 문제를 해결하기 위하여 A6/B6에서 이들 비용을 명확하게 구분하고 있다. CPT, CIP, CFR, CIF, DAT, DAP 및 DDP 규칙의 매도인의 의무사항 중 비용의 분배(A6)에서 운송계약으로 인하여 발생하는 운임 및 기타 모든 비용을 매도인이 지급하도록 하였다. 이 운임에는 터미널 취급비용을 포함하고 있기 때문에 매도인이 부담하여야 한다. 하지만 EXW, FCA, FAS 및 FOB 규칙에서는 매수인이 목적지까지의 운송비를 지급하는 것으로 규정하고 있기 때문에 매수인이 터미널 취급비용을 부담하여야 한다.

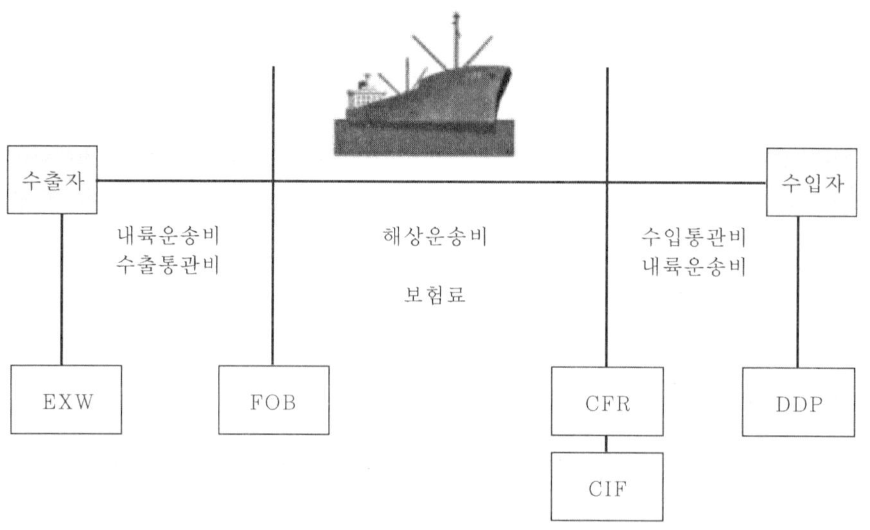

| 그림 5-1 | 인코텀즈의 이해(비용중심)

10) 연속매매(string sales)와 관련된 규정 도입

제조물의 매매와 달리 상품(1차산품)의 매매에 적용되는 FOB, CFR 및 CIF 규칙의 경우 화물이 본선에 선적된 후 운송되는 도중에 여러 차례 전매되기도 한다. 전매선을 따라(down a string) 운송도중에 물품이 전매되는 경우 이미 최초의 매도인에 의해 물품이 선적되었기 때문에 운송 중의 새로운 매도인은 동일 물품의 선적을 할 수 없게 된다. 따라서 중간 매도인은 자신의 매수인에 대해 물품을 선적하는 것이 아닌 선적된 물품을 '조달'(procure)해 줌으로써 자신의 의무를 수행한다. 분류의 목적상 Incoterms® 2010은 '선적된 물품의 제공' 의무를 관련 인코텀즈 규칙 안에 물품선적의무와 병행하여 포함시키고 있다.

3. Incoterms® 2010 구성상의 특징

1) 지정장소 인도규칙과 특수비용포함 인도규칙

지정장소 인도규칙은 거래규칙 뒤에 기재된 지정장소가 물품의 인도장소를 나타내는 곳으로 물품의 인도와 동시에 위험과 비용이 동시에 매도인으로부터 매수인에게 이전된다. 이에 따라 인도 이후 일체의 위험과 비용은 매수인이 부담하여야 한다. 예를 들어 'FOB Busan, Korea, Incoterms® 2010' 혹은 'DAT Abc Terminal, Chicago, USA, Incoterms® 2010'의 경우 거래규칙 뒤에 기재된 지정장소가 위험과 비용이 이전되는 장소가 된다.

특수비용포함 인도규칙은 선적지를 기초로 하여 매도인이 매수인의 부담에 해당되는 특정비용을 부담하고, 매수인은 매도인이 부담하지 않은 비용과 위험을 부담하는 규칙이다. 특수비용포함규칙에서는 매수인이 부담할 특정비용을 매도인이 부담하고 위험만을 매수인이 부담하므로 비용이 이전되는 장소와 위험이 이전되는 장소가 다른 특수비용 포함규칙이다. 특수비용 포함규칙은 물품의 인도장소와 위험부담의 분기점은 일치하지만, 비용부담의 분기점과 위험부담의 분기점이 다르다. 예를 들어 'CIF New York, USA, Incoterms® 2010' 혹은 'CFR Piraeus, Freece, Incoterms® 2010'의 경우 규칙뒤에 기재된 특정장소는 계약의 이행지, 즉 인도장소가 아니라 해상운임을 지급해야 하는 목적지이다. Incoterms® 2010 규칙중 CPT, CIP, CFR 및 CIF 규칙은 특수비용포함 인도규칙이고 나머지 규칙들은 지정장소 인도규칙이다.

2) 현실적 인도규칙과 상징적 인도규칙

현실적 인도규칙(actual delivery)은 매도인으로부터 매수인 또는 그 대리인에게 현실적이고 직접적으로 물품을 교부함으로써 인도가 이루어지는 것으로 CFR 및 CIF규칙을 제외한 모든 규칙들이 여기에 해당된다.

상징적 인도규칙(symbolic delivery)은 인도가 물품이 선적된 시점이 아니라 선하증권 등의 선적서류와 상환으로 인도가 이루어지는 것을 말한다. 상징적 인도규칙에서는 물품이 선적되어도 매수인은 그 대금을 지급할 의무가 없으며 선적서류와 상환으로 대금을 지급하면 된다.

3) 선적지 인도규칙과 양륙지 인도규칙

선적지 인도규칙은 물품의 인도장소를 선적지로 하고 있는 매매조건으로 인도장소가 매매당사자의 위험분기점이 된다. 비용부담의 분기점도 원칙적으로 위험부담과 동일하지만 특수비용 포함규칙은 예외이다. Incoterms® 2010 규칙 중 E, F 그리고 C로 시작되는 규칙은 모두 선적지 인도규칙이다.

양륙지 인도규칙은 물품의 인도장소를 목적지로 하는 매매조건으로 그 인도장소를 매매당사자의 위험부담과 비용부담의 분기점으로 한다. Incoterms® 2010 규칙 중 D로 시작되는 모든 규칙들은 양륙지 인도규칙이다.[2)]

| 표 5-2 | Incoterms® 2010 규칙의 분류

<table>
<tr><th>표현방식</th><th>인도장소</th><th>인도형태</th><th>운송방식</th><th>거래규칙</th></tr>
<tr><td rowspan="7">지정장소 인도규칙</td><td rowspan="4">선적지인도</td><td rowspan="9">현실적 인도</td><td rowspan="2">복합운송</td><td>EXW</td></tr>
<tr><td>FCA</td></tr>
<tr><td rowspan="2">해상운송</td><td>FAS</td></tr>
<tr><td>FOB</td></tr>
<tr><td rowspan="3">양륙지인도</td><td rowspan="5">복합운송</td><td>DAT</td></tr>
<tr><td>DAP</td></tr>
<tr><td>DDP</td></tr>
<tr><td rowspan="4">특수비용 포함규칙</td><td rowspan="4">선적지인도</td><td>CPT</td></tr>
<tr><td>CIP</td></tr>
<tr><td rowspan="2">상징적 인도</td><td rowspan="2">해상운송</td><td>CFR</td></tr>
<tr><td>CIF</td></tr>
</table>

2) 이시환, Incoterms® 2010, 두남, 2010, pp.33-34, 참조.

지정장소 인도규칙	물품의 인도장소를 나타냄(FAS, FCA, FOB 등)

특수비용포함 인도규칙	인도장소와 위험부담의 분기점은 일치하나 비용부담의 분기점은 위험부담의 분기점과 불일치(CPT, CIP, CFR, CIF)

선적지 인도규칙	인도장소가 선적지로 위험부담의 분기점이 됨(E, F, C 규칙)

양륙지 인도규칙	인도장소가 목적지로 인도장소를 위험부담과 비용부담의 분기점으로 함(D로 시작되는 규칙)

현실적 인도규칙	매수인, 대리인에게 직접물품교부 인도(CFR, CIF 제외)

상징적 인도규칙	선적서류(선하증권)의 교부로 인도가 이루어짐(CFR, CIF) 선적서류와 상환으로 대금지급

자료 : 이시환, Incoterms® 2010, 두남, 2010, p.36.

제 2 절 단일 또는 복수의 운송방식을 위한 규칙

1. 공장인도규칙(EXW)...(지정인도장소)
Ex Works...(insert named place of delivery)

1) 개념

EXW는 Ex works[3]의 약칭으로 "공장인도"를 말한다. 이 규칙은 한 가지 운송방식뿐만 아니라 두 가지 이상의 모든 운송방식에도 사용이 가능한 규칙이다. 다시 말해 철도운송, 도로운송, 항공운송, 해상운송, 내륙수로운송 등의 단일운송방식에도 사용할 수

3) "Ex Works"에서 "Ex"는 '특정장소로부터(from a specific place)'의 의미를 가지고 있고, 'Works'는 라틴어의 'Loco' 영어의 'Spot'의 의미로 공장(works), 작업장(factory), 광산(mill), 육상에 위치한 창고(warehouse) 등을 의미한다.

있고, 이들 단일운송방식을 결합한 복합운송(Combined transport 또는 multimodal transport)에도 사용될 수 있다.

공장인도규칙(EXW)은 매도인의 구내(premises) 또는 기타 지정된 장소(공장, 창고 등)에서 매수인의 임의처분상태[4]로 둘 때 인도하는 것을 의미한다. 매도인은 물품의 집회차량(collecting vehicle)에 적재할 필요가 없으며, 수출통관이 필요한 경우에도 수출물품에 대해 통관할 필요가 없다.

당사자들은 지정된 인도장소 내의 지점(point)을 가능한 명확하게 명시해야 하고 그 지점까지의 비용과 위험을 부담한다. 매수인은 지정된 인도장소의 합의된 지점(있는 경우)으로부터 물품을 수령하는데 수반되는 모든 비용과 위험을 부담한다.

위험이전	비용이전	통 관	비 고
• 매도인의 영업창구 내에서 매수인이 임의처분할 수 있도록 인도한 때	• 매도인은 인도할 때까지의 모든 비용 부담	• 매수인이 수출통관	• 매도인 적재의무 없음 • 매도인의 의무 최소가 되는 조건 • 매수인의 의무가 최대가 됨

▌그림 5-2▐ EXW(공장 인도 규칙)

EXW는 매도인으로서는 최소한의 의무를 가지는 규칙으로 다음과 같은 사항을 유의하여 사용하여야 한다.

① 매도인이 비록 실무적으로 물품을 적재하는데 더 유리한 위치에 있다고 할지라도 매도인이 매수인에게 물품을 적재할 의무가 없다. 매도인이 물품을 적재하는 경우

4) 매수인의 임의처분상태는 매수인이 매도인으로부터 물품을 인도받아 자신의 마음대로 처분하는데 방해를 받지 않는 상태를 말한다.

에 매수인의 위험과 비용으로 적재하는 것이다. 따라서 매도인이 물품을 적재하는 데 더 유리한 위치에 있는 경우 매도인이 자신의 위험과 비용으로 적재를 행하는 운송인인도규칙(Free carrier : FCA)을 사용하는 것이 더 적절하다.

② 수출을 위하여 EXW에 기초하여 매도인으로부터 물품을 구매하는 매수인은 매도인에게 수출통관을 이행하도록 요구할 수 있다. 하지만 매도인은 수출통관을 이행할 의무가 없고 단지 수출통관을 이행하는데 협조할 뿐이다. 따라서 매수인이 직접 또는 간접적으로 수출통관을 행할 수 없을 경우 EXW를 사용하지 않는 것이 바람직하다.

③ 매도인이 조세 또는 신고 등의 목적으로 물품의 수출에 관한 정보가 필요하더라도 매수인은 이들 정보를 제공할 의무가 없으며 단지 한정된 정보만을 제공할 수 있다.

2) 위험의 이전(transfer of risks)[5)]

위험의 이전은 매도인이 계약물품을 합의된 일자나 기간 내에 합의된 지점에서 매수인의 임의처분상태로 둘 때 매수인에게 이전된다. 따라서 매수인은 계약내용대로 특정된 물품이 자신의 임의처분에 맡겨진 이후에 발생하는 모든 위험을 부담하여야 한다.

3) 비용의 배분(allocation of costs)

매도인은 합의된 지점에서 물품을 매수인의 임의처분 상태로 둘 때까지의 제비용을 부담한다. 즉 물품을 직접제조하거나 구매·조달하는데 따른 기본원가(basic costs), 사업부문별 간접원가(indirect costs), 포장비(packing costs), 품질·용적·중량·수량 등의 물품점검업무비용(costs of checking operations) 및 기타 비용을 부담하여야 한다.

매수인은 운송수단에의 적재 비용(loading charges), 수출입 승인비용, 선적전 검사비용, 적용 가능한 경우 수출시 지급되는 모든 관세(all duties), 조세(taxes) 및 기타 부과금을 포함한 통관비용, 내륙운송비, 해상운임, 적화보험료 등 임의처분상태로 인도된 이후 제비용을 부담하여야 한다.

5) 이하의 각 규칙들에 대한 위험이전, 비용분담, 제공서류 등의 내용들에 대해서는 Incoterms® 2010의 원문과 대한상공회의소 세미나 자료, 강원진, 무역실무 문답식 해설, 두남, 2011. 내용을 참조함.

4) 매도인의 제공서류

(1) 기본서류

매도인은 매매계약과 일치하는 상업송장(commercial invoice) 및 계약서에서 요구하는 일치증명(evidence of conformity)을 제공하여야 한다. 이와 같은 모든 서류는 이에 상응한 전자기록 또는 절차도 인정된다.

(2) 임의서류

매도인은 매수인에게 인도서류의 제공의무는 없으나, 매수인의 요청에 따라 매수인의 비용과 위험으로 포장명세서(packing list), 원산지증명서(certificate of origin), 품질 및 수량증명서(certificate of quality and quantity), 중량 및 용적증명서(certificate of weight and measurement), 영사송장(consular invoice), 그리고 보험부보를 위한 정보 등 임의서류를 제공할 수 있다.

5) 기타 의무와 정보제공을 위한 협조 및 관련 비용

(1) 매도인의 의무

매도인은 매수인에게 계약과 일치하는 물품을 제공하여야 한다. 적용 가능한 경우 매수인의 요청과 위험 및 비용부담으로 수출허가, 공적인 승인, 물품의 안전통관을 위하여 요구 시 매도인이 가지고 있는 모든 정보를 제공하여야 하며, 필요한 제 서류의 취득을 위한 협조를 제공하여야 한다. 아울러 계약물품을 매수인이 인수할 수 있도록 필요한 모든 통지를 하여야 하고, 포장이 필요한 물품의 경우에는 적절한 화인(marking)을 하여야 한다.

(2) 매수인의 의무

한편 매수인은 계약에 정한 바에 따라 대금지급을 하여야 한다. 아울러 수입승인과 수입통관수속절차를 이행하여야 하고 물품인도장소에서 물품인도의 수령(taking delivery)을 행하여야 한다. 또한 약정기간 내에 물품의 인수시기와 지점에 대한 결정을 유보하는 경우에는 매도인에게 충분한 통지를 하여야 한다.

2. 운송인인도규칙(FCA)...(지정장소)

Free carrier...(insert named place of delivery)

1) 개념

FCA는 Free Carrier의 약칭으로 "운송인인도"를 말한다. 이 규칙은 한 가지 운송방식뿐만 아니라 두 가지 이상의 모든 운송방식에도 사용이 가능한 규칙이다. 다시 말해 철도운송, 도로운송, 항공운송, 해상운송, 내륙수로운송 등의 단일운송방식에도 사용할 수 있고, 이들 단일운송방식을 결합한 복합운송(combined trans port 또는 multimodal transport)에도 사용될 수 있다.

운송인인도규칙(FCA)은 매도인의 구내(seller's premises) 또는 그 밖의 지정된 장소(일반적으로 운송인의 구내)[6]에서 매수인이 지정한 운송인[7] 또는 그 밖의 당사자에게 물품을 인도하는 것을 말한다. 당사자들은 지정된 인도장소 내의 지점을 명확히 표시하여야 하며 그 지점에서 위험이 매도인으로부터 매수인에게 이전된다. 만일 당사자들이 매도인의 구내에서 물품을 인도하고자 할 경우, 당사자는 지정인도장소로서 그 구내의 주소를 명시하여야 한다. 반면 당사자들이 그 밖의 장소에서 물품을 인도하고자 할 경우에는 다른 구체적인 인도장소를 특정하여야 한다.

FCA는 적용가능한 경우, 매도인이 물품에 대한 수출통관을 이행해야 한다. 하지만 매도인은 수입통관, 수입관세납부 또는 수입통관절차를 이행할 의무가 없다.

매도인은 약정된 날짜 또는 약정된 기간 내에 지정된 인도장소의 합의된 지점(있는 경우)에서 매수인이 지정한 운송인 또는 기타 당사자에게 물품을 인도하여야 한다. 이 규칙에서는 선택된 인도장소에 따라 물품의 적재 및 양륙의무가 달라진다. 인도의 완료 시점은 다음과 같다.

① 지정된 인도장소가 매도인의 구내인 경우 : 매수인이 제공한 운송수단에 물품을 적재한 때

② 그 밖의 장소인 경우 : 물품이 매도인의 운송수단에 적재되어 있는 상태로(즉 양륙하지 않은 상태로) 매수인이 지명한 운송인 또는 그 밖의 당사자의 임의처분상태에 둘 때

---

6) 기타의 지정된 장소는 일반적으로 운송인의 구내로 항구의 CY 및 CFS, 공항화물터미널, 도로화물터미널, 철도화물터미널 등의 지정된 장소를 의미한다.

7) 운송인(carrier)은 매수인이 지정하는 도로운송인, 철도운송인, 해상운송인, 항공운송인 및 복합수송운송인을 지칭한다. 한편 운송인의 범주에는 이들 운송인뿐만 아니라 매수인이 지정하는 기타 제3자도 포함된다.

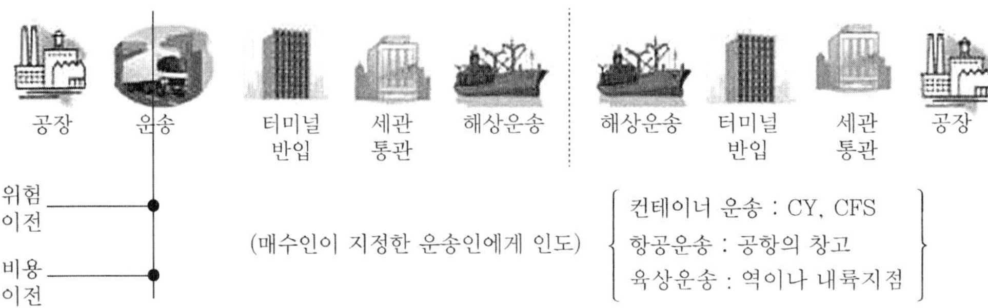

위험이전	비용이전	통 관	비 고
• 운송인에게 물품을 인도하였을 때	• 매도인은 인도할 때까지의 모든 비용 부담	• 매도인이 수출통관	• 적재의무 • 양하의 의무는 없음

▌그림 5-3▐ FCA(운송인 인도 규칙)

2) 위험의 이전(transfer of risks)

위험은 매도인이 계약물품을 합의된 일자나 기간 내에 합의된 지점 또는 지정된 장소에서 매수인이 지정한 운송인 또는 기타의 자에게 인도할 때 매도인으로부터 매수인에게 이전된다. 위험의 이전 시기는 물품의 인도시기와 같다.

(1) 지정된 장소가 매도인의 구내인 경우

물품은 매수인에 의하여 제공된 운송수단상에 적재된 때 인도가 완료되며 위험도 매도인으로부터 매수인에게 이전된다.

(2) 그 밖의 인도장소(운송인의 구내)인 경우

물품이 매도인의 운송수단상에서 양륙되지 아니하고 매수인이 지정한 운송인 또는 기타의 자에게 임의처분상태로 둘 때 인도가 완료되며, 이 때 위험도 매도인으로부터 매수인에게 이전된다. 따라서 FCA규칙에서 매수인은 계약내용대로 특정된 물품에 대하여 지정된 운송인 또는 기타의 자에게 인도된 이후 발생하는 모든 위험을 부담한다.

물품의 인도장소는 매수인이 정하는 것이 원칙이지만 그렇지 않았다면 매도인이 적합한 장소를 선택할 수 있다. 예를 들어 철도터미널(railway terminal), 화물터미널(cargo terminal), 컨테이너터미널(container terminal), 내륙컨테이너기지(inland container

depot : ICD), 매도인의 작업장 구내(premises) 등이 될 수 있다.

3) 비용의 배분(allocation of costs)

매도인은 지정된 장소에서 매수인이 정한 운송인 또는 기타의 자에게 인도할 때까지의 제비용을 부담한다. 즉 물품을 직접 제조하거나 구매·조달하는데 따른 기본원가(basic costs), 사업부문별 간접원가(indirect costs), 포장비(packing costs), 품질·용적·중량·수량 등의 물품점검업무비용(costs of checking operations) 및 기타 비용을 부담하여야 한다. 또한 인도지점까지의 내륙운송비(inland freight), 물품인도완료에 따른 통지비용과 물품인도증거서류 취득비용을 부담한다. 아울러 적용가능한 경우 수출승인이나 기타 정부승인을 얻는데 소요되는 비용, 수출에 수반되어 부과되는 관세(export duties)와 조세 또는 기타 부과금 및 세관수속절차(customs formalities)에 소요되는 일체의 비용을 부담하여야 한다.

한편 매수인은 매도인이 물품인도의무를 완료한 후 일체의 비용을 부담하여야 한다. 즉 운송비, 적화보험료, 적용 가능한 경우 수입시 지급되는 모든 관세(all duties), 조세(taxes) 및 기타 부과금(other charges)을 포함한 통관비용(customs clearance charges) 등 인도이후의 제 비용을 부담하여야 한다.

4) 매도인의 제공서류

(1) 기본서류

매도인은 매매계약과 일치하는 상업송장(commercial invoice) 및 계약서에서 요구하는 일치증명(evidence of conformity)을 제공하여야 한다. 이와 같은 모든 서류는 이에 상응한 전자기록 또는 절차도 인정된다.

매도인은 운송인 또는 기타의 자에게 물품인도가 완료되었다는 관례적인 증거를 제공하여야 한다. 이러한 증거가 운송서류가 아닐 경우 매수인의 요청으로 매수인의 위험과 비용으로 운송서류를 취득하는데 따른 협조를 제공하여야 한다.

매도인은 선택된 운송방식에 따른 운송서류를 매수인에게 제공하여야 한다. 즉 복합운송서류(multimodal transport document), 해상선화증권(ocean bill of lading), 내수로 운송서류(inland waterway document), 항공화물운송장(air waybill), 철도화물수탁서(rail consignment note), 도로화물수탁서(road consignment note) 등이다.

(2) 임의서류

한편 매수인의 요청에 따라 매수인의 비용과 위험으로 포장명세서(packing list), 원산지증명서(certificate of origin), 품질 및 수량증명서(certificate of quality and quantity), 중량 및 용적증명서(certificate of weight and measurement), 영사송장(consular invoice), 그리고 보험부보를 위한 정보 등 임의서류를 제공할 수 있다.

5) 기타 의무와 정보제공을 위한 협조 및 관련 비용

(1) 매도인의 의무

매도인은 매수인에게 계약과 일치하는 물품을 제공하고, 적용 가능한 경우 매도인 자신의 위험 및 비용부담으로 수출허가 또는 공적인 승인 및 수출통관 수속절차를 이행하여야 한다. 또한 매수인이 요구하는 경우 매수인의 위험 및 비용부담으로 운송계약을 체결하여야 하며, 운송인이 약정된 기간에 물품을 인수하지 않은 때에는 이를 매수인에게 통지하여야 한다. 매수인의 요청과 위험 및 비용부담으로 모든 서류 및 안전관련 정보를 제공하여야 하며, 필요한 제 서류의 취득을 위한 협조를 하여야 한다. 또한 계약물품을 매수인이 인수가능 하도록 필요한 모든 통지를 행하여야 하고, 포장이 필요한 물품의 경우에는 적절한 화인을 하여야 한다.

(2) 매수인의 의무

매수인은 계약에 정한 바에 따라 대금지급을 하여야 한다. 아울러 수입승인과 수입통관 수속절차를 이행하여야 하고, 물품을 지정된 장소에서 매수인이 정한 운송인 또는 기타의 자에게 인도하는 장소에서 물품인도의 수령(taking delivery)을 하여야 하며 운송계약을 체결하고 운송비를 부담하여야 한다. 또한 매도인에게 운송을 위하여 지정된 운송인의 명칭 또는 기타의 자의 명칭, 필요한 경우 인도를 위하여 선택된 시기, 운송방식 그리고 인도의 수령지점을 통지하여야 한다. 매도인의 요청에 따른 정보 등의 협조를 제공하고 매수인의 요청으로 서류 또는 정보제공에 따라 발생한 모든 비용과 수수료를 매도인에게 지급하여야 한다. 검사가 수출국 당국에 의하여 강행적으로 이루어진 경우를 제외하고는 선적전 검사비용을 부담하여야 한다.

3. 운송비지급인도규칙(CPT)...(지정목적지)

Carriage Paid To...(insert named place of destination)

1) 개념

CPT는 Carriage Paid To의 약칭으로 "운송비지급인도"를 말한다. 이 규칙은 한 가지 운송방식뿐 아니라 두 가지 이상으로 모든 운송방식에도 사용이 가능한 규칙이다. 다시 말해 철도운송, 도로운송, 항공운송, 해상운송, 내륙수로운송 등의 단일운송방식에도 사용할 수 있고, 이들 단일운송방식을 결합한 복합운송(combined transport 또는 multimodal transport)에도 사용될 수 있다.

운송비지급인도는 합의된 장소(당사자 간 이러한 장소가 합의된 경우)에서 매도인이 지정한 운송인[8] 또는 기타의 자에게 물품을 인도할 때 매도인의 인도의무는 완료되지만, 지정목적지까지 물품운송에 필요한 운송계약을 체결하고 운송비를 지급하여야 하는 것을 의미한다. CPT, CIP, CFR 또는 CIF가 사용되는 경우, 매도인의 인도에 대한 의무는 물품이 목적지에 도착될 때가 아닌 물품이 운송인에게 교부될 때 완료된다.

이 규칙에서는 위험의 분기점과 비용의 분기점이 서로 다르다. 당사자들은 매수인에게 위험이 이전되는 물품인도장소와 매도인이 운송계약을 체결해야 하는 지정도착지를 가능한 한 정확하게 합의하는 것이 좋다. 합의된 목적지까지 운송을 위하여 다수의 운송인이 참여된 경우나 당사자가 특정한 인도지점을 합의하지 아니한 경우, 위험이 이전되는 장소는 매도인이 매수인의 관여 없이 자신이 선택한 지점에서 물품을 최초의 운송인에게 인도하는 시점이다. 만약 당사자가 위험의 이전시점을 그 이후의 단계(예컨대, 항구 또는 공항에서)로 하고자 하는 경우에는 이를 계약서에 명시할 필요가 있다.

당사자들은 매도인이 비용을 부담해야 하는 도착장소 내의 지점을 가능한 한 정확하게 합의하여야 하고, 매도인은 이 규칙에 정확하게 일치하는 운송계약을 체결해야 한다. 만약 매도인이 양륙비용을 지불하는 조건으로 운송계약을 체결하고 양륙비용을 지불한 경우, 매도인은 당사자 간에 별도 합의가 없는 경우 매수인으로부터 그러한 비용을 지급받을 수 없다.

적용 가능한 경우 CPT 규칙에서는 매도인이 수출통관을 이행하여야 한다. 하지만 매도인은 수입통관, 수입관세 납부 또는 수입과 관련된 통관절차를 이행할 의무가 없다.

---

8) 운송인(Carrier)은 FCA, CIP 규칙과 마찬가지로 운송계약을 체결하는 해상운송인, 도로운송인, 철도운송인 또는 복합운송인을 말한다. 운송인의 의미에는 어떤 운송인지를 불문하고 매도인이 지명한 자는 모두 포함될 수 있다.

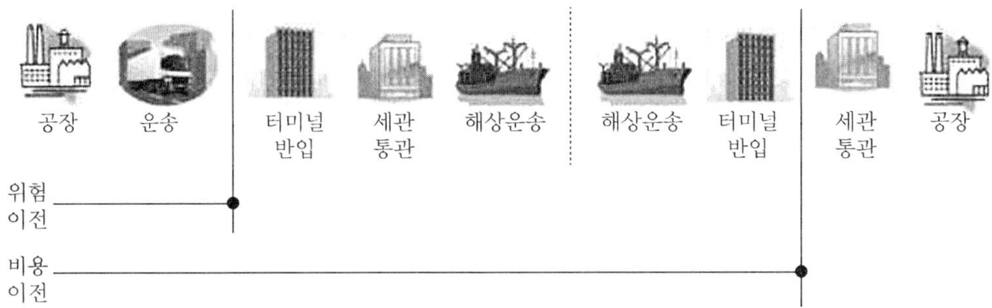

위험이전	비용이전	통 관	비 고
• 물품이 지정 목적지까지 운송할 운송인의 보관 하에 두는 경우, 복합운송의 경우는 최초의 운송인에게 물품이 인도 되었을 때	• 매도인은 물품이 인도될 때까지의 모든 비용과 지정된 목적지까지의 운임을 부담함	• 매도인이 수출통관	• 지정 목적지 까지의 운송수단 수배와 운송 비용은 매도인 부담

❙ 그림 5-4 ❙ CPT(운송비 지급 인도 규칙)

2) 위험의 이전

위험의 이전은 매도인이 물품을 합의된 일자 또는 기간 내에 계약된 운송인에게 인도할 때까지 물품의 멸실이나 손상에 대한 위험을 부담하는 때 이루어진다. 물품의 인도는 합의된 일자 또는 기간 내에 지정 목적지까지의 운송을 위하여 운송계약이 체결된 운송인에게 계약물품을 인도함으로써 이루어진다.

일반적으로 "door to door"서비스가 이루어질 때에는 매도인의 공장이나 구내에서 최초의 운송인인 컨테이너 복합운송인에게 물품을 컨테이너에 적재인도함으로써 인도가 이루어진다.

인도장소는 구체적으로 적출지의 매도인의 구내(premise), 컨테이너 화물조작장(Container Freight Station : CFS)이나 컨테이너 야적장(Container Yard : CY), 철도역이나 화물터미널, 공항이나 선적항 또는 내수로 항구, 기타 운송터미널 또는 창고 등이 될 수 있고, 경우에 따라서 철도화차내, 본선내 또는 부선내도 될 수 있다.

3) 비용의 배분

CPT 규칙에서는 물품인도장소 및 위험이전의 분기점은 적출지인 수출국 내로 하고 있는 반면, 운송비(Carriage)는 수입국의 지정목적지까지 매도인이 부담하도록 함으로써 물품인도장소 및 위험이전과 비용의 부담에 대한 분기점이 다르다.

매도인은 물품을 직접 제조하거나 구매·조달하는데 따른 기본원가(basic costs), 사업부문별 간접원가, 포장비, 품질·용적·중량·수량 등의 물품점검업무비용(costs of checking operations) 및 기타 비용을 부담하여야 한다. 또한 인도지점까지의 내륙운송비(inland freight), 약정된 목적지까지의 운임(freight), 물품인도완료에 따른 통지비용과 물품인도증거서류 취득비용을 부담하여야 한다. 적용가능한 경우 수출승인이나 기타 정부승인을 얻는데 소요되는 비용, 수출에 수반되어 부과되는 관세(export duties)와 조세 또는 기타 부과금 및 세관수속절차(customs formalities)에 소요되는 일체의 비용을 부담하여야 한다.

매수인은 최종목적지까지의 적화보험료, 적용 가능한 경우 수입시 지급되는 모든 관세(all duties), 조세 (taxes) 및 기타 부과금(other charges)을 포함한 통관비용(customs clearance charges) 등 인도이후의 제 비용을 부담하여야 한다. 또한 매수인이 물품발송의 시기와 목적지를 매도인에게 통지하지 않음으로써 매도인의 물품인도 장해요인을 야기시킨 경우 이로 인하여 발생된 추가비용 및 선적전검사비용(PSI)을 부담하여야 한다.

4) 매도인의 제공서류

(1) 기본서류

매도인은 매매계약과 일치하는 상업송장(commercial invoice) 및 계약서에서 요구하는 일치증명(evidence of conformity)을 제공하여야 한다. 이와 같은 모든 서류는 이에 상응한 전자기록 또는 절차도 인정된다.

매도인은 운송계약에 따른 운송서류를 제공하여야 한다. 운송서류는 유통 가능한 형식으로 수통의 원본이 발행된 경우, 원본 전통(full set)을 매수인에게 제시하여야 한다. 이와 같은 운송서류로는 복합운송서류(multimodal transport document), 해상선화증권(ocean bill of lading), 내수로 운송서류(inland waterway document), 항공화물운송장(air waybill), 철도화물수탁서(rail consignment note), 도로화물수탁서(road consignment note) 등 이다.

(2) 임의서류

한편 매수인의 요청에 따라 매수인의 비용과 위험으로 포장명세서(packing list), 원산지증명서(certificate of origin), 품질 및 수량증명서(certificate of quality and quantity), 중량 및 용적증명서(certificate of weight and measurement), 영사송장(consular invoice) 등의 임의서류와 보험부보를 위한 정보 등을 제공할 수 있다.

5) 기타 의무와 정보제공을 위한 협조 및 관련 비용

(1) 매도인의 의무

매도인은 매수인에게 계약과 일치하는 물품을 제공하고, 적용 가능한 경우 매도인 자신의 위험 및 비용부담으로 수출허가 또는 공적인 승인 및 수출통관 수속절차를 이행하여야 한다. 또한 매도인의 요청과 위험 및 비용부담으로 운송계약을 체결하고 목적지까지의 운송비(Carriage)를 부담하여야 한다. 적용가능한 경우 매수인의 요청과 위험 및 비용으로 모든 서류 및 안전관련 정보를 제공하여야 하며, 필요한 제 서류의 취득을 위한 협조를 하여야 한다. 또한 물품이 인도되었다는 사실 및 매수인이 인수가능 하도록 필요한 모든 통지를 행하여야 하고, 포장이 필요한 물품의 경우에는 적절한 화인을 하여야 한다.

(2) 매수인의 의무

매수인은 계약에 정한 바에 따라 대금지급을 하여야 한다. 아울러 수입승인과 수입통관 수속절차를 이행하여야 하고, 지정목적지에서 물품인도의 수령(taking delivery)을 행하여야 한다. 또한 매도인의 요청에 따른 정보 등의 협조를 제공하고 매수인의 요청으로 서류 또는 정보제공에 따라 발생한 모든 비용과 수수료를 매도인에게 지급하여야 한다. 검사가 수출국 당국에 의하여 강행적으로 이루어지는 경우를 제외하고는 선적전 검사비용을 부담하여야 한다.

4. 운송비보험료지급인도규칙(CIP)...(지정목적지) Carriage and Insurance Paid To...(insert named place of destination)

1) 개념

CIP는 Carriage and Insurance Paid To의 약칭으로 "운송비보험료지급인도"를 말한다. 이 규칙은 한 가지 운송방식뿐만 아니라 두 가지 이상의 모든 운송방식에도 사용이 가능한 규칙이다. 다시 말해 철도운송, 도로운송, 항공운송, 해상운송, 내륙수로운송 등의 단일운송방식에도 사용할 수 있고, 이들 단일운송방식을 결합한 복합운송(combined transport 또는 multimodal transport)에도 사용될 수 있다.

운송비보험료지급인도(CIP)는 합의된 장소(당사자 간 이러한 장소가 합의된 경우)에서 매도인이 지정한 운송인 또는 기타의 자에게 물품을 인도할 때 매도인의 인도의무는 완료되지만, 지정목적지까지 물품운송에 필요한 운송계약을 체결하고 운송비를 지급하고 운송 중의 물품이 멸실 또는 손상에 대한 매수인의 위험에 대하여 보험계약을 체결하고 보험료를 지급하여야 하는 규칙이다.

매도인은 운송 중 물품의 멸실 또는 손상에 대한 매수인의 위험에 대하여 최소담보조건으로 보험계약을 체결한다. 매수인이 더 많은 보험담보를 원할 경우, 매도인과 특별히 합의하거나 자신이 추가보험계약을 체결할 필요가 있다. CPT, CIP, CFR 또는 CIF가 사용될 경우, 매도인의 인도의무는 물품이 목적지에 도착될 때가 아니라 물품이 운송인에게 교부될 때 완료된다.

이 규칙도 CPT조건과 마찬가지로 위험의 분기점과 비용의 분기점이 서로 다르다. 당사자들은 매수인에게 위험이 이전되는 물품인도장소와 매도인이 운송비를 부담해야 하는 목적지에서의 인도지점을 명확히 합의해 두어야 한다. 다수의 운송인이 합의된 목적지까지 운송을 위하여 참여한 경우 및 당사자가 특정한 인도지점에 관하여 합의하지 아니한 경우, 위험 이전의 기본적인 장소는 매도인이 매수인의 관여 없이 자신이 선택한 지점에서 물품을 최초의 운송인에게 인도하는 시점이다. 만약 당사자가 위험의 이전시점을 그 이후의 단계(예컨대, 항구 또는 공항)로 하고자 하는 경우에는 이를 계약서에 명시할 필요가 있다.

당사자들은 매도인이 비용을 부담해야 하는 도착장소 내의 지점을 가능한 한 정확하게 합의하여야 하고, 매도인은 이 규칙에 정확하게 일치하는 운송계약을 체결해야 한다.

만약 매도인이 양륙비용을 지불하는 조건으로 운송계약을 체결하고 양륙비용을 지불한 경우, 매도인은 당사자 간에 별도 합의가 없는 경우 매수인으로부터 그러한 비용을 지급받을 수 없다.

CIP는 적용 가능한 경우 매도인에게 물품에 대한 수출통관을 요구하고 있다. 하지만 매도인은 물품의 수입통관을 할 의무와 모든 수입관세의 지급의무 또는 수입통관절차를 이행할 의무가 없다.

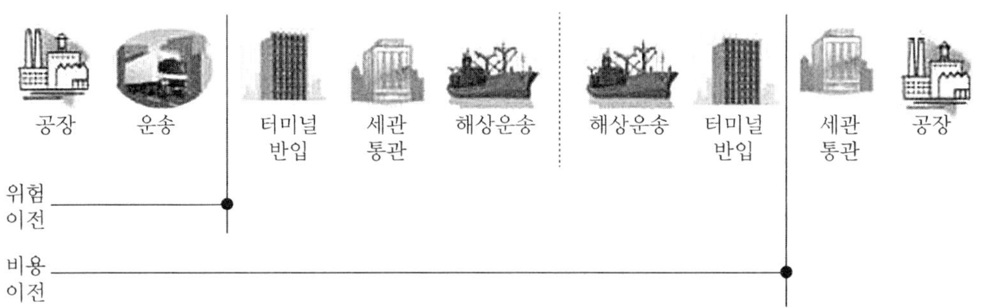

위험이전	비용이전	통 관	비 고
• 물품이 지정 목적지까지 운송할 운송인의 보관 하에 두거나, 복합운송의 경우 최초 운송인에게 물품 인도되었을 때	• 매도인은 물품이 인도될 때까지 모든 비용과 지정된 목적지까지 운임을 부담함	• 매도인이 수출통관	• 보험계약자 : 매도인 • 피보험자 : 매수인 매도인이 매수인의 위험에 더해 부보함

| 그림 5-5 | CIP(운송비보험료 지급 인도 규칙)

2) 위험의 이전

위험의 이전은 매도인이 물품을 합의된 일자 또는 기간 내에 계약된 운송인에게 인도할 때까지 물품의 멸실이나 손상에 대한 위험을 부담하는 때 이루어진다. 물품의 인도는 합의된 일자 또는 기간 내에 지정 목적지까지의 운송을 위하여 운송계약이 체결된 운송인에게 계약물품을 인도함으로써 이루어진다.

일반적으로 만재화물인 (FCL Cargo)인 경우 매도인의 공장이나 구내에서 최초의 운송인인 컨테이너 복합운송인에게 물품을 컨테이너에 적재인도함으로써 인도가 이루어진다.

인도장소는 구체적으로 적출지의 매도인의 구내(premise), 컨테이너 화물조작장(Container Freight Station : CFS)이나 컨테이너 야적장(Container Yard : CY), 철도역이나 화물터미널, 공항이나 선적항 또는 내수로 항구, 기타 운송터미널 또는 창고 등이 될 수 있고, 경우에 따라서 철도화차내, 본선내 또는 부선내도 될 수 있다.

3) 비용의 배분

CIP 규칙에서는 물품인도장소 및 위험이전의 분기점은 적출지인 수출국 내로 하고 있는 반면, 운송비(Carriage) 및 적화보험료(cargo insurance premium)는 수입국의 지정목적지까지 매도인이 부담하도록 함으로써 물품인도장소 및 위험이전과 비용의 부담에 대한 분기점이 다르다.

매도인은 물품을 직접 제조하거나 구매·조달하는데 따른 기본원가(basic costs), 사업부문별 간접원가, 포장비, 품질·용적·중량·수량 등의 물품점검업무비용(costs of checking operations) 및 기타 비용을 부담하여야 한다. 또한 인도지점까지의 내륙운송비(inland freight), 약정된 목적지까지의 운임(freight) 및 화물보험료, 물품인도완료에 따른 통지비용과 물품인도증거서류 취득비용을 부담하여야 한다. 적용가능한 경우 수출승인이나 기타 정부승인을 얻는데 소요되는 비용, 수출에 수반되어 부과되는 관세(export duties)와 조세 또는 기타 부과금 및 세관수속절차(customs formalities)에 소요되는 일체의 비용을 부담하여야 한다.

매수인은 적용 가능한 경우, 수입시 지급되는 모든 관세(all duties), 조세(taxes) 및 기타 부과금(other charges)을 포함한 통관비용(customs clearance charges) 등 인도이후의 제 비용을 부담하여야 한다. 또한 매수인이 물품발송의 시기와 목적지를 매도인에게 통지하지 않음으로써 매도인의 물품인도 장해요인을 야기시킨 경우 이로 인하여 발생된 추가비용 및 선적전검사비용(PSI)을 부담하여야 한다.

4) 매도인의 제공서류

(1) 기본서류

매도인은 매매계약과 일치하는 상업송장(commercial invoice) 및 계약서에서 요구하는 일치증명(evidence of conformity)을 제공하여야 한다. 이와 같은 모든 서류는 이에 상응한 전자기록 또는 절차도 인정된다.

매도인은 운송계약에 따른 운송서류를 제공하여야 한다. 운송서류는 유통 가능한 형식으로 수통의 원본이 발행된 경우, 원본 전통(full set)을 매수인에게 제시하여야 한다.

이와 같은 운송서류로는 복합운송서류(multimodal transport document), 해상선화증권(ocean bill of lading), 내수로 운송서류(inland waterway document), 항공화물운송장(air waybill), 철도화물수탁서(rail consignment note), 도로화물수탁서(road consignment note) 등 이다. 아울러 협회화물약관(Institute Cargo Clauses)의 C조건과 같은 금액으로 부보된 보험증권(insurance policy) 또는 그 밖의 보험부보증거를 제공하여야 한다.

(2) 임의서류

매수인의 요청에 따라 매수인의 비용과 위험으로 포장명세서(packing list), 원산지증명서(certificate of origin), 품질 및 수량증명서(certificate of quality and quantity), 중량 및 용적증명서(certificate of weight and measurement), 영사송장(consular invoice), 그리고 보험부보를 위한 정보 등 임의서류를 제공할 수 있다.

5) 기타 의무와 정보제공을 위한 협조 및 관련 비용

(1) 매도인의 의무

매도인은 매수인에게 계약과 일치하는 물품을 제공하고, 적용 가능한 경우 매도인 자신의 위험 및 비용부담으로 수출허가 또는 공적인 승인 및 수출통관 수속절차를 이행하여야 한다. 또한 매도인의 요청과 위험 및 비용부담으로 운송계약을 체결하고 보험료를 부담하여야 한다. 적용 가능한 경우 매수인의 요청과 위험 및 비용으로 모든 서류 및 안전관련 정보를 제공하여야 하며, 필요한 제 서류의 취득을 위한 협조를 하여야 한다. 또한 물품이 인도되었다는 사실 및 매수인이 인수가능 하도록 필요한 모든 통지를 행하여야 하고, 포장이 필요한 물품의 경우에는 적절한 화인을 하여야 한다.

(2) 매수인의 의무

매수인은 계약에 정한 바에 따라 대금지급을 하여야 한다. 아울러 수입승인과 수입통관절차를 이행하여야 하고, 지정목적지에서 물품인도의 수령(taking delivery)을 행하여야 한다. 또한 매도인의 요청에 따른 정보 등의 협조를 제공하여야 하고 매수인의 요청으로 서류 또는 정보제공에 따라 발생한 모든 비용과 수수료를 매도인에게 지급하여야 한다. 검사가 수출국 당국에 의하여 강행적으로 이루어진 경우를 제외하고는 선적전 검사비용을 부담하여야 한다.

5. 터미널인도규칙(DAT)...(목적항 또는 목적지의 지정 터미널) Delivered At Terminal ...(insert named terminal at port or place of destination)

1) 개념

DAT는 Delivered At Terminal의 약칭으로 "터미널인도"를 말한다. 이 규칙은 한 가지 운송방식뿐만 아니라 두 가지 이상의 모든 운송방식에도 사용이 가능한 규칙이다. 다시 말해 철도운송, 도로운송, 항공운송, 해상운송, 내륙수로운송 등의 단일운송방식에도 사용할 수 있고, 이들 단일운송방식을 결합한 복합운송(combined transport 또는 multimodal transport)에도 사용될 수 있다.

터미널인도는 지정된 목적항 또는 지정 목적지에 있는 지정터미널에서 도착한 운송수단에서 일단 양륙한 물품을 매수인의 임의처분상태로 둘 때 매도인이 인도하는 것을 의미한다. 터미널은 덮개의 유무에 관계없이 부두, 창고, 컨테이너 야드, 도로, 철도 또는 항공화물터미널을 의미한다. 매도인은 지정목적항 또는 지정 목적지에 있는 지정 터미널까지의 물품운송 및 양륙에 따른 모든 위험을 부담한다. 따라서 지정된 목적지 또는 목적항의 터미널에 도착한 운송수단으로부터 물품이 양륙되어 매수인의 임의처분 하에 놓여진 이후 매수인은 그 터미널에서 자신이 수배한 운송수단에 자신의 위험과 비용으로 적재하여 다른 장소로 이동시켜야 한다.

당사자는 매도인이 그 지점까지의 위험을 부담하여야 하는 합의된 항구 또는 목적지의 터미널 내의 특정지점을 가능한 한 정확하게 명시하도록 하여야 한다. 또한 매도인은 그러한 선택에 일치하는 운송계약을 체결하여야 한다. 만일 당사자가 터미널에서 다른 장소로 물품을 운송하거나 취급하는데 따른 위험 및 비용을 매도인이 부담하기로 하는 경우에는 목적지인도규칙(Delivered At Place : DAP)이나 관세지급인도규칙(Delivered Duty Paid : DDP)을 사용하여야 한다.

DAT는 적용 가능한 경우, 매도인이 물품의 수출통관을 이행하여야 한다. 하지만 매도인은 수입통관, 수입관세 납부 또는 수입과 관련된 통관절차를 이행할 의무가 없다. 따라서 수입통관은 매수인의 의무이다.

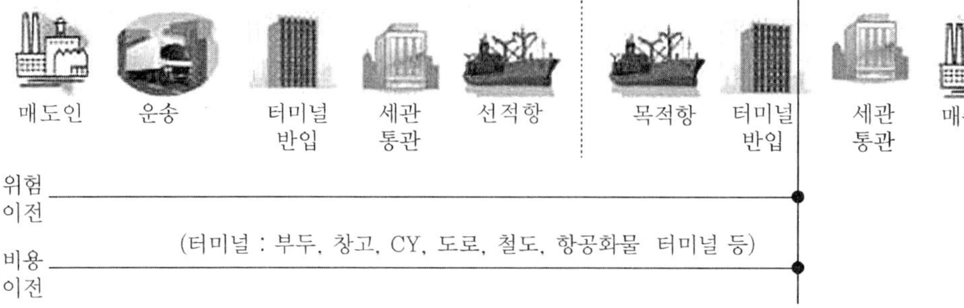

위험이전	비용이전	통 관	비 고
• 양하한 물품을 지정 항구나 목적지의 터미널에서 인도할 때	• 양하한 물품을 지정 항구나 목적지의 터미널에서 인도할 때 까지	• 매도인은 수출통관 • 매수인은 수입통관	• 유일하게 매도인이 물품을 양하까지 해야 할 의무가 있는 조건

▌그림 5-6▐ DAT(터미널 인도 규칙)

2) 위험의 이전

위험의 이전은 매도인이 합의된 일자 또는 기간 내에 목적지의 항구 또는 장소의 지정터미널에서 도착한 운송수단으로부터 양륙한 물품을 매수인의 임의처분상태로 둘 때 이전된다. 매도인은 인도를 완료할 때까지의 멸실 또는 손상에 대한 위험을 부담한다.

3) 비용의 배분

DAT 규칙에서는 비용의 부담에 대한 분기점과 위험의 이전시점이 일치된다. 매도인은 물품을 직접 제조하거나 구매·조달하는데 따른 기본원가(basic costs), 사업부문별 간접원가, 포장비, 품질·용적·중량·수량 등의 물품점검업무비용(costs of checking operations) 및 기타 비용을 부담하여야 한다. 또한 합의된 목적지 항구 또는 장소에 있는 지정터미널까지의 양륙비를 포함한 물품운송비를 부담한다. 매도인의 의무는 아니지만 만일 자신을 위하여 보험을 부보하였다면 화물보험료를 부담한다.

매도인은 적용 가능한 경우, 자신의 위험과 비용으로 모든 수출허가, 기타 공적인 승인 및 물품수출을 위한 모든 세관수속절차를 이행하고 인도이전 모든 국가에서 물품수출을 위하여 필요한 세관수속절차 및 운송을 위하여 소요되는 모든 비용을 부담하여야 한다.

매수인은 적용 가능한 경우, 자신의 위험과 비용으로 모든 수입허가, 기타 공적인 승인 및 물품수입을 위한 모든 세관수속절차를 이행하여야 한다. 따라서 수입시 지급되는 모든 관세(all duties)와 조세(taxes) 및 기타 부과금(other charges)을 포함한 통관비용(clearance charges) 등 인도된 이후의 제비용을 부담하여야 한다.

4) 매도인의 제공서류

(1) 기본서류

매도인은 매매계약과 일치하는 상업송장(commercial invoice) 및 계약서에서 요구하는 일치증명(evidence of conformity)을 제공하여야 한다. 이와 같은 모든 서류는 이에 상응한 전자기록 또는 절차도 인정된다.

매도인은 매수인이 목적지의 항구 또는 장소의 지정터미널에서 도착한 운송수단으로부터 양륙한 물품을 매수인의 임의처분 상태로 두어 인도의 수령이 가능한 인도서류(delivery documents)를 제공하여야 한다. 이와 같은 서류들은 합의에 따라 화물인도지시서(Delivery Order : D/O)나 통상의 운송서류가 될 수 있다.

(2) 임의서류

매수인의 요청에 따라 매수인의 비용과 위험으로 포장명세서(packing list), 원산지증명서(certificate of origin), 품질 및 수량증명서(certificate of quality and quantity), 중량 및 용적증명서(certificate of weight and measurement), 영사송장(consular invoice), 그리고 보험부보를 위한 정보 등 임의서류를 제공할 수 있다.

5) 기타 의무와 정보제공을 위한 협조 및 관련 비용

(1) 매도인의 의무

매도인은 매수인에게 계약과 일치하는 물품을 제공하고, 적용 가능한 경우 매도인 자신의 위험 및 비용부담으로 수출허가 또는 공적인 승인 및 수출통관 수속절차를 이행하여야 한다. 또한 매도인의 위험 및 비용부담으로 운송계약을 체결하고 목적지까지의 운송비(Carriage)를 부담하여야 한다. 또한 매도인은 매수인을 위하여 화물보험부보의 의무는 없으나 매수인의 요청이 있을 경우 매수인의 위험과 비용으로 매수인이 보험부보를 할 수 있는 정보를 제공하여야 한다. 적용 가능한 경우, 매수인의 요청과 위험 및 비용으로 모든 서류 및 안전관련 정보를 제공하여야 하며, 필요한 제 서류의 취득을 위한 협조를 하여야 한다. 물품이 인도되었다는 사실 및 매수인이 인수가능 하도록 필요한 모든 통지를 행하여야 하고, 포장이 필요한 물품의 경우에는 적절한 화인을 하여야 한다.

(2) 매수인의 의무

매수인은 계약에 정한 바에 따라 대금지급을 하여야 한다. 아울러 수입승인과 수입통관 수속절차를 이행하여야 하고, 지정목적지에서 물품인도의 수령(taking delivery)을 행하여야 한다. 또한 매도인의 요청에 따른 정보 등의 협조를 제공하고 매수인의 요청으로 서류 또는 정보제공에 따라 발생한 모든 비용과 수수료를 매도인에게 지급하여야 한다. 검사가 수출국 당국에 의하여 강행적으로 이루어진 경우를 제외하고는 선적전 검사비용을 부담하여야 한다.

6. 목적지인도규칙(DAP)...(지정목적지)
Delivered At Place...(insert named place of destination)

1) 개념

DAP는 Delivered At Place의 약칭으로 "목적지인도"를 말한다. 이 규칙은 한 가지 운송방식뿐만 아니라 두 가지 이상의 모든 운송방식에도 사용이 가능한 규칙이다. 다시 말해 철도운송, 도로운송, 항공운송, 해상운송, 내륙수로운송 등의 단일운송방식에도 사용할 수 있고, 이들 단일운송방식을 결합한 복합운송(combined transport 또는 multimodal transport)에도 사용될 수 있다.

목적지인도는 지정 목적지에서 양륙을 위하여 준비된 도착운송수단상에서 물품을 매수인의 임의처분상태로 둘 때 매도인이 인도하는 것을 의미한다. 매도인은 지정장소까지의 물품운송에 포함된 모든 위험을 부담한다.

지정된 목적지까지 물품을 운송하는데 관련된 모든 위험과 비용은 매도인이 부담하고, 지정된 목적지에 도착한 운송수단으로부터 양륙하는데 따른 위험과 비용은 매수인이 부담한다. 예를 들어 물품의 인도장소가 목적지 또는 목적항의 터미널인 경우에는 그 터미널에 도착한 운송수단으로부터 양륙하는데 관련되는 위험과 비용은 물론 해당 터미널에서 다른 장소까지 물품운송과 관련된 비용과 위험을 모두 매수인이 부담한다. 또한 목적지 또는 목적항의 터미널로부터 떨어진 다른 합의장소인 경우 목적지 또는 목

적항의 해당터미널에 도착한 운송수단으로부터 양륙하여 합의된 다른 장소까지 물품운송에 관련된 위험과 비용은 매도인이 부담한다. 즉 합의된 인도장소가 어디든지 그 인도장소에서 물품의 양륙에 관련된 위험과 비용은 매수인이 부담하는 것이다.

당사자는 매도인이 그 지점까지의 위험을 부담하여야 하는 합의된 목적지 내의 특정 지점을 가능한 한 분명하게 명시하도록 하여야 한다. 또한 매도인은 그러한 선택에 정확하게 일치하는 운송계약을 체결하여야 한다. 매도인이 운송계약에 따라 지정목적지에서 양륙과 관련된 비용을 지급하는 경우, 매도인은 당사자간에 별도의 합의가 없는 한 매수인으로부터 그러한 비용을 보상받을 수 없다.

DAP는 적용 가능한 경우, 매도인에게 물품에 대한 수출통관을 요구하고 있다. 그러나 매도인은 수입통관을 할 의무와 모든 수입관세의 지급의무 또는 수입통관 수속절차를 이행할 의무가 없다. 당사자가 매도인이 물품에 대한 수입통관을 하고 모든 수입관세의 지급 및 모든 수입통관수속절차를 이행하기를 원할 경우 관세지급인도규칙(Delivered Duty Paid : DDP)을 사용하여야 한다.

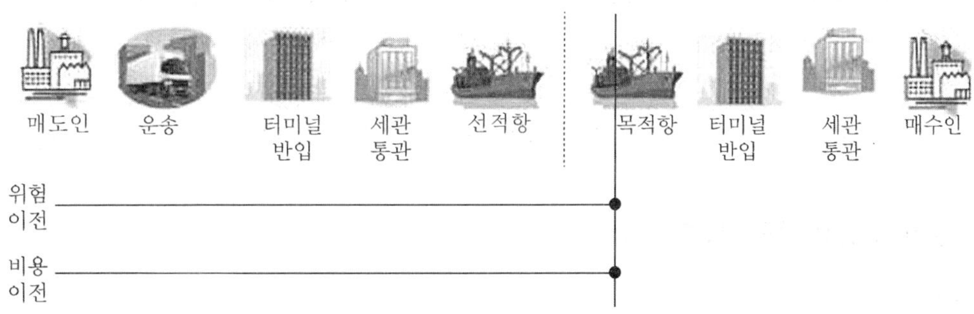

위험이전	비용이전	통 관	비 고
• 지정된 목적지에서 양하하지 않고 매수인의 임의처분상태로 인도할 때	• 지정된 목적지에서 양하하지 않고 매수인의 임의처분상태로 인도할 때	• 매도인은 수출통관 • 매수인은 수입통관	• 목적지는 항구 및 내륙의 지정 모두 될 수 있음

| 그림 5-7 | DAP(목적지 인도 규칙)

2) 위험의 이전

위험의 이전은 매도인이 합의된 일자 또는 기간 내에 목적지의 합의된 지점에서 양륙을 위하여 준비된 도착 운송수단상에서 물품을 매수인의 임의처분상태로 두어 인도 완료할 때까지의 멸실 또는 손상에 대한 위험을 부담할 때 이전된다.

3) 비용의 배분

DAP 규칙에서는 비용의 부담에 대한 분기점과 위험의 이전시점이 일치된다. 매도인은 물품을 직접 제조하거나 구매·조달하는데 따른 기본원가(basic costs), 사업부문별 간접원가, 포장비, 품질·용적·중량·수량 등의 물품점검업무비용(costs of checking operations) 및 기타 비용을 부담하여야 한다. 또한 목적지의 합의된 지점에서 양륙하지 아니한 상태로 준비된 도착 운송수단상에서 물품을 매수인의 임의처분 상태로 두어 인도 완료할 때까지의 물품운송비를 부담한다. 하지만 운송계약에서 매도인이 부담하기로 한 경우에는 매도인이 부담한다. 또한 매도인의 의무는 아닐지라도 자신을 위하여 화물보험을 부보하였다면 보험료를 부담하여야 한다.

매수인은 적용 가능한 경우, 자신의 위험과 비용으로 모든 수입허가, 기타 공적인 승인 및 물품수입을 위한 모든 세관수속절차를 이행하여야 한다. 따라서 수입시 지급되는 모든 관세(all duties)와 조세(taxes) 및 기타 부과금(other charges)을 포함한 통관비용(clearance charges) 등 인도된 이후의 제비용을 부담하여야 한다. 또한 양륙비가 운송계약에 따라 매도인이 부담하지 아니하였을 경우, 매수인은 지정 목적지에서 도착 운송수단으로부터 물품인도 수령을 위하여 필요한 모든 양륙비를 지급하여야 한다.

4) 매도인의 제공서류

(1) 기본서류

매도인은 매매계약과 일치하는 상업송장(commercial invoice) 및 계약서에서 요구하는 일치증명(evidence of conformity)을 제공하여야 한다. 이와 같은 모든 서류는 이에 상응한 전자기록 또는 절차도 인정된다.

매도인은 매수인이 목적지의 합의된 지점에서 양륙을 위하여 준비된 도착 운송수단상에서 물품을 매수인의 임의처분 상태로 두어 인도의 수령이 가능한 인도서류(delivery documents)를 제공하여야 한다. 이와 같은 서류들은 합의에 따라 화물인도지시서(Delivery Order : D/O)나 통상의 운송서류가 될 수 있다.

(2) 임의서류

매수인의 요청에 따라 매수인의 비용과 위험으로 포장명세서(packing list), 원산지증

명서(certificate of origin), 품질 및 수량증명서(certificate of quality and quantity), 중량 및 용적증명서(certificate of weight and measurement), 영사송장(consular invoice) 등의 임의서류와 보험부보를 위한 정보 등을 제공할 수 있다.

5) 기타 의무와 정보제공을 위한 협조 및 관련 비용

(1) 매도인의 의무

매도인은 매수인에게 계약과 일치하는 물품을 제공하고, 적용 가능한 경우 매도인 자신의 위험 및 비용부담으로 수출허가 또는 공적인 승인 및 수출통관 수속절차를 이행하여야 한다. 또한 매도인의 위험 및 비용부담으로 운송계약을 체결하고 지정 목적지까지의 운송비(Carriage)를 부담하여야 한다. 또한 매도인은 매수인을 위하여 화물보험부보의 의무는 없으나 매수인의 요청이 있을 경우 매수인의 위험과 비용으로 매수인이 보험부보를 할 수 있는 정보를 제공하여야 한다. 적용 가능한 경우, 매수인의 요청과 위험 및 비용으로 모든 서류 및 안전관련 정보를 제공하여야 하며, 필요한 제 서류의 취득을 위한 협조를 하여야 한다. 물품이 인도되었다는 사실 및 매수인이 인수가능 하도록 필요한 모든 통지를 행하여야 하고, 포장이 필요한 물품의 경우에는 적절한 화인을 하여야 한다.

(2) 매수인의 의무

매수인은 계약에 정한 바에 따라 대금지급을 하여야 한다. 아울러 수입승인과 수입통관 수속절차를 이행하여야 하고, 지정목적지에서 물품인도의 수령(taking delivery)을 행하여야 한다. 또한 매도인의 요청에 따른 정보 등의 협조를 제공하고 매수인의 요청으로 서류 또는 정보제공에 따라 발생한 모든 비용과 수수료를 매도인에게 지급하여야 한다. 검사가 수출국 당국에 의하여 강행적으로 이루어진 경우를 제외하고는 선적전 검사비용을 부담하여야 한다.

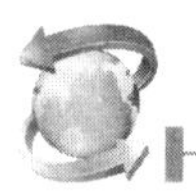

7. 관세지급인도규칙(DDP)...(지정목적지)
Delivered Duty Paid...(insert named place of destination)

1) 개념

DDP는 Delivered Duty Paid의 약칭으로 "관세지급인도"를 말한다. 이 규칙은 한 가지 운송방식뿐만 아니라 두 가지 이상의 모든 운송방식에도 사용이 가능한 규칙이다. 다시 말해 철도운송, 도로운송, 항공운송, 해상운송, 내륙수로운송 등의 단일운송방식에도 사용할 수 있고, 이들 단일운송방식을 결합한 복합운송(combined transport 또는 multimodal transport)에도 사용될 수 있다.

관세지급인도는 지정 목적지에서 양륙을 위하여 준비된 도착운송수단상에서 수입통관된 물품을 매수인의 임의처분상태로 둘 때 매도인이 인도하는 것을 의미한다. 매도인은 목적지까지의 물품운송에 포함된 모든 비용 및 위험을 부담하고 물품의 수출통관 뿐만 아니라 수입통관의무를 수행한다. 이에 따라 매도인은 수출 및 수입에 대한 모든 관세를 부담하고 모든 통관수속절차를 이행할 의무가 있다.

지정된 목적지까지 물품을 운송하는데 관련된 모든 위험과 비용은 매도인이 부담하고, 지정된 목적지에 도착한 운송수단으로부터 양륙하는데 따른 위험과 비용은 매수인이 부담한다. 예를 들어 물품의 인도장소가 목적지 또는 목적항의 터미널인 경우에는 그 터미널에 도착한 운송수단으로부터 양륙하는데 관련되는 위험과 비용은 물론 해당 터미널에서 다른 장소까지 물품운송과 관련된 비용과 위험을 모두 매수인이 부담한다. 또한 목적지 또는 목적항의 터미널로부터 떨어진 다른 합의장소인 경우 목적지 또는 목적항의 해당터미널에 도착한 운송수단으로부터 양륙하여 합의된 다른 장소까지 물품운송에 관련된 위험과 비용은 매도인이 부담한다. 즉 합의된 인도장소가 어디든지 그 인도장소에서 물품의 양륙에 관련된 위험과 비용은 매수인이 부담하는 것이다.

DDP는 매도인의 최대의무를 나타낸다. 당사자는 매도인이 그 지점까지의 위험을 부담하여야 하는 합의된 목적지 내의 특정지점을 명시하도록 하여야 한다. 또한 매도인은 그러한 선택에 일치하는 운송계약을 체결하여야 한다. 매도인이 운송계약에 따라 지정 목적지에서 양륙과 관련된 비용을 지급하는 경우, 매도인은 당사자 간에 별도의 합의가 없는 한 매수인으로부터 그러한 비용을 보상받을 수 없다.

매도인이 직접적으로 또는 간접적으로 수입통관할 수 없는 경우 당사자는 DDP를 사용하지 않는 편이 좋다. 당사자가 매수인이 수입통관에 따른 모든 위험 및 비용을 부담하기로 한다면 DAP 규칙이 사용되어야 한다. 매매계약에서 별도의 명시적 합의가 없

는 한 수입시에 지급되는 모든 부가가치세 또는 기타 조세는 매도인이 부담한다.

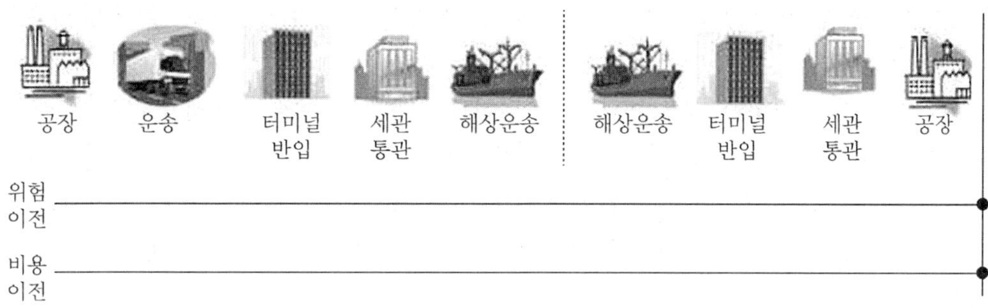

위험이전	비용이전	통 관	비 고
• 물품이 수입통관 되어 수입국내 지정 목적지에서 양하하지 않고 매수인의 임의 처분하에 인도되었을 때	• 매도인은 물품이 인도될 때까지의 모든 비용, 수입통관비용, 관세, 조세, 부과금 부담	• 매도인이 수출통관 및 수입통관	• 매도인의 의무가 가장 많은 조건 • 통관 시 수입신고의 무자는 매수안함

▌그림 5-8 ▌DDP(관세지급 인도 규칙)

2) 위험의 이전

위험의 이전은 매도인이 합의된 일자 또는 기간 내에 목적지에서 양륙을 위하여 준비된 도착 운송수단상에서 수입통관된 물품을 매수인의 임의처분상태로 두어 인도 완료할 때까지의 멸실 또는 손상에 대한 위험을 부담할 때 이전된다.

3) 비용의 배분

DDP 규칙에서는 비용의 부담에 대한 분기점과 위험의 이전시점이 일치된다. 매도인은 물품을 직접 제조하거나 구매·조달하는데 따른 기본원가(basic costs), 사업부문별 간접원가, 포장비, 품질·용적·중량·수량 등의 물품점검업무비용(costs of checking operations) 및 기타 비용을 부담하여야 한다. 또한 목적지의 합의된 지점에서 양륙하지 아니한 상태로 준비된 도착 운송수단상에서 물품을 매수인의 임의처분 상태로 두어 인도 완료할 때까지의 물품운송비를 부담한다. 하지만 운송계약에서 매도인이 부담하기로 한 경우에는 매도인이 부담한다. 또한 매도인의 의무는 아닐지라도 자신을 위하여 화물보험을 부보하였다면 보험료를 부담하여야 한다.

매도인은 적용 가능한 경우, 자신의 위험과 비용으로 모든 수출입허가, 기타 공적인 승인 및 물품수출입을 위하여 모든 세관수속절차를 이행하고, 인도 이전 모든 국가에서 물품수출입을 위하여 필요한 세관수속절차 및 운송을 위하여 소요되는 일체의 비용을 부담하여야 한다.

매수인은 적용 가능한 경우, 매도인의 위험과 비용으로 모든 수입허가, 기타 공적인 승인 및 물품수입을 위하여 모든 세관수속절차에 대하여 매도인에게 협조를 제공하여야 한다. 또한 양륙비가 운송계약에 따라 매도인이 부담하지 아니하였을 경우, 매수인은 지정 목적지에서 도착된 운송수단으로부터 물품인도 수령을 위하여 필요한 모든 양륙비를 지급하여야 한다.

4) 매도인의 제공서류

(1) 기본서류

매도인은 매매계약과 일치하는 상업송장(commercial invoice) 및 계약서에서 요구하는 일치증명(evidence of conformity)을 제공하여야 한다. 이와 같은 모든 서류는 이에 상응한 전자기록 또는 절차도 인정된다.

매도인은 매수인이 목적지의 합의된 지점에서 양륙을 위하여 준비된 도착 운송수단상에서 물품을 매수인의 임의처분 상태로 두어 인도의 수령이 가능한 인도서류(delivery documents)를 제공하여야 한다. 이와 같은 서류들은 합의에 따라 화물인도지시서(Delivery Order : D/O)나 통상의 운송서류가 될 수 있다.

(2) 임의서류

매수인의 요청에 따라 매수인의 비용과 위험으로 포장명세서(packing list), 원산지증명서(certificate of origin), 품질 및 수량증명서(certificate of quality and quantity), 중량 및 용적증명서(certificate of weight and measurement), 영사송장(consular invoice), 그리고 보험부보를 위한 정보 등 임의서류를 제공할 수 있다.

5) 기타 의무와 정보제공을 위한 협조 및 관련 비용

(1) 매도인의 의무

매도인은 매수인에게 계약과 일치하는 물품을 제공하고, 적용 가능한 경우 매도인 자신의 위험 및 비용부담으로 수출입허가 또는 공적인 승인 및 수출입통관 수속절차를 이

행하여야 한다. 또한 매도인의 위험 및 비용부담으로 운송계약을 체결하고 지정 목적지까지의 운송비(Carriage)를 부담하여야 한다. 또한 매도인은 매수인을 위하여 화물보험부보의 의무는 없으나 매수인의 요청이 있을 경우 매수인의 위험과 비용으로 매수인이 보험부보를 할 수 있는 정보를 제공하여야 한다. 적용 가능한 경우, 매수인의 요청과 위험 및 비용으로 모든 서류 및 안전관련 정보를 제공하여야 하며, 필요한 제 서류의 취득을 위한 협조를 하여야 한다. 물품이 인도되었다는 사실 및 매수인이 인수가능 하도록 필요한 모든 통지를 행하여야 하고, 포장이 필요한 물품의 경우에는 적절한 화인을 하여야 한다.

(2) 매수인의 의무

매수인은 계약에 정한 바에 따라 대금지급을 하여야 한다. 아울러 지정목적지에서 물품인도의 수령(taking delivery)을 행하여야 한다. 또한 매도인의 요청에 따른 정보 등의 협조를 제공하여야 하고 매수인의 요청으로 서류 또는 정보제공에 따라 발생한 모든 비용과 수수료를 매도인에게 지급하여야 한다. 검사가 수출국 당국에 의하여 강행적으로 이루어진 경우를 제외하고는 선적전 검사비용을 부담하여야 한다.

제 3 절 해상 및 내수로 운송에 사용되는 규칙

1. 선측인도규칙(FAS)...(지정선적항)

Free Alongside Ship...(named port of shipment)

1) 개념

FAS는 Free Alongside Ship의 약칭으로 "선측인도"를 말한다. 이 규칙은 해상운송 및 내수로 운송에만 사용될 수 있다. 선측인도는 물품이 지정된 선적항에서 매수인이 정한 본선(예를 들어 부두 또는 부선 상)의 선측[9]에 둘 때 매도인이 인도하는 것을 의미한다. 물품이 본선 선측에 있을 때 물품의 멸실 또는 손상의 위험이 이전되며 매수인은 그 시점으로부터 모든 비용을 부담한다.

9) 본선에 장치된 양하기로 닿을 수 있는 위치(거리)

지정선적항의 선측까지의 비용 및 위험을 매도인이 부담하기 때문에 당사자는 적재지점을 명확하게 합의하여야 한다. 이러한 비용과 관련된 취급수수료는 항구의 관습에 따라 달라질 수 있다.

매도인은 본선 선측에서 물품을 인도하거나 또는 선적을 위하여 이미 그와 같이 인도된 물품을 조달(procure)하여야 한다. 여기에서 "조달"은 상품무역에서 흔히 발생하는 연속매매(string sales)에 부응하기 위한 것이다. 상품거래에서 매도인이 매수인에게 물품을 인도하면, 물품을 인수받은 매수인이 그 물품을 다시 다른 매수인에게 판매하고, 다른 매수인이 또 다른 매수인에게 판매하는 등 연속매매가 이루어진다. 이러한 경우 매도인이 물품의 인도를 위하여 선측에 물품을 놓아둔 때 물품의 멸실 또는 물품에 대한 손상의 위험이 매도인으로부터 매수인에게 이전된다. 한편 그 물품을 재판매시 최초의 매수인이 이번에는 다시 매도인의 입장이 되어 선적을 위하여 선측에 놓여진 물품을 그대로 둔 상태로 조달할 때 물품의 멸실 또는 물품에 대한 손상의 위험이 이전되는 것이다.

이 규칙은 원유, 곡물, 광석 등의 산화물(bulk cargo)과 같이 무포장 상태로 운송되는 재래화물에 적용되는 규칙으로 컨테이너화물에는 적합하지 않다. 즉 원유, 원맥, 원목 및 원면 등과 같이 선적비용이 많이 소요되는 대량의 산화물에 주로 이용되는 규칙으로 원목을 묶어 선적항의 본선 선측에 붙여 놓고 선적하던 북유럽의 목재매매에서 유래되었다.

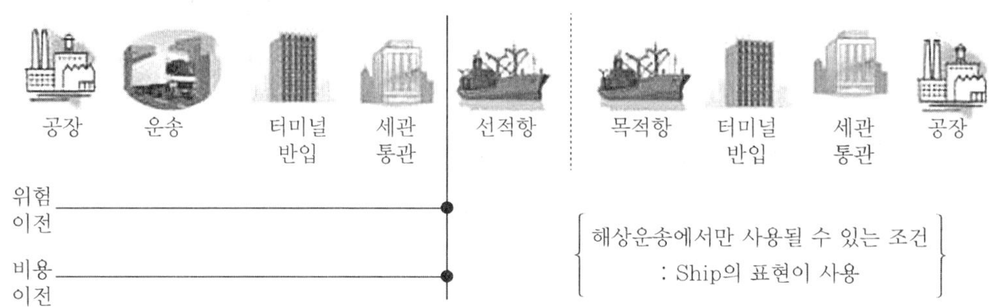

위험이전	비용이전	통 관	비 고
• 물품이 지정선적항의 부두 혹은 부선으로 선측에 인도되었을 때	• 매도인은 인도할 때까지의 모든 비용 부담	• 매도인이 수출통관	• 선적비가 많이 드는 원목, 곡물 등의 Bulky Cargo에 주로 이용

Ⅰ그림 5-9Ⅰ FAS(선측인도규칙)

물품이 컨테이너에 적재되는 경우, 매도인이 본선의 선측이 아닌 터미널에서 운송인에게 물품을 인도하는 것이 일반적이다. 따라서 컨테이너화물의 경우 FAS규칙은 부적절하기 때문에 운송인인도(FCA)규칙을 사용하여야 한다.

FAS 규칙에서는 적용 가능한 경우 매도인이 물품에 대한 수출통관을 이행하여야 한다. 하지만 매도인은 물품의 수입통관의무와 모든 수입관세의 지급의무 또는 수입통관 수속절차를 이행할 의무가 없다.

2) 위험의 이전

위험의 이전은 매도인이 계약물품을 합의된 일자 또는 기간 내에 적재지점에서 매수인이 정한 본선 선측에 두어 인도할 때가 분기점이 된다. 매수인이 특정적재지점을 정하지 아니한 경우, 매도인은 지정선적항 내에서 가장 적합한 지점을 선택할 수 있다.

따라서 위험의 분기점은 본선이 부두에 접안되어 있을 경우에는 선적을 위한 적·양화 장비, 즉 양화기(winch) 등 선적용구(tackle)가 도달할 수 있는 부두상(on the quay)이 되고, 해상에 정박하여 있을 경우에는 부선내(in lighter)가 된다.

3) 비용의 배분

FAS 규칙에서 비용의 부담에 대한 분기점과 위험의 이전시점은 일치된다. 비용의 부담은 위험이전의 분기점을 기준으로 하여 매도인은 적재지점에서 매수인이 정한 본선 선측에 인도할 때까지의 제비용을 부담한다. 물품을 직접 제조하거나 구매·조달하는데 따른 기본원가(basic costs), 사업부문별 간접원가, 포장비, 품질·용적·중량·수량 등의 물품점검업무비용(costs of checking operations) 및 기타 비용을 부담하여야 한다. 또한 인도지점까지의 내륙운송비(inland freight), 물품인도완료에 따른 통지비용과 물품인도증거서류 취득비용을 부담하여야 한다. 또한 적용 가능한 경우, 수출승인이나 기타 정부승인을 얻는데 소요되는 비용, 수출에 수반되어 부과되는 관세(export duties)와 조세(taxes) 및 기타 부과금(other charges) 및 세관수속절차(customs formalities)에 소요되는 일체의 비용을 부담하여야 한다. 또한 항구세, 부두사용료(wharfage), 창고료(go-down rent), 보관료(storage), 본선이 부두에 접안된 경우의 본선선측까지의 물품운반비용, 본선이 해상에 정박된 경우 부두인부임(stevedorage) 및 부선비(lighterage)를 부담하여야 한다.

매수인은 매도인이 물품인도의무를 완료한 이후 일체의 비용을 부담하여야 한다. 즉 적재비(loading charges)와 적부비(stowage) 등 선적작업비용, 최종 목적항까지의 해상운임(ocean freight), 적하보험료(cargo insurance premium), 목적항에서의 양륙비(unloading charges), 수입통관비용 및 제세공과금, 적용 가능한 경우 수입 시 지급되는 모든 관세(all duties), 조세(taxes) 및 기타 부과금(other charges)을 포함한 통관비용(customs clearance charges) 등 인도된 이후의 제비용이다.

4) 매도인의 제공서류

(1) 기본서류

매도인은 매매계약과 일치하는 상업송장(commercial invoice) 및 계약서에서 요구하는 일치증명(evidence of conformity)을 제공하여야 한다. 이와 같은 모든 서류는 이에 상응한 전자기록 또는 절차도 인정된다.

매도인은 본선 선측에 인도가 완료되었다는 관례적인 증거를 제공하여야 한다. 이러한 증거나 운송서류가 아닐 경우 매수인의 요청으로 매수인의 위험과 비용부담으로 운송서류를 취득하는데 협조를 하여야 한다. 관련 증거로는 항만당국이 발행하는 부두수령증(Dock's Receipt : D/R), 선박대리인이 발행하는 선박수령증(ship's receipt) 또는 수취 선하증권(received for shipment B/L) 또는 선측수령증(alongside receipt) 등을 들 수 있다. 매수인이 요청할 경우 매도인은 해상선하증권과 같은 운송서류를 제공할 수 있다.

(2) 임의서류

매수인의 요청에 따라 매수인의 비용과 위험으로 포장명세서(packing list), 원산지증명서(certificate of origin), 품질 및 수량증명서(certificate of quality and quantity), 중량 및 용적증명서(certificate of weight and measurement), 영사송장(consular invoice), 그리고 보험부보를 위한 정보 등 임의서류를 제공할 수 있다.

5) 기타 의무와 정보제공을 위한 협조 및 관련 비용

(1) 매도인의 의무

매도인은 매수인에게 계약과 일치하는 물품을 제공하고, 적용 가능한 경우 매도인 자신의 위험 및 비용부담으로 수출허가 또는 공적인 승인 및 수출통관 수속절차를 이행하여야 한다. FAS 규칙에서 매도인의 운송계약의무는 없지만, 매수인이 요청하는 경우 상관습에 따라 매수인의 위험 및 비용부담으로 보통의 운송계약을 체결할 수도 있으며,

운송인이 약정된 기간에 물품인도의 수령을 하지 않은 때에는 이를 매수인에게 통지하여야 한다. 적용 가능한 경우, 매수인의 요청과 위험 및 비용부담으로 모든 서류 및 안전관련 정보를 제공하여야 하며, 필요한 제 서류의 취득을 위한 협조를 하여야 한다. 아울러 계약물품을 매수인이 인수가능 하도록 필요한 모든 정보를 통지하여야 하고, 포장이 필요한 물품의 경우에는 적절한 화인을 하여야 한다.

(2) 매수인의 의무

매수인은 계약에 정한 바에 따라 대금지급을 하여야 한다. 아울러 수입승인과 수입통관수속절차를 이행하여야 한다. 또한 물품인도장소에서 인도의 수령(taking delivery)을 행하여야 하며 운송계약을 체결하고 운송비를 부담하여야 한다. 아울러 매도인의 요청에 따른 정보 등을 제공하는데 협조하여야 하고 매수인의 요청으로 서류 또는 정보제공에 따라 발생한 모든 비용과 수수료를 매도인에게 지급하여야 한다. 그리고 검사가 수출국 당국에 의하여 강행적으로 이루어지는 경우를 제외하고 선적전 검사비용을 부담하여야 한다.

2. 본선인도규칙(FOB)...(지정선적항)
Free On Board...(named port of shipment)

1) 개념

FOB는 Free On Board의 약칭으로 "본선인도"를 말한다. 본선인도는 해상운송 및 내수로 운송에만 사용될 수 있다. 본선인도는 물품이 지정된 선적항에서 매수인이 정한 본선상에 물품을 인도하거나 또는 그렇게 인도된 물품을 조달하는 것을 의미한다. 물품이 본선상에 있을 때 물품의 멸실 또는 손상의 위험이 이전되며 매수인은 그 시점으로부터 모든 비용을 부담한다.

매도인은 본선상에서 물품을 인도하거나 또는 선적을 위하여 그렇게 인도된 물품을 조달(procure)하여야 한다. 상품거래에서 매도인이 매수인에게 물품을 인도하면, 물품을 인수받은 매수인이 그 물품을 다시 다른 매수인에게 판매하고, 다른 매수인이 또 다른 매수인에게 판매하는 등 연속매매가 이루어진다. 이러한 경우 매도인이 물품의 인도를 위하여 본선상에 물품을 놓아둔 때 물품의 멸실 또는 물품에 대한 손상의 위험이 매도인으로부터 매수인에게 이전된다. 한편 그 물품을 재판매시 최초의 매수인이 이번에는 다시 매도인의 입장이 되어 물품을 선적하여야 하는 의무가 발생하게 된다. 하지만 이미 최초에 물품이 본선상에 이미 선적된 상태이기 때문에 다시 선적할 수 없으며, 그렇게 선적되어 있는 물품을 조달할 때 물품의 멸실 또는 물품에 대한 손상의 위험이 이전되는 것이다. 이에 따라 "조달" 이라는 용어는 1차산품을 거래할 때 발생할 수 있는 연속매매를 부응하기 위하여 이용된다.

이 규칙은 전형적으로 터미널에서 인도되는 컨테이너 화물의 경우와 같이 물품이 본선상에 놓여지기 전에 인도되는 경우에는 적당하지 않을 수 있기 때문에 그러한 경우에는 운송인인도규칙(FCA 규칙)이 사용되어야 한다.

FOB 규칙에서는 적용 가능한 경우 매도인이 물품에 대한 수출통관을 이행하여야 한다. 하지만 매도인은 물품의 수입통관의무와 모든 수입관세의 지급의무 또는 수입통관 수속절차를 이행할 의무가 없다.

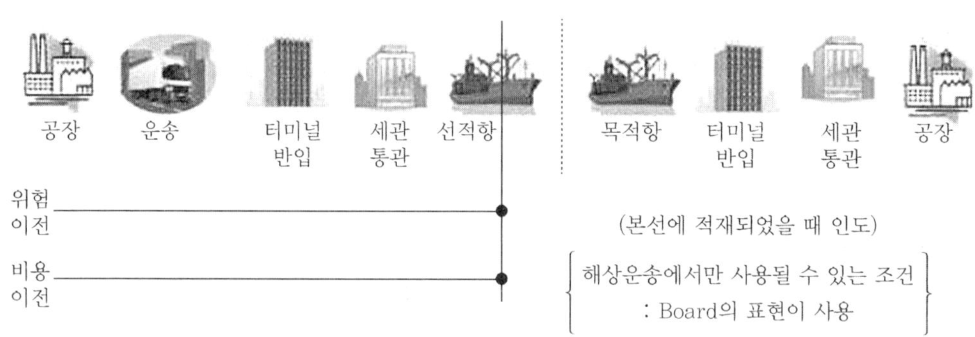

위험이전	비용이전	통 관	비 고
• 본선에 적재 되었을 때	• 본선에 적재	• 매도인이 수출통관	• 운송수단의 수배는 매수인의 몫

그림 5-10 FOB(본선 인도 규칙)

2) 위험의 이전

위험의 이전은 매도인이 계약물품을 합의된 일자 또는 기간 내에 지정 선적항에서 매수인이 정한 본선상에서 물품을 인도하거나 이미 인도된 물품을 조달할 때가 분기점이 된다. 매수인이 특정 적재지점을 정하지 아니한 경우, 매도인은 지정선적항 내에서 가장 적합한 지점을 선택할 수 있다.

3) 비용의 배분

FOB 규칙에서 비용의 부담에 대한 분기점과 위험의 이전시점은 일치된다. 매도인은 지정 선적항에서 매수인이 정한 본선상에 물품을 인도할 때까지의 제비용을 부담한다. 즉 매도인은 물품을 직접 제조하거나 구매·조달하는데 따른 기본원가(basic costs), 사업부문별 간접원가, 포장비, 품질·용적·중량·수량 등의 물품점검업무비용(costs of checking operations) 및 기타 비용을 부담하여야 한다. 또한 인도지점까지의 내륙운송비(inland freight), 물품인도완료에 따른 통지비용과 물품인도증거서류 취득비용을 부담하여야 한다. 또한 적용 가능한 경우, 수출승인이나 기타 정부승인을 얻는데 소요되는 비용, 수출에 수반되어 부과되는 관세(export duties)와 조세(taxes) 및 기타 부과금(other charges) 및 세관수속절차(customs formalities)에 소요되는 일체의 비용을 부담하여야 한다. 또한 적재비(loading charges)와 적부비(stowage) 등 선적작업비용, 항구세, 부두사용료(wharfage), 창고료(go-down rent), 보관료(storage), 본선이 부두에 접안된 경우의 본선선측까지의 물품운반비용, 본선이 해상에 정박된 경우 부두인부임(stevedorage) 및 부선비(lighterage)를 부담하여야 한다.

매수인은 매도인이 물품인도의무를 완료한 이후 일체의 비용을 부담하여야 한다. 즉, 최종 목적항까지의 해상운임(ocean freight), 적하보험료(cargo insurance premium), 목적항에서의 양륙비(unloading charges), 수입통관비용 및 제세공과금, 적용 가능한 경우 수입시 지급되는 모든 관세(all duties), 조세(taxes) 및 기타 부과금(other charges)을 포함한 통관비용(customs clearance charges) 등 인도된 이후의 제비용이다.

4) 매도인의 제공서류

(1) 기본서류

매도인은 매매계약과 일치하는 상업송장(commercial invoice) 및 계약서에서 요구하는 일치증명(evidence of conformity)을 제공하여야 한다. 이와 같은 모든 서류는 이에 상응한 전자기록 또는 절차도 인정된다.

매도인은 본선상에서 인도가 완료되었다는 관례적인 증거를 제공하여야 한다. 이러한 증거나 운송서류가 아닐 경우 매수인의 요청으로 매수인의 위험과 비용부담으로 운송서류를 취득하는데 협조를 하여야 한다. 관련 증거로는 항만당국이 발행하는 부두수령증(Dock's Receipt : D/R), 선박대리인이 발행하는 선박수령증(ship's receipt) 또는 수취 선하증권(received for shipment B/L) 등을 들 수 있다. 매수인이 요청할 경우 매도인은 해상선하증권과 같은 운송서류를 제공할 수 있다.

(2) 임의서류

매수인의 요청에 따라 매수인의 비용과 위험으로 포장명세서(packing list), 원산지증명서(certificate of origin), 품질 및 수량증명서(certificate of quality and quantity), 중량 및 용적증명서(certificate of weight and measurement), 영사송장(consular invoice), 그리고 보험부보를 위한 정보 등 임의서류를 제공할 수 있다.

5) 기타 의무와 정보제공을 위한 협조 및 관련 비용

(1) 매도인의 의무

매도인은 매수인에게 계약과 일치하는 물품을 제공하고, 적용 가능한 경우 매도인은 자신의 위험 및 비용부담으로 수출허가 또는 공적인 승인 및 수출통관 수속절차를 이행하여야 한다. FOB 규칙에서 매도인의 운송계약의무는 없지만, 매수인이 요청하는 경우 상관습에 따라 매수인의 위험 및 비용부담으로 보통의 운송계약을 체결할 수도 있으며, 운송인이 약정된 기간에 물품인도의 수령을 하지 않은 때에는 이를 매수인에게 통지하여야 한다. 적용 가능한 경우, 매수인의 요청과 위험 및 비용부담으로 모든 서류 및 안전관련 정보를 제공하여야 하며, 필요한 제 서류의 취득을 위한 협조를 하여야 한다. 아울러 계약물품을 매수인이 인수가능 하도록 필요한 모든 정보를 통지하여야 하고, 포장이 필요한 물품의 경우에는 적절한 화인을 하여야 한다.

(2) 매수인의 의무

매수인은 계약에 정한 바에 따라 대금지급을 하여야 한다. 아울러 수입승인과 수입통관수속절차를 이행하여야 한다. 또한 물품인도장소에서 인도의 수령(taking delivery)을 행하여야 하며 운송계약을 체결하고 운송비를 부담하여야 한다. 아울러 매도인의 요청에 따른 정보 등을 제공하는데 협조하여야 하고 매수인의 요청으로 서류 또는 정보제공에 따라 발생한 모든 비용과 수수료를 매도인에게 지급하여야 한다. 그리고 검사가 수출국 당국에 의하여 강행적으로 이루어지는 경우를 제외하고 선적전 검사비용을 부담하여야 한다.

3. 운임포함인도규칙(CFR)...(지정목적항)
Cost and Freight...(named port of destination)

1) 개념

CFR은 Cost and Freight의 약칭으로 "운임포함인도"를 말한다. 이 규칙은 해상운송 및 내수로 운송에만 사용될 수 있다. 운임포함인도는 매도인은 본선상에서 물품을 인도하거나 또는 그렇게 인도된 물품을 조달(procure)하는 것을 의미한다. 물품이 본선상에 있을 때 물품을 멸실 또는 손상의 위험이 이전되지만, 매도인은 운송계약을 체결하고 지정 목적항까지 물품을 운송하는데 필요한 비용 및 운임을 지급하여야 한다.

CPT, CIP, CFR 및 CIF가 사용되는 경우, 매도인의 인도에 대한 의무는 물품이 목적지에 도착될 때가 아닌 선택된 규칙에 명시된 방법으로 물품이 운송인에게 교부될 때 완료된다. CFR 규칙에서 매도인의 인도의무는 물품이 목적항에 도착할 때가 아니라 선적항에 있는 본선의 선상에서 물품을 인도할 때 완료된다.

CFR 규칙에서는 위험의 분기점과 비용의 이전시점이 다르다. 일반적으로 계약서에 목적항을 명시하고 있으나 위험이 매수인에게 이전되는 선적항을 명시하고 있지는 않다. 선적항이 매수인에게 특정의 이해관계가 있는 경우, 당사자들이 가능한 한 계약서에 이를 명확하게 특정하는 것이 바람직하다.

당사자는 매도인이 합의된 목적항의 지정 지점까지 비용을 부담하므로 가능한 한 그 지점을 명확히 결정하여야 한다. 매도인은 그러한 선택에 일치하는 운송계약을 체결하여야 한다. 매도인이 운송계약에 따라 목적항의 명시된 지점에서 양륙과 관련된 비용을 지급하는 경우, 매도인은 당사자 간에 별도의 합의가 없는 한 매수인으로부터 그러한 비용을 보상받을 수 없다.

매도인은 본선상에서 물품을 인도하거나 또는 선적을 위하여 그렇게 인도된 물품을 조달하여야 한다. 1차산품의 거래에서 매도인이 매수인에게 물품을 인도하면, 물품을 인수받은 매수인이 그 물품을 다시 다른 매수인에게 판매하고, 다른 매수인이 또 다른 매수인에게 판매하는 등 연속매매가 이루어진다. 이러한 경우 매도인이 물품의 인도를 위하여 본선상에 물품을 놓아둔 때 물품의 멸실 또는 물품에 대한 손상의 위험이 매도인으로부터 매수인에게 이전된다. 한편 그 물품을 재판매시 최초의 매수인이 이번에는 다시 매도인의 입장이 되어 물품을 선적하여야 하는 의무가 발생하게 된다. 하지만 이미 최초에 물품이 본선상에 이미 선적된 상태이기 때문에 다시 선적할 수 없으며 그렇게 선적되어 있는 물품을 조달할 때 물품의 멸실 또는 물품에 대산 손상의 위험이 이전되는 것이다. 이에 따라 “조달” 이라는 용어는 1차산품을 거래할 때 발생할 수 있는 연속매매를 부응하기 위하여 이용된다.

이 규칙은 전형적으로 터미널에서 인도되는 컨테이너 화물의 경우와 같이 물품이 본선상에 놓여지기 전에 운송인에게 인도되는 경우에는 적당하지 않을 수 있기 때문에 그러한 경우에는 운송비지급인도규칙(CPT 규칙)이 사용되어야 한다.

CFR 규칙에서는 적용 가능한 경우 매도인이 물품에 대한 수출통관을 이행하여야 한다. 하지만 매도인은 물품의 수입통관의무와 모든 수입관세의 지급의무 또는 수입통관 수속절차를 이행할 의무가 없다.

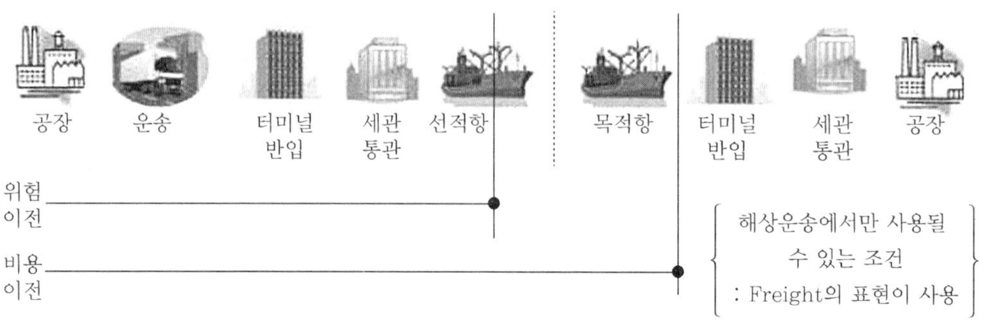

위험이전	비용이전	통 관	비 고
• 물품이 본선에 적재 되었을 때	• 매도인은 적재시까지 모든 비용과 목적항까지의 운임, 정기선의 경우 양하비 부담	• 매도인이 수출통관	• 운송수단의 수배 및 운송비용은 매도인의 몫

❙그림 5-11❙ CFR(운임포함 인도 규칙)

2) 위험의 이전

위험의 이전은 매도인이 계약물품을 합의된 일자 또는 기간 내에 지정 선적항에서 매도인이 정한 본선상에서 물품을 인도하거나 이미 인도된 물품을 조달할 때 이전된다.

3) 비용의 배분

CFR 규칙에서 비용 부담에 대한 분기점과 위험 이전시점은 일치되지 않는다. 물품에 대한 위험이전의 분기점은 선적항의 본선상이지만, 비용부담의 분기점은 지정 목적

항까지 확장된다. 물품인도장소 및 물품에 대한 위험이전의 분기점을 보통 적출지인 수출국 내에 있는 본선상으로 하면서도 해상운임은 수입국 지정목적지까지 매도인이 부담하도록 함으로써 물품인도장소 및 위험이전과 비용의 분담에 대한 분기점이 상이하게 분리되고 있다.

매도인은 물품을 직접 제조하거나 구매·조달하는데 따른 기본원가(basic costs), 사업부문별 간접원가, 포장비, 품질·용적·중량·수량 등의 물품점검업무비용(costs of checking operations) 및 기타 비용을 부담하여야 한다. 또한 인도지점까지의 내륙운송비(inland freight), 약정된 목적지까지의 해상운임(ocean freight), 물품인도완료에 따른 통지비용과 물품인도증거서류 취득비용을 부담하여야 하며, 운송계약체결시 정기선(liner)에 의해 부과될 수 있는 목적항에서의 양륙비(unloading charge)를 부담하여야 한다. 또한 적용 가능한 경우, 수출승인이나 기타 정부승인을 얻는데 소요되는 비용, 수출에 수반되어 부과되는 관세(export duties)와 조세(taxes) 및 기타 부과금(other charges) 및 세관수속절차(customs formalities)에 소요되는 일체의 비용을 부담하여야 한다.

매수인은 최종 목적지까지의 적하보험료(cargo insurance premium), 적용 가능한 경우 수입 시 지급되는 모든 관세(all duties), 조세(taxes) 및 기타 부과금(other charges)을 포함한 통관비용(customs clearance charges) 등 인도된 이후의 제비용을 부담하여야 한다. 또한 매수인이 물품발송의 시기와 목적지를 매도인에게 통지하지 않음으로써 매도인의 물품인도 장애요인을 야기 시킨 경우 이로 인하여 발생된 추가비용, 선적전 물품검사 비용을 부담하여야 한다.

4) 매도인의 제공서류

(1) 기본서류

매도인은 매매계약과 일치하는 상업송장(commercial invoice) 및 계약서에서 요구하는 일치증명(evidence of conformity)을 제공하여야 한다. 이와 같은 모든 서류는 이에 상응한 전자기록 또는 절차도 인정된다.

매도인은 운송계약에 따른 운송서류를 제공하여야 한다. 운송서류는 유통 가능한 형식으로 수통의 원본이 발행된 경우 원본 전통(full set)을 매수인에게 제시하여야 한다. 이와 같은 운송서류는 해상선화증권(ocean bill of lading), 내수로 운송서류 등이다.

(2) 임의서류

매수인의 요청에 따라 매수인의 비용과 위험으로 포장명세서(packing list), 원산지증명서(certificate of origin), 품질 및 수량증명서(certificate of quality and quantity), 중량 및 용적증명서(certificate of weight and measurement), 영사송장(consular invoice), 그리고 보험부보를 위한 정보 등 임의서류를 제공할 수 있다.

5) 기타 의무와 정보제공을 위한 협조 및 관련 비용

(1) 매도인의 의무

매도인은 매수인에게 계약과 일치하는 물품을 제공하고, 적용 가능한 경우 매도인은 자신의 위험 및 비용부담으로 수출허가 또는 공적인 승인 및 수출통관 수속절차를 이행하여야 한다. 매도인의 위험 및 비용부담으로 운송계약을 체결하고 목적항까지의 운임을 부담하여야 한다. 적용 가능한 경우, 매수인의 요청과 위험 및 비용부담으로 모든 서류 및 안전관련 정보를 제공하여야 하며, 필요한 제 서류의 취득을 위한 협조를 하여야 한다. 아울러 계약물품을 매수인이 인수가능 하도록 필요한 모든 정보를 통지하여야 하고, 포장이 필요한 물품의 경우에는 적절한 화인을 하여야 한다.

(2) 매수인의 의무

매수인은 계약에 정한 바에 따라 대금지급을 하여야 한다. 아울러 수입승인과 수입통관 수속절차를 이행하여야 한다. 또한 지정 목적지에서 물품 인도의 수령(taking delivery)을 행하여야 한다. 아울러 매도인의 요청에 따른 정보 등을 제공하는데 협조하여야 하고 매수인의 요청으로 서류 또는 정보제공에 따라 발생하는 모든 비용과 수수료를 매도인에게 지급하여야 한다. 그리고 검사가 수출국 당국에 의하여 강행적으로 이루어지는 경우를 제외하고 선적전 검사비용을 부담하여야 한다.

4. 운임보험료포함인도규칙(CIF)...(지정목적항)
Cost, Insurance and Freight...(named port of destination)

1) 개념

CIF는 Cost, Insurance and Freight의 약칭으로 "운임보험료포함인도"를 말한다.

이 규칙은 해상운송 및 내수로 운송에만 사용될 수 있다. 운임보험료포함인도는 매도인은 본선상에서 물품을 인도하거나 또는 그렇게 인도된 물품을 조달(procure)하는 것을 의미한다. 물품이 본선상에 있을 때 물품의 멸실 또는 손상의 위험이 이전된다. 매도인은 운송계약을 체결하고 지정 목적항까지 물품을 운송하는데 필요한 비용 및 운임을 지급하여야 한다.

매도인은 또한 운송 중 물품의 멸실 손상에 대한 매수인의 위험에 대하여 최소담보조건으로 보험부보계약을 체결한다. 매수인이 더 많은 보험담보를 원할 경우, 매도인과 특별히 합의하거나 자신이 추가보험계약을 체결할 필요가 있다.

CPT, CIP, CFR 및 CIF가 사용되는 경우, 매도인의 인도에 대한 의무는 물품이 목적지에 도착될 때가 아닌 선택된 규칙에 명시된 방법으로 물품이 운송인에게 교부될 때 완료된다. CIF 규칙에서 매도인의 인도의무는 물품이 목적항에 도착할 때가 아니라 선적항에 있는 본선의 선상에서 물품을 인도할 때 완료된다.

CIF 규칙에서는 위험의 분기점과 비용의 이전시점이 다르다. 일반적으로 계약서에 목적항을 명시하고 있으나 위험이 매수인에게 이전되는 선적항을 명시하고 있지는 않다. 선적항이 매수인에게 특정의 이해관계가 있는 경우, 당사자들이 가능한 한 계약서에 이를 명확하게 특정하는 것이 바람직하다.

당사자는 매도인이 합의된 목적항의 지정 지점까지 비용을 부담하므로 가능한 한 그 지점을 명확히 결정하여야 한다. 매도인은 그러한 선택에 일치하는 운송계약을 체결하여야 한다. 매도인이 운송계약에 따라 목적항의 명시된 지점에서 양륙과 관련된 비용을 지급하는 경우, 매도인은 당사자 간에 별도의 합의가 없는 한 매수인으로부터 그러한 비용을 보상받을 수 없다.

매도인은 본선상에서 물품을 인도하거나 또는 선적을 위하여 그렇게 인도된 물품을 조달하여야 한다. 상품거래에서 매도인이 매수인에게 물품을 인도하면, 물품을 인수받은 매수인이 그 물품을 다시 다른 매수인에게 판매하고, 다른 매수인이 또 다른 매수인에게 판매하는 등 연속매매가 이루어진다. 이러한 경우 매도인이 물품의 인도를 위하여 본선상에 물품을 놓아둔 때 물품의 멸실 또는 물품에 대한 손상의 위험이 매도인으로부터 매수인에게 이전된다. 한편 그 물품을 재판매시 최초의 매수인이 이번에는 다시 매도인의 입장이 되어 물품을 선적하여야 하는 의무가 발생하게 된다. 하지만 이미 최초에 물품이 본선상에 이미 선적된 상태이기 때문에 다시 선적할 수 없으며 그렇게 선적되어 있는 물품을 조달할 때 물품의 멸실 또는 물품에 대한 손상의 위험이 이전되는 것이다. 이에 따라 “조달” 이라는 용어는 상품거래시 발생할 수 있는 연속매매를 부응하기 위하여 이용된다.

이 규칙은 전형적으로 터미널에서 인도되는 컨테이너 화물의 경우와 같이 물품이 본선상에 놓여지기 전에 운송인에게 인도되는 경우에는 적당하지 않을 수 있기 때문에 그러한 경우에는 운송비보험료포함규칙(CIP 규칙)이 사용되어야 한다.

CIF 규칙에서는 적용 가능한 경우 매도인이 물품에 대한 수출통관을 이행하여야 한다. 하지만 매도인은 물품의 수입통관의무와 모든 수입관세의 지급의무 또는 수입통관 수속절차를 이행할 의무가 없다.

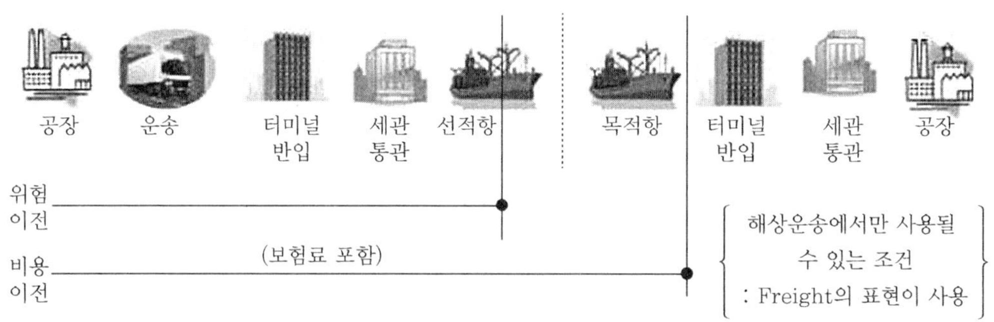

위험이전	비용이전	통 관	비 고
• 물품이 본선에 적재 되었을 때	• 매도인은 적재시까지 모든 비용과 목적항 까지의 운임, 보험료, 정기선의 경우 양하비 부담	• 매도인이 수출통관	• 보험계약자 : 매도인 • 피보험자 : 매수인 매도인이 매수인의 위험에 더해 부보

▌그림 5-12▐ CIF(운임보험료포함 인도규칙)

2) 위험의 이전

위험의 이전은 매도인이 계약물품을 합의된 일자 또는 기간 내에 지정 선적항에서 매도인이 정한 본선상에서 물품을 인도하거나 이미 인도된 물품을 조달할 때 이전된다.

3) 비용의 배분

CIF 규칙에서 비용 부담에 대한 분기점과 위험 이전시점은 일치되지 않는다. 물품에 대한 위험이전의 분기점은 선적항의 본선상이지만, 비용부담의 분기점은 지정 목적항까지 확장된다. 물품인도장소 및 물품에 대한 위험이전의 분기점을 보통 적출지인 수출국

내에 있는 본선상으로 하면서도 해상운임은 수입국 지정목적항까지 매도인이 부담하도록 함으로써 물품인도장소 및 위험이전과 비용의 분담에 대한 분기점이 상이하게 분리되고 있다.

매도인은 물품을 직접 제조하거나 구매·조달하는데 따른 기본원가(basic costs), 사업부문별 간접원가, 포장비, 품질·용적·중량·수량 등의 물품점검업무비용(costs of checking operations) 및 기타 비용을 부담하여야 한다. 또한 인도지점까지의 내륙운송비(inland freight), 약정된 목적지까지의 해상운임(ocean freight), 최종목적지까지의 화물보험, 물품인도완료에 따른 통지비용과 물품인도증거서류 취득비용을 부담하여야 하며, 운송계약체결 시 정기선(liner)에 의해 부과될 수 있는 목적항에서의 양륙비(unloading charge)를 부담하여야 한다. 또한 적용 가능한 경우, 수출승인이나 기타 정부승인을 얻는데 소요되는 비용, 수출에 수반되어 부과되는 관세(export duties)와 조세(taxes) 및 기타 부과금(other charges) 및 세관수속절차(customs formalities)에 소요되는 일체의 비용을 부담하여야 한다.

매수인은 최종 목적항까지의 적하보험료(cargo insurance premium), 적용 가능한 경우 수입 시 지급되는 모든 관세(all duties), 조세(taxes) 및 기타 부과금(other charges)을 포함한 통관비용(customs clearance charges) 등 인도된 이후의 제비용을 부담하여야 한다. 또한 매수인이 물품의 선적시기 및/또는 지정된 목적항 내의 물품의 수령지점을 결정할 권한이 있을 경우, 이를 매도인에게 통지하지 않음으로써 매도인의 물품인도 장애요인을 야기시킨 경우 이로 인하여 발생된 물품의 멸실 또는 손상의 위험을 부담하고, 선적 전 물품검사 비용을 부담하여야 한다.

4) 매도인의 제공서류

(1) 기본서류

매도인은 매매계약과 일치하는 상업송장(commercial invoice) 및 계약서에서 요구하는 일치증명(evidence of conformity)을 제공하여야 한다. 이와 같은 모든 서류는 이에 상응한 전자기록 또는 절차도 인정된다.

매도인은 운송계약에 따른 운송서류를 제공하여야 한다. 운송서류는 유통가능한 형식으로 수통의 원본이 발행된 경우 원본 전통(full set)을 매수인에게 제시하여야 한다. 이와 같은 운송서류는 해상선화증권(ocean bill of lading), 내수로 운송서류 등이다.

(2) 임의서류

매수인의 요청에 따라 매수인의 비용과 위험으로 포장명세서(packing list), 원산지증명서(certificate of origin), 품질 및 수량증명서(certificate of quality and quantity), 중량 및 용적증명서(certificate of weight and measurement), 영사송장(consular invoice), 그리고 보험부보를 위한 정보 등 임의서류를 제공할 수 있다.

5) 기타 의무와 정보제공을 위한 협조 및 관련 비용

(1) 매도인의 의무

매도인은 매수인에게 계약과 일치하는 물품을 제공하고, 적용 가능한 경우 매도인은 자신의 위험 및 비용부담으로 수출허가 또는 공적인 승인 및 수출통관 수속절차를 이행하여야 한다. 매도인의 위험 및 비용부담으로 운송계약을 체결하고 목적항까지의 운임을 부담하여야 한다. 또한 협회화물약관의 C조건과 같은 최소담보조건(minimum cover)으로 부보하고 계약에서 약정된 금액에 10%를 가산한 금액으로 부보된 보험증권(insurance policy) 또는 그 밖의 보험부보의 증거를 제공하여야 한다. 보험부보의 증거로는 보험증권 및 보험증명서(insurance certificate)이다. 적용 가능한 경우, 매수인의 요청과 위험 및 비용부담으로 모든 서류 및 안전관련 정보를 제공하여야 하며, 필요한 제 서류의 취득을 위한 협조를 하여야 한다. 아울러 계약물품을 매수인이 인수가능하도록 필요한 모든 정보를 통지하여야 하고, 포장이 필요한 물품의 경우에는 적절한 화인을 하여야 한다.

(2) 매수인의 의무

매수인은 계약에 정한 바에 따라 대금지급을 하여야 한다. 아울러 수입승인과 수입통관수속절차를 이행하여야 한다. 또한 지정 목적지에서 물품 인도의 수령(taking delivery)을 행하여야 한다. 아울러 매도인의 요청에 따른 정보 등을 제공하는데 협조하여야 하고 매수인의 요청으로 서류 또는 정보제공에 따라 발생하는 모든 비용과 수수료를 매도인에게 지급하여야 한다. 그리고 검사가 수출국 당국에 의하여 강행적으로 이루어지는 경우를 제외하고 선적전 검사비용을 부담하여야 한다.

❙ 표 5-3 ❙ INCOTERMS 2010의 분류(위험과 비용분기점)

<table>
<tr><th rowspan="2">물품인
도조건</th><th colspan="3">가 격 조 건</th><th rowspan="2">운송방법</th><th rowspan="2">비용분기점</th><th rowspan="2">위험분기점</th><th rowspan="2">소유권이전</th></tr>
<tr><th>분류</th><th>특 성</th><th>조건</th></tr>
<tr><td rowspan="9">선적지
조건</td><td>E</td><td>생산현장에서 물품을
인도하는 조건</td><td>EXW</td><td>복합운송</td><td>생산현장</td><td>생산현장</td><td>물품인도후
대금지급</td></tr>
<tr><td rowspan="3">F</td><td rowspan="3">매수인이 지정한
운송인에게 물품을
인도하는 조건</td><td>FCA</td><td>복합운송</td><td>운송인에게
인도시점</td><td>운송인에게
인도시점</td><td>물품인도후
대금지급</td></tr>
<tr><td>FAS</td><td>해상운송</td><td>본선선측</td><td>본선선측</td><td>물품인도후
대금지급</td></tr>
<tr><td>FOB</td><td>해상운송</td><td>본선선상</td><td>본선선상</td><td>물품인도후
대금지급</td></tr>
<tr><td rowspan="4">C</td><td rowspan="4">매도인이
운송계약을
체결하고 운임을
지급하는 조건</td><td>CPT</td><td>복합운송</td><td>목적지까지
운송비지급</td><td>운송인에게
인도시점</td><td>서류인도후
대금지급</td></tr>
<tr><td>CIP</td><td>복합운송</td><td>목적지까지
운송비 및
보험료 지급</td><td>운송인에게
인도시점</td><td>서류인도후
대금지급</td></tr>
<tr><td>CFR</td><td>해상운송</td><td>양육지까지
운송비 지급</td><td>본선선상</td><td>서류인도후
대금지급</td></tr>
<tr><td>CIF</td><td>해상운송</td><td>양육지까지
운송 및
보험료 지급</td><td>본선선상</td><td>서류인도후
대금지급</td></tr>
<tr><td rowspan="3">양륙지
조건</td><td rowspan="3">D</td><td rowspan="3">매도인이 목적지까지
운송비용과 위험을
부담하는 조건</td><td>DAT</td><td>복합운송</td><td>터미널인도</td><td>터미널</td><td>대금지급</td></tr>
<tr><td>DAP</td><td>복합운송</td><td>목적지인도</td><td>목적지</td><td>대금지급</td></tr>
<tr><td>DDP</td><td>복합운송</td><td>관세지급인도</td><td>목적지</td><td>대금지급</td></tr>
</table>

Chapter 6

무역대금 결제방식

제 1 절 무역대금 결제방식의 최근 동향

최근 들어 우리나라 무역업계가 이용하는 국제결제 방식이 크게 변화하고 있다. 1990년대 초반만 하더라도 신용장 방식이 60-70%를 차지하였던 것이 1998년도의 외환위기 이후 그 비중이 크게 감소하기 시작하였고, 송금방식의 결제비중이 2010년 현재 60%를 차지하여 그 자리를 점차 대체해 나가는 추세를 보이고 있다.1)

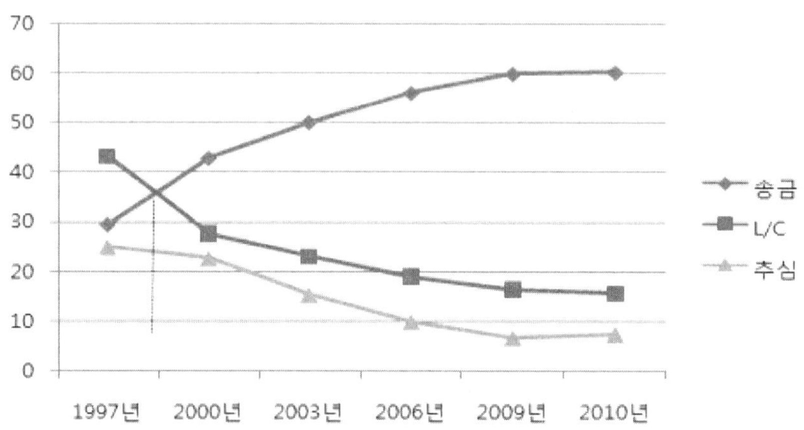

주 : 송금(T/T, M/T, COD, CAD) 신용장(at sight, usance) 추심(D/A, D/P)

▌그림 6-1▐ 1997-2010년 대금결제 방식의 변화 추이

1) 홍지상, 「수출결제방식 변화와 대응방안」, 한국무역협회, 2011. 2. 7, p.3.

이와 같은 변화의 원인은 크게 업계의 인식변화, 신용장거래의 복잡성 기피, 기업내 수출의 증가 등을 그 이유로 들 수 있다.

첫째로, 세계 무역시장 내의 경쟁이 격화되어 가고, 판매자 시장(seller's market)에서 구매자시장(buyer's market)으로 전환되어 감에 따라 수출상이 대금결제의 불리함을 감수하면서도 추심방식 또는 송금방식의 거래를 하는 경우가 증가하고 있다.

둘째, 종래에는 수입상의 불확실한 신용에 대한 위험의 회피를 더 중시하여 신용장거래를 선호하였지만, 오늘날에는 거래 시 발생하는 각종 비용 및 시간적인 효율성을 결제방식 선택의 중요한 요인으로 인식하는 경향이 높아졌다.

셋째, 거래수수료 비용의 절감을 도모하고 있기 때문이다. 예컨대 일람불 신용장 거래수수료는 수출대금의 약 0.11%를 차지해 송금방식 결제 시의 송금수수료 약 0.01%에 비해 약 10배 이상의 높은 비용이 지출된다. 더구나 신용장 매입과정에서 하자가 발생하거나 외국환 은행끼리 밀약하여 수수료를 인상할 때는 비용 부담이 더 가중될 가능성도 있다. 그뿐만 아니라 신용장거래 시 소요되는 서류준비 절차가 복잡하고 까다로워 신용장 발행부터 대금결제까지 통상 약 2주가 소요되며, 서류에 하자가 발생하면 서류보완 등을 위해 더 지연될 수도 있다. 이에 비해 송금거래 시에는 은행 전신환 이체를 통해 수출대금을 실시간으로 결제를 받을 수 있어 신속한 대금회수가 가능하다는 이점도 있다.

<일람불 L/C 거래>		<송금거래>
개설통지 : 1일		
선적서류 구비 : 7일	VS	전신환입금 : 실시간
매입의뢰 : 1일		
매입심사 : 5일		
총 14일		

자료 : 홍지상, 전게서, p.11.

▌그림 6-2▌ 일람불 L/C와 송금거래의 대금결제시간 비교

넷째, 기업 내 수출비중이 증가하고 있기 때문이다. 다국적기업의 확산으로 기업 내 수출 비중이 점차 증가하고 있다. 본지사간의 기업 내 거래가 증가함에 구태여 높은 비용이 소요되고 시간이 오래 걸리는 신용장거래를 선택할 필요성이 감소하였다.

이상과 같은 이유로 최근 들어 신용장거래 비중은 감소하고 송금방식이 증가하는 추세를 보이고 있다. 그러나 본지사간의 거래가 아닌 타 회사와의 거래에 송금방식을 이용할 때에는 이에 따른 결제대금 미회수 위험이 상대적으로 높아지게 된다.

제2절 무역대금 결제방식

1. 송금결제방식

1) 송금방식의 특징

송금결제방식(remittance basis)은 물품대금을 수출상이 대금청구 절차를 밟지 않더라도 무역계약의 내용에 따라 수입상이 자진해서 수출상에게 송금하여 결제하는 방식을 말한다. 수입상이 송금하는 방식에는 사전송금방식, 사후송금방식, 청산계정방식 그리고 신용카드방식이 있다. 송금하는 수단으로는 수표, 현금, 우편환, 전신환 등이 있으며, 대금과 환의 이동방향이 모두 수입상으로부터 수출상에게 향한다는 의미로 순환방식이라고 한다. 송금결제는 다른 무역결제방식에 비해 다음과 같은 특징이 있다.[2)]

첫째, 송금결제 방식을 규제하는 국제규범은 없다. 신용장거래는 신용장통일규칙, 추심결제는 추심에 관한 통일규칙이 있지만, 송금결제방식과 관련된 국제규칙은 따로 없으므로 거래 당사자의 필요에 따라 얼마든지 거래조건을 자신에게 유리한 방향으로 변형하여 운영할 수 있다.

둘째, 대금결제와 선적서류(또는 물품)의 인수도가 완전히 분리되어 거래된다. 대금결제는 송금을 통하여 수출상에게 바로 이루어지고, 선적서류나 물품도 은행을 거치지 않고 수출상이 수입상 앞으로 직접 보낸다. 따라서 환의 흐름에 따라 결제방식을 구분하면 송금결제방식은 순환방식이 되며, 신용장과 추심결제는 역환방식이 된다.

셋째, 송금시기 여하에 따라 위험부담자가 달라진다. 송금시기가 선적 전인 때에는 수입상이 위험을 부담하게 되나 선적 후 송금인 때에는 수출상이 위험을 부담하게 된다.

2) 이병무, "송금방식에 의한 수출입대금결제", 「Machinery Industry」, 2007.8, pp.62-67 재정리.

2) 송금환의 종류

수입상이 물품대금을 보내는 지급수단으로 현금, 수표, 우편환, 전신환 등 어떤 것이든 송금수단으로 사용할 수 있으며, 금융기관을 이용하는 주요 송금환으로는 다음과 같은 것이 있다.

(1) 송금수표(demand draft : D/D)

① 개인수표

수입상이 자신의 개인수표(personal check)를 수출상 앞으로 발행하여 직접 수출상에게 발송하고, 수출상은 그 수표를 자신의 거래은행에 매도하여 대금을 상환하는 방식이다. 이때 수출상의 거래은행이 수표금액이 많거나 수입상의 신용을 신뢰할 수 없다고 판단한 때에는 제시된 수입상의 개인수표를 사들이지 아니하고 추심방식으로 처리하는 때도 있다. 따라서 이를 방지하기 위해 수입상은 자신의 거래은행으로부터 자기가 발행한 금액에 대한 보증을 받아서 사용하기도 하는데 이를 보증수표(certified check)라 한다.

② 은행수표

수입상(송금인)이 수입대금을 은행에 지급하고 그 금액에 상당하는 송금환 예컨대 송금수표나 은행수표(banker's check, cashier's check)를 발급받아 이를 직접 수취인에게 발송한다. 송금환의 수취인(수출상)은 송금환에 표시된 지급은행(payment bank)에 제시하여 송금대금의 지급을 요청하게 되며 지급은행은 송금환을 발행한 은행에서 보내온 송금환 발행통지서(drawing advice)와 수취인이 제시한 송금환을 대조한 후 송금환의 금액을 지급하는 방식이다. 송금수표 방식은 송금인의 책임으로 송금환을 전달하는 것이므로 우편사고 등에 따른 위험이 있는 방식이다.

(2) 우편송금

우편송금(mail transfer : M/T)은 수입상이 은행에 수입대금을 내고 송금을 의뢰하면 은행은 송금환(송금수료)을 발행해 주는 대신에 지급은행 앞으로 수취인에게 일정한 금액을 지급해 줄 것을 위탁하는 지급지시서(payment order)를 발행하여 직접 지급은행으로 발송해 주는 방식이다. 지급은행은 동 지급지시서에 의해 수취인의 예금계정에 송금대전을 입금한 후 그 사실을 수취인에게 통지함으로써 결제를 완료하는 방식이다. 이 방법은 주로 시급을 필요로 하지 않는 송금에 이용되고 있다.

(3) 전신송금

전신송금(telegraph transfer : T/T)은 송금인의 의뢰에 따라 은행이 자기책임으로 지급지시서를 보낸다는 점에서는 우편송금과 같다. 다만 지시방법이 우편이 아닌 전신이라는 점에서 우편송금과 구별되며, 안전하고 신속 정확하다는 장점이 있다. 현재 가장 보편적으로 이용하고 있는 방법으로 신속하고 편리하나 전신료가 우편료보다 비싸다는 단점이 있다.

수출상으로서는 수출대금회수가 확실하여 유리하지만, 수입상으로서는 수출상의 계약 불이행에 따른 위험을 부담해야 하므로 불리하다고 할 수가 있다.

3) 송금방식의 유형

(1) 사전송금방식

사전송금방식은 매매계약 체결 후 수출상이 대금청구 절차를 밟지 않더라도 계약의 내용에 따라 수출상이 물품을 선적하기 전에 수입상이 물품대금을 미리 보내주는 방식을 말하며, 국제금융에서는 이러한 거래를 CWO(cash with order) 방식이라고 한다. 이 방법으로 거래하게 되면 수출상은 안전하지만, 수입상은 대금을 먼저 지급하게 되므로 나중에 물품을 받지 못할 수도 있어 불리한 거래이다. 사전송금방식은 수입상에게 일방적으로 불리한 방식임에도 실무에서 자주 이용되고 있는데, 대체로 결제금액이 소액일 때, 수출상을 전적으로 신뢰하고 있을 때, 본지사간의 거래일 때, 수출물품 준비자금이 부족한 수출상을 수입상이 지원해 주고자 할 때, 아니면 구하기 어려운 물품을 미리 확보하고자 할 때 주로 이용된다.

(2) 사후송금방식

사후송금방식(remittance after shipment)은 물품 또는 선적서류의 인도와 동시에 또는 인도 후 일정 기간 후에 수출상이 대금청구 절차를 밟지 않더라도 수입상이 무역계약의 내용에 따라 수출대금을 송금해주는 방식을 말한다. 물품 또는 선적서류의 인도와 동시에 결제되는 동시결제방식(concurrent payment)과 물품이나 서류의 인도 후에 결제되는 후결제방식(later remittance)이 있으며, 대금과 물품 또는 서류를 상환한다는 점에서 대금교환도방식이라고도 한다.

대금교환의 대상에 따라 현물상환방식(COD)과 서류상환방식(CAD)으로 구분된다. 현물상환방식은 수출상이 보낸 현품을 수입상이 직접 확인한 후 대금을 결제하는 방식

이며, 서류상환방식은 수입상이 선적서류를 입수한 후에 대금을 결제하는 방식이다. 또한 선적일자로부터 일정기일 이내 혹은 도착 후 일정기간 이내와 같이 특정기한 경과 후에 송금하는 방식도 있다.

① 현물인도방식

현물인도방식(cash on delivery : COD)은 물품이 수입상에게 도달하면 수입상이 직접 물품의 품질이나 수량 등을 검사한 후에 그 물품과의 상환으로 수입대금을 현금으로 송금하는 방식을 말하며, 현물상환방식, 현물인도지급방식 등으로 불린다. 이 방식은 주로 수입국에 수출상의 지사나 대리인이 있을 때, 수출상이 물품을 지사나 대리인에게 보내서 수입상이 물품의 품질 등을 검사하게 한 후 그 물품과의 상환으로 물품대금을 송금하도록 하는 형태로 이용된다.

이 방식은 수입상으로서는 품질이나 수량을 미리 확인할 수 있어 안전한 거래이지만, 수출상으로서는 수입상이 물품에 불만족하여 감액이나 매매계약 취소를 요구할 수 있다는 위험을 부담해야 한다. 더구나 이 조건은 물품을 수입상이 지정한 수입국 내의 특정한 장소에 도착시켜야 하므로 수입국에서의 수입통관도 수출상의 비용과 위험으로 수행하는 때가 많은데, 수입상이 고의 또는 사소한 하자를 이유로 클레임을 제기한다면 수출상의 위험은 더욱 가중될 것이다.

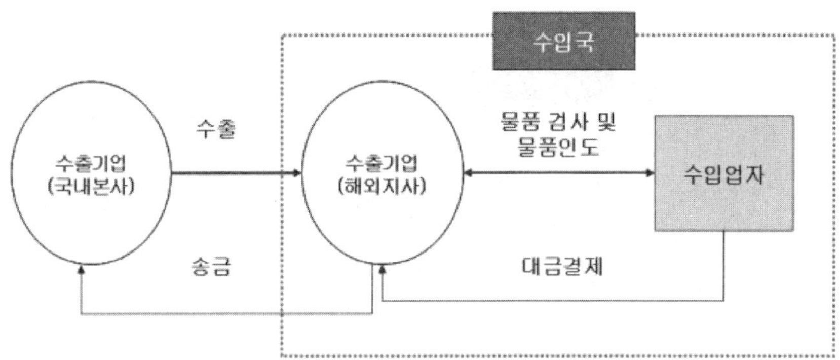

❙그림 6-3❙ 현물인도방식(COD)

따라서 수입상이 계약을 취소하더라도 물품을 안전하게 반송하거나 처분할 수 있게 하려면 선적서류 작성 시 착하통지처(notify party)는 수입상으로 하더라도 물품의 수령인(consignee)은 매도인 또는 그 대리인으로 지정해둘 필요가 있다. 만약에 수입지에 수출상의 지사나 대리인이 없는 때, 현물인도방식을 이용하고자 한다면 다음과 같은 4

가지 유형을 고려하여 매매계약서 상에 거래절차 및 그 내용을 명시해 둘 필요가 있다.

첫째, 선적준비 완료를 통지하고 수입상으로부터 T/T 입금완료 통지를 받은 후에 선적한다.

둘째, 선적준비 완료를 통지하고 수입상으로부터 T/T 송금완료 확인증(bank slip copy, bank copy, bank cable)을 받은 후에 선적한다.

셋째, 선적한 후 선적서류를 보내지 않고 T/T 입금 완료 후 서류를 발송한다.

넷째, 선적과 동시에 선적서류를 수입상에게 보낸 후 즉시 송금요청 한다.

② 서류인도방식

서류인도방식(cash against document : CAD)은 수출상이 물품을 선적하고 이를 증명하는 선적서류를 거래은행에 제시하거나 수입상 또는 그 지사나 대리인에게 제시할 때, 수입상이 그 선적서류와의 상환으로 수입대금을 현금으로 송금하는 방식으로 서류상환방식 또는 서류인도지급방식이라고 한다.

이때 수입상의 대리인은 통상 수출상의 국가에 소재하고 있으면서 전적으로 수입상의 이익을 대신하여 상품을 구매해 주는 역할을 담당한다. 그런데 간혹 수입상의 영업상황이나 시장상황이 어려워질 때, 수입상이 자신의 지사 또는 대리인에게 지시하여 선적전 검사를 지연시키는 일도 있고, 선적을 마친 후에도 서류의 인수를 거절함으로써 수출상이 어려움에 부닥치게 되는 일도 있다는 점을 유의해야 한다.

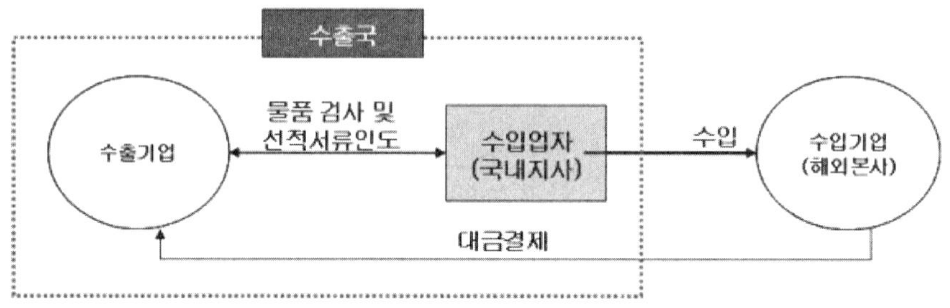

▮그림 6-4▮ 서류인도방식(CAD)

(3) 청산계정방식

청산계정(open account : OA)이란 정상적인 금융거래가 이루어지기 어려운 당사국끼리 직교역을 위해 체결하는 일종의 금융협정으로 상호간의 무역거래에서 매 거래 시마다 현금결제를 하지 않고 그 대차관계를 장부에 기록했다가 일정 기간(통상 30일에서 180일)의 거래실적을 정기적으로 결제하는 제도를 말하며, 상호계산 방식이라고도 한

다. 예를 들어 서독과 동독도 통합이전에 청산계정을 이용하여 무역거래를 해왔으며, 남북한의 거래에서도 이용되었다.

이 방식은 수출상이 환어음을 발행하지 않고 선적서류를 수입상에게 직접 보내며, 수출상이 선적사실을 통지하는 시점에 상업송장의 금액을 수출상은 채권으로 수입상은 채무로 각각 장부상의 대변과 차변에 기재해 두었다가, 미리 정해진 장부 마감일에 서로 상계하고 그 차액만을 결제하는 방식이다.

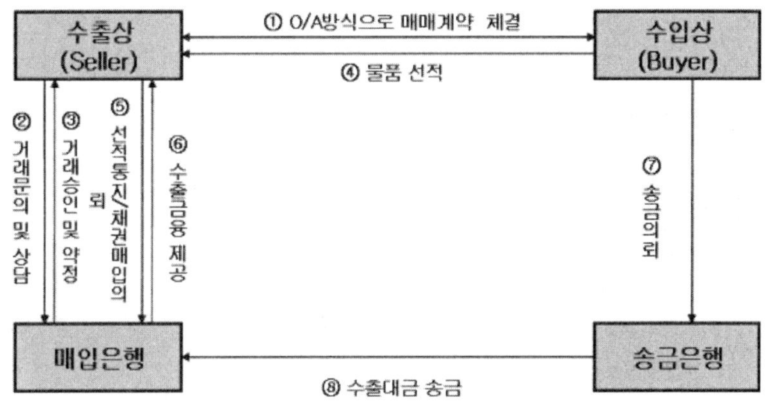

| 그림 6-5 | 청산계정방식(OA)

청산계정 방식[3]은 진행과정이 물품 또는 선적서류 인도 후 일정 기일이 지난 후에 대금이 결제된다는 점에서 건마다 결제하는 사후송금방식과는 다르지만, 전적으로 수입상의 신용에 의존하는 외상거래라는 점에서는 사후송금방식과는 같다.[4] 따라서 본지사간이나 거래빈도가 높으면서도 상호간의 신뢰가 깊은 거래 당사자들 사이에서만 이용되었지만 최근 들어 그 이용건수가 증가하고 있다. 그 이유를 열거하면 다음과 같다.

첫째, 거래가 단순하며 서류의 작성 및 심사에 따른 복잡한 절차가 필요 없고, 은행수수료를 절감할 수 있다.

둘째, 수입상의 처지에서는 대금결제 이전에 물품을 검사할 수 있으며, 대금결제의 유예에 따른 자금 유동성을 높일 수 있다.

셋째, 사후송금방식은 물품이나 선적서류가 수입상에게 인도된 후에야 수출채권이 발

---

3) 우리나라 외국환거래규정에서는 O/A 방식을 "상호계산"으로 부르고 있으며, 그 업무처리 방법에 관해서는 우리나라 외국환거래규정의 제5-5조에서 제5-7조까지에 규정되어 있다.

4) 이병무, "특수한 방식에 의한 수출입대금결제", 「Machinery Industry」, 2007.9, pp.54-59를 재정리.

생하지만, O/A는 선적하고 선적사실을 통지함과 동시에 수출채권이 확정되므로 수출상의 처지에서는 외상수출채권을 거래은행에 매각함으로써 조기에 수출대금을 현금화할 수도 있다. 이처럼 수출채권을 매각하여 수출대금을 현금화한다는 점에서 이를 "O/A NEGO"라고 부르고 있다. 하지만 이는 신용장거래에서 은행이 화환어음을 직접 "구매(purchase)"하여 당해 물품의 집권(처분권)을 보유한다는 의미에서의 "매입(nego)"과는 달리 순수한 외상채권만을 사들이는 일종의 여신행위에 불과하다는 점에 본질적인 차이가 있다.

2. 추심결제방식

1) 추심결제방식의 개념

추심결제방식(collection basis)은 수출자가 무역계약에서 요구된 선적서류를 갖춘 후 수입자를 지급인으로 하는 환어음(bill of exchange)을 발행하여 거래은행을 통하여 수출대금을 추심(collection)하는 방법으로 지급인도조건(D/P)과 인수인도조건(D/A)이 대표적인 거래형태이다.

D/P는 Document against Payment의 약자로서 수출업자가 계약조건에 따라 수출물품을 선적한 후 수입업자를 지급인으로 하는 환어음을 발행하여 선적서류를 첨부한 후 자신이 거래하고 있는 외국환은행(추심의뢰은행)에게 추심을 의뢰하면, 수입업자가 소재하고 있는 거래은행(Correspondent)을 통하여 수입업자에게 제시하여 제시한 어음을 결제하도록 한다. 이때 수입업자가 선적서류를 인도받으면서 환어음금액을 결제하여 주면 수출업자는 자신이 거래하고 있는 외국환은행을 통하여 대금을 받게 되는 무신용장 대금결제방법이다.

또한 D/A는 Document against Acceptance의 약자로서 추심의뢰은행(수출업자 거래은행)이 수출업자가 발행한 기한부 환어음과 첨부된 선적서류를 수입지에 있는 은행(추심은행)을 통하여 수입업자에게 제시하였을 때 수입업자가 어음인수 후 약정한 기간 이내에 틀림없이 지불하겠다는 약속으로 어음에 [Accepted(인수)]라고 쓰고 서명(또는 날인)하면 은행은 관련 선적서류를 수입업자에게 인도해 준다. 수입업자는 인도받은 선적서류로 화물을 찾아 판매한 후 그 판매대금으로 어음을 인수할 때 약정한 기일 이내에 결제하면 추심은행은 수출업자가 발행하여 추심의뢰했던 어음을 최종 정산하게 된다. 따라서 D/P거래나 D/A거래는 은행이 발행하는 신용장만 첨부되지 않았을 뿐이지

D/P거래는 사실상 at sight L/C와 같고 D/A거래는 Usance L/C와 비슷하다.

D/P거래나 D/A거래 모두 수출업자는 수입업자를 신뢰하고 상품을 송부한 후 환어음을 발행하여 선적서류를 첨부해서 자신의 거래은행을 통하여 수입업자에게 제시하여 대금을 회수할 때까지 수입업자 외에 대금회수에 대한 객관적인 보증이 사실상 없는 상태가 계속되므로 정부의 정책적인 수출보험 가입 없이는 매우 불안한 거래라 할 수 있다.

2) 추심거래의 특성

신용장이 없는 화환어음의 추심에 관한 추심결제는 1956년 ICC(국제상업회의소)총회에서 채택되어 1967년, 1978년 및 1995년에 개정되었다. 우리나라는 1995년에 개정된 화환어음추심에 관한 통일규칙(URC : Uniform Rules for Collection, 1995 Revision ICC Publication No.522)을 1996년부터 거래에 적용하고 있으며, 주요 특성은 다음과 같다.

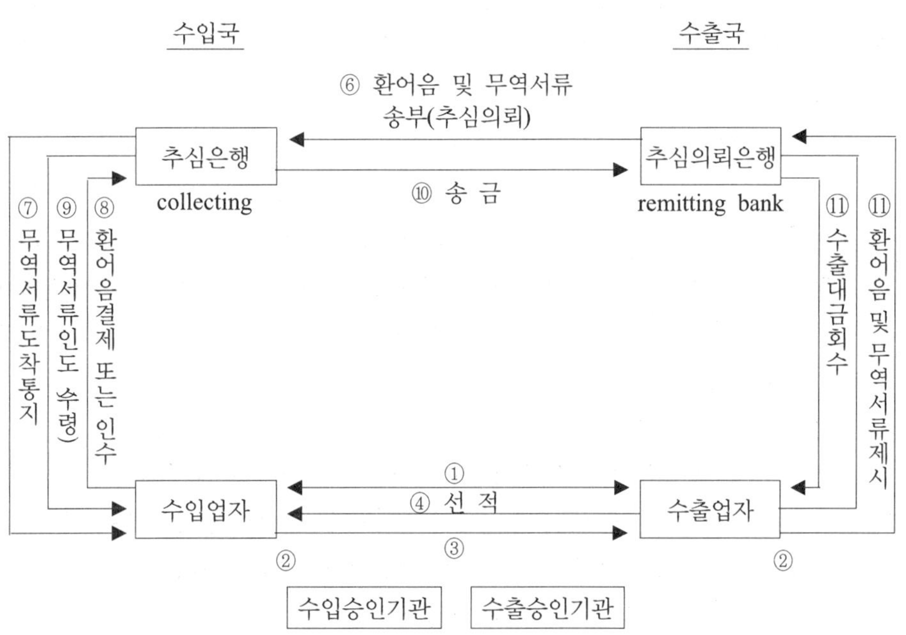

❙그림 6-6❙ D/P·D/A 방식에 의한 수출입거래과정

첫째, 수출업자는 선적서류를 첨부한 화환어음을 은행을 통하여 수입업자에게 제시해야 한다. 수출업자는 선적 후 통일규칙에서 정한 선적서류를 계약서에 명기된 추심의뢰은행(Remitting Bank)에 제출해야 하고, Remitting Bank은 수입지에 있는 추심은행(Collecting Bank)에게 서류를 발송하여야 한다. 수출업자가 은행에 제출하는 서류는 운송서류, 보험서류(가격조건이 CIF, CIP일 경우) 상업송장, 환어음, 포장명세서 등의 서류이다.

둘째, 수출대금의 추심은 반드시 은행을 통해서 해야 한다. 추심은행(Collecting Bank)은 D/P거래인 경우에는 수입업자에게 수입대금을 받고 선적서류를 인도하고, D/A인 경우에는 수입업자로부터 서류를 인수하겠다는 의사표시인 어음인수 서명을 받고 선적서류를 인도하게 되므로 수입업자가 수입대금을 직접 수출업자에게 송금하는 행위는 금지되며 반드시 추심은행을 통해 결제되어야 한다. 추심은행은 수입업자로부터 받은 돈을 서류송부은행(Remitting Bank)으로 보내면 동 은행이 수출업자에게 전달하게 된다.

셋째, 환어음이 첨부되는 거래이다. 추심결제에서 수입업자는 물건 값을 갚는 것이 아니라 수출업자가 자신 앞으로 발행한 어음을 결제하는 것이다. 만일 수출업자가 물건만 보내고 선적서류에 환어음을 첨부하지 않는다면 수입업자에게 결제의무가 일어나지 않는다. 이와 같은 점에서 무신용장거래임에도 송금방식과 근본적으로 차이가 있다.

또한 은행을 통하여 선적서류가 수입업자에게 제시되는 추심결제라는 특성 때문에 신용장 거래와 D/P, D/A거래에 차이가 없는 것처럼 보이나 양자 사이에는 다음과 같은 차이점이 있다.

첫째, 수입대금의 지급의무 및 책임자가 다르다. 신용장 거래에서는 수출업자에 대한 지급 최종책임자는 신용장개설은행이다. 따라서 개설은행이 수입업자로부터 수입대금을 결제 받지 못하였다 하더라도 이것을 이유로 수출업자에게 지급을 거절할 수 없다. 신용장이란 매매당사자 사이에 체결된 기본 계약과는 별도로 개설은행이 수출업자에 대한 확약이므로 개설은행은 이에 대한 법적 책임을 부담해야 하는 것이다. 그러나 추심거래는 지급책임자가 수입업자이므로 수입업자가 어음결제를 거부하면 추심은행은 그 거부사실만 수출업자에게 통보하면 되지 그 이상의 책임을 부담하지 않는다.

둘째, 화물의 소유권과 관련한 법적 의미가 다르다. 신용장은 신용장 개설 시점부터 외환거래 약정서의 기재사항에 따라 수입금액에 상당하는 담보(현금 또는 부동산)와 수입화물이 개설은행에 담보로 제공되기 때문에 수입업자가 대금결제를 하지 않으면 개설은행이 이것을 마음대로 처분할 수 있게 된다. 추심거래는 추심대금의 결제가 있기 전까지는 화물의 소유권이 수출상에게 그대로 남아 있게 된다.

셋째, 은행에 지불하는 수수료가 다르다. 신용장 거래의 경우 수출업자, 수입업자가 은행에 납부해야 하는 수수료가 종류 및 금액에서 D/P, D/A 거래보다 훨씬 더 많고 다양하다.

넷째, 은행의 서류심사 의무가 다르다. 신용장의 경우 신용장개설은행은 최종결제책

임이 있으므로 수출업자가 제출한 서류가 신용장 조건과 일치하는 지의 여부를 일일이 확인하여야 하지만 D/P, D/A에서는 은행이 지급책임을 지는 것이 아니므로 서류의 내용심사를 할 의무가 없다.

다섯째, Nego 대전 지급과 관련한 법적의미가 다르다. 신용장에서 매입은행은 수출업자가 제출한 서류가 신용장 조건과 일치하면 자기돈을 선지급하여 서류를 매입하는 것이지만 D/P, D/A에서는 추심의뢰은행이 자기 자금을 수출상에게 지급할 의무가 없다. 다만 업계에서 말하는 D/P Nego라는 말은 추심의뢰은행이 수출업자가 발행한 환어음을 수출보험에 부보한 후 보험금을 담보로 융자를 해주는 것이지 은행돈을 지급한 것이 아니다.

여섯째, 환어음상의 지급인이 다르다. 신용장상에서 수출업자가 발행하는 환어음상의 지급인은 반드시 개설은행으로 표시되어야 하지만 D/P, D/A에서는 수입업자로 표기된다.

3. 신용장결제방식

1) 신용장의 연혁과 의의

국제상업회의소(International Chamber of Commerce : ICC)는 수출입대금결제와 관련하여 국가마다 혼란스럽게 이용되고 있는 은행의 무역보증업무를 통일하여 적용하고자 1933년「화환신용장에 관한 통일규칙 및 관례(Uniform Customs and Practice for Documentary Credit : UCP)」를 제정하였다.

그 후 운송기술의 발전과 운송수단(container 등장)의 변화로 신용장통일규칙은 1차 1951년, 2차 1962년, 3차 1974년, 4차 1983년, 5차 1993년, 6차 2007년, 즉 거의 매 10년마다 개정되어 왔다. 특히 1993년 제5차 개정은 새로운 통신수단인 EDI(Electronic Date Interchange) 출현 등으로 그 운용실태를 통일규칙에 반영하기 위한 조치였으며, 신용장통일규칙 외에 국제상업회의소 Opinion, ISBP, DOCDOX 결정 및 판례 발행으로 무역환경변화에 적응시켜 오다 2007년에 그동안 누적되어온 International Standard Banking Practice(ISBP)를 2007년 7월에 승인형식으로 통일규칙을 개정하였다. 2007년 개정된 6차 신용장통일규칙(UCP 600)은 종전의 49조의 조문이 총39개 조항으로 축약·조정되었다

신용장은 영어로 Letter of Credit 또는 단순히 Credit라고도 하며 통상 약칭해서

L/C라고 부르는데, 국제간의 무역거래에서 주로 사용되는 것을 상업신용장(Commercial L/C) 또는 화환신용장(Documentary L/C)이라 한다.

신용장이란 무역거래의 대금지급 및 원활한 상품수입을 위하여 수입회사 거래은행이 수입회사의 요청과 지시에 따라 수출회사 또는 그의 지시인으로 하여금 일정기간 및 일정조건 아래 수입운송서류를 담보로 하여 발행된 화환어음을 제시하면 틀림없이 지급(payment), 인수(acceptance) 또는 매입(negotiation)할 것을 화환어음 발행인 및 수취인에게 약정하는 은행의 약정서이다. 즉, 무역거래의 대금지불 및 상품수입을 원활하게 하기 위하여 수입상의 거래은행이 수입업자(신용장 개설의뢰인)의 요청으로 수출업자로 하여금 일정기간 및 일정조건하에서 운송서류(transport document)를 담보로 하여 수입업자, 신용장 개설은행 또는 개설은행이 지정하는 환거래 취결은행을 지급인으로 하는 화환어음을 발행하도록 하여 이 어음이 제시될 때에 지급 또는 인수할 것을 어음발행인(수출업자) 및 어음수취인(어음매입은행)에 대하여 확약하는 서면증서(document)이다. 바꾸어 말하면 신용장이란 특정은행이 수입업자의 지불능력을 특정조건아래 보증하는, 즉 상업신용(trade credit, commercial credit)을 은행신용(bank credit)으로 전환시켜주는 금융수단이다. 주의할 것은 신용장개설은행이 화환어음을 무조건 지급·인수·매입하는 것이 아니라 수출업자가 신용장 조건에 따라 상품을 선적하고 제시한 선적입증관련서류가 신용장 조건에 일치하면 은행이 최종 지급·인수·매입하겠다고 하는 조건부 서면증서라 할 수 있다.

어음에 선적서류가 첨부된 것을 화환어음이라 하고 수출업자가 신용장에서 요구하는 조건에 따라 화환어음을 제시하도록 하는 신용장을 특별히 화환신용장이라 부른다. UCP 제2조에서는 보증신용장도 화환신용장으로 포함시키고 있을 뿐만 아니라 신용장이란 명칭이나 표현에 상관없이 고객(신용장 발행의뢰인)의 요청과 제시에 따르거나 또는 은행 스스로를 위하여 행동하는 은행(발행은행)이 신용장의 제 조건과 일치하는 소정의 서류와 상환으로 ① 제3자(수익자) 또는 수익자가 지시하는 자에게 지급하거나, 수익자가 발행한 환어음을 인수 및 지급하거나, ② 다른 은행으로 하여금 이러한 지급을 이행하도록 하거나, 이러한 환어음을 인수하고 지급하도록 수권하거나, ③ 다른 은행으로 하여금 매입하도록 권한을 부여하는 모든 약정을 의미하는 것으로 매우 광범위하게 규정하고 있다.

2) 신용장의 역할과 기능

(1) 무역촉진 및 대금결제

수출입당사자간에 매매계약이 체결되었다 할지라도 신용장이 개설되어 있지 않는 경우에는 수출상이 다른 회사로부터 유리한 가격조건의 거래제의를 받아 계약조건대로 계약기간 내에 선적할 것인지 확신을 가질 수 없다. 한편 수입상은 상품을 주문한 후 시세하락 등의 이유로 주문을 취소하거나 가격인하를 요구할 수도 있다. 이와 같은 수입상의 부당한 행위가 있더라도 구제받을 수 있는 권리행사를 하기에는 많은 제약과 한계가 있다. 그러나 일단 신용장이 발행되면 수출회사는 수출대금결제를 보장받게 되고 수입회사는 상품수령을 확신하게 함으로써 국제무역을 촉진시키는 역할을 수행한다.

(2) 금융수단

국제간의 매매거래 시 수출상이 수출상품을 선적하고 운송서류를 첨부한 환어음을 발행하여 거래은행에 매입을 의뢰할 경우, 신용장에 의한 수출거래가 아닌 경우에 은행은 보통 추심에만 응하게 되어 대금회수에 상당한 시간이 소요된다. 따라서 은행은 신용장에 의한 거래가 아닌 경우 수출상이 별도로 확실한 담보를 제공하지 않는 한 환어음의 매입을 거절하게 된다. 그러나 신용장에 의한 수출의 경우에는 상대방 신용장발행은행이 그 대금의 지급 등을 보증한 것이기 때문에 매입을 의뢰 받은 은행은 환어음이 신용장조건에 일치하는 한 안심하고 매입을 하여 주기 때문에 신용장은 수출상에게 유리한 금융수단이 되고 있다.

(3) 상품입수수단

국제간의 무역거래 시 수입상은 확실한 상품입수에 관하여 많은 위험, 즉 수입대금만 지급하고 상품입수를 못할 위험을 느끼게 된다. 그러나 신용장에 의한 거래의 경우에는 수입대금을 선급하지 않고 어음에 첨부된 선하증권 등의 운송서류와 상환으로 수입대금을 결제하게 되므로 수입상품의 입수를 보장하여 준다.

3) 신용장의 효용성

위와 같이 신용장은 주로 대금결제수단과 금융수단으로서의 기능과 역할을 하고 있으며, 수출상과 수입상에게 다음과 같은 유리한 점이 있다.

(1) 수출상에 유리한 점

① 수출상이 신용장을 일단 입수하면 신용장발행은행의 파산이나 불가항력의 위험의 경우를 제외하고는 화물을 선적하면 반드시 대금결제를 받을 수 있다는 것을 확신할 수 있으므로 수출상은 안심하고 원료공급업자나 제조하청업자에게 구매발주를 하거나 제조지시를 할 수 있어 생산이 순조롭고 활발하게 된다.

② 보통 수표나 어음에 의한 대금결제는 추심(collection)에 의하여 해결되므로 시일이 걸리나, 신용장에 의한 수출대금은 선적이 끝나는 즉시 회수될 수 있다.

③ 일단 발행된 신용장은 수입상이 임의로 취소할 수 없기 때문에 신용장이 발행되면 수출대금의 회수뿐만이 아니고 원칙적으로 수출 자체가 보장된다.

④ 대개의 국가들은 신용장을 담보로 금융상의 지원을 해주며, 우리나라에서도 신용장이 도착하면 제일 먼저 신청하는 것이 수출승인과 수출금융의 신청이다. 이 대금으로 수출상품 또는 상품제조에 필요한 원료를 확보한다.[5)]

⑤ 신용장이 도착된 이후에는 대외무역법에 의한 수출입공고의 변경에 따라 해당 품목이 수출제한 또는 수출금지품목으로 변경되어도 기득권을 인정하여 수출이 허용되고 있다.

⑥ 신용장에 의한 환어음을 발행하여 은행에 매입시킬 경우에는 유리한 매입률을 적용하는 은행에 매입시킬 수 있다.

(2) 수입상에 유리한 점

① 수입상은 은행의 신용을 이용하여 자기의 신용을 현저히 강화할 수 있어 물품의 가격·인도 및 기타 모든 계약조건에 있어 수입상에게 유리하게 체결할 수 있고 아울러 수입도 원활하게 할 수 있다.

② 상품의 대금을 선불할 필요 없이 상품이 도착한 후 지불하게 되므로 금융상 유리하다. 또한 신용장이 첨부된 정기불 어음은 D/A와 마찬가지로 어음의 인수와 더불어 운송서류를 입수하여 수입상품을 판매한 대금으로 어음기일이 도래하면 갚을 수도 있는 것이다.

③ 수입상이 은행의 지급보증 등에 의하여 신용장을 발행할 경우, 운송서류가 내도되면 대도(貸渡, Trust Receipt: T/R)의 형식으로 운송서류를 인수받아 상품을 수입통관 후 판매하여 그 판매대금으로 수입대금을 결제할 수 있다.

---

5) 수출상이 재정여력은 없으나 신용도가 좋으면 수입상이 Red Clause 신용장, 즉 선대신용장을 발행해 주어 수출상품의 수집이나 원료를 매입하는 데 도움을 줄 수도 있다.

④ 수출상은 수입상이 요구한 신용장상의 조건대로 화물을 선적하지 않으면 수출대금을 받지 못하므로 수입상은 상품의 계약조건대로 이행된다고 안심할 수 있다.

⑤ 신용장에 의하지 않는 매매에서 수입상이 가장 피해를 입는 것이 상품의 적기공급 문제이다. 그러나 신용장에 의한 거래에서는 신용장에 최종선적일과 유효기일이 명시되어 있으므로 늦어도 언제까지 계약상품이 수입지에 도착하리라는 것을 예측할 수 있다.

4) 신용장거래의 특성

(1) 신용장의 독립추상성

신용장은 어음과 같이 그 자체가 하나의 지불수단이 될 수 없을 뿐만 아니라 특정한 계약을 대신하는 것도 아니다. 그리고 신용장은 인간사회에서 오랫동안 사용되어 온 상관습에 근거한 독특한 상업수단의 하나라고 할 수 있다. 즉 상인과 상인간의 상업거래에서는 어디까지나 매매계약이 위주가 되며, 이러한 상거래를 이행하는 과정에서 매매계약당사자들을 돕기 위하여 은행의 신용을 적절히 이용하는 제도이다.

이와 같은 신용장거래에서는 은행으로 하여금 보다 적극적인 신용장의 기능, 즉 지급보증기능과 금융기능을 수행하게 함으로써 원활한 거래를 도모할 수 있도록 하기 위하여, 보통 독립·추상성의 원칙, 완전성과 정확성의 원칙 및 서류거래의 원칙[6] 등 주요한 거래의 원칙이 존중되고 있다.

일단 신용장이 발행되면 매매계약의 당사자가 아닌 은행이 개입하게 되므로 신용장은 그 자체로서 매매계약과 별도의 독립성을 가지게 되는 것을 [신용장의 독립성]이라 한다. 신용장이 개설되면 매매계약상의 당사자가 아닌 은행이 신용장의 당사자가 되어 신용장거래의 범위 내에서 독특한 권한과 의무를 가지게 되는데 신용장통일규칙 제3조에서는 신용장의 독립성과 관련하여 다음과 같이 규정하고 있다.[7]

> "Credits, by their nature, are separate transactions from the sales or other contract(s) on which they may be based and banks are in no way concerned with or bound by such contract(s), even if any reference whatsoever to such contract(s) is included in the credit."

6) 국제간의 매매거래에서는 이러한 신용장거래의 특성을 이용하여 선적서류를 위조하는 사기사건이 많기 때문에 관계당사자는 세심한 주의를 기울여야 한다.

7) I.C.C., UCP, 1993, Article 3.

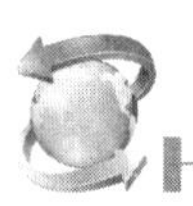

즉, 신용장은 그 성질상 어떤 특정한 매매계약 및 기타 계약에 근거를 두고 있는 경우일지라도 일단 신용장이 발행되면 이전의 모든 계약과는 아무런 관계가 없는 별도의 독립된 거래로서 독자적인 법률성을 지니게 되며, 은행은 신용장의 당사자인 매도인과 매수인 간의 계약과는 아무런 관계가 없으며 또한 구속되지 않는다는 것이다. 만약 신용장의 독립추상성이 인정되지 않는다면 은행은 수출회사가 제시하는 선적서류의 지위 여부 또는 서류내용에 대한 사실여부를 확인해서 내용에 대한 책임을 져야 하는 업무가 발생한다.

이처럼 은행이 어떠한 경우에도 매도인과 매수인 사이의 매매계약 또는 타 신용장발행에 근거가 되는 계약상의 이유에 의한 항변으로 권리침해를 당하거나 책임과 의무를 지지 아니한다는 신용장의 독립성은 신용장의 본질을 규정하는 가장 중요한 조건으로 간주되고 있다. 그리고 신용장에 의한 거래가 매매계약으로부터 법률적인 독립성을 지니고 있기 때문에 은행은 제시된 서류를 발행한 운송회사, 수출상 등으로부터 직접 확인을 하지 않고 지급·인수·매입이 가능하여 국제간의 상거래를 원활하게 하는 역할을 하고 있다.

한편, 신용장통일규칙 제4조에서는 "In credit operations all parties concerned deal with documents, and not in goods, services and/or other performances to which the documents may relate"라고 규정하여, 신용장거래에서 모든 관계당사자는 물품이나 용역에 의한 매매거래가 아닌 서류상의 거래라고 하는 신용장의 추상성을 강조하고 있다. 다시 말해 신용장의 추상성(abstraction)이란 매매계약서상에 명시된 물품 또는 실제로 매수인에게 인도된 물품에 상관없이 은행은 신용장에서 요구하는 서류만을 가지고 대금지급 여부를 판단한다는 것이다.

이상과 같은 신용장거래상의 독립·추상성의 보호를 가장 필요로 하는 자는 지급·인수·매입은행이라고 할 수 있다. 그 이유는 은행이 서류상에 명문화된 내용 외에는 책임을 질 수 없다는 것이다. 즉, 은행은 매매계약물품에 대한 전문적인 지식이 없기 때문에 단순히 신용장상에 명시된 서류만을 가지고 대금지급의 이행여부를 판단할 수밖에 없다. 만일 이러한 신용장의 독립·추상성이 존재하지 않으면 관계당사자 은행들은 신용장에 의한 금융이나 어음매입을 회피하게 되어 국제무역거래를 위축시키게 될 것이다.

(2) 완전성과 정확성의 원칙

신용장거래에서 완전성과 정확성의 원칙(doctrine of completeness and preciseness)이란 신용장발행을 위한 지시, 신용장에 대한 여하한 조건변경 등 신용장 자체는 완전하고 정확해야 한다는 것을 의미한다. 그러나 신용장상에 너무 지나치게 상세한 명세를 삽입하는 것은 혼란과 오해를 유발할 염려가 있기 때문에 신용장발행은행은 신용장발행의뢰인을 설득하여 이를 금하도록 당부하고 있다.

또한 신용장통일규칙 제5조에서는 신용장의 완전성을 해칠 우려가 있는 이미 발행된 신용장, 즉 유사신용장[8](similar credit)의 내용에 의하여 신용장을 발행·통지·확인에 대한 지시를 하는 시도도 억제되어야 한다고 규정하고 있다. 따라서 실제적으로 신용장발행의뢰서에 기재되는 신용장조건은 거래 관계당사자에게 중요한 영향을 끼칠 수 있기 때문에 특히 신용장발행의뢰인과 발행은행 간에는 이러한 표현이 완전하면서도 정확하여야 함을 유념하여야 한다.

(3) 서류거래의 원칙

국제간의 매매거래 시 매매계약은 매도인과 매수인 사이에 체결되지만, 신용장은 신용장발행은행과 신용장발행의뢰인 그리고 수익자 사이의 특정관계를 구성하기 때문에 신용장과 매매계약은 분명히 별개의 것이며 독립된 것이다. 이러한 신용장거래의 특수성으로 인하여 비록 매도인과 매수인이 매매계약을 체결했지만, 은행이 개입하여 신용장을 발행했을 때에는 신용장거래의 대상은 계약물품이나 용역 그 자체에 관한 계약의 이행이 아니고 서류라고 할 수 있다. 예를 들어 은행의 입장에서 수출지의 은행에 제출된 서류에 TV를 제조해서 선적했다고 명기되어 있으나 실제로는 상자만 수출되어 알맹이가 존재하지 않는 경우라도 이를 하나하나 검사하는 것은 현실적으로 불가능하다고 할 수 있다. 이에 신용장통일규칙 제4조에서는 신용장거래에서 모든 관계당사자는 서류를 취급(deal with documents)하는 것이며, 그러한 서류가 관계될 수도 있는 물품, 서비스, 기타 등의 이행에 의하여 거래하지 아니한다고 규정하고 있다. 즉 신용장거래는 매매계약을 기초로 하여 성립되지만 신용장이 개설되고 수익자가 이를 수락하는 순간 매매계약과는 별도의 독립된 계약이 체결된 서류거래라는 것이다.

따라서 은행이 신용장조건에 일치하는 서류와 상환으로 대금을 지급하여야 할 의무는 계약물품이나 서비스 또는 계약이행이 실제 내용과 일치하지 않는다는 통지에도 별다른

8) 유사신용장(similar credit)이란 이미 발행된 신용장을 참조로 하여 다시 발행·통지되는 새로운 신용장(fresh credit)을 말한다.

영향을 받지 않는다. 또한 만일 발행은행이 서류접수 후 그것이 문면상 신용장조건에 일치하지 않는 경우에 그러한 서류를 수리할 것인가 또는 이를 거절하고 문면상 신용장의 조건과 일치하지 않는다는 클레임을 제기할 것인가의 여부도 서류만을 근거로 하여 결정하여야 한다. 이는 은행이 서류가 일반적 상태의 형식과 법률상 완전한 효력을 지니고 있는가 등을 판단할 수 있는 전문적인 지식이 부족할 뿐만 아니라, 신용장거래에서는 서류의 이면에 있는 물품을 알 수 없기 때문에 오직 서류만을 검토하고 서류에 의한 거래를 하는 신용장거래의 특수성을 나타내 주는 것이다.

5) 신용장거래의 당사자

신용장거래에 직접 또는 간접적으로 관계되어 있는 자를 총칭해서 신용장관계당사자라 한다. 신용장이 취소불능으로 발행되었다 하더라도 경우에 따라서는 취소나 변경이 필요한 때가 있다. 신용장통일규칙 제10조에서는 이러한 취소나 변경은 발행은행, 확인은행(있는 경우) 및 수익자의 합의가 있어야 한다고 명시하고 있다. 본서에서는 이를 기본당사자라 하고 나머지 당사자를 기타 당사자로 분류하기로 한다. 또한 UCP에서는 발행의뢰인을 기본당사자에서 제외하고 있는데, 그 이유는 신용장의 취소 및 변경은 반드시 발행의뢰인의 취소 및 변경 신청이 있어야 하기 때문에 발행의뢰인에게는 별도의 동의를 받을 필요가 없기 때문이라는 점을 유의해야 할 것이다.

(1) 기본당사자

① 발행은행

신용장 발행의뢰인(applicant, importer)의 신청과 지시에 따라 매매계약의 당사자인 수익자(beneficiary) 앞으로 신용장을 발행하는 은행을 신용장 발행은행(issuing bank) 혹은 신용장 개설은행(opening bank)이라고도 한다.

신용장거래에 있어 발행은행은 거래당사자의 주축이 되고, 다른 당사자들은 발행은행의 대외공신력을 믿고 거래하는 것이므로 신용장을 받은 수익자는 상황에 따라 신용장대금을 지급·확약하고 있는 발행은행의 신용을 측정할 필요가 있다. 특히 처음 들어보는 은행이나 또는 경제후진국가로부터 개설되어 오는 신용장에 대해서는 우선 거래은행에게 문의하여 개설은행의 신용상태를 조사한 후 의심이 가는 경우에는 확인신용장을 다시 개설 받은 후에 상품을 선적하는 절차가 필요하다.

② **수익자**

신용장거래에서 가장 많은 혜택(benefit)을 받는다 하여 신용장의 수취인을 수익자(beneficiary) 또는 수혜자라고 한다. 수익자는 매매계약에 따라 매수인에게 상품을 인도해야 할 의무가 있는 매도인(seller) 또는 수출상(exporter)이 된다. 그리고 상품을 발송한다 하여 송화인(shipper), 신용을 받는 자라 하여 accreditee, 환어음을 발행한다하여 drawer, 신용장을 수령한다고 하여 addressee라고도 한다.

③ **확인은행**

신용장은 발행은행의 대외공신력을 바탕으로 한 지급확약으로 발행되는 것이 일반적이나, 발행은행의 공신력이 미약할 경우에 수익자가 발행은행의 지급확약에 대하여 의문을 가질 경우에는 발행은행 이외의 은행에 의한 신용장의 확인(confirmation)을 요구하는 수가 있다. 발행은행의 신용이 대외적으로 높다 하더라도 수입국의 국제수지 악화로 대외지급을 제한하는 조치가 예상되면 수익자는 설사 신용장을 받았다 하더라도 불안할 것이다.

따라서, 수익자는 신용장에 의하여 발행되는 환어음에 대하여 인수 또는 지급을 틀림없이 이행하겠다는 발행은행의 확약에 추가하여 제2의 은행이 그 환어음에 대한 인수·지급 혹은 매입을 틀림없이 이행하겠다는 추가적인 확약을 요청(adding your confirmation)하는 경우가 있는데 이를 신용장의 확인이라고 하며, 신용장을 확인하는 은행을 확인은행(confirming bank)[9]이라고 한다.

(2) 기타 당사자

① **발행의뢰인**

매수인(buyer)은 매도인에게 상품대금을 지급할 의무가 있다. 매수인은 이러한 의무를 이행하기 위하여 신용장을 발행하기로 매매계약을 체결하였다면 자신이 거래하고 있는 은행을 통해서 매도인 앞으로 신용장을 발행하여야 한다. 은행에 신용장의 발행을 의뢰한다고 하여 발행의뢰인(applicant, opener)이라고 하고, 신용장 발행의뢰인은 사실상 상품을 구매한다고 하여 매수인(buyer)이라 하는데 무역거래에서는 수입상(importer)이 된다. 그 외에 환어음을 지급한다고 하여 drawee, 채무자로서 accountee, 신용장 개설로 신용을 부여받는다하여 accredited buyer, 화물의 수하인이라 하여 consignee라고도 부른다.

---

9) 확인은행은 세계적으로 신뢰성이 높은 일류은행으로 하고 있으며, 발행은행과 corres 계약이 있고 corres 계약에는 신용장의 확인에 관한 사항이 약정되어 있다.

② **통지은행**

발행은행이 신용장을 발행하면 직접 또는 간접적으로 수익자에게 통지하게 되는데 대부분 은행을 통해서 수익자에게 통지하고 있는 실정이다. 신용장을 직접 통지하는 방법은 발행은행이 수익자에게 직접 통지하는 방법을 말하고, 간접통지방법은 수익자가 소재하고 있는 지역의 은행이나 자기은행의 환거래은행[10]을 통하여 통지하는 방법을 말한다.

발행은행의 요청으로 신용장을 수익자에게 통지하는 은행을 통지은행(advising bank, notifying bank, transmitting bank)이라 하며, 주로 환거래은행이 통지은행이 되고 나중에 확인은행 또는 매입·인수·지급은행이 되기도 한다. 신용장 및 모든 조건변경은 통지은행을 통해 수익자에게 통지될 수 있다. 통지은행의 통지(advising)는 신용장이나 조건변경이 외관상으로 진정한 것이라는 것을 의미한다.[11]

신용장의 통지를 요청받은 은행은 수익자가 다른 국가에 소재하고 있거나, 동일국가라 하더라도 원거리에 있는 경우, 현지의 또 다른 은행에 자신이 접수한 신용장의 통지를 요청할 수 있다. 이러한 제2통지은행(second advising bank)의 사용은 발행은행의 신용장을 통한 지시의 여부와 관계없이 통지은행의 판단으로 선택할 수 있다. 제2통지은행의 통지의무는 최초 통지은행과 같다.[12]

신용장 또는 조건변경 통지가 여러 차례 계속될 때, 여러 은행에 산발적으로 통지하게 되면 자칫 일부 통지가 빠지거나 함으로써 혼돈이 올 수 있다. 따라서 모든 통지는 같은 하나의 은행을 이용하여야 한다.[13] 신용장 및 조건변경 통지를 요청받은 은행이 그 요청을 거절하고자 할 때는 그 통지를 보내온 은행에 그러한 취지를 즉시 통고하여야 한다.[14]

통지은행이 신용장 또는 조건변경 또는 통지의 외관상의 진정성에 대해 확신할 수 없을 때는 그 통지를 보내온 은행에 이를 즉시 통고하여야 한다. 만약에 그러한 사실이 있음에도 통지하기로 하였다면, 그 통지은행은 신용장 또는 조건변경 또는 통지의 진정성에 대해 확신할 수 없다는 사실을 수익자에게 알려주어야 한다.[15]

---

10) 발행은행과 통지은행 사이에는 외국환거래에 관한 계약을 체결하는데 이를 환거래계약 또는 corres계약(correspondent arrangements)이라고 하며, corres 계약관계에 있는 상대은행을 환거래은행 또는 corres 은행(correspondent bank)이라고 한다.

11) UCP 600 제9조(신용장 및 조건변경 통지) a, b항

12) UCP 600 제9조(신용장 및 조건변경 통지) c항

13) UCP 600 제9조(신용장 및 조건변경 통지) d항

14) UCP 600 제9조(신용장 및 조건변경 통지) e항

15) UCP 600 제9조(신용장 및 조건변경 통지) f항

③ **매입은행**

수익자는 상품선적을 완료한 후 신용장에서 규정하고 있는 내용에 따라 신용장발행의뢰인(applicant) 또는 발행은행 앞으로 환어음을 발행하고 신용장에서 요구하고 있는 운송서류를 첨부하여 자기의 거래은행이나 자신에게 가장 유리한 환율을 적용해 주는 은행에 환어음의 매입(negotiation)을 신청하는데, 이때 수출환어음을 매입하는 은행을 매입은행(negotiating bank)이라고 한다. 수출환어음의 매입행위는 은행의 입장에서 보면 일종의 여신에 속한다. 매입은행은 매입할 때에 자기 자금으로 수익자에게 먼저 지급하고 일정기간이 지난 후에 발행은행 또는 결제은행으로부터 대금상환을 받게 되므로 그 기간 동안의 이자와 수수료를 할인요금의 형식으로 수익자로부터 징수한다. 또한 은행에서 매입한 환어음을 다른 은행에서 다시 매입하는 것을 재매입(renegotiation)이라고 하며, 재매입을 하는 은행을 재매입은행(renegotiating bank)이라고 한다.

④ **인수은행**

신용장거래에서 수익자가 발행하는 환어음이 기한부어음(usance bill)일 경우에는 은행이 지급에 앞서 인수를 하게 된다. 이때 은행은 어음의 만기일에 가서 그 어음을 지급하게 되는데, 이처럼 기한부어음을 인수하는 은행을 인수은행(accepting bank)이라고 한다.

따라서, 선적서류를 담보로 하는 기한부 어음은 New York, London, Tokyo 등 국제금융시장에서 유리하게 할인되어 자유로이 유통될 수 있다. 수익자는 신용장 발행은행이 유명한 은행일수록 유리한 조건으로 인수은행에게 인수시킬 수 있다.

⑤ **양도은행**

양도은행이란 양도가능신용장에서 신용장을 받은 원수익자(first beneficiary)의 요청에 따라 은행은 제3자(second beneficiary)에게 1회에 한하여 신용장을 양도할 수 있는데 이때 양도업무를 수행하는 은행(transferring bank)을 양도은행이라 한다.

⑥ **결제은행**

결제은행(settling bank)이란 발행은행의 지시에 따라 매입은행에 신용장대금을 결제해 주는 은행을 말한다. 신용장에 의한 대금결제 시 그 통화가 수출국이나 수입국의 통화가 아닌 제3국의 통화일 경우 제3국에 있는 발행은행의 예치환거래은행이 그 신용장의 결제은행(settling bank)이 되는 경우가 있으며, 결제은행은 발행은행을 대신하여 어음매입은행에 어음대금을 상환하여 주기 때문에 이를 상환은행(reimbursing bank)이라고도 한다.

6) 신용장거래과정

신용장은 발행의뢰인(수입상사)의 신청에 따라 발행은행에 의하여 발행된 후 수익자(수출상사)가 소재하고 있는 통지은행을 통해 수익자에게 전달되는데 주로 전자통신수단으로 먼저 통지하고 이를 확인하는 우편서류로 다음과 같은 과정으로 진행된다.

① 거래당사자인 수출상과 수입상 간에 신용장에 의해서 대금을 결제하기로 하고 매매계약을 체결한다. 이때 대금결제조건(payment terms)은 취소불능화환 신용장(irrevocable documentary letter of credit)방식을 채택하는 것으로 한다.

② 수입상(신용장발행의뢰인)은 자기 거래은행에 신용장의 발행을 의뢰하게 된다. 신용장발행은행은 발행의뢰인의 요청과 지시에 따라서 신용장을 발행하게 된다.

③ 신용장발행은행은 우편(mail)이나 전신(cable) 등으로 통지은행을 통하여 수출상(수익자)에게 통지해 줄 것을 요청한다.

④ 통지요청을 받은 통지은행은 수익자에게 신용장 도착 사실을 알리고 이를 전달한다.

⑤ 수익자는 수입상 앞으로 약정상품을 선적하고 운송서류를 발급받은 후, 신용장에서 요구하는 서류를 구비하여 자기가 거래하는 거래은행(통지은행)에 환어음(Bill of Exchange, Draft) 매입을 요구하여 상품대금을 회수한다.

⑥ 서류매입은행은 수출자를 위하여 상품대금을 지급하였으므로 발행은행이 지정한 은행 앞으로 매입대금의 상환을 요청한다. 발행은행이 신용장을 발행할 때 매입은행이 상환을 청구할 상환은행(reimbursing bank)을 미리 지정하는 것이 보통이다.

⑦ 수출지의 서류매입은행은 서류매입과 동시에 서류를 신용장 발행은행 앞으로 송부한다.

⑧ 발행은행은 신용장 발행의뢰인에게 수입관련서류를 인도하면서 동시에 대금결제를 받는다.

⑨ 발행은행은 매입은행에 대금결제를 직접 하거나 상환은행에 수권하였을 경우에는 상환은행이 대금결제를 한다.

⑩ 발행의뢰인은 발행은행으로부터 인도받은 수입관련서류를 가지고 수입지의 세관에서 통관수속을 완료하고 약정상품을 인수받게 된다.

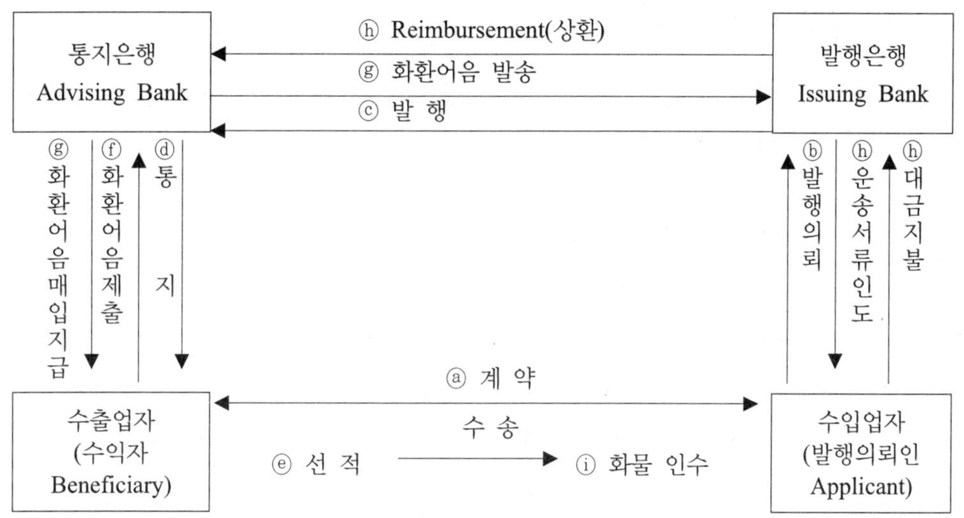

그림 6-7 신용장의 당사자와 거래과정

우리나라에서는 수출신용장의 경우 신용장번호를 관련 서류상에 기재할 것을 요구하는 경우가 많다. 즉 수입에 신용장번호는 한국은행이 정하여 은행에서는 다음과 같은 방법으로 수입승인서와 신용장을 작성할 때 사용하도록 하고 있다.

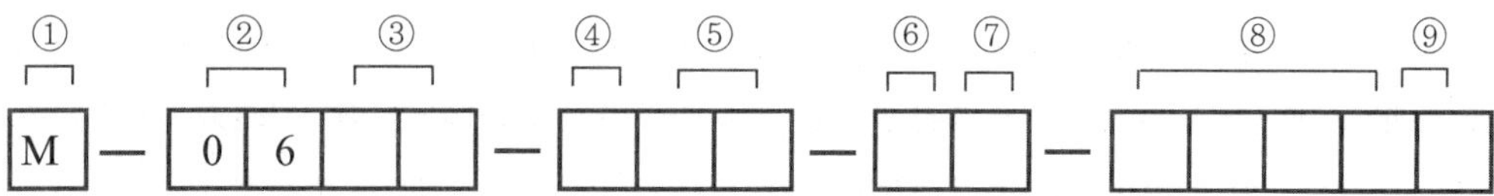

① 수입신용장의 표시기호
② 외국환은행 고유번호
③ 취급영업점 번호
④ 연도표시번호 (취급연도의 끝자리 수)
⑤ 월 표시번호 (취급 월의 2단위)
⑥ 수입용도기호 (위의 표 5-1 참조)
⑦ 수입결제방법기호 (위의 표 5-2 참조)
⑧ 일련번호(매월별로 새 번호로 바꿈)
⑨ 검색기호(Check Digit)

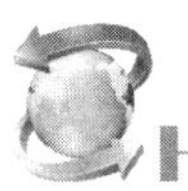

7) 신용장의 종류

신용장은 그 분류상 국제적으로 통일된 기준은 없지만 일반적으로 신용장의 내용과 기능에 따라 다음과 같이 분류하고 있다.

(1) 상업신용장과 Clean 신용장

신용장이라고 말하면 보통 은행이 발행하는 은행신용장(banker's letter of credit)을 의미하는데, 상품의 국제매매에 따른 대금결제수단으로서 상거래에 이용되고 있다는 의미에서 상업신용장(commercial letter of credit)이라고 한다. 즉 상업신용장이란 국제무역을 재화(goods)와 용역(services)으로 구분할 때, 전자와 같이 국제물품의 이동을 원활하게 하기 위하여 국제매매거래에 따른 무역대금의 직접적인 결제를 목적으로 이용되는 신용장을 총칭하여 말하는 것이다. 그리고 재화 이외의 국제간의 거래를 수행하는 데 사용되는 신용장을 통틀어서 Clean 신용장이라고 한다.

Clean 신용장은 다시 여행자신용장과 일반 Clean 신용장으로 구분할 수 있다. 여행자신용장(traveller's letter of credit)이란 해외여행자의 현금휴대의 위험과 불편을 덜어주고 여행자가 여행지에서 필요한 금액을 사용할 수 있도록 하기 위하여, 여행자의 의뢰에 따라 발행은행이 해외의 자기 은행의 본·지점 또는 환거래은행에 대하여 그 여행자가 발행하는 일람불어음의 매입을 의뢰하는 신용장을 말한다. 여행자신용장은 여행자 자신이 소지하고 동시에 수익자가 되기 때문에 수입상이 발행의뢰인 그리고 수출상이 수익자가 되는 상업신용장과는 달리 신용장발행의뢰인과 수익자가 동일인이 된다. 여행자신용장은 교통과 통신이 발달하지 못하였던 시대에 많이 사용되었으나 교통과 통신이 발달한 오늘날에 와서는 주로 여행자수표(traveller's check : T/C)로 대체되어 사용되고 있다.

한편, 일반 Clean 신용장은 운송서류의 제시 없이도 결제될 수 있는 신용장으로 운임·보험료·중개수수료 등 용역에 대한 결제 외에도 입찰보증서(bid bond), 계약이행보증서(performance bond)를 대신하여 사용되며, 또한 해외지사의 여신공여를 위한 경우와 전대신용장(red clause L/C)의 보증으로 발행되는 보증신용장(stand by L/C)으로도 사용된다.

(2) 취소불능신용장과 취소가능신용장

신용장이 발행된 후 취소할 수 있느냐 없느냐에 따라 취소가능신용장과 취소불능신용장으로 구분된다. 취소불능신용장(irrevocable credit)이란 신용장이 일단 발행되어 수익자에게 통지된 이상 신용장 관계당사자를 구속하여 신용장상의 유효기간 내에는 신용

장 관계당사자 전원의 합의 없이는 신용장을 취소하거나 신용장의 조건변경이 불가능한 것을 말한다.

이에 반해 취소가능신용장(revocable credit)이란 신용장을 발행한 은행이 수익자에게 사전통지 없이 일방적으로 신용장 자체를 취소하거나 신용장의 내용을 변경할 수 있는 것으로서 이는 신용장으로서의 가치가 거의 없다고 할 수 있다. 그러나 취소가능신용장도 발행되어 통지은행을 통해서 일단 수익자에게 통지된 후 당해 신용장의 취소나 조건변경이 있어도 동 취소나 내용변경의 통지가 통지은행에 접수되기 전에 원신용장 조건대로 인수·지급·매입한 은행에 대하여는 발행은행이 상환의무를 지게 된다. 한편 제5차 개정 신용장통일규칙에 의하여 신용장은 취소불능 또는 가능의 표시를 하여야 하며, 취소여부에 대한 아무런 표시가 없으면 취소불능신용장으로 간주하고 있다.

(3) 확인신용장과 미확인신용장

신용장을 제3의 은행이 확인을 했느냐 하지 않았느냐에 따라 구분한 것이다. 따라서 확인신용장(confirmed credit)이란 신용장에 신용장 발행은행 이외의 제3은행의 확인, 즉 수익자가 발행하는 어음의 인수, 지급 또는 매입에 대한 제3은행의 추가적 확약이 있는 신용장을 말한다. 이는 수익자가 발행은행과 확인은행으로부터 지급확약을 받게 되므로 신용도가 높아지고, 만약의 경우 발행은행이 지급불능상태에 빠지면 확인은행이 발행은행을 대신하여 지급하여야 한다. 확인은행은 수익자 소재지의 발행은행의 환거래은행이 되는 것이 일반적이며, 발행은행이 통지은행에 신용장의 발행을 통지하면서 통지은행이 신용장을 확인해 줄 경우 통지은행이 확인은행이 되기도 한다. 그러나 미확인신용장은 이러한 제3은행의 확인이 없는 신용장을 말한다.

(4) 매입신용장과 지급신용장

신용장에 의해서 발행되는 어음의 매입을 허용하느냐 않느냐에 따라 매입신용장과 지급신용장으로 구분된다. 매입신용장(negotiation credit)이란 신용장에 의해서 발행되는 어음이 매입될 것을 전제로 하여 어음발행인은 물론이고 어음의 배서인(endorser)이나 선의의 어음소지인(bona fide holder)에게도 지급을 확약하고 있어 수익자는 자신에게 유리한 환율로 적용받는 은행을 선택하여 매입시킬 수 있는 신용장이다. 이에 반하여 지급신용장(straight credit)은 신용장에 의한 환어음의 매입여부에 대하여는 아무런 명시가 없이 신용장발행은행 또는 그가 지정하는 은행에 환어음을 제시하면 지급하겠다고 확약하고 있는 신용장이다.

(5) 상환청구가능신용장과 상환청구불능신용장

취소불능화환신용장조건에서 수익자는 어음과 선적관련서류를 신용장조건에 합치하도록 발행하여 은행에 제시하면 신용장 발행의뢰인(수입상)이 파산되었을 경우에도 발행은행은 지급·인수의 책임을 져야 한다. 그리고 신용장조건대로 발행한 수익자는 매입은행으로부터 상환청구(right of recourse)를 받지 않는 것이 원칙이다. 특히 유럽국가에서는 매입은행이 수익자로부터 일단 선적서류를 첨부한 환어음을 매입한 이후에 신용장 개설은행으로부터 서류상의 하자 또는 기타 이유로 매입대금을 지급 받지 못했더라도 수익자에게 다시 매입대금을 상환청구할 수 없도록 함으로써 매입의 중요성을 강조하고 있다.

그러나 우리나라에서는 발행은행의 파산 등으로 어음의 인수 및 지급이 정당하게 거절되었을 때 매입은행은 어음법에 의해 어음발행인에게 상환을 요구할 수 있다.

따라서, 어음소지자가 어음발행인에게 상환청구를 할 수 있으면 상환청구가능신용장(with recourse credit)이라 하고 상환청구권이 없으면 상환청구불능신용장(without recourse credit)이라 한다.

(6) 보통신용장과 특정신용장

신용장에 의하여 발행되는 어음의 매입을 특정은행에 제한하느냐 제한하지 않느냐에 따라 특정신용장과 보통신용장으로 구분한다. 특정신용장(special credit)이란 신용장상의 수익자가 선적을 완료한 후 수출대금의 회수를 위하여 발행하는 환어음의 매입은행을 신용장에서 금융관계, 자금의 수배 또는 업무상의 연락 등으로 특정은행에 한정하고 있는 것을 말하며, 이를 매입제한신용장(restricted credit)이라고도 한다. 무한경쟁시대에서 은행들 사이의 영업경쟁을 극복하려면 우리나라를 방문중인 외국 Buyer를 찾아가 장차 한국에 있는 수익자에게 신용장을 개설할 때 매입은행을 자기은행으로 제한해주면 어떤 특혜를 베푸는 식으로 영업을 한다면 상당히 좋은 영업실적을 얻을 수 있을 것으로 기대한다.

이에 반해 보통(일반)신용장(general credit)이란 신용장에서 어음의 매입을 일정한 은행에 제한하지 않고 아무 은행에서나 매입할 수 있는 조건의 신용장을 말하며, 이를 개방신용장(open credit)이라고도 한다. 따라서 수익자의 입장에서 보면 자기의 거래은행에 매입시킬 수 있고, 또한 서비스나 기타 조건이 유리한 은행에서 매입시킬 수 있기 때문에 보통신용장이 유익하다.

(7) 화환신용장과 무화환신용장

신용장에 의하여 발행되는 환어음에 운송서류의 첨부를 요구하느냐, 하지 않느냐에 따라 화환신용장과 무화환신용장(무담보신용장)으로 구분된다. 화환신용장(documentary credit)이란 신용장 발행은행이 수익자가 발행한 환어음에 유가증권인 선하증권 등의 운송서류를 첨부할 것을 조건으로 하여 인수·지급 또는 매입하는 것을 확약하는 신용장을 말하며, 일반적으로 신용장이라 하면 이러한 화환신용장을 지칭하게 된다.

이에 반해 무담보신용장(clean credit)이란 신용장에 의하여 발행되는 환어음에 운송서류가 첨부되어 있지 않는 무담보어음(clean bill)을 인수·지급 또는 매입할 것을 확약하고 있는 신용장을 말한다. 이러한 무담보신용장의 경우 수출상이 상품을 선적하고 발급받은 운송서류를 수입상에 직접 송부함으로써 무담보로 발행된 어음의 인수·지급 또는 매입을 확약하는 것을 특히 Documentary Clean Letter of Credit라고 한다. 이는 수출입거래의 경우 잘 이용되지 않고 있으나, 수출입당사자들이 오랫동안 거래를 하여 신용 있는 사이이거나 본·지점 또는 대리인의 관계에 있을 경우에 이용되는 경우가 있다. 일반적으로 무담보신용장은 운송서류가 없는 운임·보험료·수수료 등의 결제 또는 차입금의 변제 등에 사용된다.

(8) 일람출급신용장과 기한부신용장

일람출급신용장(sight credit)이란 수출지의 매입은행으로부터 운송서류를 제시받은 신용장 개설의뢰인이 신용장발행은행에게 수입대금지급과 함께 운송서류를 인도 받는 현금거래형태의 신용장을 말한다. 그러나 기한부신용장(usance credit)에서는 수출지의 매입은행으로부터 운송서류를 제시받은 신용장개설의뢰인이 일정기일이 경과한 후에 수입대금을 지급할 것을 약속하고 발행은행으로부터 운송서류를 인도받을 수 있는 거래의 신용장이다. 예를 들어 60 days after sight이면 발행의뢰인은 환어음 인수일로부터 60일 이내에 대금을 지급하면 된다. 따라서 기한부신용장 거래에서는 수입상이 수입물품을 판매하여 그 대금으로 수입대금을 상환할 수 있는 시간적 여유를 가지게 된다.

(9) 양도가능신용장과 양도불능신용장

신용장상의 수익자가 신용장을 제3자에게 양도할 수 있느냐 없느냐에 따라 양도가능신용장과 양도불능신용장으로 구분된다. 양도가능신용장(transferable credit)이란 수익자가 신용장금액의 전부 또는 일부를 제3자(제2의 수익자)에게 양도할 수 있는 권한을 부여한 신용장을 말하고, 수익자가 신용장을 제3자에게 양도할 수 없는 신용장을 양도불능신용장(non-transferable credit)이라고 한다. 양도가능신용장에는 반드시 'transferable'이라는 문구가 표시되어 있어야 하며, 신용장에 별도의 명시가 없는 한 동일 국내 또는 타국을 막론하고 양도할 수 있다. 양도는 1회에 한하지만 분할선적(partial shipment)이 허용되는 경우 분할양도가 가능하다.

(10) 기탁신용장

기탁신용장(escrow credit)이란 두 나라 사이의 무역균형화를 위해서 사용되고 있는 구상무역방식의 대금결제수단으로 이용되고 있는 신용장을 말한다. 원래 Escrow라는 말은 은행 등과 같은 제3자에게 일정한 물건을 위탁하면서 일정한 조건을 충족하면, 이 위탁한 물건을 특정인에게 양도할 것을 의뢰한 신탁행위를 뜻한다. 기탁신용장은 수입업자가 수입신용장을 발행할 때에 신용장의 한 조건으로 그 신용장에 의해 발행되는 어음의 매입대금을 수익자(수출업자)에게 지급하지 않고, 수익자 명의의 Escrow 계정(escrow account)에 기탁하여 두었다가 그 수익자가 원신용장 발행자로부터 수입하는 상품의 대금결제에만 사용하도록 규정한 신용장을 말한다. 예를 들면, 우리나라의 수입상이 인도네시아에 있는 수출상 앞으로 신용장을 발행하면서 그 신용장의 특수조건으로 그 신용장에 의한 매입대금은 매입은행 또는 지정은행에 설치된 수익자(인도네시아의 수출상) 명의의 Escrow 계정에 입금시키고, 입금된 자금은 우리나라로부터의 수입의 경우에 한하여서 그 결제대금에 충당할 수 있도록 규정하고 있는 신용장이다. 기탁신용장은 구상무역신용장과 마찬가지로 양국의 수출입균형을 이루기 위한 구상무역에서 사용되는 신용장이다. 그러나 기탁신용장은 구상무역신용장과 달리 똑같은 금액의 신용장이 서로 발행되는 것이 아니므로 물품선택과 기일이 훨씬 자유롭다.

(11) 동시개설신용장

동시개설신용장(back to back credit)이란 기탁신용장과 마찬가지로 국가간에 수출입의 균형을 유지하기 위한 구상무역을 위해서 사용되는 신용장으로서 한 나라의 수입상이 일정액의 수입신용장을 발행할 경우 그 신용장은 상대방에게 같은 금액의 수입신용장을 발행하여 오는 경우에만 유효하다는 조건이 붙는 신용장을 말한다. 기탁신용장의 경우는 수출신용장과 수입신용장이 발행되는 데 시간상의 차이가 생기지만 구상무역신용장의 경우에는 두 개의 신용장이 일차적으로 동시에 발행되는 데 특색이 있다. 예컨대, 우리나라 수입상이 외국에서 상품을 수입하기 위하여 신용장을 발행하는 경우 외

국에 있는 수출상이 우리나라에서 상품을 수입하겠다는 신용장을 발행하여야만 비로소 우리나라에서 발행한 수입신용장이 유효하다는 발효조건부신용장을 구상무역신용장이라고 한다.

(12) Tomas 신용장

Tomas 신용장은 구상무역신용장과 유사하며 유환구상무역에서 사용된다. 수출입 양측이 무역수지의 균형을 유지하기 위하여 서로 비슷한 금액의 신용장을 동시에 발행하기를 원하나 한쪽은 수입품목이 결정되어 먼저 신용장을 발행하고 상대방은 같은 금액만큼 일정기간이 지난 후에 신용장을 발행하겠다는 보증서를 발행하는 조건으로 하여 상대방의 신용장 발효요건으로 하는 신용장을 Tomas 신용장이라고 한다. 예컨대, 구상무역의 경우 A국의 수입업자가 수입품을 확정하고 신용장을 발행할 경우, 이 신용장을 받은 B국의 수출업자는 A국으로부터 수입할 상품이 확정되지 않았다고 가정할 경우 수출상은 일정한 기간 내에 A국으로부터 수출에 대응하는 수입을 반드시 이행하겠다는 요지의 보증서를 발행하고 그것을 B국의 수출업자의 매입은행에 제출함으로써 비로소 A국의 수입신용장이 유효하게 되고, 이 수입신용장에 의하여 발행되는 수출환어음의 매입의뢰가 가능하게 되는 것을 조건으로 하는 신용장을 Tomas 신용장이라고 한다.

(13) 회전신용장

동일한 거래처와 동일상품을 일정기간에 걸쳐 계속적으로 거래를 하는 경우 거래할 때마다 신용장을 발행하려면 발행의뢰인 측의 많은 시간·노력 및 비용이 들게 되며, 또 거래예상액 전액을 한꺼번에 발행한다면 너무 과중한 자금부담이 된다. 이런 경우 일정한 기간 동안 일정한 범위 내에서 신용장금액이 자동적으로 갱신되도록 되어 있는 신용장을 회전신용장(revolving credit, self continuing credit)이라고 한다. 이에 비하여 신용장금액이 매입과 동시에 자동적으로 갱신되지 않는 신용장 즉, 아무런 자동갱신문구가 없는 신용장을 비회전신용장(non-revolving credit)이라고 하는데 대부분의 신용장은 비회전신용장이다.

(14) 전대신용장

전대신용장(red clause credit)이란 수출상에게 수출에 따른 수출물품의 생산, 가공, 집하, 선적 등에 필요한 자금을 수입상이 미리 융통해 주기 위하여 매입은행으로 하여금 일정한 조건하에 신용장금액의 일부를 수익자 앞으로 전대하여 줄 것을 허용하고 그 전대금의 상환을 보증하는 신용장을 발행할 수 있는데, 이와 같이 수출전대를 인정하고 있는 신용장을 수입상의 입장에서 보아 전대신용장이라 하고 수출상의 입장에서 보아 선수금신용장이라고도 한다. 이 신용장은 수출전대를 허용하는 문구가 일반적으로 적색으로 타자되어 있기 때문에 Red Clause Credit이라고도 하며, 수출상은 전대 받은 대금으로 수출상품을 수집·구매하여 포장단위로 발송한다는 뜻에서 Packing Credit라고도 한다.

(15) 내국신용장

내국신용장(local credit)이란 외국의 수입상으로부터 수출신용장(original credit, master credit)을 받은 국내수출업자(수익자)가 수출품을 제조·가공하는데 소요되는 원자재 또는 수출용 완제품을 국내에서 원활하게 조달하기 위하여 원수출신용장을 근거로 거래은행에서 수출용 원자재 또는 수출용 완제품의 제조업자를 수익자로 하여 발행된 국내신용장이다.

수출품 또는 원자재 등의 국내공급자는 내국신용장을 개설받아 원수익자(내국신용장 개설의뢰인)에게 공급한 물품공급실적은 수출실적으로 인정되어 정부로부터 각종 세제 및 수출행정에서 우대조치를 받게 된다. 원래 신용장은 국가간의 무역거래상의 자금결제수단으로 이용되어 신용장통일규칙을 적용받고 있지만 내국신용장은 국내에서 수출용원자재를 공급하는 제조업자에게 혜택을 주려는 제도로 만들어졌기 때문에 별도로 내국신용장취급규정이 주로 적용되고 신용장통일규칙은 준용된다. 내국신용장은 반드시 취소불능신용장이어야 하며, 표시금액은 원화로 표시해야(외화금액은 별도로 기재) 하는 등 몇 가지 제약이 있다.

(16) 보증신용장

보증신용장(stand-by credit)[16]이란 수입물품대금의 결제를 목적으로 발행되는 신용장이 아니고 금융을 위한 담보 또는 보증의 수단으로 발행되는 일종의 무담보신용장(clean credit)을 말한다. 예컨대, 국내 상사의 해외지점이 본사물품을 수입하기 위하여 신용장을 발행한다든지 또는 현지, 즉 해외지사 소재지의 외국은행으로부터 금융의 편의를 받고자 하는데 담보가 부족한 경우에 국내 본사가 국내 거래은행에 의뢰하여 해외지사의 거래은행을 수익자로 하는 보증신용장을 발행해 주면 해외지사의 거래은행은 이것을 담보로 하여 수입신용장을 발행해 주는 등 금융의 혜택을 줄 수 있게 된다.

---

16) 제4차 UCP개정규칙에서 종전규칙에 없었던 보증신용장을 그 적용대상으로 추가함으로써 신용장의 적용범위가 물품거래에 따르는 화환신용장뿐만 아니라 금융거래상의 채무에 대한 지급보증까지도 할 수 있도록 확대되었다.

(17) 현금신용장

현금신용장(cash credit)이란 수입업자의 의뢰에 의하여 수입업자 거래은행이 수출지의 자기지점 또는 환거래은행(correspondent bank)에 사전에 결제자금을 송금하여 예치해 두고 그 자금에 의하여 수출지의 그 은행이 일정한 운송서류의 첨부를 조건으로 하여 수익자가 그 은행 앞으로 어음을 발행하였을 때에 그 어음의 지급을 확약하는 것이다. 이 경우 지급은행이 되는 수출지은행은 예치금으로 어음결제자금에 충당하고 운송서류를 수입지의 은행에 보낸다. 수출지의 은행은 이미 송금되어 온 자금을 보관하였다가 운송서류와 상환으로 수익자(수출상)에게 상품대금을 지급하므로 상품을 인수하지 못하는 위험을 방지한다.

4. 기타 결제방식

1) 국제 Factoring 방식

Factoring이란 운송 및 통신 수단이 발달하지 못했던 시대에 일정한 규모를 갖춘 상인들이 멀리 떨어져 있는 장소에 Factor라는 중개인을 고용하여 상품을 운송, 보관, 판매하면서 발달한 무역거래형태이다. 기업의 영업활동에서 발생하는 현재 및 장래의 매출채권의 전부 또는 일부를 매입하여 채권을 관리·회수하고, 금융을 제공하여 고객의 신용조사 및 신용위험의 인수·사무 처리의 대행 등의 서비스를 제공하는 것을 Factoring이라 한다.

수출업자는 수입자에 대한 채권을 팩터링회사에게 매도하고, 팩터링회사는 수입자에 대한 대금청구, 추심 및 회수업무를 수행하며 수출자에게 상환청구여부에 따라 상환청구불능팩터링과 상환청구가능팩터링으로 구분된다.

수입업자의 지급불능, 지급거절 또는 지급의사가 없다는 이유로 지급이 지연될지라도 수출자는 수출팩터로부터 받은 선수금을 반환할 의무가 없으며, 선지급을 받지 아니한 경우에는 채권의 만기일에 수출팩터로부터 수출대금을 지급받을 수 있다. 다만 수입업자의 신용위험이 아닌 매매계약의 이행여부에 대한 클레임 즉, 계약불이행이나 품질불량 등으로 지급이 거절된 경우에는 수출팩터가 위험을 부담하지 아니하고 수출회사가 부담해야 한다.

수수료가 다소 높다는 단점이 있으나 담보능력이 약한 중소기업수출회사는 수입회사의 신용이 건실하다면 수입회사에게 부대비용과 자금부담이 적은 국제팩토링 금융을 이용하여 거래하는 것이 보다 현명한 방법이라 할 수 있다.

| 표 6-1 | 결제방식별 금융비용 비교

		L/C방식	D/A방식	국제팩토링방식
수출상	수출금액 환가료 팩토링수수료 Nego 또는 금융이자 수출어음보험료 (신용위험보장) (담보제공) (채권관리) (여신한도)	U$100,000 9.33%×12일/360=311 – – – 100%보장 – – –	U$100,000 9.33%×12일/360=311 – 9.33%×90일/360=2,332.5 0.6%+0.24%=840 통상 90%보장 담보제공(추심전) 수출상관리 한도내 Nego	U$100,000 – 1%=1,000 12.5%×90일/360=3,150 – 100%보장 없음 팩터관리 없음
	소계	$311	$3,483	$4,150
수출상	L/C발행수수료 (수입보증금) 환가료 (담보제공) 수입대금조달	수입금액의 1.5%정도 부담=1,500 담보제공 11%×90일/360=2,750	없음 –	없음 –
	소계	$4,250	–	–
수출입업자비용계		U$4,561	U$3,483	U$4,150

2) Forfaiting 방식

포페이팅이란 forfait(불어)에서 유래된 말로 현금을 대가로 채권을 포기 또는 양도한다는 뜻이다. 포페이팅은 은행이 신용장개설은행 또는 지급보증기관의 취소불능 무조건부 지급보증이 첨부된 연불수출채권 및 대외채권을 매입하는 행위로서 수출환어음을 받은 수출회사에게 수출계약을 성실하게 이행한 경우에 한해서 상환청구권 없이(without recourse) 고정금리로 할인해 주는 수출금융이다.

환어음을 포페이팅은행에게 매각한 수출회사는 결제기일 이전에 미리 할인된 수출대금을 받고 그 후에 발생하는 수입자의 대금지급거절이나 지연에서 오는 손해를 면할 수 있다.

따라서 수출회사는 사실상 일람불(at sight)로 수출대금을 회수하게 되고, 수입회사는 연불로 수입하는 결과가 되어 무역당사자들은 은행을 통해 금융을 최대로 이용하는 거래가 된다.

수출회사는 수입국의 비상위험이나 개설은행의 미결제위험에서 벗어날 수 있어 포페이팅은 국가 위험도가 높은 새로운 시장을 개척하려는 수출회사에게 유리한 수출대금회수 기법이라 할 수 있으며, 수출보험공사의 포페이팅 보험제도가 대표적이라 할 수 있다. 수출회사가 거래은행의 신용한도를 거의 소진한 상태에서도 거래은행이 수출보험공사와 포페이팅 포괄보험계약이 체결되어 있다면 네고보다 저렴한 비용으로 포페이팅 거래를 할 수 있으므로 수출보험공사와 포페이팅계약을 체결하고 있는 은행을 거래하는 것이 좋을 것이다.

표 6-2 포페이팅과 팩토링 비교

구 분	포메이팅(Forfeiting)	팩토링(Factoring)
정 의	신용장 거래에서 발생한 환어음/선적서류를 비소구 조건으로 매입하는 금융상품	O/A 외상거래에서 발생된 채권을 비소구 조건으로 매입하는 금융상품
대상채권	신용장 방식의 환어음	무신용장 방식의 외상매출채권
지급율	100%	80~100%(기업에 따라 해외 입금 시까지 유보금으로 보관하는 경우도 많으며, 유럽은 통상 90% 수준)
비 용	LIBOR+0.4%~3%	• 할인료 : LIBOR+0.5%~1% • 수수료 : 수출채권의 0.4%~0.8%
운영기관	대부분 은행	전문 팩터 또는 은행
소구권	없음(비소구조건)	없는 것이 보통이나 일부 존재
국제연맹체	IFA, AFTA(최근 설립)	FCI(1968년 설립)
부가서비스	없음	채권추심, 회계 서비스 등 일부존재(특히 유럽)
거래 비밀성	관련 당사자들에 대한 정보를 비밀로 하는 것이 관례	팩터가 매출채권의 매입을 수입상에게 통지하는 것이 일반적

Chapter 7

해상운송

제 1 절 해상운송의 개요

1. 해상운송의 특징과 형태

1) 해상운송의 특징

국제운송은 주로 해상운송으로 이루어지고 있으며 효용이 낮은 장소에 있는 물품을 효용이 높은 장소로 이동시켜 줌으로써 물품의 효용을 극대화시키는 경제적 활동 또는 물품의 효용을 창출하는 생산행위이다. 해상운송의 특징을 살펴보면 다음과 같다.

(1) 대량운송

해상운송의 가장 현저한 특징은 화물의 대량운송이다. 한 번에 대량의 화물을 운반할 수 있는 운송수단으로는 선박을 필적할 만한 운송수단이 없다. 예를 들어 비교적 대량운송을 수행한다는 철도의 경우 20톤 화차 30량을 연결하더라도 겨우 600톤에 지나지 않는다. 이에 반해 50만톤의 원유를 일시에 1척의 선박으로 운반할 수 있고 수천대의 자동차를 일시에 운송할 수 있는 해상운송이야말로 대량운송의 대명사라 할 수 있다.

(2) 저렴한 운송비

해상운송은 한 번에 대량수송이 가능하므로 해상운송비는 다른 운송수단인 철도·항공 등의 운송비와 비교할 때 매우 저렴하다고 할 수 있다. 해상운송에 있어 운송수단인 선박은 바다라는 천연의 통로를 비교적 저속으로 운항하기 때문에 철도 및 도로와 같이

막대한 투자를 요구하지 않을 뿐 아니라, 고속으로 운항해야 하는 항공기처럼 극도로 정밀한 것을 요구하지 않기 때문에 상대적으로 운송원가가 낮아서 저렴한 운송서비스를 창출해 내고 있다.

(3) 원거리운송수단

원거리운송이 반드시 해상운송만의 요건은 아니지만 흔히 해운이 5대양 6대주로 상징되듯이 대부분의 해상운송이 대륙을 잇는 장거리운송에 이용되고 있다. 물론 항공기에 의한 항공운송 또한 주로 장거리운송에 사용되고 있다는 점에서 해상운송과 공통성을 지니고 있다고 할 수 있다.

(4) 자유로운 운송로

철도·자동차와 같이 일정한 통로의 제약을 받지 않는 바다라는 천연의 통로를 자유로이 이용할 수 있다는 것도 해상운송의 중요한 특징 중의 하나로 지적할 수 있다. 네덜란드의 그로티우스(Hugo Grotius, 1583~1645)는 1609년 자신의 저서 '공해자유론'에서 18세기에는 모든 바다가 국제법으로 공인되어 자유롭게 운항할 수 있도록 보장되어야 한다고 주장함으로써 해상운송과 국제무역의 발전에 기여하였다.

(5) 국제성

일부 연안해운을 제외하고 대부분의 해상운송은 국제간에 이루어진다고 할 수 있다. 여기에서 말하는 해상운송의 국제성(global industry)이란 외국의 항만에 선박이 자유롭게 출입할 뿐만 아니라 해운시장이 국제적으로 형성되어 각국 간에 자유경쟁을 할 수 있는 분위기가 조성되어 있음을 의미한다. 이는 철도나 자동차가 주로 국내만을 활동무대로 하고 있음에 비추어 해상운송과 항공운송은 국제성을 지니고 있다.

(6) 저속성

오늘날 항만시설이 자동화와 현대화되고 고속엔진의 개발로 선박의 운항시간이 단축되는 등 해상운송이 매우 신속하게 이루어지고 있으나 항공기, 자동차, 기차에 비해 상당히 느린 편이다. 상선(merchant ship)의 경우 가장 빠르다는 고속 컨테이너선의 속도가 겨우 48노트에 불과한 실정이다. 그러나 속도가 느리기 때문에 다른 운송수단에 비해 운임이 저렴해서 경쟁력을 유지할 수 있다. 항공운송이 고속성을 이유로 높은 운임을 요구하는 데 반해 해상운송은 저속(low speed)을 기초로 하여 낮은 운임을 요구하고 있다.

2) 해상운송의 형태

해상운송은 선박의 운항에 따라 정기선운송, 부정기선운송 및 특수전용선운송 등으로 구별되는데 이들 운송에 투입된 선박을 각각 정기선, 부정기선 및 특수전용선이라고 한다.

(1) 정기선(liner) 운송

정기선(liner, liner boat, regular liner)은 정기항로에 취항하고 있는 선박을 말하며, 정해진 항구와 항구 사이를 정해진 운항일정(schedule)에 따라 항해하고 있다. 정기선은 컨테이너 화물전용의 컨테이너선과 그렇지 않은 재래선으로 분류 하는데, 오늘날에 주요한 정기항로에는 대부분 컨테이너선이 투입되며, 정기선을 운항하는 해운업자를 정기선해운업자(liner company)라 한다. 정기선운송(liner shipping)은 무역화물을 운송할 때에 정기선을 이용하는 것을 말하는데, 주로 완제품이나 반제품 등의 일반포장화물(general cargo)을 운송한다. 현재 포장화 되고 단위화 된 무역화물의 대부분은 정기선운송을 통해 이루어지고 있다.

정기선 운송의 특징은 다음과 같다.

첫째, 엄격한 운송계획에 따라 특정한 항로와 항만을 계속 반복해서 규칙적으로 운항하며,

둘째, 불특정 다수 화주의 소량화물, 여객, 우편물 등의 수송을 주요 대상으로 하고,

셋째, 예정되고 고정된 항로(route)에 따라 사전에 책정된 운임률(tariff)과 운항일정(schedule)으로 화물이 많든 적든 적하품이 있든 없든 취항한다.

특히 정기선은 평등한 서비스를 제공하고 있으며 주로 개품운송의 형태를 취하고 있다.

정기항로에는 해운동맹이 결성되어 운임 및 기타운항조건에 따라 정기선은 운송품의 다소에 상관없이 운송을 하므로 고정비용이 많이 소요되어 부정기선에 비하여 일반적으로 운임이 높다. 오늘날 유수한 선박회사들은 세계 각국의 항로에 정기선(liner)을 취항시키고 있다.

정기선에 선적되는 일반화물은 일반적으로 정량화물(clean cargo)과 조잡화물(rough cargo)로 분류된다. 정량화물은 포장이 잘 되고 그 내용물도 청결, 건조한 것으로서 다른 화물과 혼재 또는 접촉하여도 다른 화물을 손상시킬 우려가 없는 화물을 말하며, 조잡화물은 오염, 융해, 악취를 발산할 우려가 있는 화물로서 더러운 화물(dirty cargo),

먼지 나는 화물(dusty cargo), 냄새나는 화물(smelled cargo) 등이 이에 속한다.

(2) 부정기선(tramper) 운송

부정기선은 일정한 항로나 화주를 한정하지 않고 화물이 있을 때 마다 또는 선복의 수요가 있을 때마다 또는 화주가 요구하는 시기와 항로에 따라 화물을 불규칙적으로 운송하는 선박의 형태를 말한다. 정기선은 화물이 선박을 찾아오는 운송구조를 이루고 있는데 반해 부정기선(tramper)은 화주의 요청에 의하여 언제나 어떤 항로에서 화물이 있으면 선박이 화물을 찾아가는 운송구조를 이루고 있다.

부정기선을 이용할 때 화주는 운송업자와 용선계약(charter party)을 체결하는데, 용선계약에는 선복의 전부를 빌리는 전부용선계약(whole charter party)과 선복의 일부만을 빌리는 일부 용선계약(partial charter party)이 있다.

전부용선계약에는 항해용선계약과 정기용선계약으로 분류되며, 항해용선계약의 체결은 ①선복확보를 위한 조회 ➡ ② 선복확보를 위한 확정오퍼 ➡ ③ 반대오퍼와 수락 ➡ ④ 선복확약서 등의 절차로 진행된다.

① **선복을 위한 조회**(inquiry for ship's space) : 수출업자(송하인)가 수출품을 운송하는 선박을 수배할 때 흔히 해운중개업자 또는 용선중개인(charter broker)을 통하여 화물상태에 따른 적절한 선박 중개를 의뢰하면 중개인은 운임과 같은 용선조건을 선박회사에 조회하는데 이것을 조회(inquiry)라 한다.

② **선복을 위한 확정오퍼**(firm offer fir ship's space) : 수출업자(송하인)로부터 조회신청을 받은 선박회사는 화주가 요구하는 여러 가지 조건을 검토하여 조건에 합당하면 화주에게 구속력 있는 용선계약을 체결할 것을 신청하는데 이 신청서가 firm offer 이다.

③ **Counter offer와 수락** : 선박회사가 제시한 firm offer의 조건에 대하여 화주가 일부 수정 또는 변경하여 선박회사에게 다시 제시하거나(반대 청약) 그대로 수용하여 수락하는 절차를 취한다.

④ **선복확약서**(fixture note) : 선박회사가 제시한 신청서(firm offer)의 유효기간 내에 화주가 수락하거나 화주가 반대로 제의한 반대오퍼를 선박회사가 수락하면 용선계약이 성립되어 선복확약서를 작성한다.

선복확약서에 이어 작성되는 용선계약서(charter party : C/P)에는 당사자인 선박회사, 화주, 중개인이 각각 서명되어 있어야 하고 각자가 한 통씩 보관한다.

부정기선의 특징을 요약하면 다음과 같다.

첫째, 고정된 운항일정과 항로가 없으므로 항로의 자유선택이 가능하며,

둘째, 곡물, 광석, 원목, 비료와 같은 산화물(bulk cargo)과 일반원료공급을 주요대상으로 하고 있으며,

셋째, 운임이 그 당시의 수요와 공급에 의하여 선주와 화주 사이에 협의로 결정되는 특징이 있다. 계절적인 화물의 동태, 경기변동, 국제정세 등이 운임을 결정하는 요소가 되고 화주가 선박회사로부터 선복(ship's space)의 일부 또는 전부를 대절하는 계약(용선계약)으로 운송된다.

(3) 특수전용선운송

특수전용선운송은 광의로는 부정기운송의 일종이나 특수전용선에는 특정 종류의 화물의 운송에 적합한 특수한 시설이 갖추어져 있다. 특수전용선에는 수산물과 청과를 운송하는 냉동선(refrigerated ship), 유류를 수송하는 유조선(tanker), 곡물에 쓰이는 전용선, 목재전용선(log carrier, lumber carrier), 자동차수송전용선(car carrier) 등이 있다. 특수전용선은 그 대상 화물에 관한 한 일반화물선에 비해서 운송비용의 저하와 운송의 질적 향상을 가져온다.

2. 정기선운송

국제매매계약에서 수출입화물을 해상운송하기 위해서는 수출입화물을 적재할 선복(ship's space)을 확보하여야 한다. 개개의 화물의 종류와 수량에 따라 선복을 확보하기 위한 개품운송계약과 선박의 전부 또는 일부를 계약하는 용선운송계약으로 구분된다.

1) 개품운송계약

개품운송계약(contract of affreightment in a general ship)은 운송회사가 다수의 화주로부터 화물을 개별적으로 집화·인수하여 화물운송계약을 각 화주와 개별적으로 체결하는 것을 말한다. 운송회사는 여러 화주로부터 소량화물을 개별적으로 인수하여 선박에 혼적(混積)하게 되므로 주로 정기선을 이용한다.

개품운송의 운송계약은 소량의 화물을 운송하려는 화주가 다수인 관계로 송화인 또는 그 대리인이 운송회사 또는 그 대리점 등에 개별적으로 운송을 신청하여(shipping request) 운송인이 이것을 승낙함으로써 주로 불요식으로 운송계약(freight booking note 또는 fixture memo)이 성립되나 용선계약의 경우에는 용선계약서가 별도로 작성

된다. 이러한 운송계약의 증거로 선하증권(Bill of Lading : B/L)이 통상 발행된다.

2) 정기선의 운임

(1) 정기선운임의 구성

정기선 운임은 항로와 취항선박에 따라 기본적으로 적용되는 기본운임(basic rate)과 화물의 형상, 항만사정, 화물의 특수성, 항해 여건상의 사유 등에 따라 부과되는 할증료(surcharge) 및 기타 추가요금(additional charge)등으로 구성된다.

기본운임은 재래화물선(conventional ship), 컨테이너선(container ship), RO/RO선 (Roll on/ Roll off Vessel : RORO Vessel), LO/LO선(Lift on/Lift off Vessel : LO/LO Vessel) 등 취항선박과 항로 또는 화물의 특성, 운송코스트, 운임부담력, 화물의 종류, 재질 등에 따라 품목별로 차등 부과되는 기본요금이다. 최근에는 화물품목에 관계없이 '1컨테이너당 얼마'라는 식으로 책정하는 품목별 무차별운임(freight all kinds rate)이 보편화되고 있다.

할증료는 항로별로 기본운임의 몇 %로 정하거나 컨테이너 당 또는 톤당 일정액을 정하여 공시하는 형식이며, 일반화물보다 무거울 때 부과하는 중량할증운임(heavy life surcharge), 부피가 크거나 길이가 길 때는 용적 및 장척할증료(bulky/lengthy surcharge), 도착항의 항만사정이 선박으로 혼잡할 때는 체선할증료(demurrage surcharge), 선적시에 목적항을 2개로 정했다가 본선 출항 후 1개항을 도착항으로 선택할 때 적용하는 선택항할증료(optional surcharge) 등이 있다.

또한 통화의 환율변동에 따른 환차손을 하주에게 부담하는 통화할증료(CAF), 유류가격의 인상으로 발생하는 손실을 보전하려는 유류할증료(BAF)도 있다.

(2) 정기운임의 책정방법

운임은 화물의 모양, 성질 등에 따라 산정되며 그 기준은 일단 운송인에게 유리한 쪽으로 책정하는 특징이 있다. 부정기선 운임은 중량을 기준으로 하고, 정기선 운임은 운송인에게 중량기준이 유리하면 중량을 적용하고 부피(용적)가 유리하면 용적을 적용한다.

화물의 중량기준(weight basis)은 용적(부피)이 작지만 중량이 높은 화물, 예컨대 철강제품이나 화학제품 등은 중량을 기준으로 운임을 책정한다. 한편 중량을 Long Ton(2,240lbs=1,016kg), Short Ton(2,000lbs=907kg), Metric Ton(2,204lbs=1,000kg) 등 세 가지 톤 중에서 어느 것을 사용하느냐 하는 것은 선적지역이나 항구의 관행 또는 화물종류에 따라 각각 다르지만 실무상 Metric Ton이 보편화되어 있다.

화물의 부피를 기준(measurement basis)으로 운임을 책정하는 것은 부피가 큰 화물을 대상으로 하여 부피(용적)를 기준으로 Feet(cft), Cubic Meter(CBM) 단위로 한다.

화물의 포장명세서(Packing List : P/L)나 선적요청서(Shipping Request : S/R) 등에 W/M(Weight/ Measurement)이라고 표기되는데, 중량과 용적 중에 어느 쪽이든 높은(큰) 톤수가 운임산정의 기준이 된다.

보석이나 예술품, 희귀품과 같이 고가상품은 상품가격의 2~5%정도의 할증료를 추가하여 운임을 책정하는 종가운임(ad valorem freight)이 적용된다.

컨테이너 운송은 컨테이너 내부에 넣는 화물의 양(부피)에 상관없이 무조건 컨테이너 하나당 얼마라고 하는 박스 레이트(box rate)를 적용하여 운임체계를 단순화시키고 있다.

(3) 운임의 유형

해상운임은 지급시기에 따라 선불운임(freight prepaid, CIF 또는 CFR)과 후불운임(freight collect, FOB), 부과방법에 따라 종가운임, 최저운임(minimum all kinds rate) 및 무차별운임(freight all kinds rate), 운송인(선주)의 입장에서 선적과 하역비를 부담하는 Berth Terms(B/T), Free In and Out(FIO), Free In(FI), Free Out (FO) 등이 있다.

그 외에 하주가 계약한 수량보다 실제 적게 적재함으로써 사실상 선적을 하지 않고도 부담하게 되는 부적운임(不適運賃 : dead freight), 부두사용료(Wharfage), 터미널화물처리비(Terminal Handling Charge : THC), 중량할증운임(heavy lift surcharge), 체선할증료(port congestion surcharge), 유류할증료(Bunker Adjustment Factor : BAF), 통화할증료(Currency Adjustment Factor : CAF), local area에서 main port지역까지의 운송에 따른 port local freight, Demurrage charge(체선료), Detention charge[1](지체료) 등 다양한 명분으로 부과하는 운임이 있다.

3) 해운동맹

(1) 해운동맹의 개념

해운업이 독립산업으로 발전하면서부터 국제해상운송활동은 자유경쟁원칙에 기초하여 자유로운 영업활동을 할 수 있게 되었다. 이로 인해 정기선보다 부정기선이 유리한 입장에 놓이게 되어 그 영업권의 보호를 위하여 상호간의 경쟁을 조절하는 공동행위를

1) 하주가 허용된 시간(free time)이내에 반출해간 컨테이너를 지정된 선사의 CY로 반환하지 않을 경우 지불하는 비용을 말한다.

결성하기에 이르렀는데 이것이 오늘날에 있어서의 해운동맹의 발생원인이 되었다.

해운동맹(shipping conference)이란 특정항로에 취항하고 있는 두 개 이상의 정기선사가 상호 독립성을 유지하면서 대내적으로는 과당경쟁을 피하고, 대외적으로는 독점력을 강화하여 회원사 상호간의 경제적 지위를 향상·유지시킬 목적으로 운임, 적취량, 배선 등 주요 운송조건에 대하여 협정하고 이를 이행하려는 국제적인 해운 카르텔(cartel)을 의미한다.

동맹의 운임은 화물의 양에 관계없이 정기적으로 운항되는 정기선사에 의한 국제 카르텔이기 때문에 부정기선의 운임보다 일반적으로 높으며, 해운동맹은 일반적으로 운임에 중점을 두었기 때문에 운임동맹(freight conference)이라고도 하며, 또한 항로에 중점을 두었을 경우에는 항로동맹(navigation conference)이라고도 한다.

한편 이러한 해운동맹은 1875년 영국과 캘커타 해운동맹(United Kingdom/ Calcutta Shipping Conference)이 최초로 창설된 이후 영국을 중심으로 발전하게 되었으며, 오늘날에 와서는 극동/구주 항로, 극동/미태평양 항로, 극동/미대서양 및 걸프 항로, 극동/호주 항로 등 전세계에는 약 300여 개의 해운동맹이 있다.

(2) 해운동맹의 종류

일반적으로 해운동맹은 내부규칙상 가입·탈퇴에 대한 자유의 유무에 따라 미국식의 개방동맹과 영국식의 폐쇄동맹으로 분류할 수 있다.

미국식의 개방동맹(open conference)은 독립적인 폐쇄동맹의 불공정한 행위를 방지하기 위하여 탄생된 것인데, 이는 해운동맹의 내부규칙에 따라 선사는 누구나 자유롭게 신규로 가입할 수 있을 뿐만 아니라 탈퇴 또한 자유로운 동맹을 말한다. 특히 미국은 미국을 입출항하는 어느 선사라도 일정수준의 서비스능력만 갖추면 동맹가입의 자유를 보장할 뿐만 아니라 자유경쟁원칙을 주장하고 있어 해운동맹에 대한 부정적인 태도를 취하고 있다.

이에 반해 영국식의 폐쇄동맹(closed conference)은 새로운 회원이 가입함으로써 기존의 회원에게 이익을 가져올 수 없다면 가입을 인정하지 않을 뿐만 아니라 동맹규칙준수의 신뢰도, 선사의 능력 등과 같은 까다로운 조건으로 가입과 탈퇴가 엄격한 해운동맹을 말한다. 대표적인 동맹으로는 극동/유럽 간의 구주운임동맹(Far East Freight Conference : FEFC)[2]이 있다. 그러나 세계 정기선항로에 1984년 6월에 발효된 미국 신해운법에 의한 서비스향상의 노력과 무역환경의 급격한 변화로 인해 개방동맹은 더욱

2) Far East Freight Conference(FEFC)는 1879년 결성된 극동/유럽항로 간의 운임동맹으로서 동맹의 관할구역은 극동, 구주는 물론 홍해, 지중해지역을 포함하고 있다.

융통성 있게 변화되고 있으며, 폐쇄동맹도 이러한 무역환경변화에 맞춰 개방화 추세로 나가고 있는 실정이다.

(3) 해운동맹의 운영방법

해운동맹은 기본적으로 맹외선사(outsider)와의 경쟁에 초점을 두고 있지만 동맹선사(member liner) 상호간의 이익도모를 위한 협정과 화주를 구속 내지 유인책이기도 하다. 동맹선사 간에는 대내적으로 최저 운임률 및 공정 또는 표정운임표(tariff)에 대한 운임협정(Rate Agreement), 운임협정보다 강화된 경쟁방지수단인 적하 및 항해협정(Sailing Agreement),[3] 순운임수입을 미리 정한 배분율에 따라 배분하는 공동계산(Pooling Agreement),[4] 동맹선보다 운임이 낮은 맹외선의 축출을 위해 일정기간의 대항선 투입 등에 관한 맹외선 대책, 경쟁배제·경비절감 등의 목적으로 특정항로의 경영을 일시적으로 통합하는 협정인 공동운항(Joint Service) 등을 들 수 있다. 특히 해운동맹의 화주 유인책으로서 계약운임제(Contract Rate System),[5] 운임연환불제(Deferred Rebate System),[6] 성실환불제(Fidelity Rebate System)[7] 등이 있다.

(4) Waiver 발급

나라마다 외화를 취득하기 위하여 여러 가지 무역정책과 방법을 강구하고 있다. 그 중에서 해상운송과 관련하여 자국인의 고용을 높이고 외화를 취득하기 위해 자국의 수출입 상품은 자국적 선박을 이용하도록 의무화하는 경향이 있다. 우리나라 역시 수출입 화물은 우리나라 선박(국적선)을 이용하도록 하고 있다. 다만 우리나라 선박이 취항하지 않거나 선박이 부족할 때 또는 선적기간이 맞지 않는 등 부득이 한 경우에 한해서 대한선주협회로부터 Waiver(국적선불취항증명서)를 발급 받아 외국선박을 이용하도록 하고 있다.

---

3) Sailing Agreement란 선사별로 물량을 할당하고 초과분에 대해서 벌금을 부과할 뿐만 아니라 기항지의 제한, 화물의 적취량을 협정하는 것으로 운임협정보다 강화된 경쟁방지수단이다.

4) Pooling Agreement란 각 선사가 특정항로에서 일정기간 동안 벌어들인 운임에서 비용을 공제한 순운임수입을 미리 정한 배분율에 따라 배분하는 제도로서, 이 제도는 동맹선사간의 이해를 조화시키고 구속력을 강화, 집하경쟁의 격화를 방지할 수 있다.

5) 화주가 동맹선에 선적할 것을 계약하면 운임률이 낮은 계약운임률을 적용하는 특혜를 주어 화주를 유인하는 제도를 말한다

6) 일정기간 동맹선에 선적한 화주에 대하여 계속해서 동맹선에만 선적할 것을 조건으로 하여 그로부터 받은 운임의 일부를 환불해 주는 제도로서 화주를 구속하는 가장 가혹한 수단이다.

7) 일정기간 동안 계약화물 모두를 동맹선에만 선적한 화주에 대하여 거치기간 없이 동맹선사가 받은 운임의 일정비율을 통상 4개월이 지나면 환불하는 제도이다.

일반적으로 거래규모가 큰 부정기선 수입화물에 대하여 자국적 선박을 의무적으로 이용하도록 하고 있는 실정이다. 우리나라 수입화물의 경우 제철원료와 석탄류는 국적선 이용비율을 75%로 의무화하고 원유, 비료원료, 곡물류, 석유화학공업원료 및 액화가스류는 50%로 하고 있으나 무역자유화정책으로 점점 의무비율은 낮아지거나 폐지되고 있다.

매매계약에 의해 운송선박이 외국회사에 의해서 지정되는 거래(FOB로 수출하는 경우)일 경우 사전에 국적선이용의무 비율을 고려하여 사전에 대비할 필요가 있다.

3. 부정기선운송

1) 용선운송계약

용선운송계약(contract of carriage by charter party)은 송화인이 선박회사로부터 선복의 전부 또는 일부를 빌려 주로 곡물, 석탄, 원목, 광석 등과 같은 특수화물을 운송하는 부정기선의 계약이다. 개품운송계약과는 달리 서면의 용선운송계약서(Charter Party : C/P)를 작성하는데 이는 선박의 전부 또는 일부를 빌리는 전부용선운송계약(whole charter)과 일부용선운송계약(partial charter)으로 구분되고, 일정한 항해 또는 기간을 단위로 빌리는 항해용선계약(voyage charter, trip charter), 나용선운송계약(裸傭船運送契約, bareboat charter)과 정기용선(time charter)계약으로 구분된다.

항해용선계약은 선적항(1항 또는 여러항)으로부터 양륙항(1항 또는 여러 항)까지의 항해단위로 화물수송을 의뢰하려는 화주(용선자)와 선주(운항업자)사이에 체결되는 단독운송계약으로서 운임계산은 실제 선적량을 기준으로 하는 것이나 그 변형적 계약으로서 선복용선(lump-sum charter)[8)]과 일당용선(daily charter)[9)]이 있다.

나용선계약은 선박임대차(demise charter)계약의 일종으로서 선주가 선박 자체만을 일정기간 용선자에게 대여하고 임차인인 용선자가 선장 이하 전 선원의 임면·지휘·감독을 담당함으로써 선박을 점유하는 계약을 말한다. 이 계약은 당사자 간에 특별한 자

8) 선복용선(lump-sum charter) : 항해를 X항에서 Y항으로 특정하는 점에 있어서는 항해용선계약과 다를 바 없으나, 운임을 선적량에 따라 계산하지 않고 실제 선적량과는 관계없이 1항해에 대한 운임을 포괄적으로 약정하는 계약을 말한다. 따라서 이 선복운임(lump-sum freight)의 산정은 용적톤 또는 중량톤으로 표시된 적재능력에 대하여 일정한 운임률을 곱한 액수를 기준으로 하는 것이 보통이다.

9) 항로가 험준하여 1항해에 소요되는 일수를 미리 확정짓기 어려울 때에 선주의 손실을 방지하기 위하여 24시간을 계산단위로 체결되는 운송계약이다

금관계가 존재하거나 또는 선주가 용선자의 운항능력, 관리능력 및 경험 등에 대하여 믿을 수 있는 경우에 흔히 체결되는 계약이다. 근래에 우리나라는 외국 선박을 나용선해서 우리나라의 선원과 장비를 갖추어 다른 나라에 재용선(sub-charter)을 많이 하고 있는데 이는 국민의 고용력을 높이는데 크게 기여하고 있다.

정기용선계약은 선주가 선원을 승선시킨 상태로 감항능력이 있는 선박을 빌려주는 방법으로 용선자는 기업조직을 확대하지 아니하고 선박의 수급사정에 따라 용선하며, 용선료는 적재화물의 종류나 양에 관계없이 본선의 적재중량톤수에 대하여 지급하는 계약방식을 말한다.

개품운송계약과 용선운송계약의 일반적인 차이점을 정리해 보면 <표 7-1>과 같다.

| 표 7-1 | 개품운송계약과 용선운송계약의 비교

	개품운송계약	용선운송계약
형 태	선사는 다수의 화주로부터 위탁받은 개개화물의 운송을 인수한다.	선사는 특정의 송화인과 특약하여 선복을 빌려 주어 운송을 인수한다.
선 박	정기선(Liner)	부정기선(Tramper)
화 주	불특정 다수	특정 화주
운송화물	잡화와 같은 비교적 작은 화물	대량 화물(원유, 철광석, 석탄, 곡물 등)
계 약	선하증권(Bill of Lading : B/L)	용선계약서(Charter Party : C/P)
운 임 률	공시운임률(신고운임률)	수급관계에 의한 시세
*운임조건	Berth Term(Liner Term)	FI, FO, FIO

* 운임조건 : 해상운송계약을 체결할 때 선적비용과 양륙비용을 누가 부담하느냐, 즉 하역비용부담에 따라 Berth Term, FI, FO, FIO 등의 조건이 있다.
Berth Term : 선적비용·양륙비용 모두 선주가 부담
FIO(Free in & out) : 선적비용·양륙비용 모두 하주가 부담
FI(Free in) : 선적비용은 하주가 부담하나 양륙비용은 선주가 부담
FO(Free out) : 선적비용은 선주가 부담하나 양륙비용은 하주가 부담

2) 부정기선의 운임

부정기선의 운임은 운송대상화물의 많고 적음 또는 선복의 수급관계에 따라 결정된다. 즉, 화물은 많은데 선박(선복)이 부족하거나 전쟁 등에 기인한 대량물자수송이 불가능 하다면 운임이 높게 책정될 것이고, 화물은 적은데 선박(선복)이 넉넉하다면 운임은

낮게 책정될 것이다. 그리고 우회항로에 의한 선복의 여부나 기후이변이 발생하여도 운임책정에 영향을 미치게 되는데 부정기선의 운임종류는 다음과 같다.

(1) 선복운임(lump sum freight)

운임을 운송품의 개수, 중량 또는 용적을 기준으로 계산하지 않고 선복(ship's space) 또는 항해를 단위로 하여 포괄적으로 책정하는 계약을 선복계약이라고 하고 이 경우에 지급되는 운임을 선복운임(lump sum freight)이라 한다.

(2) 비율운임(pro rate freight)

비율운임은 선박이 항해 중 불가항력, 기타 원인에 의하여 항해의 계속이 불가능하게 되어 운송계약의 일부만을 이행하고 화물을 인도한 경우에 그때까지 운송한 비율에 따라 선주가 부과하는 운임을 말하며 항로상당액운임(distance freight) 이라고도 한다.

(3) spot운임

계약 직후 아주 짧은 기간 내에 선적이 개시될 수 있는 상황에서 선박에 대해 지불하는 운임을 spot운임이라 하고, 특정의 항로를 반복-연속하여 항해하는 경우에 약정한 연속항해의 전부에 대하여 적용하는 운임을 연속항해운임이라 한다. 반면에 장기운송계약 운임에 있어서는 '몇 년간에 몇 항차라든가, 몇 년간에 걸쳐 연간 몇 만톤' 이라는 계약을 체결할 때 적용하는 장기계약운임이라 한다.

(4) 부적운임(dead freight)

부적운임 또는 공적운임은 용선할 때 일정량의 운송화물을 계약하였는데 용선자(하주)가 그 계약수량 전부를 선적하지 못하였을 때 선적하지 않은 화물량에 대해 부담하는 운임으로 일종의 위약금이라 할 수 있다.

(5) 일대용선 운임장기계약 운임

본선이 계약 지정선적항에서 화물을 적재한 날로부터 기산하여 계약지정 양륙항까지 운송하여 화물을 인도 완료할 때까지의 운송사용일자를 기준으로 1일당 얼마로 용선료율을 정하여 부과하는 운임을 일대용선 운임(daily charter rate)이라 한다.

3) 선박의 정박기간(laydays, laytime)

정박기간(laydays, laytime)이라는 것은 용선계약에서 화주가 계약화물의 전량을 완전히 적하 또는 양하하기 위하여 본선을 선적항 또는 양륙항에 정박시킬 수 있는 기간을 말하는데, 이는 화물의 종류, 양륙지의 상황 및 관습 등을 고려하여 약정된다.

(1) 관습적 조속 하역(Customary Quick Dispatch: C.Q.D.)

일반적으로 C.Q.D. 조건이라고 약칭되며, 그 항구의 관습적 하역방법 및 하역능력에 따라 가능한 한 조속한 하역을 하는 것을 약정하는 것인데, 일정한 기간을 정하지 않는다. 불가항력에 의한 하역작업이 불가능한 날짜는 정박기간에서 제외되나 일요일과 공휴일을 하역일로 계산하는 문제와 야간 작업은 특약이 없는 한 그 항구의 관습에 따른다. 또 1일 하역능력의 기준 수량 등에 대하여 분쟁을 초래하는 경우가 종종 있으니 유의하여야 한다.

(2) Running Laydays

작업이 개시된 날로부터 끝날 때까지 선박의 경과일수로 보고 정박기간을 정하는 방법인데, 우천·파업 기타 불가항력 등에도 불구하고 모두 정박기간에 계산되며, 일요일과 공휴일도 특약이 없는 한 정박기간에 계산된다. 이 Running Laydays의 계산은 1일의 하역량으로 총 적재량을 나눈 일수로 표시되며, 1일 하역량은 대개 석탄 1일 몇 톤, 목재 1일 몇 B/M 등 1일의 표준 하역량이 표시된다.

(3) Weather Working Days(W.W.D.)

이것은 하역이 가능한 기후 하에서만 작업일로 정박기간을 정하는 방법으로 현재 가장 많이 사용되고 있다. 눈이나 비바람이 부는 날은 물론 계산되지 않으나, 화물에 따라서 어떤 기후 하에서 하역이 가능할 수도 불가능할 수도 있는 애매한 경우에는 선장과 화주의 협의로 어떤 날씨(weather)가 'workable weather'인가를 결정한다.

원래 일요일과 공휴일은 작업일이 아니므로 정박기간에서 제외된다. 특히 'Sundays and Holidays Excepted(even if used)' (SHEX)라고 기재된 경우에는 일요일과 공휴일에 작업을 하였어도 정박기간에 계산되지 않는다. 그러나 'Sundays and Holidays Excepted unless Used'라고 기재되면 일요일과 공휴일에 하역한 것은 정박기간에 계산된다.

W.W.D.의 정박기간 표시 방법은 Running Laydays와 마찬가지로 1일의 하역량을

얼마로 정하고 일정한 기간으로 기재된다. 하역이 끝나면 실제 사용한 정박일수를 기재한 Laydays Statement를 작성하여 선장과 화주가 서명하는데, 이 Statement에 의해서 약정했던 정박 기간 이내에 하역작업을 마치지 못하면 체선료[10](Demurrage charge)를 부담하여야 하고, 약정한 정박기일 만료 이전에 하역이 완료되면 그 단축된 시간에 대해서 선주가 화주에게 조출료(dispatch money)[11]를 지급한다.

| 표 7-2 | 정기선과 부정기선 운송의 비교

구 분	정기선(Liner)	부정기선(Tramper)
운항형태(Sailings)	규칙성·반복성	불규칙성
운송인(Carrier)	보통운송인(common carrier) 공중운송인(public carrier)	계약운송인(contract carrier) 전용운송인(private carrier)
화물(Cargo)	이종화물(heterogenity)	동종화물(homogenity)
화물가치(Value)	고가	저가
운송계약(Contract)	선하증권(Bill of Lading)	용선계약서(Charter Party)
운임(Freight rate)	동일운임(동일품목/상이한 화주), 운임표(tariff) 작성, 운임동맹	선박의 수요 및 공급에 의해 결정(자유운임)
서비스(Service)	화주의 요구에 따라 조정	수요 및 공급에 의해 결정
선박(Ship)	고가, 구조 복잡	저가, 구조 단순(벌크선)
조직(Organization)	대형조직(본사 및 해외점소)	소형조직
화물집하	영업부직원(salesman or solicitor)	중개인(ship (cargo) broker)
여객(Passenger)	제한적으로 취급(car-ferry)	전혀 취급하지 않음

10) 화주가 약정한 본선의 정박기간 내에 선적 또는 하역이 완료되지 않아 이들이 완료될 때까지 약정기간 이상 본선을 정박하게 할 경우에 화주가 선박회사에 지불하는 요금을 말한다. 이 체선요율은 미리 결정하여 용선계약서에 기재한다. 이 요금은 예정 이상의 정박으로부터 발생하는 선박경비, 항비, 기타 경비의 증액 또는 다음 항해 준비의 지장으로부터 발생하는 손실의 보상 등을 내용으로 한다.

11) 선박이 특정항구에 입항하여 계약된 정박기간보다 빨리 하역작업을 끝내면 선박회사측이 화주측에 지급하게 되는 일종의 장려금으로 체선료(demurrage charge)에 반대되는 개념이며, 또 같은 기간이었으면 조출료는 체선료의 1/2밖에 되지 않는다.

제 2 절 해상운송절차와 선하증권

1. 해상운송절차

1) 해상운송절차의 개요

수출업자는 약정된 기일 이내에 선적을 하기 위해 운송회사와 접촉하기에 앞서 다음 사항을 기본적으로 이해하고 있어야 한다.

첫째, CIF(또는 CFR) 가격조건일 때는 매도인이 선박수배를 하여야 하고, FOB 가격조건일 때는 매수인이 선박을 수배할 의무가 있다. 상품의 수량·종류에 따라 운송 선박이 다르므로 일반 완제품, 기계류 등과 같이 포장된 개품은 일반 잡화선 또는 컨테이너 전용선을 수배하고 쌀, 옥수수, 밀 등의 곡물이나 광석, 석탄 등의 산화물(bulk cargo)은 곡물, 광석류 운반 전용선을 수배해야 한다.

둘째, 운임은 통상해당물의 중량과 용적을 비교하여 많이 산출되는 톤수를 운임의 기준으로 삼고(이를 revenue ton이라고 함) 있으므로 정기선(liner)과 부정기선(tramper)에 대한 운임율 그리고 운임동맹가맹 선사들의 운임적용 기준과 화물별 운임율, 통상 기본요금과 제할증료(CAF, BAF) 및 취급수수료(THC), 공과금 등을 파악하여 하주가 지불하는 총운임이 얼마인지를 미리 산출해야 한다. 정기선이 취항하지 않는 지역으로 화물을 보내고자 할 때에는 일반 잡화의 경우보다 충분한 사전기간을 두고 선박회사와 접촉을 시작해야 한다. 정기선은 선적일자(L/C상의 shipment date) 기준 약 2주전에 그리고 부정기선은 가급적 1~2개월 전 부터 선박을 물색하기 시작하여야 유리한 입장에서 선박을 수배할 수 있다.

셋째, 정기선은 별도로 운송계약서를 작성하는 것이 아니고 선박회사에서 정형화된 양식인 선하증권을 발급함으로써 운송계약에 갈음하고 있으므로 선하증권 뒷면에 인쇄되어 있는 당사자 간의 권리·의무약관 내용을 정확히 숙지할 필요가 있다. 그러나 부정기선은 용선계약서(charter party)가 작성되고, 이에 의거 선하증권이 별도로 발급된다. 그러므로 화물수량의 표시, 선적일시, 하역일시, 체선료 또는 조출료 관계에 대한 당사자 사이의 충분한 합의를 거쳐 계약서를 작성하여야 후일의 분쟁을 피할 수 있다. 가급적 전문가나 경험자의 조언을 받는 것이 좋다.

2) 선적절차

국제운송의 대상이 되는 화물이 포장을 할 수 없는 산화물(Bulk Cargo)이냐 또는 일반포장화물을 넣은 컨테이너 화물이냐에 따라 선적절차는 약간의 차이가 있다. 통상적으로 혼재화물이나 일반화물(개품)의 선적은 다음과 같은 과정으로 이루어진다.

수출자(shipper) 또는 그 대리인이 수출통관 신고와 동시에 선박회사(또는 대리점)에게 선적요청서(S/R)를 제출하고, 선박회사(운송인)은 이를 승낙 또는 인수하면 수출자에게 운송계약예약서(Freight booking notice)를 교부 한다.

정기선에 선적하는 일반화물의 대부분이 소량화물이기 때문에 본선적재비용과 선박의 도착항(목적지)에서 하역비를 운임에 포함하여 운송비를 지급하나 부정기선에 선적하는 산재화물은 수출자 또는 수입자와 운송인이 부두에 장치하고 전용시설을 고려[12] 하여 직접 선적 또는 하역할 수 있어 운송비를 선적비용, 순수운송비, 하역비용 등 3가지로 각각 분류해서 자신에게 유리한 운송비로 약정할 수 있다.

선적대상물품(수출화물)이 보세지역으로 반입되어 세관으로부터 수출신고필증을 교부받은 다음 선박회사의 지정장소에서 세관의 검수인(tally-men)에 의한 화물의 실체에 대한 점검과 함께 화물개수의 확인 및 손상유무에 대한 선박회사 소속점검자(measurer or weighter)로부터 검척-검량을 받아 화물의 용적 또는 중량표에 의거 운임을 책정하게 된다. 통관사나 운송업자는 수출자를 대리하여 화물검수에 입회한다.

화물이 본선에 반입되면 선박운항책임자인 일등항해사가 선장을 대리하여 선박회사가 선장 앞으로 발급한 선적지시서(shipping order : S/O)와 화물을 대조하면서 화물을 수취한 다음 선창내에 정리정돈 하는 식으로 적재한다. 그리고 일등항해사는 화물수취증거로 본선수취증(Mate's Receipt : M/R)을 수출회사에게 발급해 준다.

만약 선적화물 중 일부가 부족하거나 손상을 입었다면 그러한 내용이 본선수취증의 비고란(Remarks)에 기재되고, 아무런 하자 없이 적재되었다면 비고란에 아무런 언급이 없이 발급되는데 이는 사고선하증권(Foul B/L or Dirty B/L) 또는 무사고선하증권(Clean B/L)을 발급하는 기준이 된다. 본선수취증 비고란에 하자표기가 있다면 수출자는 화물보상장(Letter of Indemnity : L/I)을 운송회사에 제시하고 무사고선하증권을 발급받아야 서류매입은행(네고은행)에서 수출대금을 정상적으로 수령할 수 있다.

12) Berth Terms, FIO, FI, FO 중에서 선택하여 결정

수출통관[13] ⇒ Shipping Request(S/R)발행하여 운송회사에 제출 ⇒ 운송계약예약서 수령 ⇒ 내륙운송 ⇒ 수출신고필증 제시[14] ⇒ 화물검수 ⇒ Shipping Order(S/O)에 의한 본선수취증(M/R) 수령 ⇒ Shipped B/L 발급 ⇒ 선적통지[15]

그러나 산재화물의 수출통관이나 내륙운송을 하는 것 등은 일반화물의 정기운송과 비슷하지만, 대부분의 산재화물은 부정기선(tramper)을 이용해 수출물품을 운송하게 되며, M/R(Mate's Receipt) 대신에 부두인수증(D/R : Dock Receipt)[16] 또는 Received B/L을 발급 받은 후에 다시 무사고선하증권을 발급받는 과정을 밟는다.

운송회사는 물품을 본선에 적재완료하기 이전이기 때문에 수출상을 상대로 Shipped B/L이 아닌 단순히 물품을 인도받았다는 사실을 확인하는 Received B/L을 발급하게 된다. 이러한 Received B/L은 매입서류로서의 기능이 없으므로 물품이 본선에 적재완료된 후 On Board B/L을 발급받아 은행에 제시하게 된다.

3) 하역절차

수입자는 수출자로부터 선적통지를 받으면 선박회사나 그 대리점에 조회(문의)하여 본선의 입항일시를 확인하여야 한다. 운송회사도 선박이 수입지항구에 도착하면 선하증권에 기재되어 있는 착하통지처(Notify party : 대부분 수입자)에 본선도착을 통고하고 하물인수를 요청한다. 항구의 통관관행과 하역시설에 따라 수입자는 본선이 부두에 접안하거나 부두에서 일정한 거리밖에 정박하는 경우에는 부선에 이적된 후 일정한 시간이내에 해당항구 항만청에 적하목록이나 필요한 서류를 첨부한 입항계(ship entry)를 제출하고 수입통관절차를 이행하여야 한다.

수입자는 은행에 관련서류를 정리하면서 세관에 수입신고를 하고 화물인수절차를 밟는다. 선하증권이 지시식이면 최종 수하인이 배서를 한 다음 선하증권을 선박회사에 제출하고 화물인도지시서[17](Delivery order : D/O)를 발급받아 이를 제시하고 화물을 인수한다.

---

13) 선적을 하기 전 통관절차를 밟는 게 원칙이나 일반적으로 선적과 통관이 동시에 이루어지는 경우가 많다.

14) 수출물품이 선적항에 도착하면 선박회사에 수출신고필증을 제시하고, 선박회사는 수출신고필증의 진위 여부를 확인한 후, 수출물품을 인도 받게 된다.

15) 선적이 완료되면 수출상은 이를 즉시 수입상에게 통보함과 동시에 선하증권의 사본을 수입상에게 보낸다.

16) 컨테이너 화물이나 산재화물의 경우, 본선에 적재를 하기 이전 부두에서 물품을 인도받는 게 일반적이기 때문에 M/R(본선수취증)이 아닌 부두인수증을 발급한다.

17) 선주 또는 이를 대리하는 책임자가 본선 선장 또는 화물소재지의 현장책임자 앞으로 작성하는 문서로서 이 서류를 제시하는 자에게 기재화물을 인도하라는 문서이다.

본 선 수 취 증

Mate's Receipt

H S K

HANSEATISCHES SEEFRACHTENKONTOR G.M.B.H. HAMBURG

Durchwahi Nr. 334/336 13. June 2015.

GOODS RECEIPT

Received in apparent good order and condition on board
the MV "BORCHNUNG" the under mentioned goods for shipment
from Hamburg to Instanbul.
Received from Firma Kunzchemie, Hamburg

K.C.H.
Istanbul
1/20 20 drums Potassium Ferricyanide 1100 kos

Hochachtungsvoll
Hanseatisches Seefrachtenkontor
G. m. b. H.

P. Strauss

파 손 화 물 보 상 장

LETTER OF INDEMNITY

20 .

s. s./M.V. Voy. NO. Sailed

Dear Sirs

In consideration of ① your handing us clean Bill of Lading for our shipment by the above vessel as described below the mate's receipt at which bears the following clause :

We hereby undertake and agree to pay on demand any claim that may thus arise on the said shipment and/or the cost of any consequent reconditioning and generally to indemnity ② yourselves and/or agents and/or the owners of the said vessel against all consequences that may arise from your action.

Further, should any claim arise in respect of this goods, we hereby authorize you and/or agents and/or owners of the vessel to disclose this Letter of Indemnity to the underwriters concerned.

Yours faithfully.

Bs/L. No.

Marks & Nos.	No. of Pkgs	Description	Destination

※ 선적화물에 하자가 있음에도 불구하고 무사고선적서류를 발행받고자 할 때에 송화인이 발행하며 운송회사에 차입함.

인 도 지 시 서

DELIVERY ORDER

No. 107

4th July 2015.

To The Superintendent of London Warehouses Ltd.

PLEASE DELIVER TO Alexander Productions or Order

the undermentioned Goods,

ex Ship Mustansir Rotation No. 6640L

Charges to be paid by consignee

Marks and Numbers	Quantity	Description
M M M M M M	One case SPECIMEN	Photographic spools

Per pro

NATIONAL WESTMINSTER BANK LIMITED

Chesil Beach

Office or Branch
Manager

2. 선하증권

1) 선하증권의 의의

선하증권이란 화주와 운송회사 사이에 해상운송계약에 의하여 운송회사가 운송물을 수령 또는 선적한 후 발행하는 유가증권[18]이다. 운송회사가 화주로부터 의뢰 받은 운송화물을 선박에 적재 또는 선적을 위하여 그 화물을 수령한 사실을 증명하고 이것을 도착지에서 일정한 조건하에 수화인 또는 그 지시인에게 인도할 것을 약정한 유가증권이다. 따라서, 선하증권의 문면에 기재된 물품의 권리를 나타내는 물권증권이라 할 수 있으므로 선하증권의 이전은 소유권(property, ownership)을 이전하는 것과 같아 선하증권을 소유하는 것은 물품을 소유한 것과 같다.

화주는 물품을 인수받기 위해서는 선하증권을 제시하여야 하며, 물품의 처분은 선하증권에 의하여만 가능하다. 한편, 선하증권의 적법한 소지인은 그것과 상환하여 그 증권상에 기재된 물품의 인도를 청구할 수 있고, 배서에 의하여 누구에게나 매도하거나 양도할 수 있으므로 채권적 성격과 유통증권의 성격을 가지고 있다.

2) 선하증권의 성질

선하증권은 법률상 요인증권, 요식증권, 문언증권, 유통증권, 처분증권, 상환증권 등의 성질을 자지고 있다.

(1) 요인증권

선하증권은 운송계약에 선박회사가 운송화물을 수령·선적하였다는 전제(원인)하에 선하증권을 발급하기 때문에 요인증권이다. 어음이나 수표와는 달리 운송계약이라는 전제하에 화물이 운송물로서 수령하였다고 하는 원인이 있어야 한다. 따라서 운송화물을 수령 또는 선적하지 아니하고 이러한 원인 없이 발행한 선하증권은 무효이다.

B/L은 실제로 도난, 연착 또는 분실 등에 대비하기 위하여 동시에 2통 이상을 한 조(one set)로 하여 발행된다. 우리나라 상법에는 이중 한 통의 소지자가 양륙항에서 화물인도를 요구하여도 선장은 그 인도를 거부하지 못한다고 규정하고 있다. 그러나 B/L 한 통과 상환으로 화물이 인도되면 나머지 B/L은 무효가 된다는 문언이 기재되어 있다.

---

18) 유가증권이란 재산적 가치가 있는 재산권을 표창하는 증권으로서 그 권리의 발생·행사·이전에 있어서 증권의 소지를 필요로 하는 것으로 창고증권과 화물상환증이 있다.

(2) 요식증권

선하증권은 선박의 명칭, 국적, 톤수, 운송물의 종류, 개수, 기호 및 기타를 기재하고 발행자가 기명·날인하는 법정의 형식(상법 제814조)을 요하는 요식증권[19]이다. 따라서 부실기재의 선하증권을 소지하는 자는 정당한 운송화물의 청구권자가 될 수 없다.

(3) 유통증권

선하증권은 화물을 대표하는 유가증권으로 배서 또는 인도에 의해 소유권이 이전되는 유통증권이다. 따라서 증권을 선의로 유상으로 취득한 자는 양도의 권리에 하자가 있어도 완전히 권리를 취득할 수 있다.

(4) 처분증권

선하증권은 운송화물을 대표하는 대표증권이고 소지인이 선박회사에 화물의 인도를 청구할 수 있는 채권증권이며, 운송화물에 관한 처분은 반드시 선하증권을 사용해야 하는 처분증권이다.

(5) 상환증권

증권과 상환하지 않고는 채무의 이행을 할 필요가 없는 증권을 말한다. 상법 제129조는 증권과 상환하지 않으면 운송물의 인도를 청구할 수 없다고 규정하고 있다.

(6) 문언증권

선하증권을 작성한 경우 운송에 관한 사항 중 선박회사와 증권소지인에 관한 사항은 선하증권에 기재한 바에 의하는 문언증권이다. 따라서 증권상에 기재되지 않은 사항을 가지고 선의의 취득자에 대하여 대항할 수 없다.

3) 선하증권의 종류

선하증권은 선장 또는 선주의 대리인으로서 정당한 권한을 부여받은 자가 서명한 화물수취증(receipt of goods)으로서 송하인과 운송인(선주)사이에서 협정된 운송계약을 나

19) 상법 제814조에 의하면 선하증권에는 헤이그규칙에 따라 화물명세와 선박의 명칭, 화물의 외관상태, 화물의 송하인과 수하인, 선적항과 양륙항, 운임, 발행일자, B/L의 발행통수 등 필수기재사항(11가지)을 기재하고 운송인이 기명·날인하도록 규정하고 있다.

타내는 증거서류이다. 따라서 선하증권에 기재된 물건을 화체하는 권리증권(document of title)으로서 선하증권을 소지한 자는 증권에 기재된 물건을 임으로 처분할 수 있다.

이러한 특성을 지닌 선하증권의 종류는 다음과 같이 다양하게 구분되고 있다.

(1) 선하증권 양식에 따라

① 정식선하증권

선하증권(Bill of Lading : B/L)의 앞뒤 양면에 화주와 운송인의 책임과 의무에 대한 권리규정(약관)이 기입되어 있는 정식선하증권(Long Form B/L)과 약관이 없는 약식선하증권(Short Form B/L)으로 구분된다.

② 약식선하증권

약식선하증권은 문언기록상의 번거로움을 피하기 위해 B/L 뒷면에 약관기재를 생략하고 앞면에 꼭 필요한 내용만 기입한 것을 말하며, 분쟁이 발생할 경우에는 Long Form B/L에 따른다고 명시하면 은행에서 정상적으로 수리될 수 있다.

(2) 선적여부에 따라

① 선적선하증권

선하증권은 운송인이 운송화물을 본선에 선적여부에 분류하는 방식으로 화물을 본선에 선적완료한 후에 발행되는 증권을 선적선하증권(Shipped B/L 또는 On-Board B/L)이라 하고, 단지 선적을 위해 화물을 수령했다는 사실을 입증하기 위해 발행되는 것을 수취선하증권(Received B/L)이라 한다. On Board나 Shipment라고 하면 미국에서는 선박·기차·자동차 등에 적재한다는 뜻으로 해석되기도 하지만, 영국에서는 반드시 선박(vessel)에 적재한다는 뜻으로 그 의미를 분명히 하고 있다.

② 수취선하증권

수취선하증권(received B/L)은 화물을 선적할 선박이 화물을 적재하기 위하여 항구내에 정박 중이거나 아직 입항하지는 않았으나 선박이 지정된 경우에는 선박회사가 화물을 수령하고 부두창고에 입고한 후 선적 전에 발행하는 선하증권이다. received B/L에 On Board Notation[20]가 있으면 선적선하증권과 동일한 효력을 가지게 된다.

---

20) 이것은 선박회사가 수취선하증권을 발행한 후 그 화물을 실제로 선적하였을 때에는 B/L 뒷면에 '화물이 몇 월 며칠 본선에 적재되었음을 증명함(We certify shipment has been loaded on board, date)'이라는 문언을 기재하고 책임자가 이에 서명한다. 이와 같이 수취 후 선적하

(3) 하자표시 유무에 따라

① 무고장선하증권

선적 당시 화물이 손상되었다거나 모자란다거나 어떤 결함 또는 이상이 없을 경우 B/L의 비고란에 아무것도 기재되지 않고 증권에 "shipped on board in apparent good order and condition"이라고 표시되어 발행되는 증권을 무고장선하증권(Clean B/L)이라 한다.

② 고장선하증권

선적 당시 화물의 포장상태나 수량 등에 어떤 결함 또는 이상이 있을 경우 이러한 사실이 본선수취증(M/R) 비고란에 기재되어 있는 경우에는 고장선하증권(Dirty B/L 또는 Foul B/L)이 발행된다.

신용장조건으로 특별히 허용하고 있는 경우를 제외하고 은행은 고장선하증권을 수리할 수 없으므로 화물송하인은 무고장선하증권을 발급받기 위해 신속하게 사전조치를 하여야 한다. 만약 완전한 화물과 교환이 어렵거나 시간적 여유가 없으면 파손화물보상장(Letter of Indemnity: L/I) 을 선박회사에 제공하여 선하증권의 비고란에서 사고문언을 없애도록 요구하여 Clean B/L을 발급 받도록 해야 한다. 선박회사는 이 L/I만 있으면 파손화물에 대해서 책임을 지지 않으며 보험회사도 역시 책임을 지지 않고 L/I를 발급한 화주가 책임을 진다.

(4) 수화주 표시에 따라

① 기명식 선하증권

B/L의 Consignee(수하인)란에 수하인의 이름이 기재되면 기명식 선하증권(Straight B/L)이라 하고, Consignee란에 송하인의 지시인(Order of Shipper = Order)이나 발행은행으로 표시되어 있으면 지시식 선하증권(Order B/L)이라 한다. 그리고 B/L의 Consignee란에 'Bearer'로 기입되어 있으면 소지인식 선하증권(Bearer B/L)이라 하나 운송물에 대한 확실한 담보확보를 위해 거의 사용되지 않고 있는 실정이다.

기명식 선하증권은 화물을 특정인에게 인도하라는 뜻이 기재된 선하증권이므로 원칙적으로 양도가 불가능하기 때문에 무역화물에는 거의 이용하지 않고 이삿짐 또는 개인의 물품을 반송하는 경우에 많이 이용되고 있는 실정이다.

였다는 취지를 기재한 선적표시(on board notation, on board endorsement)가 있는 것을 선적(배서)선하증권〔on board notation(endorsement) B/L〕이라고 하여 실질적으로 선적선하증권과 동일한 효력을 가진다.

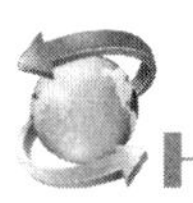

② **지시식 선하증권**

지시식 선하증권(order B/L)은 수하인란에 특정인을 기입하지 않고 단순히 “order” (to order) 또는 “order of shipper”, “order of ××× bank”로 하여 발행되는 것으로 송하인은 화환취결시 B/L에 백지배서를 하여 은행에 인도함으로써 운송화물의 소유권이 은행으로 이전된다. 즉 수출업자는 이면에 백지배서만 하면 이 증권의 소지자가 그 화물에 대한 소유권을 갖게 된다.[21]

③ **소지인식 선하증권**

소지인식 선하증권(bearer B/L)이란 수하인란에 “bearer” 또는 “to bearer”로 기재되어 있거나 공란(blank)인 경우의 선하증권을 말한다. 소지인식 또는 무기명식 선하증권의 경우 선하증권을 소지하고 있으면 누구라도 수하인이 될 수 있다. 그리고 당해 선하증권은 단순히 선하증권을 타인에게 교부함으로 선하증권의 양도가 이루어진다.

(5) 운송구간에 따라

국내 영해를 벗어나 국내의 항구와 외국의 항구사이의 해양운송에 대해 발행되는 운송증권을 해양선하증권(Ocean/Marine B/L)이라 하고, 국내 연안운송에 대해 발행되는 운송증권을 연안선하증권(Local/Domestic B/L)이라 한다. 신용장에서 해양선하증권을 요구하고 있는 조건에서 복합선하증권을 제시하면 수리거절 된다.

(6) 발행인에 따라

운송업을 전문으로 하고 있는 운송회사(Shipping Company)가 운송중개인인 포워더(Forwarder)에게 발행한 운송증권을 Master B/L 또는 Carrier B/L이라 하고, 포워더가 화주에게 발행하는 운송증권을 포워더 선하증권(Forwarder B/L 또는 House B/L)이라 한다.

Forwarder's B/L은 자체 운송수단을 소유하지 않고 운송업에 종사하는 운송주선업자가 발행하는 운송서류이다. 운송주선업자(Forwarder)는 주로 Container Freight Station(CFS)에서 화주로부터 LCL화물을 받은 후 목적지까지 화물을 운송해주겠다는 Forwarder's B/L(흔히 House B/L로 부른다)을 자신의 이름으로 화주에게 발급해주

21) 선하증권 발행 없이 해상으로 운송되는 화물의 소유권은 운송 중에는 송하인에게 있으나 목적지에 도착한 다음에는 송하인과 수하인이 동일한 권리를 가지며, 도착 후 수하인이 화물의 인도를 청구한 때에는 수하인의 권리가 송하인에 우선한다. 대법원 2003.10.23.선고 2001다72296판결[손해배상]내용 참조

고, 화물의 도착지역과 도착일이 같은 FCL화물로 정리하여 본선에 적재한 후 다시 일괄적으로 운송계약을 체결하고 Master B/L을 발급 받는다.

따라서 대부분의 운송주선업자는 소자본을 가진 영세업자로서 운송사고가 발생할 경우 운송책임에 한계가 있어 이들이 발행하는 Forwarder's B/L은 화물에 대한 담보가 확보되지 않아 은행은 이러한 운송서류를 수리하지 않는다. 다만 운송주선업자가 자신이 선박을 소유하고 운송업을 하는 운송업자나 일정한 자격을 갖춘 복합운송자가 발행한 Forwarder's B/L은 예외적으로 수리될 수도 있다.

(7) 기타 선하증권

① 통과선하증권

통과선하증권(through B/L)이란 운송화물을 목적지까지 운송하는데 선주가 다른 선박을 이용하는 경우나 육운과 해운을 이용하여 운송할 경우 최초의 운송업자가 전 구간에 대하여 일괄 운송책임 지는 것으로 발행하는 선하증권을 말한다.

② 복합운송선하증권

복합운송선하증권(combined transport B/L)이란 수출국의 화물인수장소로부터 수입국의 인도장소까지 육상·해상·항공 중 적어도 두 가지의 다른 운송방법에 의해 협동일괄수송(intermodal transportation) 되는 경우에 발행되는 선하증권이다. 그리고 이는 종래의 운송방식과는 달리 'Door to Door Transportation'을 본질로 하는 컨테이너 화물에 사용된다.

③ 적색선하증권

적색선하증권(red B/L)은 보통의 선하증권과 보험증권을 결합시킨 것으로서 이 증권에 기재된 화물이 항해 중에 사고가 발생하면 이 사고에 대하여 선박회사가 보상해 주는 선하증권이다. 이 경우 선박회사는 모든 Red B/L 발행분을 일괄부보하게 되므로 손해부담은 보험회사가 진다. 그러나 운임에 보험료가 추가되므로 결과적으로 보험료도 송화인이 부담하게 된다. 선하증권에 부보 내용을 표시하는 문언이 붉은 색으로 되어 있기 때문에 Red B/L이란 이름이 붙게 된 것이다. 이 선하증권은 원래 보험에 대한 인식이 낮았던 시대에 동남아의 여러 항구에서 구미 제국의 선주들에 의해 이용되었으나, 보험제도가 널리 보급되어 있는 오늘날에는 거의 이용되고 있지 않다.

④ 환적선하증권

환적선하증권(transshipment B/L)이란 운송경로의 표시에 있어 도중의 환적을 증권면에 기재한 선하증권을 말한다. 환적은 화물의 손상을 초래케 하고 지연도착의 원인이 될 뿐만 아니라 환적비용이 발생할 우려가 있기 때문에 신용장면에 Transshipment Prohibited라는 문언을 기재하여 환적을 금지하고 있다.

⑤ 기한경과선하증권

기한경과선하증권(stale B/L)이란 화물을 선적 후 정당하다고 인정되는 기간(발행 후 3주)이 경과한 후에 은행에 제시된 선하증권은 서류가 상했다(stale)고 하여 부르는 선적서류를 말한다. 은행은 B/L발급일로부터 21일이 경과한 경우에는 선적서류보다 화물이 먼저 도착하여, 수입상이 은행으로부터 L/G(수입화물선취보증서)를 발급받아 운송회사에 제시하고 통관절차를 밟아야 하는 등 여러 가지 불이익을 당할 우려가 있으므로 수입상 보호측면에서 이러한 규정을 둔 것이다. 그러나 BWT수입이 L/C방식으로 변형되는 등 수입상이 자금 부담을 완화할 목적으로나 또는 수출상이 선적 후 자국화폐의 평가절하(환율인상)로 받게 되는 환차익을 위해 고의로 지체선하증권을 원하게 되는 경우가 있는데 이때는 L/C상에 “Stale B/L is acceptable”이라는 문구를 넣어야 은행에서 수리될 수 있다.

화물선취보증서(L/G : letter of guarantee)란 수입화물이 수입지에 이미 도착되었음에도 불구하고 운송서류가 도착되지 않아 화물의 인수가 불가능할 때 동 화물의 인수가 가능하도록 화물에 대한 모든 책임을 은행이 보증한다는 화물에 대한 선취보증서를 말한다. 본선이 입항하고 화물이 양륙되었음에도 불구하고 환어음 및 운송서류가 수입지 은행에 도착하지 않는 경우가 가끔 있다. 이와 같은 경우에 있어서도 선하증권과 상환하지 않고서는 화물을 수취할 수 없다고 한다면 수입상은 화물을 목전에 두고도 인수하지 못하여 전매할 기회를 놓칠 우려가 있다. 이러한 문제를 해결하기 위해서 외국환은행의 보증서를 선박회사에 제출하고 선하증권이 없더라도 본선으로부터 화물을 수취할 수 있는 편법이 국제적으로 인정된 제도가 Stale B/L이다. 수입자는 은행으로부터 L/G를 발급받아 선박회사에 제출하면 선박회사에서는 이와 상환하여 화물인도지시서(delivery order : D/O)를 하주에게 교부하게 되고, 하주는 동 지시서에 의거 본선 또는 창고로부터 화물을 인수하게 된다.

따라서 L/G의 내용으로는 첫째, 선하증권이 도착하면 지체 없이 선박회사에 제출할 것을 명시하여야 하며, 둘째, L/G에 의하여 인도된 화물에 대하여 발생되는 모든 손해는 하주 및 보증은행이 책임을 진다는 내용, 셋째, 양육지 지급운임 및 기타비용과 선적지에 있어서의 미납운임 및 비용 등 일체를 지급할 것을 명시하는 내용이 있어야 한다.

⑥ 유통선하증권과 유통불능선하증권

운송회사가 발행한 선하증권 중에서 은행 등에 제시하여 유통될 수 있는 증권을 유통선하증권(Negotiable B/L)이라 하고, 그 외의 증권을 유통불능선하증권(Non-Negotiable B/L)이라 한다.

⑦ 전자식 선하증권(Electronic Bill of Lading)

전자식 선하증권은 오랜 기간 동안 무역거래에서 주종을 이루었던 종이 선하증권(Paper B/L)의 문제점과 이를 보완하기 위하여 유럽 일부지역에서 사용되는 비유통성 해상운송장(non-negotiable sea waybill)의 문제점을 극복하기 위해 사용되었다.

기존의 선하증권은 화물상환증권이므로 선하증권을 소지하지 않고서는 선박회사에 화물을 청구할 수 없으므로 L/G라는 편법이 나타났으며, 비유통성 해상운송장은 매우 제한적인 거래에서만 사용될 뿐 아니라 선하증권과 비교하여 수하인의 지위가 불확실하고 운송중의 물품전매가 이루어지는 거래에 있어서는 사용될 수 없었다.

따라서 권리증권의 기능을 하면서 서류를 신속하게 수하인에게 인도할 수 있는 방법에 기인하여 개발된 것이 전자식 선하증권이다.

❙ 표 7-3 ❙ 항공화물운송장과 선하증권의 차이

항공화물운송장(Air Waybill)	선하증권(Bill of Lading)
유가증권이 아닌 단순한 화물운송장	유가증권
비유통성(Non-Negotiable)	유통성(Negotiable)
기명식	지시식(무기명식)
수취식(창고에서 수취하고 AWB발행)	선적식(화물은 본선에 선적후 B/L발행)
수려증권(受戾證券)이 아님	수려증권(受戾證券)
송하인이 작성	선박회사(운송인)가 작성

4) 선하증권에 관한 국제규칙

산업혁명 이후 국제무역이 증가하면서 화물을 해상으로 운송하는 과정에서 운송당사자들은 화주와 운송인 사이에 발생하는 비용 및 위험에 대한 의무를 확실하게 규정하는 국제통일규칙을 제정하여야 한다는 인식을 하게 되었다. 그 결과 주로 운송인의 입장에서 운송인의 의무, 면책조항, 손해배상 등 운송인의 상품운송체계에 관한 내용을 규정하는 통일규칙이 1924년 헤이그규칙(Hague Rules)이다.

(1) 헤이그 규칙(Hague Rules, 1924)

1921년 헤이그에서 개최된 국제법협회(International Law Association : ILA)에서 선주, 화주, 은행 및 보험회사들이 ICC가 제시한 선하증권에 관한 통일약관을 선하증권에 삽입하여 사용하자는 결의를 하자 선주들의 반발로 무산되었다. 그 후 1924년 브뤼셀에서 개최된 해상법에 관한 국제회의(International Conference on Maritime Law)에서 국제해사법위원회가 1921년의 통일약관을 수정하여 제시한 내용을 승인한 16개 조문[22)]으로 구성된 것을 헤이그규칙이라 한다.

동 규칙의 일부 내용은 미국의 1936년 해상운송법(US Carriage of Goods by Sea Act)과 일본 및 우리나라의 상법에 반영되기도 하였다.

(2) 헤이그-비스비 규칙(Hague-Visby Rules, 1968)

헤이그 규칙이 1924년에 제정된 후 국제운송환경과 여건변화를 수용하고 Hague Rules의 결함을 보완하기 위하여 스톡홀름(Stockholm)과 비스비(Visby)에서 토의를 거쳐 헤이그 규칙을 일부 수정하는 내용의 17개 조문을 1968년 2월 Brussel에서 「1924년 선하증권 통일조약을 개정하기 위한 의정서(protocol to amend the international convention for the unification of certain rules of law relating to bills of lading)」이란 명칭으로 채택되어 유효하게 된 규칙을 헤이그-비스비 규칙(Hague-Visby Rules, 1968)이라 한다.

동 규칙에는 규칙의 적용범위의 확장, 선하증권의 법적효력, 운송인의 책임 및 면책 내용, 운송인의 구상권 등에 관한 규정으로 되어 있다.

(3) 함부르크 규칙(Hamburg Rules, 1978)

Hague Rules 이나 Hague-Visby Rules은 선진국의 선주의 권리를 위주로 제정되었다는 개발도상국들의 불만과 개정하여야 한다는 주장이 유엔무역개발위원회(UNCTAD)에서 강하게 대두되자 1972년부터 개정 작업을 하여 1978년 3월 Hamburg에서 개최된 유엔총회에서 채택된 것을 함부르크규칙이라 한다. 함부르크 규칙은 총 40개 조문으로 구성되어 유엔에서 채택되었기 때문에 범세계적으로 구속력이 있으며, 1992년 11월 1일부터 해상운송에 관한 국제규칙으로 발효되어 현재 국제운송에 준거법으로 적용되고 있다.

---

22) 16개 조문 중 제3조에는 운송인은 선박의 항해능력과 화물의 적재에 관한 의무, 제4조에는 운송인의 면책규정과 손해배상책임 등에 관한 내용으로 되어 있다.

(4) 로테르담 규칙(Rotterdam Rules, 2009)

국제해법회(CMI)의 주도로 새롭게 제정된 해상운송과 관련된 국제규칙으로, UNCITRAL 위원회의 승인을 거쳐 2008년 12월 비엔나에서 개최된 제63차 UN 총회에서 성립하였고, 서명식이 2009년 9월 23일 네덜란드 로테르담에서 개최되었다. 정식명칭은 "전부 혹은 일부 국제해상물품운송계약에 관한 UN협약(UN Convention on Contracts for the International Carriage of Wholly or Partly by Sea)"이며, 약칭으로 '로테르담규칙'이라고 부른다. 적용범위를 해상운송을 수반하는 복합운송으로 확대하고, 대량정기화물운송계약에 대한 당사자 간 계약자유를 허용하였으며, 항해과실 면책의 폐지 및 책임한도액의 인상 등이 주요 내용이다. 아직은 발효가 되지 않은 국제규칙으로, 현재 우리나라도 로테르담 규칙에 서명·비준한 체약국은 아니다.

동 규칙의 서명에 동참한 국가는 EU 6개국을 포함한 총 16개국으로 미국, 프랑스, 노르웨이, 네덜란드, 덴마크, 스위스, 스페인, 폴란드, 그리스, 가봉, 가나, 기니, 콩고, 세네갈, 토고, 나이지리아 등이다. 그러나 중국, 영국, 독일 등은 본 규칙에 아직 서명하지 않았지만 추후 동의 또는 가입할 의사를 표명했다.

이 규칙은 20개국이 비준문서를 기탁한 날로부터 1년이 지난 다음 달의 초일(1일)에 헤이그-비스비 규칙과 함브르크 규칙을 대체하여 국제적 효력을 지닌다. 이와 같은 발효요건은 헤이그 비스비 규칙(5개국 비준 3월 후 발효) 보다는 엄격하나 함부르크 규칙과는 동일하다.

Chapter 8

항공운송과 복합운송

제1절 항공운송

1. 항공운송의 특징

해상운송은 대량의 화물을 저렴한 운임으로 수송할 수 있다는 점에서 국제운송의 주축을 차지하고 있는 것이 현실이지만 최근에는 항공수송의 비중이 매년 증가하고 있는 실정이다. 그 이유는 첫째, 경제의 질적 발전에 따라 부가가치가 많은 제품이 늘어나면서 비싼 운임을 지급하더라도 국제무역을 할 경우 충분히 채산성이 있다고 인식하게 되었고, 둘째, 1970년대 점보제트기 등 대형여객기와 화물전용기의 국제선취항으로 한꺼번에 대량화물을 고속으로 수송할 수 있어 운임의 하락과 신속한 운송이 가능하게 되었고, 셋째, 1980년대에 와서 Sea/Air/Land 또는 Air/Land 등의 일관수송체제의 정비가 진전됨에 따라 안전운송이 가능하게 되어 신속-안전-경제적 운송을 필요로 하는 수요자의 욕구를 충족시키고 있기 때문이다.

항공화물수송의 특징은 무엇보다도 야행성,[1)] 편도성, 비계절성, 신속성 등으로 요약된다. 그 중에서 고속수송인데, 세계 주요 도시의 공항이 정비되어 내륙지역까지의 직송범위가 확대되고, 동시에 컨테이너 수송체제가 개발되어 적재·하역이 간편화되어 화물의 손상률이 뚜렷하게 감소한 것도 그 요인이라 할 수 있다. 고속수송은 금리, 즉 자금부담을 감소시키고 손상률의 감소는 보험률을 내리게 하였다. 따라서 이러한 이점을 최대한으로 살린 상품, 예컨대 활선어(꽃게), 식료품, 동식물, Fashion 제품, 고급 잡화,

1) 송이버섯이나 생물과 같이 생명이나 신선도를 유지해야 할 상품을 생산지에서 소비지까지 밤낮을 가리지 않고 운송하여 24시간 이내에 소비자에게 배달하는 항공운송시스템이다.

정밀기기, 납기가 촉박한 전기 또는 고가부품 등의 항공수송에 대한 의존도가 급격하게 증가되었다.

2. 항공운송계약과 절차

항공운송에 있어서도 해상운송과 마찬가지로 개품운송계약 및 항공기전세계약(charter)이 있다. 개품운송계약의 경우 통상 국제항공운송협회(International Air Transport Association : IATA)의 국제통일운임에 따르는데, Charter 운송에서는 협정운임이 없고 각 항공회사가 정부의 승인을 얻어 운임을 설정하고 있다.

항공화물의 운송계약은 항공회사 또는 그 대리점을 통하여 체결하는 경우와, 혼재업자(混載業者)인 운송대리점을 통해서 체결하는 경우가 있다. 혼재업자는 여러 화주로부터 소량화물을 수집하여 대량화물로 만들어 운임이 소량화물의 운임보다 싼 대량화물 운임률로 항공회사 또는 그 대리점과 운송계약을 체결하여 그 차액을 수취하는 업자이다. 항공회사는 화물을 항공기에 적재하고 항공화물운송장(Airway Bill)을 발행한다.

항공운임에는 ① 최저요금(minimum charge), ② 일반화물운임률(general cargo rates), ③ 컨테이너 단위요금(bulk utilization charge), ④ 특정품목운임률(specific commodity rates), ⑤ 품목분류운임률(commodity classification rates) 등이 있다.

최저운임은 일정 중량(보통 45kg)에 미달되는 화물에 적용되는 것으로서, 소정의 최저중량에 적용되는 정액운임이다. 일반화물운임은 일정한 특별품목 이외의 보통화물로서 컨테이너에 적입이 안된 화물에 적용된다. 컨테이너 단위요금은 컨테이너에 적입된 화물에 적용된다. 특정품목운임률은 특정구간에 계속적으로 반복하여 운송되는 특정품목에 대해 일반품목보다 요율을 낮추어 적용함으로써 항공운송 이용을 촉진하는데 목적이 있다. 품목분류운임률은 일정한 지역간 또는 지역을 통과하는 일정품목에 적용되는 할증 또는 할인운임률로서 귀중품, 정기간행물(신문, 잡지), 비동반 수화물, 생동물, 사체 등에 적용된다.

화주(대부분 수출업자)는 항공화물운송대리점이나 혼재업자를 통하여 해당항공사에 화물운송을 의뢰하는데 통상적으로 지정된 양식의 S/R(shipping request)에 기재사항을 기입한 후 지정된 항공편의 예약을 하고 화물을 운송대리점에게 인도한다.

화물을 운송대리인의 보세창고로 반입시킨 상태에서 지정된 검량·검수업체로부터 검사를 받고, 세관으로부터는 통관절차를 밟아 수출면장을 받는다. 통관절차를 마치면 운송대리인으로부터 항공화물운송장을 발급받는다.

| 표 8-1 | 항공사 대리점 및 혼재업자의 업무대조표

내 용	Agent	Forwarder(Consolidator)
1. 통관수속시설	항공사소유 통관수속시설 사용	자체 통관수속시설 이용
2. 운송약관	항공사 약관에 준함	자체 약관에 준함
3. 수하인	매 건당 Consignee가 됨 (Master AWB)	Break Bulk Agent가 Consignee가 됨 (Break Bulk Re-forwarding)
4. 이 익	IATA 5% 커미션이나 기타 수수료를 받는다.	항공운임 중량절감에 의한 하주 수령금과 항공지불운임과의 차액을 이익으로 하거나 IATA 5% 커미션을 받는다.
5. 항공사와의 관계	항공사 Master AWB사용	자체 House AWB 사용

3. 항공화물운송장

항공화물운송장(Air waybill : AWB)은 항공운송인 송화인으로부터 수령한 화물을 항공기를 이용하여 목적지까지 운송하겠다는 계약을 입증하는 서류로서 해상운송에서 발급되는 선하증권과는 유사한 점이 있으나 법률적인 효력에서는 상당한 차이가 있다. 화물을 신속하게 운송하는 항공운송은 선박으로 운송되는 해상운송에 비하여 운송기간이 짧아 운송중에 있는 화물을 양도할 필요성이 없다. 1920년대의 해상운송기간은 매우 길어 운송도중에 시세변동이나 수요시기를 놓치는 경우 새로운 수요자에게 서류에 의해 양도되도록 유통을 목적으로 하는 유가증권으로서 법적권리를 부여할 필요가 있었다. 따라서 장시간 소요되는 해상운송화물을 운송중에 당사자의 필요에 따라 매매될 수 있도록 하기 위하여 선하증권 자체를 매매의 대상으로 인정해 준 것이지만 신속한 운송이 가능한 항공운송증권에 대해서는 유가증권으로 인정해야 한다는 필요성이나 당위성을 느끼지 않고 있는 실정이다. 그리고 항공운송증권은 화물을 항공기에 적재한 상태에서 발행되는 것이 아니고 대부분 항공운송대리인에게 인도한 상태에서 발행되는 수취증명서로 발급될 수밖에 없는 실무상의 문제가 있다.

그러나 선하증권은 화물이 선박에 반드시 선적·완료된 후에 발행되기 때문에 선적사실이 입증된다. 이러한 관계로 항공운송증권은 유가증권으로 법적 효력을 인정받지 못해 선하증권처럼 배서(endorsement)로 타인에게 양도되지 못하고 송화인이 직접 작성하여 항공사에 교부하는 형식을 취하고 있다. 선하증권은 반드시 운송회사(선박회사)가 작성하여 교부하도록 하고 있다.

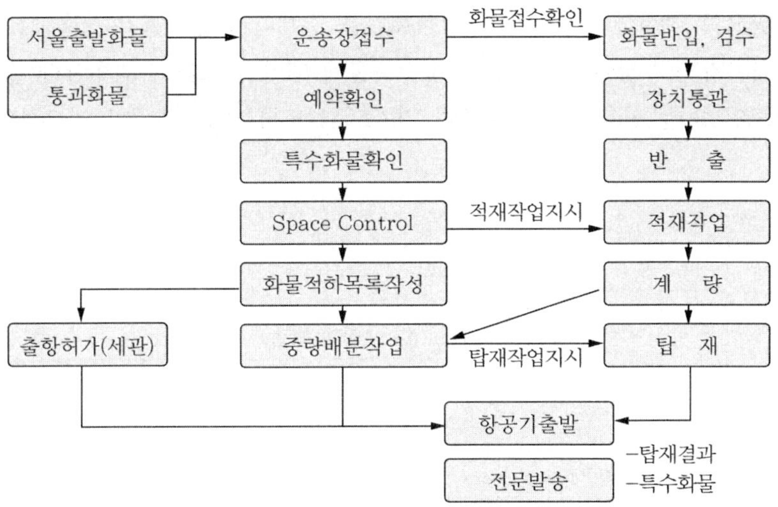

| 그림 8-1 | 수출항공화물의 흐름

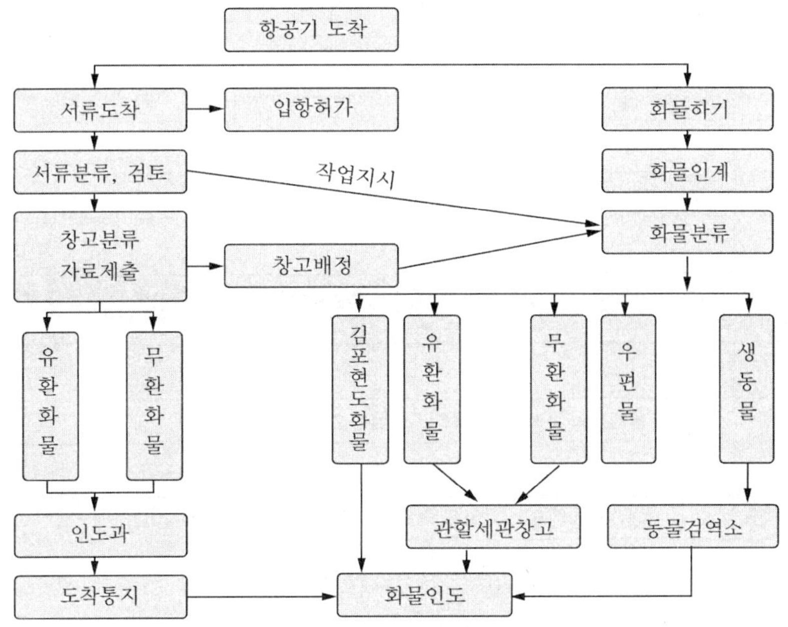

| 그림 8-2 | 수입항공화물의 흐름

그러므로 송화인(수출회사)이 항공운송증권을 작성할 때는 화물수취인(Consignee)은 반드시 신용장 개설은행 앞으로 작성하고 화물착하통지처(Notify party)도 신용장 개설은행 앞으로 작성하여야 운송화물에 대한 담보를 확보할 수 있다. 왜냐하면 항공운송증권(또는 항공선하증권)은 유가증권이 아니기 때문에 화물수취인이나 착하통지처를 수입회사 앞으로 작성하면 수입상은 상품대금을 결제하지 않고도 화물을 마치 일반 항공화물을 찾아가듯이 찾아갈 수 있다. 수출화물에 대한 담보를 수입회사가 결제하기 전까지는 매도인 또는 신용장 개설은행이 가지고 있도록 하는 조치가 필요하다.

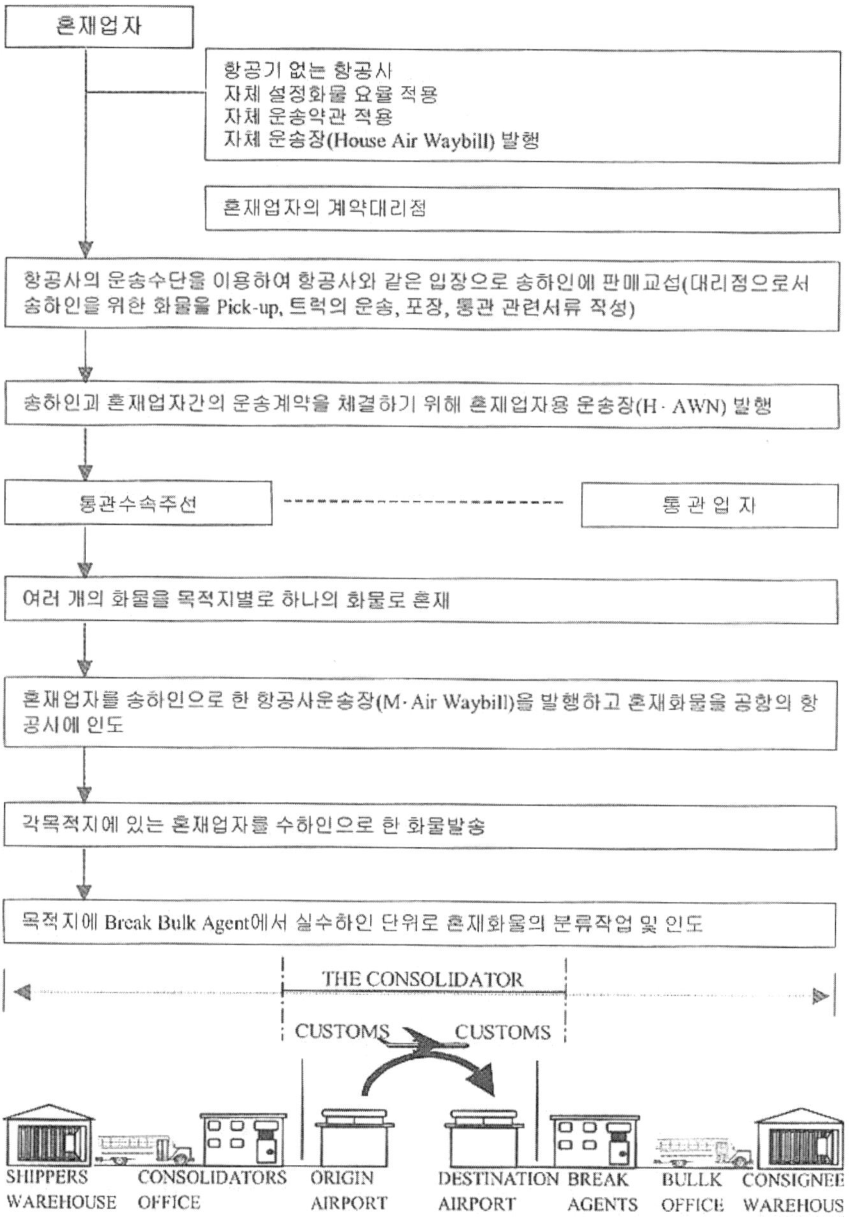

혼재업자

항공기 없는 항공사
자체 설정화물 요율 적용
자체 운송약관 적용
자체 운송장(House Air Waybill) 발행

혼재업자의 계약대리점

↓

항공사의 운송수단을 이용하여 항공사와 같은 입장으로 송하인에 판매교섭(대리점으로서 송하인을 위한 화물을 Pick-up, 트럭의 운송, 포장, 통관 관련서류 작성)

↓

송하인과 혼재업자간의 운송계약을 체결하기 위해 혼재업자용 운송장(H · AWN) 발행

↓

통관수속주선 ---------- 통 관 업 자

↓

여러 개의 화물을 목적지별로 하나의 화물로 혼재

↓

혼재업자를 송하인으로 한 항공사운송장(M · Air Waybill)을 발행하고 혼재화물을 공항의 항공사에 인도

↓

각목적지에 있는 혼재업자를 수하인으로 한 화물발송

↓

목적지에 Break Bulk Agent에서 실수하인 단위로 혼재화물의 분류작업 및 인도

THE CONSOLIDATOR
CUSTOMS CUSTOMS
SHIPPERS WAREHOUSE
CONSOLIDATORS OFFICE
ORIGIN AIRPORT
DESTINATION AIRPORT
BREAK AGENTS
BULLK OFFICE
CONSIGNEE WAREHOUS

❙ 그림 8-3 ❙ 항공화물 혼재업자 업무절차 도해

제 2 절 컨테이너와 복합운송

1. 컨테이너

1) 컨테이너의 의의와 장단점

(1) 컨테이너의 의의

컨테이너(container)는 일정한 분량의 물품을 운송하기 위한 하나의 용기로서 1920년 미국의 철도운송에서 활용되었다가 세계 제2차 대전 중 미군의 군수물자를 해상으로 수송하는데 이용되어 그 유용성을 인정받게 되었다. 그 후 고속도로에 의한 트럭운송의 활성화로 화물운송시장을 급격히 잠식당하고 있던 미국의 철도회사가 그 타개책으로 피기백(piggy back)[2]을 개발하였고, 1956년 미국의 시랜드사(Sea Land Service Inc.)가 선박갑판을 개조하여 60개의 컨테이너를 싣고 뉴욕과 휴스턴 사이를 배선한 것이 상업적 컨테이너 운송의 발판이 되어 현재 20ft, 40ft, 35ft, 45ft 등의 길이로 규격화되어 있다.

컨테이너란 물적 유통(physical distribution)[3]부문의 포장, 수송, 하역, 보관 등 모든 과정에서 육지·바다·항공로로 경제성, 신속성, 안전성을 최대한으로 충족시키면서 화물의 환적 없이 일관 운송을 실현시키는 혁신적인 운송도구를 말한다.

컨테이너 운송은 세계경제의 성장과 함께 교역량의 증대에 따른 원활한 수송을 위하여 화물운송의 고도화, 전문화, 대형화에 기여하고 있다. 특히 컨테이너 출현으로 매도인의 문전에서 매수인의 문전까지 화물을 운송시킬 수 있는 Door to Door Service라는 획기적인 복합일관수송이 가능하게 되어 화주와 선박회사에 제반 편의를 제공하고 있다.

따라서, 컨테이너는 화물을 보다 능률적이고 경제적으로 수송하기 위해 규격화한 용기로서 프레이트 컨테이너(freight container) 혹은 카고 컨테이너(cargo container)라고 불리우며 강철, 알루미늄, 경합금, 섬유강화플라스틱(FRP), 목재, 합판 등의 재료

2) Trailer on Flat Car(TOFC)이 정식명칭이며, 1926년 미국의 Chicago North Shore & Milwakee Railroad사가 Less than Car Load(LCL)의 서비스 개선을 위해 시작한 데서 유래하는 것으로 차량(trailer)을 화차 위에 올려 수송하는 것이다.

3) 물적 유통이란 마케팅의 'Physical Distribution'에서 그 기원을 찾아볼 수가 있으며, 1922년 클라크(F.E. Clark)에 의해 처음 사용된 용어이다.

로 구성되어 있고 취급화물 종류에 따라 일반용, 액체용, 자동차용, 냉동용, 보온용 등 여러 종류로 분류된다.

(2) 컨테이너 운송의 장단점

컨테이너는 물적 유통과정에서 화물을 옮겨 싣는 불편이 없어 일반적으로 화주, 선박운송업자, 도로운송업자, 철도운송업자, 항공운송업자에게 만족을 주고 있다.

① **경제성**

화물포장비, 해상운임, 육로수송비, 창고비, 하역비, 인건비, 사무비 등을 절감시키고 보험료도 컨테이너에 의한 수송의 경우 안전도가 높기 때문에 보험조건이 완화되어 이를 절약할 수 있다.

② **신속성**

컨테이너는 화물을 개별적으로 운송수단에 선적 또는 양륙하는 번거로움 없이 일정한 크기의 용기에 의한 운송이므로 날씨에 관계없이 작업이 가능하여 운송시간을 단축할 수 있고 사무절차의 간소화에 따른 업무의 능률화를 기할 수 있다.

③ **안전성**

안전하고 견고하며, 밀폐된 컨테이너에 의해서 화물이 운반되므로 하역작업 및 수송에 있어서 파손 및 도난의 염려 없이 운송작업을 전천후로 할 수 있다.

그러나 컨테이너 운송에 필요한 여러 가지의 기구를 준비하는 데는 거대한 시설자금이 필요하고, 규격화되지 않은 화물은 이용하기가 곤란하다. 그리고 컨테이너 상당부분이 갑판에 선적되므로 갑판적재의 화물에 대한 높은 할증보험료가 적용되기 쉽다.

2) 컨테이너 터미널의 시설

(1) 컨테이너 터미널의 의의

컨테이너 운송의 가장 중요한 목적 중의 하나가 운송하고자 하는 화물을 완전히 규격화하여 운송단계에서의 화물취급을 종래의 인력중심에서 기계화함으로써 운송시간의 단축과 노력을 적게 하는데 있다. 항만의 부두는 화물의 하역기능에 따라 주로 재래선이 입출항하는 재래부두와 컨테이너선이 입출항하는 컨테이너 전용부두로 분류된다. 그리고 컨테이너 전용부두에는 컨테이너만을 취급할 수 있는 선적 및 하역시설과 장비를 구비한 고도의 전문적인 전용대합실이 있어야 하는데 이러한 취급장소를 컨테이너 터미

널(Container Terminal : CT)이라 한다.

(2) 컨테이너 터미널의 시설

컨테이너 터미널은 컨테이너선이 자유로이 입·출항할 수 있는 충분한 수심과 안벽시설이 구비되어 있어야 하며, 컨테이너 선적과 양륙에 관련된 여러 가지 기기 및 시설이 비치되어야만 한다. 이에 컨테이너 터미널은 최소한 ㉠ 안벽, ㉡ 에이프론, ㉢ 마샬링 야드, ㉣ 컨테이너 화물조작장, ㉤ 컨테이너 야드 사무실, ㉥ 정비소, ㉦ 컨테이너 야드, ㉧ 컨테이너 야드 출입문 등의 제반 시설을 갖추어야 유기적인 활용을 기대할 수 있는데 그 중에서 중요한 시설은 다음과 같다.

① 안벽(Berth, Quay, Pier)

컨테이너선을 접안시키는 곳을 안벽이라 하는데 안벽은 컨테이너선이 만적시에도 충분히 안전하게 부상할 수 있을 정도로 간만의 차에 관계없이 수심유지가 필요한 부두시설이다.

② Apron

부두 안벽에 접한 부분으로서 고가 이동기중기(gantry crane)가 설치되어 있으며, 컨테이너 화물의 선적·양화 등의 작업이 이루어지는 장소이다.

③ Marshaling Yard

본선 입항 전에 미리 계획된 목적지별 또는 선내 적치계획(stowage plan)에 따라 선적예정 컨테이너를 정연히 쌓아두기 위한 장소로서 에이프론과 인접해 있다. 컨테이너 터미널(CT) 운영의 중심을 이루며, 양륙된 컨테이너를 화주의 요구에 따라 인도해 줄 수 있도록 배치해 놓은 부지이다. 즉, 컨테이너선이 입항하기 전에 선적할 컨테이너를 하역순서에 따라 정렬시키고 동시에 컨테이너선으로부터 양륙되는 컨테이너에 필요한 장소를 준비하는 곳이다. 컨테이너의 규격에 맞춰 바둑판의 눈금처럼 구획선을 표시하고 있는데 이 구획선을 슬로트(slot)라 한다.

④ Container Freight Station(CFS)

CFS란 선박회사나 그 대리점이 선적할 화물을 화주로부터 인수하거나 양하된 화물을 화주에게 인도하기 위하여 지정한 장소이다. 한 화주의 화물이 컨테이너 한 개를 완전히 채울 수 있는 대량화물(Full Container Load Cargo : FCL화물)은 화주의 공장 또는 창고에서 컨테이너에 적재되어 CY로 직접 반입되어야 하지만, 컨테이너 한 개를 완전히 채울 수 없는 소량화물(Less than Container Load Cargo : LCL화물)은 다른 소량화물과 함께 혼적(Consolidation)할 수밖에 없으므로 이러한 소량화물을 다수의 화주로부터 수령하여 동일목적지별로 정리·분류한 다음 한 개의 컨테이너에 적입(stuffing, vanning)하도록 정한 특정의 장소를 Container Freight Station(CFS)이라 한다. 이러한 소량화물을 LCL Cargo 또는 CFS Cargo라 하고, 작업하는 사람을 CFS Operator, 소량화물을 알선하고 CFS를 운영하는 자를 Forwarder(Consolidator)라 한다.

⑤ Container Yard(CY)

광의로 Apron과 Marshaling Yard를 포함한 Container Terminal을 가리키지만 협의로는 Container를 보관·인수·인도하는 장소를 말한다. 즉, 한 개의 컨테이너에 완전히 채울 수 있는 분량의 화물(Full Container Load Cargo : FCL Cargo)은 선박회사나 그 대리점이 화주로부터 직접 인수하거나 양륙된 컨테이너를 화물이 들어 있는 상태로 화주에게 인도해 주기 위하여 지정된 장소다. CY Cargo는 육·해·공의 일관협동운송체제로 생산자로부터 소매상에 이르기까지 컨테이너를 중도에서 개폐하지 않아 Door to Door Service가 가능하다.

3) 컨테이너 화물의 운송형태

컨테이너 화물의 운송형태는 화물의 분량, 목적지, 수집방식 및 운송형태의 범위에 따라 다르며, 운송형태에 따라 운임구조 및 책임한계 등이 다르다.

(1) CFS/CFS(LCL/LCL) 운송

운송대상이 소량화물이므로 선적항의 CFS로부터 목적항의 CFS까지 컨테이너에 의해서 운송하는 방법으로서 가장 초보적인 이용방법이다. CFS/CFS 운송은 Pier to Pier 또는 LCL/LCL 운송이라고도 부르며 다수의 송화인과 다수의 수화인에게 소량화물을 수송하는 운송체제로서 운송인은 선적항과 목적항 간의 해당 해상운임만을 징수하고 이에 따른 운송책임도 선적항 CFS에서 목적항 CFS까지로 제한된다.

(2) CFS/CY(LCL/FCL) 운송

운송인이 지정한 선적항의 CFS에서 목적지의 CY(Container Yard)까지 컨테이너로 운송하는 화물운송형태로서 운송인이 다수의 송화인들로부터 화물을 인수받아 하나의 수화인에게 운송하는 방법이다.

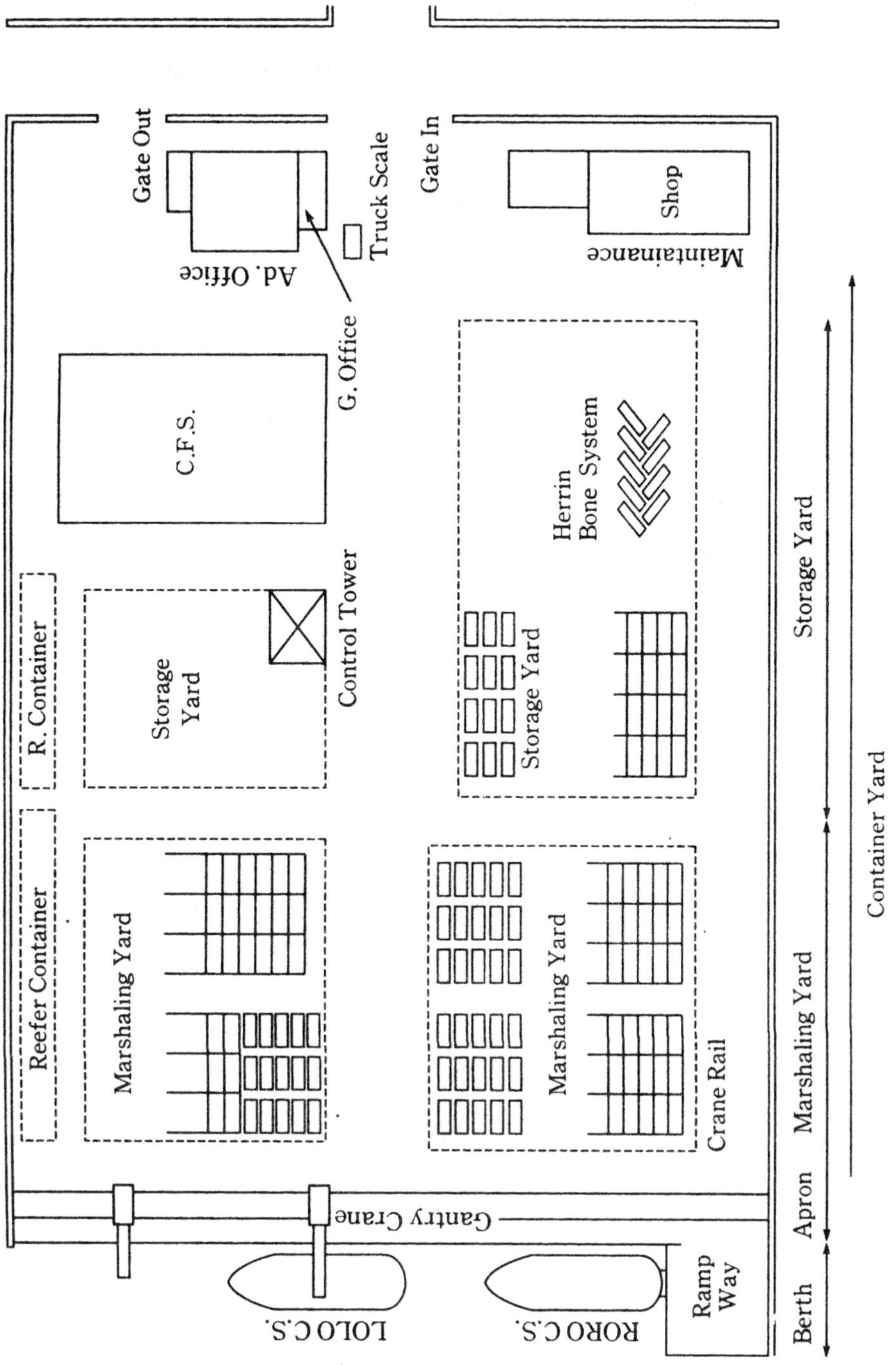

▎그림 8-4 ▎ 컨테이너 터미널의 구조

(3) CY/CFS(FCL/LCL) 운송

CY/CFS 운송형태는 운송업자가 한 사람의 송화인으로부터 화물을 인수받아 다수의 수화인에게 화물을 운송하는 방법이다. 이 방법은 한 수출업자가 수입국의 여러 수입업자에게 일시에 화물을 운송하고자 할 때에 많이 이용된다.

(4) CY/CY(FCL/FCL) 운송

컨테이너의 장점을 최대한도로 이용한 운송방법으로서, 수출업자의 공장 또는 창고에서부터 수입업자의 창고까지(door to door) 육·해·공을 연결하는 컨테이너에 의한 일관운송형태로 수송되는 방법이다. 운송 도중에 컨테이너의 개폐 없이 운송되므로 신속성·안전성·경제성을 최대한으로 충족시키는 운송방법이다.

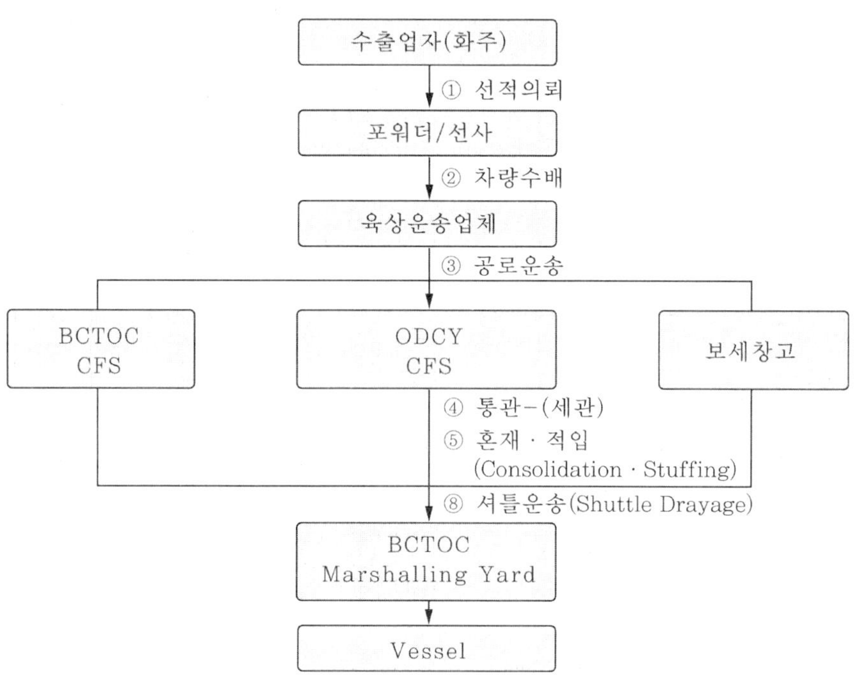

| 그림 8-5 | 수출 LCL의 흐름

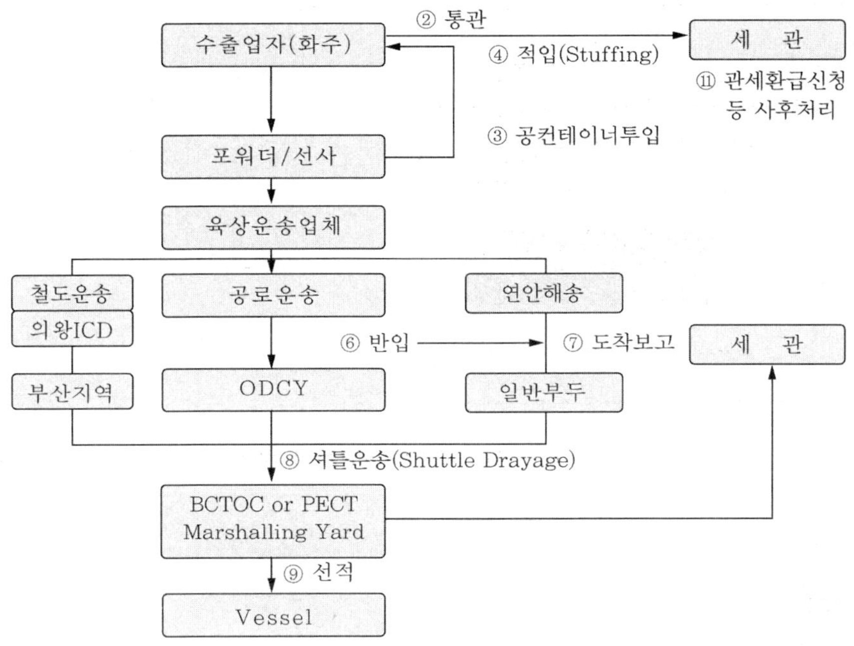

❙ 그림 8-6 ❙ 수출 FCL의 흐름

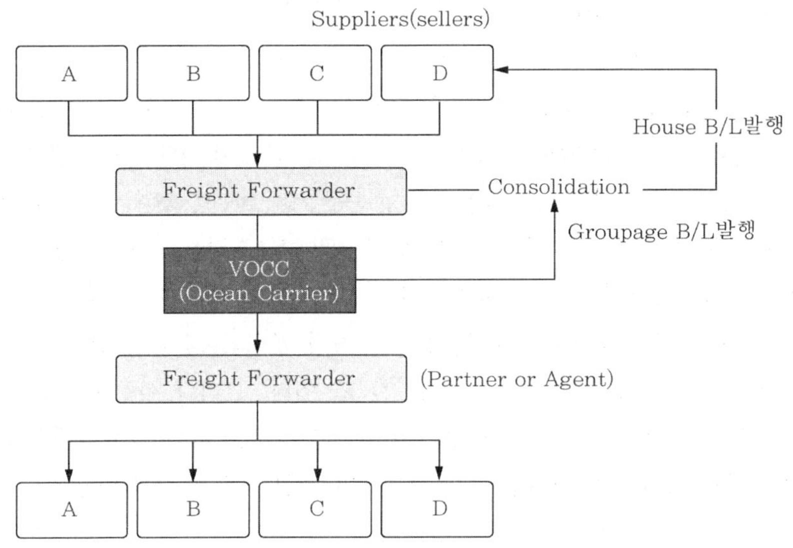

주 : 여기서 말하는 House B/L 및 Groupage B/L의 종류가 아니고, Groupage B/L이란 포워더의 혼재화물, 즉 FCL에 대해 1건으로 선사가 포워더에 발행하는 B/L을 말하며, House B/L이란 선사가 발행한 B/L(Master B/L)을 바탕으로 포워더가 하주별로 LCL건건마다 발행하는 B/L을 이렇게 부른다.

❙ 그림 8-7 ❙ Forwarder's Consolidation의 형태

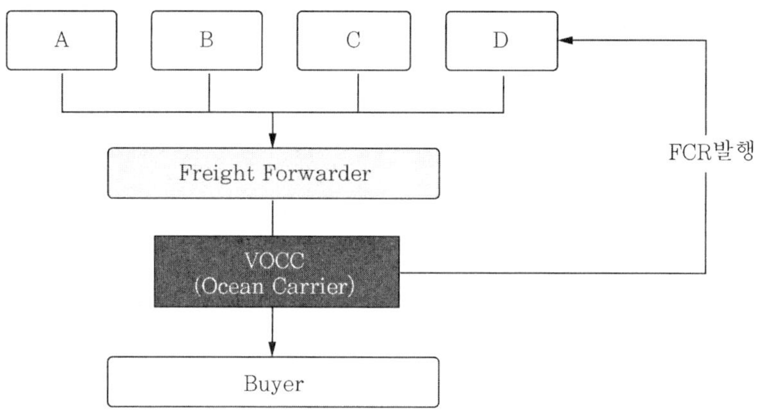

| 그림 8-8 | Buyer's Consolidation의 형태

2. 복합운송

1) 복합운송의 의의

복합운송(combined transport)[4]은 1960년대 컨테이너의 등장과 이후 컨테이너 전용선의 등장으로 부각되기 시작하여 오늘날에는 국제화물운송체계에 있어 가장 보편화되어 있는 운송방법이다. 복합운송이란 특정화물을 해상운송·내수운송·항공운송·철도운송·도로운송과 같은 운송형태 중에서 두 가지 이상의 운송형태(운송수단)를 복합적으로 이용하여 출발지에서 최종목적지까지의 운송구간을 일관수송하는 체제를 의미하며, 1980년 UNCTAD의 유엔국제물품복합운송조약[5]에서도 같은 취지로 정의하고 있다.

Door to Door운송을 목적으로 출발지에서 도착지까지의 일관운송을 특히 복합일관운송이라 부르고 있으며 화물포장의 간이화, 하역의 합리화, 수송의 정확·신속화, 화물사고의 감소, 비용의 절감 등 많은 이점을 가지고 있다. 그러나 항공운송에서 사용되는 컨테이너는 해상운송컨테이너와 다를 뿐 아니라 해상컨테이너는 자체무게가 많이 나가 항공운송에는 부적합하므로 육·해·공 일관운송의 실현은 많은 문제점에 부딪히고 있다.

4) 미국에서는 Intermodal Transport, 유럽지역에서는 Multimodal Transport로 표기하고 있다.
5) UNCTAD, United Nations Convention on International Multimodal Transport of Goods, 1980, Article 1.

2) 복합운송인과 운송책임

복합운송인은 자기의 명의와 계산으로 송화인과 운송계약을 체결하고 복합운송을 인수하는 당사자로서 운송인의 지위에서 복합운송증권을 발행하며, 전 운송구간의 운송과 화물의 멸실, 훼손 또는 지연으로 인한 손해에 대하여 책임을 지는 주체자로 Combined Transport Operator(CTO) 또는 International Transport Operator(ITO) 등으로 불리어 진다.

복합운송인은 두 가지 유형이 있다.

첫째, 운송수단을 운행하는 복합운송인이 있다. 운송수단을 보유한 운송인이 송화인과 복합운송계약을 체결하고 전 구간의 운송을 책임지는 운송인을 말한다. 선박 등의 운송수단을 보유하고 있는 운송인은 직접 운송구간의 일부를 운행하고, 다른 운송구간의 운송은 자기의 책임으로 해당 구간의 실제 운송인에게 하도급을 주어 전체 운송을 책임진다. 선박회사, 항공회사, 철도회사, 트럭회사 등이 이에 해당되는데 이 중 선박회사가 대표적인 복합운송인이다.

둘째, 운송수단을 운행하지 않는 복합운송인이 있다. 선박, 항공기, 트럭 등의 운송수단을 보유하지 않은 상태에서 송화인과 복합운송계약을 체결하고 자신이 전 구간의 운송을 책임지는 운송인으로 계약운송인형 복합운송인이라고 한다. 이들은 송화인에게는 운송인의 역할을 담당하지만 실제 운송수단을 보유하고 있는 실제운송인들에게는 송화인의 역할을 담당하게 된다. 따라서 이들에게는 화주로부터 받는 일괄운임과 실제 운송인에게 지불하는 운임합계의 차액이 수익이 된다. 운송수단을 보유하지 않으면서 복합운송업을 영위하는 예로는 ① 우리나라의 국제물류주선인, ② 미국의 무박운송인(Non-Vessel Operating Common Carrier : NVOCC), ③ FIATA의 Freight Forwarder 등이 있다.

복합운송에서의 운송인은 전운송구간에 대하여 1인의 계약주체로서 규정하고 있으므로 그 외에 다른 운송인은 실제운송인(actual carrier)이라 할지라도 복합운송인을 위한 하청운송인 또는 이행보조자로서 분담구간에 대한 운송을 수행할 뿐이다. 일반적으로 화주로부터 화물을 수탁 받은 첫번째의 운송인이 물품의 인수지점에서 인도지점까지 전구간에 대한 운송책임을 지고 복합운송증권을 발행한다.

따라서 복합운송인은 ① 일괄운임[6]을 설정(Through Rate)하고 ② 일관선하증권을 발행(Multimodal Transport B/L)하며, ③ 단일운송책임(Single Carrier's Liability)

6) 복합운송인은 복합운송의 서비스 대가로 각 운송구간마다 분할된 것이 아닌 전 운송구간의 단일화된 운임을 설정한다.

을 진다는 특징이 있다.

복합운송책임의 인수방법은 이종책임원칙(network liability system)과 동일책임원칙[7](uniform liability system)이 있다. 이종책임원칙은 손해가 발생한 구간에 적용되는 조약이나 법률에 따라서 그 책임의 범위가 달라지는 방법이다. 예를 들면 도로운송구간은 CMR(국제도로운송조약 1956), 철도운송구간은 CIM(국제철도운송조약 1970), 해상운송구간은 Hague Rules 1924, 항공운송의 경우는 Warsaw Convention 1929 등을 적용하여 책임범위를 정하게 됨으로 같은 화물의 손실이라 하더라도 어느 구간에서 사고가 발생하였는가에 따라서 책임범위가 달라질 수 있다.

우리나라에서는 복합운송업을 법률상 해상운송주선업(Freight Forwarder)이라고 하는데, 해상운송주선업자[8]는 소정의 자격을 갖춘 후 등록을 하여야 한다. 복합운송인은 소액자본으로 설립과 운영이 가능하기 때문에 난립하여 운송질서를 문란하게 할 위험이 많으므로 화주는 특별히 주의할 필요가 있다.

국제복합운송에는 이와 같은 복잡한 문제점이 발생하고 있기 때문에 이를 해결하기 위하여 ICC(국제상업회의소)는 1973년에 국제복합운송에 관한 통일규칙을 제정(1975년 개정)하여 국제복합운송주선업협회(FIATA)가 통일양식으로 채택한 FIATA B/L을 사용하도록 하고 있다.

해상운송주선업자(포워더)의 주요기능은 다음과 같다.

① 국제물류의 전반적인 컨설팅
② 운송계약의 체결 및 선복의 예약
③ 관계물류서류의 작성
④ 수출입통관 대행
⑤ 운임 및 기타비용의 입체
⑥ 포장 및 창고보관
⑦ 보험의 수배
⑧ 화물의 집화, 분배, 혼재서비스
⑨ 관리와 분배업자
⑩ 시장조사

---

7) 손해발생구간과 관계없이 일정한 원칙에 따라 동일한 책임을 지는 방법으로 포장 단위당 920 SDR 또는 멸실된 화물의 Kg당 2.75 SDR 중 많은 금액을 책임한도로 하고 있다.

8) 자기 또는 자신의 대리인을 통하여 복합운송계약을 체결하고 송하인이나 복합운송업에 관여하는 운송인의 대리인 또는 주체로서 행위를 하고 또한 계약의 이행에 관한 채무를 부담하는 자를 말한다.

3) 복합운송증권

복합운송증권(Combined Transport Document : CTD)이란 선박, 철도, 항공기, 자동차에 의한 운송방식 중 적어도 두 가지 이상의 다른 운송방식에 의하여 운송물품의 수탁지와 인도지가 상이한 국가의 영역간에 이루어지는 복합운송계약을 증명하기 위해서 복합운송인이 발행한 증권이다. 복합운송증권은 발행자인 복합운송인(Combined Transport Operator : CTO)이 증권에 기재된 화물의 종류, 수량, 상태 등을 수탁지로부터 목적지까지의 운송을 위하여 자기의 지배하에 수취하였음을 증명하는 공식적 물품수령증이지만 복합증권이 유가증권으로 인정될 수 있는지 여부는 그 발행형식에 따라 결정될 수 있다.

복합운송증권은 그 발행 이전에 이미 체결한 계약의 내용과 조건을 구체적으로 입증하는 운송계약증서이므로 유통성 복합운송증권은 수화인(consignee)의 배서(endorsement) 또는 인도(delivery)에 의하여 물품의 처분권이 주어지는 물권증권(document of title)으로서 유가증권의 성격을 띠고 있다는 주장[9]도 있으나 신용장통일규칙 제26조에서는 은행이 복합운송증권을 수리 할 때는 다소 까다로운 조건[10]으로 규정하고 있어 특별한 주의가 필요하다.

| 표 8-2 | 복합운송증권과 선하증권의 비교

구 분	복합운송증권	선하증권
운송구간	모든 복합운송구간	해상구간에 한정
증권형태	부지문언(unknown clause) "shiper's load and count" "said by shipper to contain"	무사고선하증권(clean B/L)
발급시기	수취식	보통 선적식(수취식도 가능)
발행형식	유통식, 비유통식 가능	유통식

4) 주요 복합운송 경로

복합운송의 형태는 해륙복합운송, 해공복합운송, 육해공복합운송이 있다. 해륙복합운

9) United Nations Convention on International Multimodal Transport of Goods, 1980, Article 1 Paragraph 4, Article 10.

10) UCP 26조에는 신용장에 별도로 명시한 내용이 있으면 그에 따라야 하나 일반적으로 명칭에 관계없이 복합운송인의 자격, 물품발송, 선적항 등에 대하여 제한하고 있다.

송은 대륙을 하나의 교량으로 이용하는 랜드브리지(land bridge)방식이 이용되고 있다. 랜드브리지 서비스는 항로를 중심으로 한 해상운송경로의 중간에 일부 대륙횡단경로를 운송구간으로 추가하여 환적없이 일괄운송함으로써 최종 목적지까지 두 가지 이상의 운송수단에 의하여 운송되는 방식이다.

(1) 해륙복합운송 경로

① 시베리아랜드브리지(Siberia Land Bridge : SLB)

시베리아횡단철도(Trans-Siberia Railway : TSR)를 이용한 시베리아 랜드브리지는 시베리아대륙을 교량으로 이용하여 극동과 유럽 및 중동지역을 해상·육상 또는 해상·육상·해상의 형태로 연결하는 복합운송시스템이다.

극동지역의 한국, 동남아, 호주 등과 유럽대륙과 스칸디나비아반도 및 중동지역을 극동에서 유럽 및 중동해 화물을 집화하여 러시아의 나호트카항이나 보스토치니항까지 컨테이너선으로 해상운송 한다. 그 곳으로부터 러시아, 한국, 일본, 유럽 등의 무박운송인(NVOCC)들이 제휴하여 시베리아횡단철도에 의해 육상운송한다. 이후 다시 동구, 서구, 스칸디나비아반도, 지중해, 이란, 아프가니스탄 등지로 철도, 컨테이너선, 트럭 등으로 연결되는 국제복합운송의 한 형태이다.

② 차이나 랜드브리지(China Land Bridge : CLB)

중국대륙 횡단철도(Trans China Railway : TCR)를 이용하는 차이나 랜드브리지는 한국, 일본 등 아시아 화물을 중국의 강소성 연운항까지 해상으로 운송한 후 중국대륙을 동서로 관통하는 내륙운송의 동단기점에서 철도로 러시아 철도의 접점까지 운송한다. 거기에서 러시아 철도로 전환하여 폴란드, 독일 등을 거쳐 네덜란드 로테르담항까지 운송하는 경로이다.

표 8-3 CLB와 SLB 비교

구 분	경 로	거 리
CLB(연운항기점) TCR + TSR	극동아시아-해상-연운항-TCR-TSR-로테르담	약 11,000km
블라디보스톡항 SLB(TSR)	극동아시아-해상-블라디보스톡항-TSR-로테르담	약 13,000km
해상	극동아시아-해상(수에즈운하 경유)-로테르담	약 20,700km
	극동아시아-해상(파나마운하 경유)-로테르담	약 23,000km

③ **아메리카 랜드브리지(America Land Bridge : ALB)**

미국 횡단철도를 이용한 아메리카 랜드브리지는 아시아와 유럽 간의 화물운송의 경우 한국 등의 아시아국가 항구에서 미국의 서안항구까지는 해상으로 운송한 다음 철도로 미국 동안의 항구까지 운송하며 다시 해상으로 유럽의 항구까지 운송하는 방식이다.

- 미니 랜드브리지(Mini Land Bridge : MLB)

  극동에서 선적된 화물이 미국 태평양 서안항구에서 양륙되어 철도 등의 육상운송수단으로 북미대륙을 횡단하여 미국 대서양 연안의 동부 걸프지역 항구까지 운송되는 복합운송의 한 형태이다.

- 마이크로 랜드브리지(Micro Land Bridge : MCB)

  미니 랜드브리지가 미국의 동안항 또는 걸프연항인데 비하여 마이크로 랜드브리지는 목적지가 항구가 아닌 미국의 내륙지점이다. 극동에서 선적된 화물이 미국 태평양 서안항구에서 양륙되어 철도 등의 육상운송수단으로 북미대륙을 횡단하여 미국 내륙지점까지 운송되는 복합운송의 한 형태로 인테리어 포인트 복합운송(Interior point Intermodal : IPI)이라고도 한다.

(2) 해공복합운송 경로

① **북미 서해안 경유 유럽행 해공복합운송**

아시아의 극동항구에서 선박으로 미국의 서해안이나 캐나다의 벤쿠버항까지 운송하고 화물을 양륙하여 공항까지 육상 운송한 다음 항공기로 유럽의 목적지까지 운송하는 것을 말한다.

② **북미 서부 경유 중남미행 해공복합운송**

아시아의 극동항구에서 선박으로 북미 서부 또는 동남부 항구까지 운송하고 화물을 양륙하여 공항까지 육상 운송한 다음 항공기로 중남미까지 운송하는 것을 말한다.

③ **동남아시아 경유 유럽행 해공복합운송**

아시아의 극동항구에서 선박으로 싱가폴 또는 홍콩까지 운송하고 화물을 양륙하여 항공기로 유럽까지 운송하는 것을 말한다.

| 표 8-4 | 국제복합운송의 연결형태

명 칭	연결형태	내 용
Piggy-back	철도와 트럭	트레일러나 컨테이너를 철도의 무개화차(flat car)에 적재운송하는 방식
Fishy-back	해운과 트럭	트럭으로 운송된 컨테이너를 선박에 적재운송 방식
Birdy-back	항공과 트럭	트럭으로 운송된 컨테이너를 항공기에 적재운송 방식
Truck-air	트럭과 항공	트럭과 항공을 혼합이용하는 운송방식
Rail-water	철도와 수운	철도를 구비한 특수선박에 기차를 적재하고 운송
Ship-barge	선박과 부선	내륙수로와 연안항구간의 해운을 혼합이용하는 방식
Sea-air	해운과 항공	항공기와 선박을 혼합이용하는 방식
Sky-rail	철도와 항공	철도와 항공기를 혼합이용하는 방식
Pipe-line	-	국가간 파이프라인을 설치하여 이용하는 방식

5) 복합운송에 관한 국제조약과 규칙

복합운송을 규율하는 국제규칙은 1975년 제정된 ICC복합운송서류 통일규칙, UN복합운송협약 및 1992년에 발효된 UNCTAD/ICC 복합운송서류에 관한 통일규칙 등이 있다. 이하에서는 이들 규칙의 적용과 내용을 나타내고 있다.

| 표 8-5 | ICC, UN 및 UNCTAD 복합운송증권규칙 비교

Rules / 항목	ICC 국제복합운송통일규칙(1973)	UN 국제복합운송조약(1980)	UNCTAD/ICC 복합운송 증권규칙(1992)
적용 범위	이 규칙에 의한 복합운송증권에 의거하여 체결된 복합 운송계약에 적용됨	복합운송인이 화물을 수취하는 지점 및 화물을 인도하는 지역 또는 "or"에 의해 연결되어 있는 경우 자국이 이 조약의 체결국이 아니더라도 상대국이 체약국이면 (반대의 경우도 포함) 이 조약 적용됨	이 규칙을 복합운송계약에 삽입 시키는 경우 이 규칙이 적용되며, 이 경우 단일운송계약 또는 복합 운송계약이냐에 관계없이 적용됨.
책임 체계	Uniform System	Network System	Modified Uniform System

책임 원액	과실책임원칙(다만, 운송인의 거증책임 있음)	좌 동	좌 동
배상 금액 및 책임 한도	1 package 또는 1 unit 당 920SDR 또는 1kg당 2.75SDR 중 높은 금액. 컨테이너, pallet로 운송되는 경우의 포장수 등을 세는 방법은 Hague-Visby Rules와 Hamburg Rules 동일함	손해발생구간이 불명확한 경우에는 중량주의에 따라 1kg 당 30 Poincare franc을 한도로 하며, 손해발생구간이 판명된 경우는 각 구간에 적용되어야 하는 국제조약 또는 국내법에 따름.	복합운송인이 물품을 인수하기 전에 송하인이 물품의 종류와 가액을 통보하고 또한 이를 복합운송증권에 기재한 경우를 제외하고 매 포장당 또는 매 단위당 666. 67SDR, 멸실 또는 손상 물품의 총중량에 대한 매 kg당 2SDR중에서 높은 쪽의 금액을 초과하지 않는 범위내에서만 책임을 짐

주 : 1) 책임원칙은 단일로 하지만 책임한도액은 일정액 및 그 구간에 적용되는 강행법규에 의한 한도액 중 높은 쪽의 금액으로 한다.

2) 컨테이너 내부의 단위가 운송증권에 명시된 경우 내부단위를 책임한도액의 산정에 관한 단위로 보며, 복합운송이 해상 또는 내수의 운송을 포함하지 아니하는 경우에는 복합운송인의 책임은 멸실 또는 손상된 물품의 총 중량에 대한 매 kg당 8.33SDR을 초과하지 아니하는 금액으로 제한한다.

Chapter 9

무역관련 보험

제 1 절 해상보험

1. 해상보험의 개요

1) 해상보험의 의의

해상보험(marine insurance)은 해상위험을 담보하기 위한 제도로서 화주나 선주가 해상운송에 관련하여 발생하는 각종 위험에 의해 화물 또는 기타의 재산이 손해를 입을 경우에 보험을 인수한 보험자(insurer or assurer)가 손해를 입은 피보험자(insured or assured)에게 그 손해를 보상할 것을 약속하고, 보험계약자는 그 대가로서 보험료를 지불할 것을 약속하는 손해보험의 일종이다.

영국의 1906년 해상보험법(Marine Insurance Act, 1906 ; 이하 MIA라 칭함) 제1조에도 해상보험은 보험자가 '항해사업에 수반하는 손해의 보상을 약속하는 계약'이라고 정의[1)]하고 있다.

> "A contract of marine insurance is a contract whereby the insurer undertake to indemnity the assured, in manner and to the extent thereby agreed, against marine losses, that is to say, the losses incident to marine adventure."
>
> 「해상보험 계약은 보험자가 피보험자에 대하여 그 계약에 의해 합의한 방법과 범위 내에서 해상손해, 즉 항해사업에 수반되는 손해를 보상할 것을 약속하는 계약이다.」

1) The Marine Insurance Act, 1906, Marine Insurance defined 1.

또한 영국해상보험법 제1조에서 언급한 바와 같이 해상보험계약은 손해보상을 전제조건으로 하는 일종의 손해보상계약(a contract of indemnity)이기도 하다. 이처럼 해상보험이란 국제무역거래에 있어서 화물의 해상운송 시 항해 중에 사고를 당할 우려가 있는 재산권을 가지는 다수인이 위험의 정도에 따라 합리적인 기금을 각출하여 공동의 준비재산을 형성하고, 사고가 발생하여 손해를 입었을 때 이를 보상함으로써 경제상의 불안을 제거·경감하기 위한 경제제도로 정의 할 수 있다.

2) 해상보험의 특징

해상보험은 일반보험의 원리와 유사하지만 오랜 역사를 지니고 있을 뿐 아니라 그 전통이 오늘날까지도 그대로 유지되고 있는 보험이다. 최근 들어 보험증권양식이 대폭 간소화되었지만 그 모체는 Lloyd's S. G. Policy로서 1779년 1월 12일 개최된 Lloyd's 회원총회에서 결정되어 영국의 MIA 부칙 표준양식으로 채택되어 사용되고 있다. 해상보험의 특징을 살펴보면 다음과 같다.

(1) 고지의무

일반적으로 보험자는 보험계약을 체결할 때 보험목적물의 손실발생가능성을 측정한 결과를 토대로 보험계약의 체결여부를 결정하고 적정한 보험료를 산정해야 한다.

그런데 국제무역에서는 수많은 상품이 교역될 뿐만 아니라 거래조건에 따라서 보험자와 보험목적물이 같은 국가에 있지 않는 경우가 대부분이다. 그 결과 해상보험의 대상이 되는 운송화물의 화주도 상당히 많아 보험자는 이들의 운송화물의 속성이나 위험의 정도를 각각 확인할 수 없는 실정이다. 이러한 실무상의 어려움 때문에 보험자는 화주들의 신고내용에 의존하고 있는 실정인데 보험자가 보험계약의 체결여부를 결정하고 합리적인 보험료를 산정하기 위해서는 보험계약자가 보험목적물에 대한 구체적인 중요사항을 보험자에게 알려 줄 의무가 있다. 이러한 의무를 보험계약자의 고지의무[2)]라 하고 일반 화재보험이나 건강보험에도 준용되고 있다.

고지는 당연히 신의성실의 원칙에 따라 하여야 하는데 만약 중요한 사항을 고의적으로 알리지 않거나(은폐 : concealment) 실수로 알리지 않을 경우(불고지)에는 고지의무의 위반에 해당되어 보험계약 자체가 취소되기 쉽다(영국해상보험법 제20조 1항).

---

2) 보험계약자는 보험계약이 체결되기 전에 자신이 알고 있는 모든 중요한 사항을 보험자에게 신고하여야 한다. 영국해상보험법 제18조 1항.

(2) 피보험이익 적용

해상보험은 일반보험과는 달리 보험목적물의 손실뿐만 아니라 보험목적물에 대하여 특정인이 가지는 경제적 이해관계, 즉 피보험이익을 보험계약의 대상으로 인정하고 있다. 일반적으로 보험은 사고로 인하여 실제로 입은 손실만을 보상하는 손해보험을 원칙으로 하고 있다. 해상보험을 손해보험으로 분류하고 있지만 화재보험과는 달리 실제로는 손실을 입지 않았으면서도 사실상 손해를 입은 것으로 평가되는 경제적 손실까지 보험으로 인정하는 것은 해상보험만이 가지는 특성이다.

(3) 근인주의

해상보험제도에서 『근인주의(近因主義)』라는 특수한 보상원칙이 있다. 해상운송에서 보험자는 담보위험에 근인하여(proximately) 발생하는 손해만 보상한다는 원칙이다. 해상보험사고가 발생하면 우선 사고를 야기시킨 근인을 찾아 그 근인이 담보위험에 속하는지 또는 면책위험에 속하는지를 조사하여 담보위험에 속하면 보상하고 면책위험에 속하면 보상하지 않는다는 원칙이다. 여기서 근인이란 손실을 야기시킨 가장 지배적이고 효과적인 원인을 말하며 발생시간을 의미하는 것은 아니다. 보험사고 보상에서 근인만 보고 원인은 보지 말라는 말이 있듯이 사고를 발생시킨 원인은 하나이며 설사 여러 원인이 복합하여 손해가 발생할 경우 근인을 찾는다는 것은 매우 중요하며 어려운 일이다.

3) 해상보험의 성격

① 공보험과 사보험

보험정책을 기준으로 국민전체의 경제적 관점에서 시행하는 공보험과 사경제적 관점에서 시행하는 사보험이 있다. 해상보험은 보험회사나 무역회사의 사경제적 관점에서 시행되고 있어 사보험으로 분류되며 무역보험과 산업재해보상보험은 사회정책과 산업경제적 관점에 치중하고 있어 공보험으로 분류된다.

② 손해보험과 정액보험

보험회사의 손해보상 방법에 따라 손해보험과 정액보험으로 분류된다. 손해보험은 피보험자가 실제로 입은 손실액만큼 보상하는 보험이며, 정액보험은 보험사고가 발생할 경우 보험계약에 약정된 금액을 지급하는 보험이다. 해상보험은 실제로 입은 손실액을 보상하는 손해보험이고 생명보험은 피보험자가 사망하거나 보험만기가 되면 보험계약

을 체결할 때 약정한 금액을 지급하는 정액보험이다.

우리나라 상법에서는 손해보험과 인보험으로 분류하고 손해보험에는 화재보험, 운송보험, 해상보험, 책임보험이 있으며 인보험에는 생명보험과 상해보험이 있다.[3)]

③ **원보험과 재보험**

보험회사가 화주 또는 선주로부터 인수한 보험계약 금액이 너무 커서 보험사고가 발생하였을 때 보험회사 단독으로는 보상할 여력이 없는 경우에 보험회사는 인수하고 있는 보험계약의 전부 또는 일부를 다시 다른 보험회사에게 보험에 가입하여 보험경영상 위험을 분산시킬 필요가 있다. 이때 보험회사의 입장에서 화주나 선주로부터 직접 인수한 보험을 원보험이라 하고 다른 보험회사에게 부보한 보험을 재보험(re-insurance)이라 한다. 대형 선박이나 대형선박에 선적한 화물은 대부분 보험가액이 거액이기 때문에 이러한 선박보험이나 화재보험을 인수한 보험회사는 대부분 다른 보험회사에 재보험으로 가입하고 있다.

4) 해상보험의 종류

(1) 적하보험

보험은 분류기준에 따라 여러 가지로 분류될 수 있으나 해상보험은 적하보험(cargo insurance)과 선박보험[4)](hull insurance)으로 크게 분류된다.

적하보험이란 운송 화물을 대상으로 하는 보험으로서 해상보험의 대표적인 보험이며, 사유물이나 선내에서 소비하기 위한 식료품 및 소모품 등은 포함되지 않는다.

(2) 선박보험

선박보험은 선박과 관련된 모든 보험을 뜻하는 넓은 의미이다. 선박보험의 가장 대표적이고 기본이 되는 것은 선체 및 기관보험이기 때문에 선박보험이라고 하면 곧 선체 및 기관보험을 의미한다고 보아도 무방하다. 그리고 선체 및 기관보험을 줄여서 선체보험이라고도 한다.

선박보험에는 선체 및 기관보험, 선박건조보험, 선박불가동손실보험 등이 있다.

3) 한국의 보험회사는 손해보험과 생명보험을 함께 취급할 수 없도록 하고 있어 손해보험업무를 취급하는 회사의 상호를 화재해상보험회사로 하고 있으나 영국은 겸업을 허용하고 있다.

4) 선박보험은 선체 및 기관보험, 선박건조보험, 선박불가동 손실보험 등이 있다.

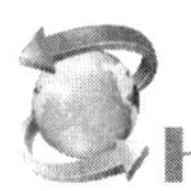

(3) 운임보험

운임보험은 운임을 대상으로 하는 보험이다. 운임을 취득하는 자가 운임보험계약을 체결하는데, 운임이 선불인 경우는 하주가 운임보험을 체결하고 운임이 도착지에서 지불될 경우에는 선주가 체결한다. 운임보험은 제3자에 의해서 지불되는 운임뿐만 아니라 선주가 자신의 선박으로 자신의 화물을 운반할 경우 추측할 수 있는 운임도 대상으로 한다. 그러나 여객이 지급하는 여객운임은 운임에 포함하지 않기 때문에 운임보험의 대상에서 제외된다.

2. 해상보험계약

1) 해상보험계약의 당사자

(1) 보험자

보험자(insurer, assurer, underwriter)는 보험계약자로부터 보험료를 대가로 하여 보험기간 중 발생하는 보험사고로 인한 손실을 보상하기 위하여 보험금을 지급할 것을 약속한 자를 말한다. 보험사업은 공공의 이익과 밀접한 관계를 맺고 있으므로 다수의 보험계약자를 상대로 위험을 인수하여 이를 효율적으로 관리해야 하는 성격 때문에 법률은 보험자의 자격에 대해 엄격한 제한을 가하고 있다. 우리나라의 경우[5] 회사 조직이 아니면 보험업을 영위할 수 없으므로 보험자는 곧 보험회사이지만, 외국에서는 개인업자도 많아 보험자를 보통 Underwriter라고 부르고 있다.

(2) 보험계약자

보험계약자(policy holder)는 보험자와 보험계약을 체결하고 보험료를 지급할 의무가 있는 자를 말한다. 보험계약자는 보험계약체결에 직접적으로 관여하는 당사자이기 때문에 계약상의 모든 의무를 부담하나 법률상 보험계약자의 자격에 대하여 별도의 제한은 없다. 따라서 보험계약자가 복수로 존재할 수도 있고, 자연인이든 법인이든 또는 상인이든 비상인이든 관계없으며, 또 보험계약자는 대리인으로 하여금 보험계약을 체결하도록 할 수도 있다(상법 제646조).

---

5) 우리나라 금융위원회로부터 보험사업의 허가를 받을 수 있는 자는 주식회사, 상호회사, 외국보험사업자에 한하며, 300억원 이상 자본금 또는 기금을 납입하여야 한다. 그리고 보험계약자를 보호하기 위한 보호예탁금을 금융감독원에 예탁하여야 한다.

(3) 피보험자

손해보험계약에 있어서 피보험자(insured, assured)는 보험계약의 당사자는 아니지만 피보험이익의 주체로서 보험계약에 의해서 보호되는 자, 즉 보험사고가 발생한 경우에 보험자로부터 손해의 보상을 받는 자[6])를 말한다.

피보험자는 보험계약의 체결에 직접적으로 관여하는 계약당사자는 아니기 때문에 보험자에 대하여는 손해보상청구권을 갖는 것 이외에 다른 권리·의무를 갖지 않는 것이 원칙이다. 그러나 피보험이익의 주체로서 보험사고에 의한 손해보상을 받는 자로서 중요한 지위를 차지하고 있기 때문에 특정한 경우에는 보험료지급의무(상법 제639조), 고지의무(상법 제651조) 등과 같은 보험계약자의 의무를 부담할 뿐만 아니라 보험계약자의 경우와 같이 피보험자의 행위 또는 피보험자의 일정한 사실에 대한 인지에 의해서도 보험계약의 효력에 영향을 미칠 수가 있다.

따라서 보험계약자와 피보험자는 동일인이 될 수도 있고 서로 다른 사람이 될 수도 있다. 자신을 위하여 보험계약을 체결하게 되면 보험계약자와 피보험자는 동일인이 되지만 타인을 위하여 보험계약을 체결하게 되면 보험계약자와 피보험자는 다른 사람이 된다.

무역거래조건 CIF규칙에서는 매도인이 보험계약자가 되고 매수인이 피보험자가 되지만, FOB 규칙에서는 매수인이 보험계약자인 동시에 피보험자인 것이다.

(4) 보험대리인(점)

보험대리인(insurance agent) 또는 보험대리점이란 해상보험계약의 간접적인 당사자로서 어떤 특정한 보험자를 위하여 계속적으로 보험계약의 체결을 대신하거나 중개하는 자로서 독립된 상인이다(상법 제87조). 이러한 보험대리인은 어떤 특정한 보험자로부터 위촉을 받아 그를 위해서만 계속적으로 대리 또는 중개한다는 점에서 보험중개인과는 구별되고 또 보험자로부터 위임을 받아 대리 또는 중개를 영업으로 하는 독립된 상인이라는 점에서 보험자의 단순한 사용인과도 구별된다. 한편 보험대리인이 가지는 대리권의 범위는 보험자와 보험대리상의 계약에 의하여 정해지는 것이 일반적이나 법적으로는 보험자의 권한을 대행할 수 있기 때문에 보험자와 동일한 위치에 있다. 따라서, 보험대리인은 보험자의 대리인으로서 보험계약을 체결할 수 있고 보험료를 수령할 수 있을 뿐만 아니라 보험계약을 변경, 연기, 또는 해지할 수 있다.

---

6) 영국에서는 일반적으로 보험계약자와 피보험자를 개념상 구별하지 않고 있어 보험계약을 체결하고 보험료의 지급의무를 부담하며, 보험사고시 보상까지 받는 자를 Assured라고 하고 있는데 반하여 우리나라와 일본 등에서는 보험계약자와 피보험자를 각각 구별하고 있다.

(5) 보험중개사

보험중개사(insurance broker)이란 법적으로 피보험자를 대리하고 대표하며 보험가입 희망자에게 가장 적합한 보험을 알선해주는 업무를 주된 임무로 하는 자를 말한다. 영국, 네덜란드, 독일 등 보험이 발달한 국가에서는 보험중개사에 의해 보험계약이 체결되는 경우가 대부분이다. 특히 로이즈보험은 반드시 로이즈에 등록된 보험중개인을 통해서만 계약이 성립된다.

우리나라도 보험중개사를 통한 보험계약 체결을 유도하고 보험계약자를 보호하기 위해 금융감독원에서는 매년 보험중개사 자격시험을 시행하고 있다. 보험중개사는 자격시험에 합격한 후 금융위원회에 등록하여야 하나, 아직까지 보험중개사의 활동은 미미하다.

보험중개사는 최적의 보험조건을 알선해야 하는 전문적인 대리인이기 때문에 특정보험자와만 관련을 맺는 것이 아니라 여러 보험자와 관련을 맺고 다양한 보험상품에 대한 상당한 지식을 가진 보험전문가라야 한다. 그리고 보험중개사는 독립된 지위에서 보험모집을 위한 영업활동을 하고 있다는 점에서 보험자에게 종속되어 있는 보험모집인과 다르고 보험대리인과 같다. 보험모집인은 보험외무원이라 하며 특정보험자에게 종속되어 보험계약의 체결을 중개하고 있기 때문에 보험자를 대신하여 보험계약을 체결할 수 없고 보험료도 징수할 수 없다.

2) 해상보험계약의 법적 성질

보험은 위험의 결합을 통하여 개인이나 기업이 우발적인 사고발생으로 입게 되는 손실을 보상해 주는 제도이므로 보험계약은 보험자와 보험계약자가 자신들의 관계를 권리와 의무의 관계로 성립시키는 행위라 할 수 있다.

해상보험계약은 보험자가 선박의 항해와 관련한 어떤 우연한 사고(보험사고)의 발생에 의해 피보험자가 입게 될 손해를 보상할 것을 약속하고 보험계약자는 이에 대한 반대급부로서 보험료를 지급하겠다는 약속을 함으로써 성립하는 계약이다. 따라서 해상보험계약은 보험계약자가 약정된 보험료를 보험자에게 정당하게 지불하였을 경우에 그 효력을 발생하게 되므로 보험자가 보험료를 수령하기 전에 발생하는 보험사고에 대해서는 보상책임이 없다. 이러한 의미에서 해상보험계약은 반대급부에 따른 유상계약이라 할 수 있다.

보험계약은 보험자가 우연한 사고로 초래된 손해를 보상하므로 보험금의 지급이 우연한 사고에 좌우된다는 점에서 도박과 마찬가지로 사행성 계약이 인정된다고 할 수 있다. 다만 보험계약은 대수의 법칙에 의하여 사고의 개연율을 측정함으로써 합리적인 운

영에 그 기초를 두고 있기 때문에 법률상 허용되고 있지만 도박은 공서양속(public policy and good morals)에 반하여 법률상 허용되지 않고 있다.

이처럼 보험계약이 개별적으로는 사행계약이면서도 사회적으로 인정받고 있는 근거는 보험제도의 특성에서 찾을 수 있다. 즉 보험계약의 개별적인 구조에서 보면 피보험자에게 보험사고가 발생하는 것은 극히 우연한 것이지만, 보험단체 전체의 구조 속에서 통계적인 대량관찰에 의하여 살펴보면 우연한 사고의 발생은 일정한 규칙성을 갖는다는 사실을 알 수 있다. 여기에서 보험계약은 개별적으로는 사행계약이지만 보험단체 전체로는 사행계약이라 할 수 없는 특성을 지니고 있다.

한편, 보험계약이 선의(good faith) 또는 최대선의(utmost good faith)에 기초를 둔 계약이라는 점에서 사행계약성에 따른 도박화를 방지할 수 있어야 하기 때문에 보험계약자에게 신의성실한 고지의무가 부여되고 있다.

3) 고지의무와 담보

보험계약자는 보험계약을 체결할 때 보험자가 보험목적물의 손실위험성을 정확히 측정하여 이에 적절한 보험료를 산정할 수 있도록 보험자에게 중요한 사항을 고지하여야 한다. 보험자는 이러한 고지내용을 기초로 하여 예측되는 위험의 정도, 보험금액과 손실가능성을 면밀히 검토한 후 보험조건(위험 인수조건)이나 보험계약의 체결여부를 결정하고 나아가 재보험 가입 여부를 결정하게 된다.

따라서, 보험자로서는 보험인수조건과 보험료를 정확하게 측정하기 위하여 위험사정을 잘 알고 있는 보험계약자 또는 피보험자에게 위험측정에 필요한 사항을 신의성실하게 고지하도록 요구하게 되고 보험계약자는 이에 응할 의무를 고지의무(obligation to disclose)라고 한다. 만약 위험사실을 은폐하거나 부실고지를 하면 보험자는 보험계약을 해지하거나 취소할 수도 있다.[7] 고지의무는 보험자가 보험료를 산정하고 보험계약을 체결하는데 필요한 정보를 얻기 위한 것이기 때문에 보험계약이 성립되기 전에 보험자가 질문형식으로 제공하는 보험계약청약서에 보험계약자가 해당물음에 답하는 형식을 취하고 있다.

보험자는 보험계약자로부터 고지받은 내용을 기초로 보험증권에 피보험자의 입장표명이나 또는 피보험자가 엄격하게 이행하여야 할 조건, 즉 피보험자가 보험자에게 하는 약속을 기재하게 되는데 이러한 입장표명과 약속을 모두 담보(warranty)라 한다. 그러므로 고지의무는 담보를 형성하는 전제절차에 해당되며 위험의 상태 또는 피보험자가

---

7) 우리나라 상법 제651조 및 영국해상보험법 제18조 1항.

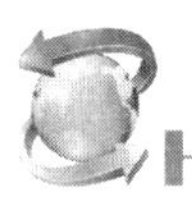

이행하거나 충족시켜야 할 내용을 보험증권에 명시한 것을 담보라 한다. 즉, 담보는 보험계약자의 고지의무를 계약상 의무로 전환시킨 결과라 할 수 있다.

4) 피보험이익

(1) 피보험이익의 의의

해상보험에서 선박과 화물은 보험의 목적물(subject matter of insurance)로서 보험계약의 대상물에 불과하다. 해상보험은 선박과 화물 등 보험목적물을 보호하는 것이 아니라 보험목적물과 이해관계가 있는 특정의 경제주체를 보호하기 위한 것이다. 보험계약이 존재하는 목적은 선박과 화물의 보호는 물론 이러한 보험목적물에 대해 특정인이 가지고 있는 경제적 이해관계를 보호하기 위해서다. 이를테면 수입회사가 시황이 좋아 화물가격에 30% 이상의 예상이익을 기대하고 화물의 도착을 기다렸으나 예상하지 못했던 해상사고를 당했을 경우 손실분만 보험으로 보상받을 수 있다면 일반 손해보험에 불과하여 수입회사는 사실상 30%를 손해 본 결과이므로 보험자체의 손실보상 기능을 살릴 수 없게 된다.

그러므로 해상사고가 발생하면 해상보험의 대상은 선박이나 선박에 실린 화물뿐만 아니라 선박과 화물운송에 대하여 특정인이 가지는 경제적 이해관계까지 포함시켜야 하는데 이러한 경제적 이해관계를 피보험이익(insurable interest)이라 한다. 즉, 피보험이익이란 보험의 목적물이 멸실 또는 손상됨으로써 경제적 손실을 입는 특정인과 그 보험의 목적물 사이에 존재하는 이해관계를 말한다. “이익 있는 곳에 보험이 있고, 이익 없는 곳에 보험 없다”는 원칙에 따라 보험목적물에 대하여 이러한 피보험이익이 없으면 해상보험은 성립되지 않는다.

일반적으로 보험계약을 체결할 때 피보험자는 피보험이익을 가지고 있어야 한다. 하지만 해상보험은 다른 보험에 비해 국제성이 강하기 때문에 피보험이익을 가지고 있지 않더라도 보험계약이 체결될 수 있다. 선박보험과는 달리 FOB조건의 적하보험에서는 수입자가 화물에 대한 소유권을 가지지 못한 상태에서 보험계약을 체결하게 된다. 보험계약을 체결할 당시에는 피보험 이익이 없더라도 보험사고가 발생한 시점에는 이해관계를 가지고 있어야 한다.[8)]

이러한 원칙은 하나의 보험의 목적물에 대해서도 피보험이익에 따라 여러 가지 보험

8) 해상보험에서는 피보험자가 피보험이익의 존재를 증명해야 할 시기는 보험사고가 발생한 시기를 기준으로 하지만 생명보험에서는 생명보험계약을 체결할 때 반드시 피보험이익이 있어야 한다는 점에서 차이가 있다.

계약을 성립시킬 수 있으므로 해상보험의 대상이 되는 것은 단지 선적물품이나 선박 그 자체에만 국한되지 아니하고 사고발생으로 인한 손해를 금전으로 견적할 수 있는 것은 모두 해상보험의 대상이 된다. 그러므로 선박회사가 사고에 의하여 취득할 수 없게 되는 운임이나, 수입업자가 운송사고로 인하여 상실할지도 모르는 희망이익도 보험계약의 대상이 되는 것이다.

피보험이익에 대하여 영국의 해상보험법 제5조에는 다음과 같이 정의하고 있다.

Article 5. Insurable interest defined

(1) Subject to the provisions of this Act, every person has an insurable interest who is interested in a marine adventure.

(2) in particular, a person is interested in a marine adventure where he stands in any legal or equitable relation to the adventure or to any insurable property at risk therein, in consequence of which he may benefit by the safety or due arrival of insurable property, or may be prejudiced by its loss, or by demage thereto, or by the detention thereof, or may incur liability in respect thereof.

(제5조 피보험이익의 정의

① 본 법령에 따라 해상사업에 이해관계를 가지고 있는 모든 사람은 피보험이익을 가진다.

② 특히 해상사업 또는 위험에 직면해 있는 피보험재산에 대해서 보통법상 또는 형평법상의 관계가 있는 자가 이러한 법규상의 관계 때문에 피보험재산이 안전하거나 정시에 도착함으로써 이익을 얻거나, 피보험재산의 멸실, 손상 혹은 지연으로 인하여 손해를 입거나, 피보험재산과 관련하여 배상책임을 부담하게 될 경우에 해상사업에 대해서 이해관계를 가진다.)

(2) 피보험이익의 요건

위에서 본 바와 같이 피보험이익이 없는 보험계약은 무효인데, 해상보험계약이 유효하게 존립하기 위해서는 피보험이익이 다음과 같은 요건을 갖추어야 한다.

① 적법성

보험계약은 물론 피보험이익은 법률상 인정되는 합법성을 가져야 한다. 즉, 피보험이익은 법률상의 규정에 위반되거나 공서양속에 반하지 않는 것이어야 한다. 밀무역에 종사하는 선박의 보험, 밀수품, 절도품 및 수출입이 금지된 물품에 대한 보험 등은 법의

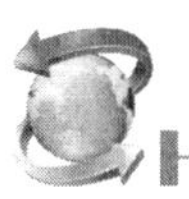

보호를 받지 못하므로 피보험이익으로서 결격사유가 된다(영국해상보험법 41조).

② **경제성**

피보험이익은 금전으로 산정할 수 있는 이익, 즉 경제적 이익이어야 한다. 피보험이익이 금전으로 산정될 수 없는 경우에는 손해액을 산정할 수가 없으며, 또 보험의 남용에 의하여 실손해 이상의 보상을 받을 염려가 있기 때문이다.

③ **확실성**

피보험이익은 반드시 계약체결 당시에 현존하고 누구에게 귀속될 것인지가 확실해야 한다. 피보험이익은 적어도 보험사고가 발생하기 전까지는 그 존재 및 귀속이 확정될 수 있는 것이어야 한다. 피보험이익이 확정되지 않으면 손해도 확정될 수 없고 따라서 보험금의 계산도 불가능하나 적하보험에서는 피보험이익이 현재 확정되어 있지 않더라도 장래에 확정될 것이 확실하면 보험의 대상으로 인정된다. 예를 들면 CIF 가격조건에서 희망이익 10%는 계약을 체결할 때에는 확정되지 않았지만 화물이 무사히 도착할 경우를 가정하고 인정되는 피보험이익이다.

④ **피보험이익의 평가**

선주는 선박평가금액, 운임, 보험료, 선비(disbursements)를 피보험이익으로 보고, 화주는 화물의 평가금액, 적하보험료, 화물운임, 희망이익, 제반비용 등을 피보험이익으로 하여 보험에 가입할 수 있다. 선비는 선박을 운항하는데 소요되는 의장비, 연료비 등 일체의 경비를 말하며 선박평가금액의 25%까지를 운임, 선비, 용선료, 보험료로 인정받을 수 있다.

피보험이익에 대한 평가금액은 보험자가 손해보상액의 기준이 될 수 있는 금액으로서 이를 보험가액(insurable value)이라 한다. 보험가액은 보험목적물의 실제가치이기 때문에 구체적인 금액으로 평가되는 것을 전제로 하는데 평가기준에 대해서 논란이 발생할 수 있다. 피보험자는 피보험이익을 높게 평가하여 부당이득을 취하려 할 것이고 보험자는 피보험이익이 시간과 장소에 따라 변동될 수 있기 때문에 정확하게 평가하려 하나 사실상 어려운 문제가 많다. 뉴욕에서 인천을 향해 출발한 선박이 태평양 가운데서 침몰했을 경우 침몰한 선박과 선박에 실린 화물을 뉴욕가격기준으로 평가할 것인가? 아니면 한국가격기준으로 평가할 것인가? 또는 출항시점을 기준으로 할 것인가 도착시점을 기준으로 할 것인가 하는 문제가 발생한다.

일반적으로 보험목적물의 종류가 다양하기 때문에 보험가액을 정확하게 평가하는 것은 기술적으로 사실상 어려우나 선박은 보험자와 보험계약자가 합의에 제 기관(보험개발원 또는 로이즈)의 평가감정으로 정하고, 화물은 수출회사가 작성한 송장가격으로 정하고 있다.

3. 해상위험과 해상손해

1) 해상위험의 의의

해상보험계약을 체결하는 것은 화물을 운송하는 중에 우연한 사고발생으로 입는 손해를 보험자로부터 보상받기 위한 것이다. 이러한 손해를 초래할 사고발생의 가능성이 곧 위험(risk)이며, 위험이 존재하지 않으면 보험도 존재하지 않는다. 위험의 존재는 사고의 발생에 관한 불확실성을 의미한다. 그런데 해상보험의 대상이 되는 피보험위험은 해상위험이다. 해상위험(marine perils)을 상법에서는 항해에 기인하고 항해에 부수하여 발생하는 사고라고 포괄적으로 규정하고 있고, 영국해상보험법에서는 해상위험을 다음과 같이 정의하고 있다(MIA, 1906, Article 3조 2항 c).

> "Maritime perils" means the perils consequent on, or incidental to, the navigation of the sea, that is to say, perils of the seas, fire, war perils, pirates, rovers, thieves, captures, seizures, restraints, and detainments of princes and peoples, jettisons, barratry, and any other perils, either of the like kind or which may be designated by the policy.
>
> ("해상위험"이란 항해에 기인 또는 부수하는 위험, 즉 해상고유의 위험, 화재, 전쟁위험, 해적, 표도(漂盜), 포획(捕獲), 나포(拿捕), 국왕 및 국민의 억지 또는 억류, 투하, 선장 및 선원의 악행 그리고 상기의 여러 위험과 동종의 위험 또는 보험증권에 기재되는 기타의 모든 위험을 말한다.)

항해에 기인하는 위험은 항해가 원인이 되어 우연히 발생하는 해상고유의 사고를 말하고, 항해에 부수하여 발생하는 위험은 항해를 하지 않더라도 발생할 수 있는 화재, 선원의 악행, 선생 등의 위험을 말한다. 항해에 기인하여 발생하는 해상고유의 위험을 제외하고는 모두 항해에 수반하여 발생하는 위험으로 볼 수 있다.

2) 해상위험의 종류

해상보험증권의 위험약관(perils clause)에 열거되어 있는 내용으로서 보험자가 부담할 수 있는 해상위험을 분류하면 다음과 같다.

(1) 해상고유의 위험(perils of the seas)

해상고유의 위험이란 해상에서 우연히 발생하는 사고나 재해를 의미하며, 통상적으로 부는 바람이나 파도는 위험에 포함되지 않는다. 해상고유의 위험은 해상보험증권의 위험약관(Perils Clause)에 열거되어 있는 해상에서의 우발적 사고 또는 재해로서 이에 근인하여 발생한 손해에 대해서는 보상된다. 구체적으로는 침몰(Sinking), 좌초(Stranding), 충돌(Collision)로 SSC 사고를 말하며, 악천후(heavy weather) 또는 황천(荒天)과 같은 풍파의 이례적인 작용도 해상고유의 위험에 해당된다. 해상보험에서 악천후로 인한 손해에는 해수침손(seawater damage), 갑판적재화물의 풍랑유실, 화물의 곰팡이 손해 등이 있다.

(2) 화재(fire)

화재란 보험목적물과 그 부근에 있는 것의 연소를 말하는데,[9] 이는 해상고유의 위험은 아니지만 가장 일반적인 해상위험의 하나로서 보험자가 부담하는 위험이다.

(3) 강도(thieves)

강도라는 것은 폭력에 의해 강탈을 행하는 사람을 의미하는데, 지난날에는 해적·강도 등이 해상무역의 일대 위협이었기 때문에 이 종류의 위험이 해상위험의 주요한 부분이었으나, 오늘날에는 일반적으로 제외되고 있는 실정이다.

(4) 투하(jettison)

해난에 의해 선박이 침몰의 위기에 처했을 때 이것을 피하기 위해서 선장이 고의적으로 적하의 일부를 바다에 버리는 행위를 의미하는데, 이는 통상 공동해손으로 처리된다.

9) 보험목적물의 소실뿐 아니라 연기로 인한 손해 및 열에 의한 손해를 포함하며, 더욱이 연소를 막기 위한 소방수에 의해 생긴 손해도 화재에 의한 손해로 구분된다.

(5) 선장 및 선원의 악행(barratry of the Master and Mariners)

영국해상보험법 부칙은 "선원의 악행이라는 말은 선주나 용선자에게 손해를 줄 수 있는 선장 또는 선원의 고의에 의한 모든 부정행위를 포함한다."로 규정하고 있다. 즉, 선주 또는 용선자에게 손해를 줄 수 있는 선장의 부정행위와 선원의 반항적 폭력행위를 말하고 밀수의 발각에 의한 선박의 몰수, 사기에 의한 선박과 적하의 매각 등을 가리킨다.

(6) 기타 모든 위험(all other perils)

기타 모든 위험이라 하여 모든 위험을 의미하는 것은 아니고 영국해상보험법 부칙내용으로 보아 보험증권에 열거된 위험과 비슷한 종류의 위험을 포함하는 것으로 해석된다. 서로 유사한 뜻을 가진 어휘가 나열되면 각각 별다른 뜻을 가진 것으로 해석하는 것이 아니라 서로 비슷한 의미를 지닌 것으로 해석하는 원칙인 동종제한의 원칙에 따라 영국보험법에 명시된 위험과 비슷한 의미를 가진 어휘를 이렇게 표현한 것으로 보인다. 예를 들면 '해상고유의 위험'과 동종의 위험에 따른 손해로서는 악천후 때문에 선창을 닫아서 생긴 화물의 습기손해 등을 의미한다.

3) 담보위험과 면책위험

해상사고로 발생하는 위험 중에는 보험자가 모두 보험으로 인수해 주는 담보위험과 인수할 수 없어 보상책임을 면하는 면책위험이 있다. 피보험자는 담보위험에 포함되지 않는 위험, 즉 면책위험에 대해서는 별도로 특수보험에 가입하던가 별도의 대비책을 강구하여야 할 것이다.

담보위험의 범위는 보험조건에 따라서 달라지며 그 범위가 넓어질수록 보험자의 책임이 커지기 때문에 보험요율은 증가하게 된다. 현행 적하보험은 ICC (B)약관과 ICC (C)약관에 있는 보험자의 담보위험을 구체적으로 보험증권에 열거하도록 하는 열거책임주의를 택하고 있다. 면책위험은 법으로 규정하고 있는 경우도 있는데 대부분 보험약관에 명시되어 있다. 면책위험을 보험증권에 명시하고 이를 제외한 모든 위험을 담보할 것을 약정하는 방법을 포괄책임주의라 하는데 보험사고가 발생할 경우 보험자가 사고를 야기시킨 직접적 원인이 면책위험에 속한다고 입증할 책임이 있고 열거책임주의에서는 피보험자에게 면책위험을 입증할 책임이 있다. 해상보험에서 포괄책임주의 원칙을 적용하는 적하보험은 ICC (A)조항 하나뿐이다.

4) 해상손해의 종류

손해(loss)라고 하는 것은 위험발생의 객체인 보험의 목적, 즉 선박, 적하 또는 이에 준하는 유체물이 파괴 또는 멸실 그 자체를 말하는 것이 아니라, 보험의 목적의 손상 또는 멸실[10]로 인하여 피보험이익이 소멸 또는 감소하는 것을 말한다.

따라서 해상손해란 해상보험에 있어서 해상위험의 발생으로 피보험이익의 전부 또는 일부가 소멸함으로써 발생하는 피보험자의 경제상의 부담 또는 재산상의 불이익을 말한다. 해상보험은 이러한 해상손해로 인하여 피보험자가 입게 되는 실질적인 손해, 즉 실손(實損)을 보상하는 것이 원칙이다. 보험자는 모든 종류의 해상손해를 무조건 보상하는 것이 아니고 해상손해의 종류에 따라 다르다.

해상손해의 종류는 [그림 9-1]과 같이 물적 손해, 비용손해 및 배상책임손해로 분류할 수 있다.

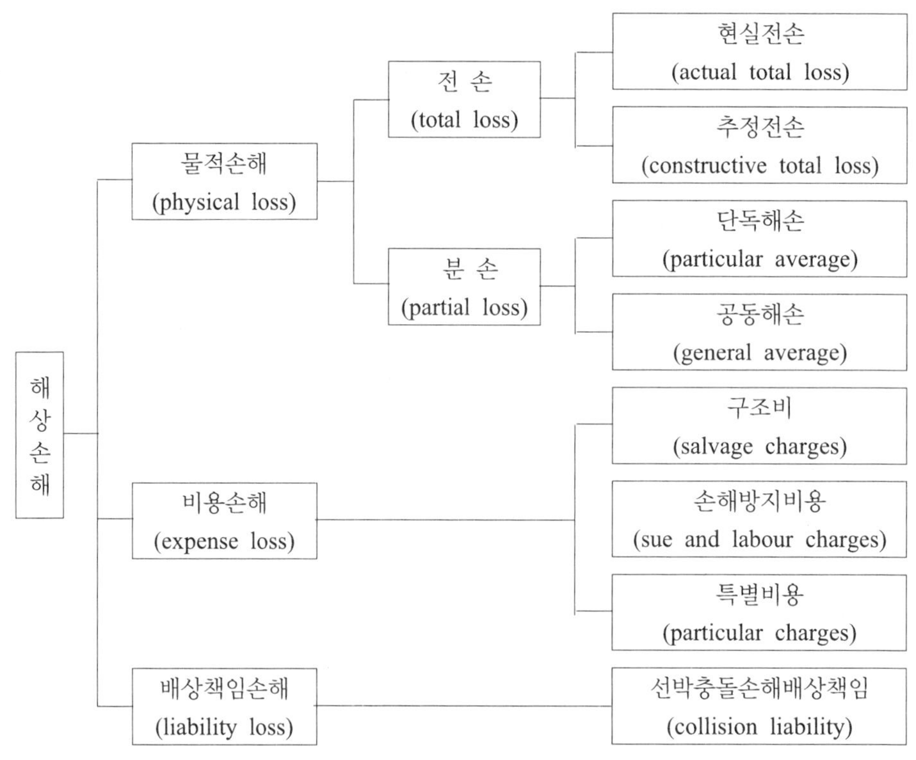

[그림 9-1] 해상손해의 유형

10) 멸실(loss)은 수량적인 개념으로서 포장단위의 화물이 없어지는 것이고, 손상(damage)은 화물이 존재하지만 파손 등에 의해 화물의 가치가 감소하는 것을 말한다.

(1) 물적 손해

해상손해 중 물적 손해라 함은 보험목적물의 직접적인 멸실 또는 손상으로 인한 실질적이며 물리적인 손해(physical loss)를 말한다. 따라서 물적 손해는 직접손해의 성질을 가지며 피보험이익의 전부의 멸실이냐, 일부의 멸실이냐에 따라 전손(total loss)과 분손(partial loss)으로 분류되며, 전손은 다시 현실전손(Actual Total Loss : ATL)과 추정전손(Constructive Total Loss : CTL)으로 분류되고, 분손은 단독해손(Particular Average : P/A)과 공동해손(General Average : G/A)으로 구분된다.

① 전손

현실전손은 보험목적물이 완전히 멸실 또는 파손되거나, 원래의 성질을 갖지 못할 정도로 손상 또는 상실하여 상품가치가 전혀 없거나, 보험목적물의 점유권을 박탈당하여 피보험자가 다시 회복할 가능성이 없을 경우에 성립되는 것을 말한다.

추정전손은 해상보험에서만 유일하게 인정되는 손해보험으로서 전손으로 보기에는 확실하지 않으나 전손으로 간주할 수 있다는 추측으로 성립한다. 보험의 목적물이 손상의 정도가 심하여 회복의 가망이 없거나, 회복이 가능하더라도 보험목적물을 구조하기 위한 비용과 구조 후의 수리비용이 이들 비용지출 후의 보험목적물의 가액을 초과하여 경제적 가치가 없는 경우에는 현실적으로 화물이 존재하고 있어도 경제적으로 전손이라고 인정되는 경우를 가리킨다.

해상사고는 육상사고와 달리 사고사실을 확인하기가 어려워 손해의 정도를 파악하기가 사실상 불가능한 경우가 있다. 즉, 사고심증은 가지만 사고에 따른 전손의 물증이 없더라도 해상보험의 특수성을 인정하여 전손으로 처리하자는 취지이다.

추정전손은 피보험자가 보험목적물을 전손으로 추정한다는 사실을 보험자에게 통지하고 보험자가 이에 동의하여야 성립된다. 이때 피보험자가 보험목적물을 보험자에게 추정의사 표시를 위부(abandonment)라 하며, 보험금청구의 전제조건이다.

② 분손

단독해손(particular average)이란 담보위험으로 인하여 발생한 보험목적물 일부분의 손해로서 피보험자가 단독으로 책임지는 손해이다. 분손의 형태는 주로 선박의 파손, 화물의 일부 손실, 운임의 미취득부분 등으로 나타난다. 분손에 대한 사정은 고도의 지식을 요하기 때문에 주로 손해사정인(average adjuster)들이 영국손해사정인협회(Association of Average Adjusters : A.A.A)에서 규정한 별도의 실무규칙에 따라서 손해를 사정하게 된다.

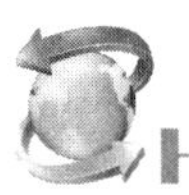

분손은 보험조건에 따라서 보상되기도 하고 보상받지 못할 수도 있다. 적하보험에서도 FPA(Free from Particular Average) 조건은 보험자가 분손을 담보하지 않는다는 분손부담보조건이다. 그러나 오늘날 적하보험에서는 보험조건에 상관없이 모든 분손을 보상하고 있다.

공동해손(general average)은 공동의 안전을 위하여 희생된 손실과 비용을 관련당사자가 균등하게 공동으로 분담하는 손해를 말한다. 보험목적물이 위험에 놓여있을 경우 공동의 안전과 이해관계자 공동의 이익을 위해 취해진 행위를 공동해손행위(act)라 하고 공동해손행위로 인하여 발생하는 손해를 공동해손이라 한다. 즉 공동해손행위란 선박 및 적하가 공동의 위험에 놓여 있을 때 그 위험을 면하기 위하여 선박 또는 적하에 대하여 선장이 고의적으로 이례적인 처분을 하거나 또는 비용을 지출하는 것을 말한다.

공동해손에는 선박이 폭풍우를 만나 침몰될 위험에 놓였을 경우 그 위험을 피하기 위해 적하의 일부를 선박의 밖으로 버리는 투하(jettison)와 같은 물적 손해인 공동해손희생(general average sacrifice)과 선박이 위험한 장소에 좌초한 경우 선박을 구하기 위해 예선을 사용함으로써 발생하는 비용손해인 공동해손비용(general average expenditure)이 있다. 이러한 비상조치로 인하여 발생한 손해는 그로 인하여 위험을 면하게 된 자들이 그들이 받은 혜택의 정도에 따라 분담하게 되는데 이 분담액을 공동해손분담금(general average contribution)이라 한다.

공동해손의 정산은 보통 York Antwerp 규칙에 따르며, 공동해손이 성립되기 위해서는 ㉠ 공동의 희생손해나 비용손해는 통상적이 아니라 이례적이어야 하고 ㉡ 공동해손행위는 자발적이며 고의적이어야 하고 ㉢ 위험은 현실적으로 존재하여야 하고 ㉣ 공동해손행위와 공동해손은 신중하면서도 합리적이어야 한다.

(2) 비용손해

비용손해라 함은 보험목적물과 관련하여 해상위험이 발생하였을 때에 간접적으로 지출하거나 또는 피보험자나 그 대리인이 손해방지 및 손해경감의무를 수행하기 위하여 위험을 방지하거나 손해를 경감시키기 위해 지출된 비용을 말한다. 인간의 심리는 안전장치가 되어 있으면 오히려 안전불감증으로 위험을 가중시켜 손해를 확장시키기 쉽다. 피보험자도 보험에 가입되어 있는 보험목적물이 위험에 노출되어 있어도 이에 대한 안전조치나 예방조치를 소홀히 하기 쉽다.

손해보험에서는 피보험자에게 보험목적물의 손해방지를 위해 최선의 노력과 조치를 취하도록 의무화하고 있다. 영국의 보험법에서는 피보험자 또는 그 대리인에게 이러한 의무를 부담하도록 규정하고, 만약 의무이행을 소홀히 할 경우에는 보험자가 보험금 지

급을 거절할 수도 있도록 규정하고 있다. 이러한 비용은 보험자가 별도로 보상하는 손해(loss by way of expenditure)로 손해방지비용, 구조비, 특별비용 등이 있다. 비용손해는 간접손해의 성질을 가지며 손해방지행위를 시도하다 실패하거나 보험목적물의 전손이 발생하더라도 계약된 보험금액과 별도로 추가하여 지급된다.

① **구조비(salvage charges)**

위험에 처한 선박이나 화물을 구출하기 위해 지출되는 비용을 구조비라 한다. 구조성격에 따라 군사구조와 민간구조 또는 순수구조와 계약구조로 구분된다. 해상보험에서 구조비로 인정되는 것은 군사구조가 아닌 민간구조로서 순수구조비이다. 위험에 처한 화물이나 적재선박을 구조계약을 체결하지 않고 구조자가 임의로 구조한 경우에 법에 의해 회수할 수 있는 비용을 말한다(우리나라 상법 제849조).

구조비를 청구할 수 있는 조건은 ㉠ 보험목적물이 실제로 위험한 상태[11)]에 있어야 하고(구조자는 위험의 존재를 입증할 책임이 있다), ㉡ 법적의무로서 구조하는 것이 아니라 구조자의 자발적인 구조행위가 있어야 하며, ㉢ 보험목적물(구조물)의 전부 또는 일부를 구조(취득)하여야 한다.

구조행위가 일부라도 반드시 성공하여야 한다는 점에서 손해방지비용의 성립조건과 다르다. 손해방지비용은 손해방지행위의 성공여부에 관계없이 보상된다. 선박이나 화물을 적재한 선박의 구조는 전문성과 긴급성이 요구되므로 구조전문기관이 필요하다. 1856년에 설립된 영국의 해난구조협회(The Salvage Association)는 비영리 구조기관으로서 위험에 직면해 있는 선박을 예인하거나 또는 침몰된 선박을 인양하고 있다. 오늘날 구조는 대부분 구조계약에 의해 행해지며 이러한 구조비는 손해방지비용 또는 공동해손비용으로 취급된다.

② **손해방지비용(sue and labour charges)**

보험목적물에 해상위험이 발생할 경우 피보험자는 그 손해를 방지·경감하기 위한 적절하고 합리적인 조치를 취해야 할 의무가 있다. 손해방지비용은 이러한 의무를 이행하는 데 필요한 비용을 말한다. 손해방지비용은 보험증권본문 중의 손해방지약관(sue and labour clause)에 의해 보험자가 부담하게 된다. 이 약관은 보험계약을 보충하는 별개의 계약으로 간주되기 때문에 손해방지비용은 기타의 비용과는 달리 손해에 대한 보상액과 합산해서 보험금액을 초과하는 경우라도 그 전액이 보상된다. 설사 피보험자나 그 대리인이 손해방지행위[12)]를 정당하게 시도하다 실패하는 경우에도 원래의 보험

11) 1848년 Charlotte호 사건에서 루싱톤 판사는 구조행위가 없었다면 선박이 손상을 입었을지도 모르는 상태가 위험한 상태라고 하였다.

금액에 추가하여 보상하는 이유는 피보험자로 하여금 적극적으로 손해방지행위를 유도하기 위한 방법이라 할 수 있다.

③ **특별비용(particular charges)**

담보위험에 처한 보험목적물의 안전과 보존 때문에 피보험자 또는 피보험자의 대리인에 의해서 지출된 비용으로서 공동해손비용과 구조비 이외의 것을 특별비용이라고 하며, 특별비용은 단독해손에 포함되지 않는다(MIA, 1906, Article 64-2). 특별비용의 내용은 항해선박이 해난을 만나 피난항에서 행해진 양륙, 보관 및 그에 계속되는 운반을 위한 비용 등을 포함한다.

(3) 손해배상책임

손해배상책임(liability loss)은 피보험자의 과오, 과실 또는 태만 등으로 인하여 제3자가 입는 손해를 배상하는 책임을 말한다. 선박의 충돌을 야기한 선주가 상대선주에게 충돌손해에 대하여 배상할 책임을 보험으로 처리하는 경우로서 선박보험약관에 의하여 선박보험자와 선주들의 상호협력단체인 P&I클럽[13]에서 공동으로 부담하고 있다.

5) 위부와 대위

위부(abandonment)란 추정전손의 사유로 피보험자가 보험의 목적물에 대한 모든 권리를 보험자에게 취득시키고 그 대신 전손에 해당하는 보험금액의 전부를 청구하는 행위를 말한다.

즉, 보험의 목적이 전부 멸실한 것이 확실하지만 이를 입증하기가 곤란하거나 또는 전부 멸실한 것과 동일시되는 경우에 피보험자가 부보물건에 대하여 소유하는 일체의 권리(all rights and remedies)를 보험자에게 이전하고 보험금의 전부를 취득하는 것을 의미한다.

위부는 추정전손 성립의 형식적 전제요건이며, 추정전손은 위부를 수반하는 전손이다. 그 대표적인 예가 선박의 행방불명이다. 이러한 경우 전손의 발생을 입증할 수 없어 보험자에게 보험금을 청구할 수가 없다고 하면 피보험자로서는 매우 난처하게 된다. 이

12) 손해방지행위와 비용은 적절성과 합리성을 기준으로 평가하는 사실문제로서 손해비용은 보험금액의 한도 내에서 보상된다.

13) Protection & Indemnity Club의 약자로서 선주들이 일정한 기금을 모아 사고가 발생할 경우에 혜택을 주기 위한 일종의 선주들로 구성된 공제조합을 말한다. 영국에는 17개의 P&I클럽이 있는데 U.K. P&I클럽, London P&I클럽 및 Britannia P&I클럽이 유명하다.

와 같은 경우에 법률상 전손과 같이 간주하고 피보험자가 보험금의 전액을 청구할 수 있도록 할 필요가 있다. 위부는 이러한 필요에서 인정된 법률상의 제도이며 손해보험 가운데서도 해상보험의 특유한 제도이다.

환언하면 피보험자가 보험손해를 추정전손(constructive total loss)으로 처리하기 위하여 피보험이익의 일체를 보험자에 대하여 포기하는 행위가 위부이다. 한편, 상법은 각종 해상보험에 공통되는 위부 사유를 다음과 같이 열거하고 있다.

① 선박이 침몰된 때

② 선박이 행방불명된 때

③ 선박이 수선을 할 수 없게 된 때

④ 선박 또는 적하가 포획된 때

⑤ 선박 또는 적하가 관공서에 압수되어 6개월 이상 환부되지 아니한 때

보험자가 피보험자에게 전손 보험금을 지급하면 피보험자가 보험의 목적물에 대하여 가지는 일체의 권리(제3자에 대하여 가지는 권리 포함)를 피보험자로부터 취득 또는 승계받는 것을 대위(subrogation)라 한다.

원래 손해보험계약은 손해보상, 즉 손해를 입은 피보험자가 손해를 입기 전과 같은 상태로 복귀시키는 것을 목적으로 하는 계약이지 피보험자에게 이득을 취득하게 하기 위한 것이 아니다. 그런데 피보험자가 보험자로부터 보험금의 지급을 받고도 보험의 목적물에 잔존하고 있는 권리나 제3자에 대한 손해보상청구권을 그대로 갖고 있다면 피보험자는 부당한 이익을 보게 된다. 대위를 인정하는 이유는 이와 같은 부당이득(이중이득)을 방지하려는 데 있다.

위부는 피보험자가 전손보험금을 청구하기 위하여 보험목적물에 대한 일체의 권리를 보험자에게 포기하는 것을 의미하며, 대위는 위부에 따른 보험금을 지급함으로써 보험목적물에 대한 일체의 권리를 피보험자로부터 승계 받는 것을 의미한다. 따라서 보험자는 보험금을 지급한 범위 내에서 대위권을 행사할 수 있지만 위부가 성립되면 보험자는 잔존물에 대한 일체의 권리를 승계 받으므로 보험자가 위부를 거절하고 전손이 아닌 분손보험금을 지급하면 그에 대한 대위권만 승계 받게 된다.

4. 협회적하약관

1) 협회적하약관의 의의

해상손해는 여러 가지 종류가 있으나 보험자가 모든 해상손해를 보상해 주는 것은 아니다. 다음의 보험조건들 중에서 피보험자는 취급하는 화물과 상황에 적절한 보험조건을 선택하여 보험자에게 부보(보험계약)하여야 하며, 보험자는 부보된 보험조건에서 부담하는 해상손해에 대해서만 보상을 하게 된다.

현재 국제무역거래에서 이용되고 있는 해상보험증권양식은 영국해상보험법(MIA, 1906)에 규정되어 있는 1779년의 Lloyd's S.G.Policy[14]이다. 우리나라 보험회사의 영문적하보험증권 양식도 런던보험업자협회[15](Institute of London Underwriters)가 이 Lloyd's S.G. Policy를 기초로 제정한 적하보험증권을 모방한 것이다.

해상보험증권의 내용은 고어체와 난해한 문장으로 되어 있고 각종 약관이 겹쳐서 이해하기가 어려웠다. 이에 1978년 11월 유엔무역개발회의(UNCTAD)가 발표한 해상보험에 관한 보고서에 의해서 런던보험업자협회와 로이드보험협회의 합동작업반은 기존의 보험증권양식을 개정하여 협회적하약관(Institute Cargo Clause : ICC)을 작성하였으며 1982년 1월 1일부터 이용하기에 이르렀다.

보험증권의 협회양식은 증권양식에 있던 본문약관(body clause)의 일부를 적하보험특별약관인 ICC에 통합시키고 이탤릭서체약관 전부와 본문약관의 나머지 대부분을 삭제시킴으로써 매우 간결하게 되었다. 우리나라는 1983년 3월 1일부터 종래의 보험조건과 ICC의 개정에 따른 새로운 보험약관을 병행하여 사용하고 있으나 머지않아 새로운 보험약관인 ICC협회약관만 사용될 것으로 예상된다.

2) 구 협회적하약관

(1) 전손담보

전손담보조건(Total Loss Only : TLO)이란 보험의 목적물이 전손되었을 경우에만 손해를 보상하는 조건이며, 이는 분손, 즉 공동해손이나 단독해손의 경우에는 보상하지 않는 조건으로서 실제로는 거의 이용되지 않고 있다. 이는 통상 TLO by TLV(Total

14) Standard SG Policy Form-Hull and Cargo의 약자로 여기서 SG를 Sterling Gold로 보기도 하고 Ship Goods으로 보기도 하여 확실하지 않다.

15) 로이즈보험자협회와는 별도로 1884년 영국정부로부터 인가를 받아 발족되어 현재 100여개의 보험회사가 가입되어 있다.

Loss Only by Total Loss of Vessel)라고 표시하는데, 이는 선박의 전손으로 인하여 보험목적물이 전손을 입었을 경우에만 보상한다는 뜻이다.

(2) 단독해손부담보(Free from Particular Average : FPA)

이 조건은 보통 담보되는 위험에 의해 발생한 전손과 공동해손은 보상되지만, 단독해손인 분손은 원칙적으로 보상되지 않는 조건이다. 단독해손은 담보위험으로 인하여 발생한 일부분의 손해로서 피보험자가 단독으로 책임지는 손해를 말하는데 FPA는 이러한 손해를 보상하지 않는 조건의 보험을 말한다.

해상보험에서 분손의 형태는 주로 선박의 일부 파손과 화물의 일부손실로 나타나는데 분손 성립여부에 대한 판단은 주로 영국의 손해사정인규칙에 따라 손해사정인(average adjuster)에 의해서 결정된다. 과거에는 분손이 보험조건에 따라 보상되기도 하고 보상되지 않는 경우도 많았으나 새로운 약관의 보험조건에서는 보험조건에 관계없이 모든 분손이 보상되고 있어 FPA는 유명무실한 보험조건이라 할 수 있다.

따라서, FPA는 분손부담보라고도 하지만 공동해손인 분손을 담보하는 조건이므로 엄밀히 말하면 단독해손부담보조건의 보험으로 현재 거의 이용되지 않고 있다.

(3) 분손담보(With Average : WA)

단독해손담보라고도 하며, 전손·공동해손은 물론 단독해손인 분손도 보험증권에 열거된 담보 위험에 의한 손해인 경우 모두 보상해 주는 조건이다. 실무상 이 조건은 다시 WA 3%[16]와 WAIOP의 두 가지로 구분된다.

WA 3%는 3% 미만의 단독해손은 보상하지 않으며 WAIOP(With Average Irrespective of Percentage)조건은 손해의 정도에 관계없이 단독해손을 보상하는 조건인데 이는 분손 중 소손해면책비율을 인정하지 않는 조건이다.

(4) 전위험담보(All Risks : A/R)

전위험담보 조건은 법률 또는 약관에 의해 면책되는 것 이외의 모든 멸실·손상을 보상해 주는 조건이다. 즉, All Risks 조건의 경우에는 보통 보험증권에 열거되어 있지 않으므로 특약에 의하지 않으면 원칙적으로 담보되지 않는 모든 위험이 담보된다.

영문보험증권에서는 보험자가 보험증권상에 열거된 위험만을 담보하는 열거책임주의를 취하고 있으나 All Risks 조건이 되면 보험자가 일체의 위험을 포괄적으로 부담하

16) 3% 이하의 소손해는 면책비율을 인정하는 조건이다.

는 포괄책임주의로 바뀌게 된다. 따라서 All Risks에서는 손해가 보험기간 중에 발생한 사실만 입증하면 되고 손해의 원인을 입증할 필요는 없다.

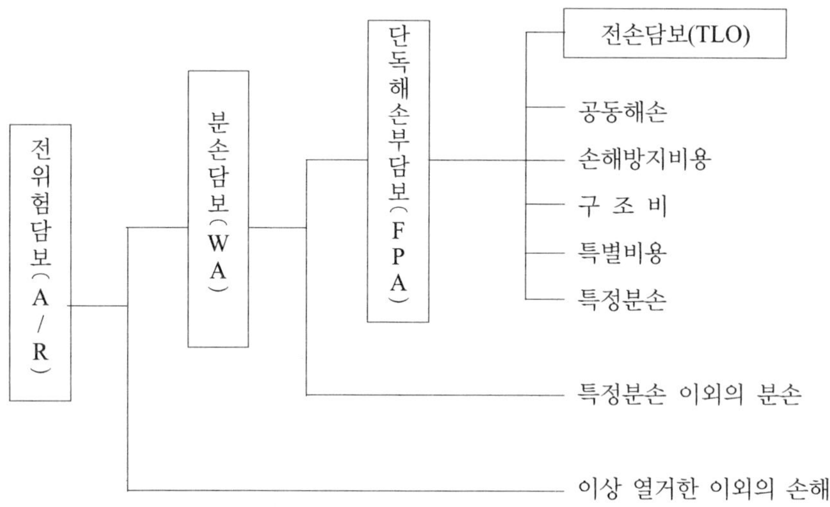

❙그림 9-2❙ 보험조건과 손해보상의 범위

그러나 All Risks 조건인 경우에도 법률 및 약관에 의해 면책되는 지연이나 피보험자의 고의적인 불법행위 및 피보험화물의 고유의 하자 또는 성질에 기인하는 손해나 전쟁위험과 스트라이크 위험은 담보되지 않으므로 주의하여야 한다.

이 조건의 주요한 추가보상범위는 다음과 같다.

① RFWD(Rain and/or Fresh Water Damage)(비·담수유손)

② C.O.O.C(Contact With Oil and/or Other Cargo)(유류 또는 타물과의 접촉손)

③ Hook & Hole(갈고리 사용)

④ Breakage, Leakage, Shortage(파손·누손·부족손)

⑤ TPND(Theft, Pilferage and/or Non-Delivery)(도난·발화·불착손)

⑥ Sweat & Heat(습기·열손)

⑦ Bending and/or Denting(곡손)

⑧ Rat and Vermin(쥐 또는 충식손)

⑨ Mould & Mildew(곰팡이로 인한 손해)

⑩ WOB(Washing Overboard) (갑판상 유실손)

⑪ Rust : 녹 담보약관

이와 같이 해상고유의 위험에 속하지 않는 모든 위험을 부가적 위험(extraneous risks)

이라고 한다.

3) 신 협회적하약관

구 협회적하약관 보험자의 담보범위에 대해 각종 면책위험의 불명확성 때문에 분쟁의 소지가 있었다. 특히 단독해손부담보조건(FPA)과 분손담보조건(WA)간의 담보범위에 있어서 그 차이가 불분명했기 때문에 피보험자들이 보험조건을 선택하는 데 어려운 점이 많았다.

새로운 양식에 의한 보험계약의 기본조건은 ICC(A), ICC(B) 및 ICC(C)의 세 가지 종류로 단순화하고 있다.

표 9-1 ICC(B)와 (C)상의 담보위험

(○ 표는 담보, × 표는 면책)

A. 다음 사유에 합리적으로 기인하여 발생한 멸실 및 손상	B	C
① 화재 또는 폭발	○	○
② 선박·부선의 좌초·교사·침몰·전복	○	○
③ 육상운송수단의 전복 또는 탈선	○	○
④ 선박·부선·운송용구의 물 이외 타물과의 충돌·접촉	○	○
⑤ 피난항에서의 화물양륙	○	○
⑥ 지진·화산의 분화·낙뢰	○	×
B. 다음 사유로 인한 멸실 및 손상		
⑦ 공동해손희생	○	○
⑧ 투 하	○	○
⑨ 갑판유실	○	×
⑩ 선박·부선·선창·운송용구·컨테이너·지게차(liftvan) 또는 보관장소에의 해수·호수·강물의 유입	○	×
⑪ 선박·부선에의 선적 또는 양륙 도중 바다에 떨어지거나 갑판에 추락하여 발생한 포장단위당의 전손	○	×
C. 공동해손 및 구조비	○	○
D. 쌍방과실충돌(both to blame collision)	○	○

ICC(A)는 약관에 의하여 면책되는 것이 아닌 한 피보험화물에 발생한 모든 위험을 담보하며 종래의 All Risks 조건과 동일하다. 그러나 ICC(B)와 ICC(C)는 종래의 FPA 조건이나 WA 조건과는 그 내용이 크게 바뀌었다. 특히, 종래의 FPA나 WA 조건에서는 단독해손에 대하여 상당한 제한이 있었지만, 신 협회약관에서는 전손·분손에

관계없이 보상된다. 따라서 ICC(B)와 ICC(C)의 차이점은 담보위험뿐이다. 여기서 ICC(B)와 ICC(C)의 담보위험은 [표 9-1]과 같다.

4) 협회적하약관의 구성

새로 개정된 ICC A Clause, ICC B Clause, ICC C Clause는 각각 19개 조항으로 구성되어 있으며 그 외 협회전쟁약관과 협회동맹파업약관이 있다.

ICC A Clause의 각 내용별 약관은 다음과 같고, ICC B Clause는 ICC A Clause의 제1조, 제4조 및 제6조만 다르고 나머지는 동일하다. 그리고 ICC C Clause는 제1조 위험약관을 제외하고 나머지는 ICC C Clause와 동일하다.

(1) 담보위험

① 위험약관(Risks Clause)
② 공동해손약관(General Average Clause)
③ 쌍방과실충돌약관(Both to Blame Collision Clause)

[표 9-2] 각 조건별 담보위험의 비교

약관조항	담보위험	A	B	C	구분 기준
제1조	① 화산·폭발	○	○	○	좌기의 사유에 상당인과 관계가 있는 멸실·손상
	② 선박·부선의 좌초·교사·침몰·전복	○	○	○	
	③ 육상운송용구의 전복·탈선	○	○	○	
	④ 선박·부선·운송용구의 타물과의 충돌·접촉	○	○	○	
	⑤ 조난항에서의 화물의 양륙하역	○	○	○	
	⑥ 지진·분화·낙뢰	○	○	○	
	⑦ 공동해손희생	○	○	○	좌기이유로 인한 멸실·손상
	⑧ 투화	○	○	○	
	⑨ 갑판유실	○	○	×	
	⑩ 해수·조수·하천수의 운송용구·콘테이너·지게자동차·보관장소에 침수	○	○	×	
	⑪ 직재·양륙하역중에 수몰·낙하에 의한 짐꾸림 1개당의 전손	○	○	×	
	⑫ 상기 이외의 일체의 위험	○	×	×	
제2조	⑬ 공동해손조항	○	○	○	
제3조	⑭ 쌍방과실충돌조항	○	○	○	

주) ○표 (보험자가 담보), ×표 (보험자가 부담보)

(2) 면책조항

④ 일반면책약관(General Exclusion Clause)
⑤ 불내항 및 부적합면책약관(Unseaworthiness and Unfitness Exclusion Clause)
⑥ 전쟁면책약관(War Exclusion Clause)
⑦ 동맹파업면책약관(Strikes Exclusion Clause)

(3) 보험기간

⑧ 운송약관(Transit Clause)
⑨ 운송계약종료약관(Termination of Contract of Carriage Clause)
⑩ 항해변경약관(Change of Voyage)

(4) 보험금청구

⑪ 피보험이익약관(Insurable Interest Clause)
⑫ 연계비용약관(Forwarding Charges Clause)
⑬ 추정전손약관(Constructive Total Loss Clause)
⑭ 증액약관(Increased Value Clause)

표 9-3 각 조건별 면책위험의 비교

약관조항	면책위험	A	B	C
제4조	① 피보험자의 고의적인 불법행위	×	×	×
	② 통상의 누손, 중량·용적의 통상의 감소, 자연소모	×	×	×
	③ 포장 또는 포장준비의 불완전·부적합	×	×	×
	④ 보험목적물 고유의 하자 또는 성질	×	×	×
	⑤ 항해의 지연으로 인한 손해	×	×	×
	⑥ 선박소유자·관리자·용선자 또는 운항자의 지급불능 또는 채무불이행	×	×	×
	⑦ 어떤 자의 불법행위에 의한 의도적인 손상 또는 파괴(A약관에서는 담보위험에 속하고 B약관과 C약관에서는 특약에 의해서만 담보)	○	×	×
	⑧ 원자핵무기에 의한 손해	×	×	×
제5조	⑨ 피보험자 또는 그 사용인이 인지하는 선박의 내항성 결여 부적합	×	×	×
제6조	⑩ 전쟁위험	×	×	×
제7조	⑪ 동맹파업	×	×	×

(5) 보험이익

⑮ 보험이익불공여약관(Not to Inure Clause)

(6) 손해경감

⑯ 피보험자의무약관(Duty of Assured Clause)
⑰ 포기약관(Waiver Clause)

(7) 지연의 방지

⑱ 신속조치약관(Reasonable Despatch Clause)

(8) 법률 및 판례

⑲ 영국법률 및 관례약관(English Law and Practice Clause)
전쟁위험은 협회적하약관 제6조 전쟁면책약관에 따라서 그리고 협회동맹파업약관은 제7조 동맹파업면책약관에 따라서 보험자의 면책위험에 속하므로 특약에 의해서만 담보 가능하다. 적하보험에서 전쟁위험을 담보하는 약관은 협회전쟁약관이며 해상운송화물, 항공운송화물 및 우송물에 적용된다.

5) 협회보험약관의 특이사항

(1) Policy의 단순화

S. G. Form을 폐지하고, 유효한 조항을 협회약관에 포함시킴으로써 보험증권은 단순히 보험계약성립만을 확인하고 있다.

(2) 담보기준의 변경

현행 협회약관은 단독해손담보약관(분손담보약관) 또는 단독해손부담보약관(분손부담보약관)에서와 같이 손해의 형태를 담보의 기준으로 하고 있으나, 개정 협회약관은 손해의 발생원인을 기준으로 담보 여부를 규정하고 있다.

(3) 협회약관체계의 정비

협회약관의 내용을 성질별로 분류, 순서를 정하여 모든 협회약관을 동일순서로 규정하고, 각 약관마다 약관명을 부여하고 있다.

(4) 약관수의 증가

S. G. Form이 폐지됨으로써 현 보험증권과 영국해상보험법에서 현재 유효한 조항이 개정 협회약관에 삽입되어 약관수가 현행 약관 14개 조항에서 19개 조항으로 증가하였다.

(5) ICC(B)와 (C)의 담보위험의 명확한 구분

ICC(A)는 ICC(A/R)와 대체된 약관으로서 담보위험이 동일하나 담보범위가 유사한 ICC(WA)와 (FPA) 대신에 새로이 제정된 ICC(B)와 (C)는 담보범위에 큰 격차를 보이고 있다.

(6) Warehouse to Warehouse 정신고려

현행 협회약관은 S.G. Form을 중심으로 하였기 때문에 Port to Port를 원칙으로 하여 내륙운송을 연장 담보하는 형식이나, 개정 협회약관은 육상에서의 운송까지를 충분히 고려하여 규정하고 있다.

(7) Heavy Weather 위험의 구체화

해상고유의 위험 중 개념이 모호하였던 Heavy Weather(황천)를 삭제하고, 구체적인 위험으로 대체하여 규정하고 있다.

(8) 소손해면책(Franchise)조항 삭제

S. G. Form의 폐지로 면책률 조항이 불필요하게 되었다.

(9) 명칭의 단순화

A/R, WA, FPA 등을 (A), (B), (C)로 단순화한 것은 명칭만 보고도 담보위험을 오해하는 사례를 방지할 수 있도록 하고 있다.

(10) 적하전쟁보험 및 동맹파업보험의 독립

현행에서는 전쟁위험과 동맹파업위험이 해상적하보험의 확장담보의 성격이었으나, 이를 별개의 보험으로 완전 독립시키고 있다.

해상보험청약서

CARGO INSURANCE APPLICATION

<table>
<tr><td rowspan="2">Assured :</td><td>Reference No.</td></tr>
<tr><td>Amount Insured :</td></tr>
<tr><td>Policy No.</td><td rowspan="2">Invoice Amount :
×110%×@</td></tr>
<tr><td>Claims payable at :</td></tr>
<tr><td>Endorsement :</td><td rowspan="6">Conditions :
FPA. WA3%, WAIOP. A/R. A/R (AIR), TPND. RFWD. COOC. JWOB. Hook & Hole. Breakage/Leakage/Shortage. Sweat/Heating/Denting/Bending. T/S. ITE. ISE _____days. WAR/SRCC.
Others & Special Instruction :</td></tr>
<tr><td>Vessel/Aircraft :</td></tr>
<tr><td>Sailing on or about :</td></tr>
<tr><td>At and from : Transshipped at :</td></tr>
<tr><td>To : Via :</td></tr>
<tr><td></td></tr>
<tr><td colspan="2">Marks & Nos. Goods and Merchandise</td></tr>
</table>

Ret.	%				Rate		Premium(@)	
R/I	% %				Basic V/P	% %	$ $	₩ ₩
Bx.	No.		Date		Total	%	$	₩

We ar shipping goods as per above mentioned particulars, for which please issue marine insurance policy in (duplicate / triplicate) with copies, under date of

신영업부	담당	부장

Signed Date : ______________________ Signature of the Applicant

(210×297mm)

해상보험증권

MARINE CARGO INSURANCE POLICY

<table>
<tr><td colspan="2">Assured(s), etc.</td><td>Ref. No.</td></tr>
<tr><td>Policy No.</td><td></td><td rowspan="2">Amount insured hereunder</td></tr>
<tr><td>Claim, if any,
payable at :</td><td>Survey should be
approved by :</td></tr>
<tr><td>Local Vessel or
Conveyance</td><td>From(interior port or
place of loading)</td><td rowspan="5">Conditions and Warranties</td></tr>
<tr><td>Ship or Vessel</td><td>Sailing on or about</td></tr>
<tr><td>At and from</td><td>Transshipped at</td></tr>
<tr><td>Arrived at</td><td>Thence to</td></tr>
<tr><td colspan="2">Good and Merchandises

Marks and Numbers as per Invoice
No. specified above.</td></tr>
<tr><td colspan="2"></td><td>Subject to the following clauses as per back hereof
Institute Cargo Clauses specified above
On-Deck Clause
Institute Replacement Clause
(applying to machinery)
institure Classification Clause</td></tr>
</table>

Place and Date signed in No. of Policies issued

제2절 무역보험제도

1. 무역보험제도의 의의

무역보험은 수출보험과 수입보험을 포함하는 개념으로 수출업자가 물품을 수출하고 수출대금을 지급받지 못하거나 금융기관이 제공한 수출금융을 회수하지 못하는 경우, 수입업자가 외국 수출업자로부터 화물을 인도받지 못하거나 선지급금을 회수하지 못하는 경우 발생손실을 한국무역보험공사(K-sure)가 무역보험법[17]에 의해 보상해주는 비영리정책보험이다.

수출보험은 수출거래에 수반되는 여러 가지 위험가운데 상품의 운송과정에서 발생하는 통상의 해상보험으로는 구제하기 곤란한 위험을 보상하는 보험제도이다. 이러한 위험은 계약당사자의 귀책으로 발생하는 위험으로서 수입자의 계약파기, 파산, 대금지급 지연 또는 거절 등의 신용위험(Commercial Risk)과 계약당사자의 귀책이 아닌 사유로 발생하는 위험으로서 수입국에서 전쟁, 내란, 혁명, 천재지변, 수입금지 또는 환거래 제한·금지 등의 비상위험(Political Risk)으로 크게 나눌 수 있다. 그리고 이러한 2가지 위험으로 인하여 수출자, 생산자 또는 수출자금을 대출해준 금융기관 등의 경영상의 실패로 발생하는 기업위험[18](management risk)으로 입게 되는 불의의 손실을 보상함으로써 궁극적으로 수출진흥을 도모하기 위한 목적이다.

이러한 3가지 위험에는 일정한 범위가 있는 것은 아니므로 우리나라는 각국의 무역형태에 따른 취약점이나 또는 국가로서 중점을 두어야 할 점에 치중하여 수출자의 위험을 해소해 준다는 맥락에서 보험 또는 보증의 수단을 종합해서 강구할 필요가 있다. 수출보험제도는 그 성격상 정부의 수출정책이나 수출의지에 많이 의존되어 운용되고 있다는 특징을 지니고 있다.

---

17) • 1969년 1월 1일 수출보험법 시행
• 1992년 7월 7일 한국수출보험공사 설립
• 2010년 7월 6일 무역보험법으로 제목변경 시행
• 2010년 7월 7일 한국무역보험공사로 확대

18) 특히 기업경영 차원에서 또는 판매예측이 잘못되어 발생하는 위험을 기업위험이라 한다.

2. 무역보험의 기능

1) 수출거래상의 불안제거기능

수출보험은 수입상대국에서의 비상위험, 신용위험 및 기업위험 등의 발생에서 야기되는 손실과 불안을 제거함으로써 국제무역거래의 환경조건을 국내거래조건과 동일한 정도로 전환시키는 기능이 있다. 즉, 수입국에서 발생하는 비상위험, 신용위험 또는 기업위험 등으로 인하여 수출업자나 생산업자가 입는 손실을 보상해 줌으로써 안심하고 수출활동을 할 수 있도록 하여 준다. 특히 수출거래에 따른 수출자의 위험부담을 해소하여 준다는 측면에서 수출거래의 환경 및 조건을 국내상거래의 경우와 동일한 정도로 유리하게 조성하는데 1차적인 기능을 가지고 있다.

2) 금융보완적 기능

수출보험은 수출대금 미회수위험을 담보하므로 금융기관으로 하여금 수출 금융을 공여하게 하는 금융보완적 기능을 가진다. 수출금융에서는 수출대금의 회수가능성 여부가 대출심사의 중요한 기준이 되므로 수출보험에 의하여 이를 해결할 수 있다. 금융기관은 수출자에게 담보요건 등에서 보다 유리한 조건으로 과감하게 수출자금을 공급할 수 있게 되며, 수출계약상대방의 대금지급지체 등과 같은 보험사고가 발생하여 수출대금의 회수 전망이 불투명하거나 회수에 장기간이 소요되는 경우에 있어서도 수출자가 입는 손실을 보상함으로써 기업자금의 유동성을 제고시켜 줄 수 있다.

3) 수출진흥 정책수단으로서의 기능

수출보험은 수출무역, 기타 대외거래의 촉진 및 진흥을 위하여 정부의 지원하에 운영됨에 따라 보험요율 등을 정함에 있어 장기적 차원에서의 수지균형을 목표로 하여 가능한 한 저율로 책정하는 한편 보상비율 등에서는 최대한 수출자에게 유리한 형태의 보상제도를 채택하는 등 수출경쟁력을 강화시킨다.

국가마다 수출금융 및 세제상의 우대조치로 직접 수출을 지원하는 방식을 취하고 있어 이에 대한 국제적 규제가 강화되고 있다. 국가 사이에 수출지원 경쟁이 심화되고 있는 가운데 수출보험의 이러한 기능은 국제적으로 용인되고 있는 간접지원수단인 수출보험의 역할이 더욱 중요하게 인식되고 있다. 수출보험은 보험인수조건, 즉 담보하는 위험의 범위, 담보율, 보험요율 등을 수출여건에 따라 적절히 조정함으로써 수출자의 활동을 촉진시키거나 제한할 수도 있으므로, 수출 무역 및 대외거래에 대한 인허가 등의 직접적 통제방식을 간접적 통제방식으로 전환시키는 기능도 있다.

4) 수출진흥의 기능

수출보험은 수출진흥을 목적으로 국가가 운영하는 비영리 국영보험이므로 수출업자가 보험에 부보하는 경우에도 수출상품의 코스트에 영향을 미치지 않을 정도의 저렴한 보험료 부담만으로도 손실을 보상받을 수 있게 되어 결과적으로 수출보조의 기능이 있다.

한편, 수출보험은 보험의 인수조건(담보위험의 범위, 보상률 및 보험료 등)을 조작함으로써 수출업자의 활동을 촉진할 수도 있고 제한할 수도 있는 기능이 있다.

5) 신용조사기능

수출보험의 담보위험 중에는 해외수입상의 파산위험도 포함되어 있으므로 수출보험의 운영주체는 업무상 필연적으로 해외상사의 신용상태를 조사하게 되며, 이 조사결과를 무역업자에게 제공함으로써 신용조사 기능이 있다.

수출보험은 효율적인 인수 및 관리를 기하고 보험사고를 미연에 방지하기 위해 다각적으로 해외수입자의 신용상태와 수입국의 정치경제사정에 관한 조사활동을 하게 된다. 이러한 해외수입자 및 수입국에 관한 신용정보를 제공하여 수출자로 하여금 효과적으로 활용할 수 있도록 함으로써 수출자의 신규 수입선 확보와 수출거래 확대에 기여함과 동시에 건전한 수출거래를 유도하는 부수적 기능을 가지고 있다.

3. 무역보험의 종류

표 9-4 무역보험종목

구분	종 목	종 류
수출 보험	단기성 보험	단기수출보험(선적후, 포페이팅, EFF, 농수산물패키지)
		중소중견plus보험
	중장기성 보험	중장기수출보험(선적전, 공급자신용, 구매자신용)

		해외사업금융보험
		해외투자보험(주식, 대출, 보증채무, 투자금융)
		해외공사보험
		해외자원개발펀드보험
		서비스종합보험(일시결제방식, 기성고연불방식)
		수출보증보험
		이자율변동보험
		수출기반보험
	신용보증	수출신용보증(선적전)
		수출신용보증(선적후)
		수출신용보증(NEGO)
		수출신용보증(문화컨텐츠)
수입 보험	수입자용	수입자용은 국내수입기업이 선급금 지급조건 수입거래에서 비상위험 또는 신용위험으로 인해 선급금을 회수할 수 없게 된 경우에 발생하는 손실을 보상하는 제도('10.07.06자 도입)
	금융기관용	금융기관용은 금융기관이 주요자원 등의 수입에 필요한 자금을 수입기업에 대출(지급보증)한 후 대출금을 회수할 수 없게 된 경우에 발생하는 손실을 보상하는 제도('10.07.06자 도입)
기타 보험	환변동보험	수출 또는 수입을 통해 외화를 획득 또는 지급하는 과정에서 발생할 수 있는 환차손익을 제거, 사전에 외화금액을 원화로 확정시킴으로써 환율변동에 따른 위험을 헤지(Hedge)하는 상품
	탄소종합보험	교토의정서에서 정하고 있는 탄소배출권획득사업을 위한 투자, 금융, 보증 과정에서 발생할 수 있는 손실을 종합적으로 담보하는 보험
	부품소재신뢰성보험	부품·소재신뢰성보험은 부품·소재 신뢰성을 획득한 부품·소재 또는 부품·소재 전문기업이 생산한 부품·소재가 타인에게 양도된 후 부품·소재의 결함으로 인하여 발생된 사고에 대하여 보험계약자가 부담하는 손해배상책임을 담보하는 손해보험임
	녹색산업종합보험	지원가능한 특약항목을 『녹색산업종합보험』 형태로 운영하여, 녹색산업에 해당되는 경우 기존이용 보험약관에 수출기업이 선택한 특약을 추가하여 우대하는 제도

1) 단기수출보험

결제기간이 2년 이내인 수출거래의 선적 전 수출불능 위험 또는 선적 후 수출대금회수불능 위험으로 인하여 발생한 손실에 대해 보상하는 보험이다. 이 보험은 구상무역 및 대응구매 등을 포함한 일반수출, 위탁가공무역, 중계무역, 재판매거래 등의 수출거래를 행하는 수출업자가 위험회피 및 시장개척수단, 금융조달방법, 정보획득수단 등으로 활용하기에 적합한 보험이다.

단기수출보험의 운영방법은 개별보험 방식과 포괄보험 방식이 있는데 각 방식마다 장점과 단점이 있으므로 수출자는 자신의 수출구조 및 특성에 따라 개별보험 방식 또는 포괄보험 방식을 선택할 수 있다.

개별보험은 보험자(수출보험공사)와 보험계약자(수출자)는 보험부보와 보험인수에 있어 각각 선택할 수 있는 권리가 있다. 수출자로서는 위험이 크다고 생각되는 거래만 선택해서 부보하려는 반면, 보험자로서도 자신이 부담하는 위험이 크다고 판단되는 거래에 대하여 인수를 거절할 수 있다.

포괄보험은 사전에 보험계약자와 보험자가 포괄보험특약을 체결하여 보험계약자는 일정기간 동안 부보대상거래를 의무적으로 포괄부보하고 보험자도 이를 자동적으로 포괄 인수하는 방식이다. 포괄보험은 결제기간 1년 이내의 일반수출거래 및 위탁가공무역 및 재판매거래를 대상으로 선적 후 위험만 담보하고 있다. 부보대상거래는 포괄보험 대상거래(일반, 위탁가공, 재판매) 중 보험계약자가 선택할 수 있으며 본·지사거래 또는 L/C at sight거래 등은 대상에서 제외할 수 있다.

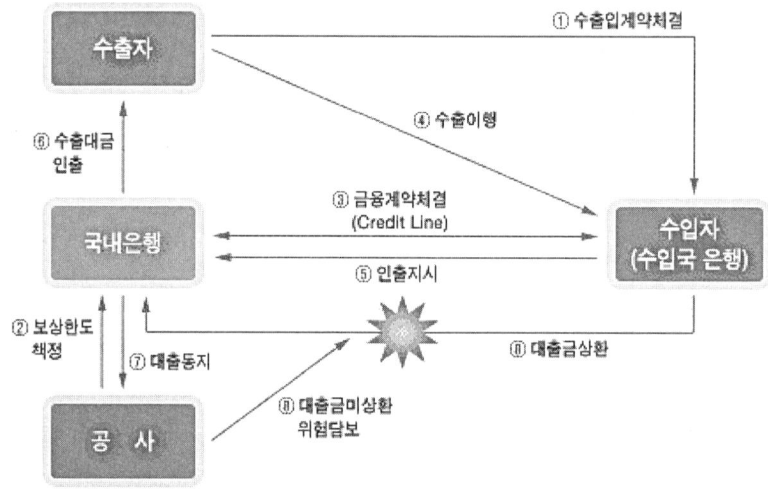

▌그림 9-3▐ 단기수출보험(구매자신용) 거래구조

2) 중소기업plus보험

보험계약자인 수출기업은 연간 보상한도에 대한 보험료를 납부하며, 수입자 위험, 신용장 위험, 수입국 위험 등 보험계약자가 선택한 담보위험으로 손실이 발생할 때 담보책임금액의 범위 내에서 손실 보상하는 보험이다. 현행 단기수출보험이 개별 수출거래 건별로 보험계약이 체결된 반면, 동 제도는 수출기업의 전체 수출거래를 대상으로 위험별 책임금액을 설정하여 운영하고 있다.

3) 수출신용보증

수출신용보증(선적 전)·수출용원자재 수입신용보증 제도란 수출기업이 수출계약에 따라 수출물품을 제조, 가공하거나 조달할 수 있도록 외국환은행 또는 수출유관기관 등(이하 '은행')이 수출신용보증서를 담보로 대출 또는 지급보증(수출용원자재 수입신용장 개설 포함)을 실행함에 따라 기업이 은행에 대하여 부담하게 되는 상환채무를 한국수출보험공사가 연대 보증하는 제도이다.

수출신용보증(선적 후)은 수출거래와 관련하여 외국환은행이 중소기업 수출자에게 수출신용보증서를 담보로 대출함에 따라 발생하는 수출자의 채무에 대하여 수출보험공사가 그 지급을 연대 보증하는 제도로서, 수출자가 수출계약에 따라 물품을 수출한 후 외국환은행이 운송서류 및 수출신용보증서를 근거로 수출자에게 일으킨 신용보증부 대출금에 대하여 대출 만기에 수입자 (신용장 개설은행 포함)로 부터 수출대금 회수불능 등으로 인하여 결제되지 않아 수출자가 외국환은행에 상환하지 못한 금액을 보상한다.

4) 신뢰성 보험

중소기업이 생산한 부품·소재의 신뢰성을 보장하여 동 제품을 사용하는 수요기업이 안심하고 사용할 수 있도록 제조물의 결함으로 인한 인적·물적 피해를 담보하는 제도이다.

신뢰성보험은 국내 부품소재산업의 경쟁력을 제고하고 부품소재의 해외의존도 심화를 개선하기 위해 도입된 정책보험으로서 부품소재 전문기업이 생산·판매·제조한 제조물이 제3자에게 양도된 후 그 제조물의 결함 발생으로 부품소재기업이 부담하여야 하는 법률상 배상책임을 담보하는 손해보험이다.

담보위험과 그 주요내용은 다음 표와 같다.

| 표 9-5 | 담보위험의 주요내용

담보위험		주 요 내 용
기본담보	제조물보증책임 (Product Guarantee)	부품·소재업체가 제조, 판매한 제조물이 양도된 후, 부품·소재의 결함으로 법률상 배상해야 할 손해중 수리비용 또는 대체가격
	제조물회수비용 (Product Recall)	부품·소재업체가 제조·판매한 부품이 회수가 불가피하게 된 경우 회수에 따른 제반비용 보상
선택담보 주[1]	제조물배상책임 (Product Liability)	부품업체가 제조·판매한 부품이 양도된 후 그 제조물로 생긴 제3자의 신체상해 또는 재물손해로 부품업체가 부담하여야 할 법률상 손해배상액
	기업휴지위험 (Business Interruption)	부품업체가 제조·판매한 부품이 제 3자 양도된 후 그 제조물의 결함으로 인해 제3자에 기업휴지손해가 발생한 경우 그 상실이익

주 1) 기본담보중 하나 또는 둘을 담보하는 경우에만 선택담보 가능합니다.

5) 환변동보험

환변동보험은 기업이 환율 변동으로 입게 되는 손실을 보상하고 이익을 환수하는 보험제도이다. 특히 환위험 관리여건이 취약한 중소 수출기업이 환위험을 손쉽게 해지할 수 있도록 2000년 2월에 도입된 제도이다.

기본계약내용은 공사가 보장하는 환율(보장환율)과 결제시점의 환율(결제환율)과의 차이에 따른 손익을 정산하는 것으로 금융기관의 선물환거래와 유사하다.

6) 수출보증보험

수출보증서란 수출 또는 해외공사계약과 관련하여 수출자가 수입자에게 제출하도록 계약서에 명시된 보증서로서 일반적으로 수입자가 지정한(또는 인정할 수 있는) 금융기관으로부터 발급받도록 되어 있다.

수출보증보험은 수출 또는 해외공사계약과 관련하여 수출보증서를 발급한 금융기관이 보증수익자(수입자 또는 발주자)로부터 보증채무 이행 청구(Bond-Calling)를 받아 대지급하는 경우에 입게 되는 손실을 보상함으로써 수출자가 수출보증서를 용이하게 발급 받을 수 있게 하는 수출지원 제도이다.

7) 중장기 수출보험

수출대금의 결제기간이 2년을 초과하는 플랜트 등 자본재를 연불수출하는 경우나 중장기 수출계약을 체결한 후 수출이 불가능하게 되거나 수출대금을 회수할 수 없게 되는 경우에 수출업자가 입게 되는 손실을 보상하는 보험이다.

보험의 성격상 수출계약금이 거액이고 수출대금의 결제가 장기간에 걸쳐서 이루어지는 선박, 플랜트 등 자본적 거래를 중심으로 이용되고 있는데, 금융공여방식에 따라 공급자 신용제도와 구매자 신용제도로 구분되어 있다. 따라서 자본재를 수출하는 업체들이 금융조달방법, 위험회피 및 시장개척수단, 정보획득수단으로 잘 활용한다면 많은 혜택을 볼 수 있는 보험제도이다.

적용대상은 수출자가 수출대금의 결제기간이 2년을 초과하는 중장기수출계약을 체결한 후 수출불능에 따른 손실을 보상받기 위해 수출보험공사에 부보 요청한 거래로, 담보 위험으로는 비상위험과 신용위험이 있다. 비상위험은 수입국의 모라토리엄 선언 또는 정부간 채무조정 협정체결, 수입국의 송금지연 조치, 현지화 상환시 수입자의 상환의무를 면제하는 수입국의 조치, 수입국의 수입 제한 또는 금지, 전쟁·혁명·지진 등 불가항력사태, 공공수입자인 경우 수입자의 일방적인 계약파기 또는 특별한 사유[19]로 인한 계약의 해지 및 해제, 기타 대한민국 밖에서 발생한 사유로서 계약당사자에게 귀책이 없는 경우, 대한민국 법령에 의한 수출 제한 또는 금지되는 경우이며, 신용위험은 수입자의 파산과 수입국 법원의 채무동결 또는 채권단과의 채무조정 협약으로 인한 수입자의 지급불능인 경우에 해당된다.

8) 해외마케팅보험

수출기업이 해외시장개척을 위해 해외마케팅비용을 지출하였으나, 마케팅활동의 효과가 미미하여 지출한 비용을 회수하지 못하는 경우 이를 보상하는 제도로서 담보대상은 고유브랜드(디자인)개발비용, 해외마케팅기획비용(시장조사, 마케팅전략수립 등), 해외마케팅실행비용(해외광고, 전시회 참가 등) 등이다.

9) 해외사업금융보험

국내·외 금융기관이 외국인(정부, 공공단체 및 외국법인, 관련 금융기관 등)에게 수

19) 특별한 경우라 하면 수입자의 계약조건변경요구에 따를 경우 수출자의 지출증가예상액이 이익상당액을 초과하는 경우, 수입자가 결제기일 또는 선적기일에 대해 1년 이상의 연장을 신청하는 경우, 선적 전 결제금액의 지급이 1년 이상 지연되는 경우 등이다.

출증진이나 외화획득의 효과가 있을 것으로 예상되는 해외사업에 필요한 자금을 상환기간 2년 초과의 조건으로 공여하는 금융계약을 체결한 후, 대출원리금을 받을 수 없게 됨으로써 입게 되는 손실을 보상하는 제도이다.

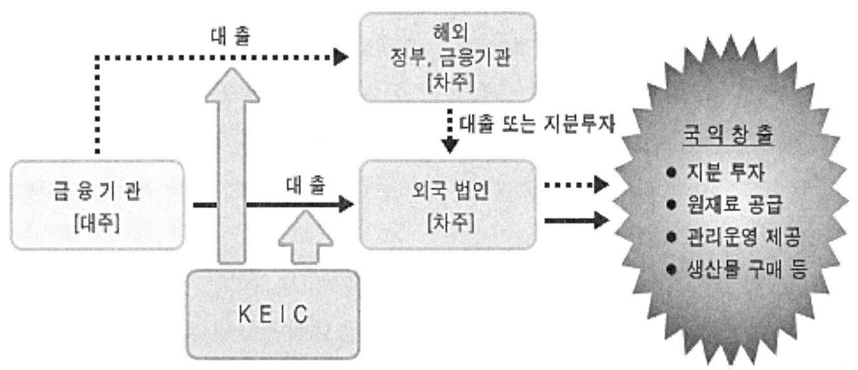

▌그림 9-4▐ 해외사업금융보험 구조

10) 해외공사보험

해외건설공사 및 해외건설엔지니어링 활동, 해외엔지니어링 활동, 기술수출, 시스템 통합수출에 관련하여 계약이 체결된 후 정치·경제·천재지변 등의 위험으로 공사에 필요한 물품의 수출불능, 공사의 대가를 수취할 수 없게 된 경우 또는 해외공사에 사용할 목적으로 공여된 장비에 대한 권리가 박탈됨으로 인해 입게 되는 손실에 대해 보상하는 보험이다. 이 보험은 개별보험방식으로 운영되므로, 해외공사업체는 물품의 수출불능위험, 대가회수불능위험, 건설장비수용위험 등을 선택적으로 보험에 부보하고 공사 또한 인수기준에 따라 선별적으로 보험인수 여부를 결정해야 한다. 보상하는 손실은 물품의 수출불능에 따른 손실, 공사대가의 회수불능에 따른 손실, 공사비용의 회수불능에 따른 손실, 장비의 취득 대가 또는 동 장비에 대한 권리상실의 취득금 등이다.

11) 해외투자보험

해외투자보험은 해외투자를 촉진하기 위한 보험제도로서, 해외투자를 한 후 투자대상국에서 전쟁, 내란, 수용, 송금위험 등의 비상위험으로 인하여 그 해외투자의 원리금,

배당금 등을 회수할 수 없게 되거나 해외현지법인에 대한 보증채무이행으로 입게 되는 손실을 보상하는 보험이다.

적용대상은 외국법인의 주식과 사채 등에 대한 채권을 취득, 부동산에 관한 권리(국외에서 영위하는 사업에 사용되는 부동산 또는 설비에 관한 권리, 광업권, 공업소유권, 기타의 권리 또는 이익), 보증채무(현지법인의 장기차입금, 합작투자자의 주식취득용 장기차입금에 대한 보증채무부담) 등이다.

해외투자보험은 우리나라 국민이 해외투자를 행한 후 투자상대국의 수용, 전쟁, 송금위험, 약정불이행 위험 등으로 인하여 투자원금 또는 배당금·이자 등을 회수할 수 없게 되거나 보증채무의 이행 등으로 입게 되는 손실을 보상하는 제도이다.

12) 농수산물 수출보험

본 보험은 정부가 우루과이라운드 타결 이후 농수산물 시장개방에 대응하기 위하여 도입한 보험종목으로서, 농수산물 수출계약체결 후 수출이 불가능하게 되거나 수출대금을 받지 못하게 된 경우 또는 당해 농수산물의 국내가격 변동으로 당해 수출계약의 이행에 따라 입게 되는 손실을 보상하는 보험이다. 수출농·어가의 육성과 농수산물의 해외 수출기반 확보 및 수출경쟁력 강화를 목표로 수출불능위험, 대금회수불능위험 및 가격상승위험을 대상으로 하고 있다. 농수산물수출보험은 농수산물수출계약 체결 후 수출이 불가능하게 되거나 수출대금을 받지 못하게 된 경우, 또는 당해 농수산물이 국내가격 변동으로 당해 수출계약의 이행에 따라 입게 되는 손실을 보상하는 보험이다.

13) 이자율 변동보험

상환기간이 2년을 초과하는 수출금융을 제공하고 수출보험공사의 중장기수출보험(구매자 신용)에 부보한 금융기관이 이자율변동에 따라 입게 되는 손실을 보상하고 이익을 환수하는 제도로서 고정금리와 변동금리를 교환하는 이자율스왑의 개념이다.

14) 탄소종합보험

탄소종합보험(Carbon Insurance Wrap)은 교토의정서[20]에서 정하고 있는 탄소배출권 확보사업[21]을 위한 투자[22], 금융, 보증 과정에서 발생할 수 있는 손실을 종합적으

20) 지구온난화를 방지하기 위하여 선진국 등의 온실가스 배출감축의무 및 구체적 이행 방안을 규정한 국제 의정서로서 2005년부터 발효 중이다.

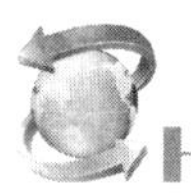

로 담보하는 보험이다.

| 표 9-6 | 온실가스별 배출원인

구분	CO_2 (이산화탄소)	PFCS (과불화탄소)	HFCS (수소불화탄소)	CH_4 (메탄)	SF_6 (육불화황)	N_2O (아산화질소)
배출원인	화석원료 연소	반도체제조 (에칭)	에어컨 등 냉매제	유기물자 연분해	전기·전자 절연체	비료사용

* 온실가스감축 의무국('08.2월 현재) : 서방 선진국 등 총 38개국
* 온실가스감축 내용 : 각국 '90년 온실가스 배출량 대비 평균 5.2% 감축

| 표 9-7 | 탄소종합보험 대상 탄소배출권사업 주요 위험

위험구분	위험종류	내용
신용위험	재정위험	Cash Flow 확보
	법률위험	계약서상 권리·의무관계 및 국내외법 준수
	이해관계자(Stakeholder) 위험	프로젝트 참여자 신용위험
	기술, 시간관리 위험	검증된 기술사용, 스케줄 준수
비상위험	국가위험	탄소배출권사업 참여국 정치·경제 불확실성
	정부위험	사업이행국 정부의 인프라지원 의지 등
탄소배출권 사업 고유위험	등록위험	탄소배출권사업 UNFCCC 등록
	발행위험	탄소배출권 UNFCCC 발행승인
	환경협약위험	교토의정서 등 환경협약 합의 지속 여부

* UNFCCC : United Nations Framework Convention on Climate Change의 약자로서 UN기후변화협약을 의미('94년 발효)

21) 친환경기술 등을 사용하여 감축한 온실가스 배출량만큼 탄소배출권을 확보하여 배출권거래시장에서 매매할 수 있는 사업을 말한다.

22) 자기자본 투입 또는 사업지분 투자 등을 하였으나 비상위험 등의 발생으로 투자금 미회수시 손실을 담보(해외투자)한다.

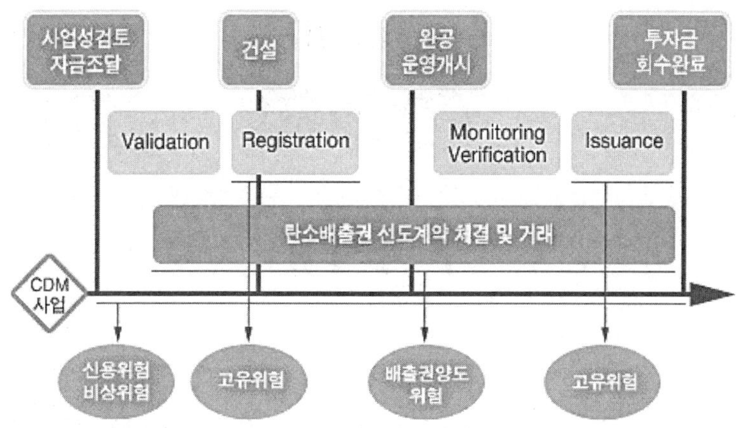

* 탄소배출권사업은 UNFCCC로부터 '탄소배출권사업 등록'(Registration)과 '탄소배출권 발행'(Issuance)이 되어야 탄소배출권 획득과 매매가 가능
* Validation : 탄소배출권사업으로 등록하기 위하여 실시하는 사업타당성 평가과정 으로서 UNFCCC 기준적합여부 및 기술적 가능성 등을 제3기관이 검토함
* Verification : 탄소배출권 발행승인을 받기 위하여 실시하는 온실가스 저감효과 검증과정

▌그림 9-5▐ 탄소배출권 선도계약체결 및 거래

15) 문화수출보험

수출계약이 체결된 영화의 제작과 관련한 투자·대출거래에서 발생하는 손실을 보상하는 제도이다.

Chapter 10

무역서류

제 1 절 무역서류의 개요

1. 무역서류의 의의

수출업자는 계약물품을 약정한 조건에 따라 인도(선적)완료하였다면 수출대금을 결제받기 위한 절차를 밟아야 한다. 신용장발행 없이 D/A 또는 D/P와 같은 매매당사자 사이에 체결한 계약을 근거로 하였을 경우에는 환어음과 선적서류를 작성하여 은행을 통해 추심절차를 밟아야 하지만 신용장거래에서는 반드시 신용장에서 요구하는 조건을 충족시키도록 환어음과 선적서류를 작성해서 은행에 제시하여야 한다.

신용장통일규칙(UCP 600)에서는 단순히 "서류"(documents) 또는 "요구되는 서류"(documents required)라고 표기하고 있고, 환어음을 제외한 모든 서류를 규정하고 있다. 국제표준은행관행(International Standard Banking Practice : ISBP)에서는 선적서류의 개념이 사용되고 있는데, "선적서류(shipping documents)는 신용장에 의하여 요구된 환어음을 제외한 운송서류 뿐만 아니라 모든 서류를 말한다."라고 규정하고 있다. 추심에 관한 통일규칙(URC 522)에서는 서류를 금융서류 및/또는 상업서류를 의미한다고 규정하고 있다. 즉, 금융서류는 환어음·약속어음·수표 또는 기타 금전의 지급을 받기 위하여 사용되는 기타 이와 유사한 증서를 말하며, 상업서류는 상업송장·운송서류·권리증권 또는 이와 유사한 서류 또는 기타 금융서류가 아닌 일체의 서류를 의미한다고 규정하고 있다.

2. 무역서류의 종류

무역의 주체는 무역계약당사자이기 때문에 무역서류도 당사자에게 결정적으로 영향을 미치는 중요한 서류로서 상품에 대한 경제적 가치와 소유권에 치중하여 판단해야 할 문제이다.

▌표 10-1▐ 무역서류의 구성

<table>
<tr><td colspan="5">Ⅰ. 환어음 (bill of exchange)</td></tr>
<tr><td colspan="5">Ⅱ. 선적서류</td></tr>
<tr><td rowspan="16">기본서류</td><td colspan="4">상업송장(commercial invoice)</td></tr>
<tr><td rowspan="13">운송서류</td><td rowspan="3">해상운송서류</td><td colspan="2">해상선화증권(marine, ocean bill of exchange</td></tr>
<tr><td colspan="2">선계약부선화증권(charter party bill of lading)</td></tr>
<tr><td colspan="2">해상화물운송장(sea waybill)</td></tr>
<tr><td rowspan="2">항공운송서류</td><td colspan="2">항공화물운송장(air waybill)</td></tr>
<tr><td colspan="2">항공화물수탁증(air consignment note)</td></tr>
<tr><td rowspan="3">육상운송서류</td><td colspan="2">도로화물수탁증(road consignment note)</td></tr>
<tr><td colspan="2">철도화물수탁증(railway consignment note)</td></tr>
<tr><td colspan="2">내수로운송서류(inland waterway transport document)</td></tr>
<tr><td rowspan="2">복합운송서류</td><td colspan="2">복합운송증권(multimodal, combined transport document)</td></tr>
<tr><td colspan="2">복합운송선화증권(multimodal, combined transport B/L)</td></tr>
<tr><td rowspan="2">기타운송서류</td><td colspan="2">우편수령증(postal receipt)</td></tr>
<tr><td colspan="2">특사수령증(courier receipt)</td></tr>
<tr><td colspan="2"></td></tr>
<tr><td rowspan="2">보험서류</td><td colspan="2">보험증권(insurance policy)</td><td>보험증명서(insurance certificate)</td></tr>
<tr><td colspan="2">보험확정통지서(insurance declation)</td><td></td></tr>
<tr><td rowspan="6">임의서류</td><td colspan="3">포장명세서(packing list)</td><td>검사증명서(inspection certificate)</td></tr>
<tr><td colspan="3">원산지증명서(certificate of origin)</td><td>위생증명서(health certificate)</td></tr>
<tr><td colspan="3">GSP 원산지증명서(generalized system of preference certificate of origin)</td><td>검역증명서(quarantine certificate)</td></tr>
<tr><td colspan="3">영사송장(consular invoice)</td><td>세관송장(customs invoice)</td></tr>
<tr><td colspan="4">중량/용적증명서(certificate of weight /measurement)</td></tr>
<tr><td colspan="3">차변표(debit note)</td><td>대변표(credit note)</td></tr>
</table>

이러한 점을 고려하여 무역서류는 일반적으로 당사자에게 없어서는 안 될 중요한 기본서류가 있는가 하면 참고용으로 필요한 기타 임의서류가 있는데 그 중에서 중요한 기본서류라 하면 선하증권, 상업송장 및 보험증권 등 3가지 서류를 말한다.

선하증권은 거래목적물을 유가증권화 한 것으로 이를 대용하는 운송증권이 있으며, 보험증권은 운송화물의 위험담보를 증명하고 있거나 또는 이를 대용하는 보험증명서이며, 상업송장은 상품에 대한 매매계약 및 계산관계를 명시하고 있다. 선하증권에 대한 법적인 내용이나 종류는 앞의 제7장에서 언급한 바 있으므로 상업송장과 보험증권 등 기타서류에 대하여 검토하면 다음과 같다.

제 2 절 기본서류

1. 환어음

환어음(bill of exchange)이란 국제거래상 채권자가 채무자에게 대하여 그 채권금액의 기명인 또는 소지자에게 일정한 시일 및 장소에서 외화로 지불할 것을 무조건 위탁하는 요식 유가증권이다. 환어음의 유통에는 적어도 2개국이 개입되며, 각 나라마다 어음 유통력 강화와 공신력 유지를 위해 강력한 규정을 정하고 있는데, 환어음의 효력은 원칙적으로 행위지의 법률에 의하여 처리되게 되어 있다. 예를 들어 한국에서 어음을 발행하고, 미국에서 이서[1](endorsement)를 하고, 일본에서 인수를 하였다면 발행에 관하여는 한국법, 이서는 미국법, 인수는 일본법에 의하여 결정되는 것이다. 그러므로 만일 한국에서 발행한 어음이 한국법에서는 무효일지라도 미국에서 합법적으로 이서되고 일본에서 유통될 수 있으면 그 어음은 유효한 것이 된다.

무역거래에서 환어음에 상품을 상징하는 선적서류(선하증권, 보험증권, 상업송장 및 기타 필요한 서류)를 첨부하여 상품의 대금을 회수하게 되는데 이 경우의 환어음을 화

1) 어음의 뒷면에 이 어음의 채권을 양도한다는 뜻을 기재하여 행해지는 권리이전의 어음행위를 말하며, 이것을 배서라고도 한다. 배서는 기명식과 백지식이 있으며, 기명식은 정식이서라고 부르고 양수인 그 자신 또는 "양수인 또는 지명인"에게 지급한다고 쓰고 양도인이 서명한다. 백지식은 백지이서 또는 약식이서라고 부르고, 양도인은 단지 어음의 뒷면에 자신이 서명만 하면 된다.

환어음(documentary bill)이라고 한다. 화환어음은 매도인이 발행인, 매수인이 지급인, 외국환은행이 수취인으로 되어 있는 환어음이며, 수송도중 화물을 증권화한 운송서류가 환어음의 담보물이 된다.

화환어음에는 신용장부 화환어음(documentary bill of exchange with letter of credit)과 화환추심어음(bill of documentary collection)이 있다. 화환어음은 어디까지나 수입업자 개인의 신용에 의해 결제되나 신용장에 의한 결제는 외국환어음에 대한 수입업자의 대금지급을 신용장 개설은행이 확약하는 것이기 때문에 만일 수입상이 대금지불을 못하더라도 개설은행이 그 책임을 지고 지불하게 되므로 수출지의 환어음 매입은행은 안심하고 어음대금 전액을 수출업자에게 지급해 준다.

환어음은 지급기일(tenor)에 따라 일람불(요구불)어음(sight bill or demand bill)과 기한부어음(usance bill or after sight bill)으로 구분되고, 수취인(payee)에 따라 ① 기명식(payable to a specified person), ② 지시식(payable to the order of a specified person or payable to order), ③ 무기명식(payable to bearer)이 있다. 그리고 지급인에 따른 분류는 bank bill(지급인이 은행), private bill(지급인이 개인), trade bill[2](유명회사)이 있다.

환어음은 필수기재사항과 임의기재사항으로 구분할 수 있는데, 필수기재사항의 어느 하나가 누락되어도 환어음으로서의 법적 효력이나 구속력을 갖지 못하게 된다. 필수기재사항은 ① 환어음(bi11 of exchange)의 표시, ② 지급인(drawee), ③ 지급기일(tenor), ④ 수취인(payee), ⑤ 지급지, ⑥ 발행일 및 발행지, ⑦ 발행인의 기명날인 또는 서명, ⑧ 무조건 위탁문언 등이다.

환어음의 배서인(endorser)은 지시증권의 뒷면에 서명하는 사람을 말한다. 이 서명에 의하여 배서인은 그 증권에 나타난 권리를 타인에게 양도할 수 있고, 이후 그 피배서인이 권리자가 된다. 그러나 어음의 배서인은 그 배서에 의하여 어음의 인수나 지불을 담보하는 것으로 되며, 그 인수나 지불을 거절하였을 때에는 피배서인, 그 외의 후자에 대하여 배서인이 상환의 책임을 져야 한다.

---

2) 기업어음 중에는 하우스 페이퍼(House Paper)가 있는데 이는 동일한 그룹 내에 있는 회사들이 일방은 발행인이 되고, 다른 일방은 인수인이 되는 환어음을 말한다. 환어음 발행인의 변제능력만으로는 그 어음의 공신력 내지 신용도가 높이 인정되지 않을 경우에 타인의 어음인수를 통하여 타인의 지급능력을 추가하고자 하는 목적이 있으며, 자회사가 발행한 어음을 모회사가 인수하는 환어음이 그 좋은 예라고 할 수 있다.

2. 상업송장

1) 송장의 의의

송장(invoice)이라는 용어는 원래 불어의 envoyer(send)라는 동사에서 유래된 것이며, 이는 매도인이 작성하여 매수인 앞으로 발행하는 서류로서 선적화물의 명칭 및 규격과 단가, 개수, 금액, 포장상태, 하인 등의 상품명세를 나타내는 구매화물안내서, 상품내용명세서 및 선적화물의 계산서로서 매도인에게는 상품대금이나 비용의 청구서 역할을 한다. 특히 선하증권과 함께 화환결제를 할 때 필요한 서류이고, 매수인에게는 수입계산서 역할을 하며 수입지에서 통관할 때 필요한 수입물품의 진실성을 입증하는 서류이다.

따라서 송장은 이와 같은 역할 때문에 거래계약의 존재 및 이행의 사실을 입증하는 주요한 증거자료가 되며, 수출상의 입장에서는 세관신고시 수출상품의 정확성 및 진실성을 입증하기 위한 증거자료가 되고 있다.

2) 송장의 종류

송장은 그 용도에 따라 상업송장과 공용송장으로 분류된다. 다시 상업송장(commercial invoice)은 그 작성시기와 용도에 따라서 선적송장(shipping invoice)과 견적송장(proforma invoice)으로 구별되며, 공용송장(official invoice)은 다시 세관송장(customs invoice)과 영사송장(consular invoice)으로 구별되고 있다.

그러나 송장이라고 하면 일반적으로 상업송장 중에서 선적송장을 말하며, 공용송장은 적송품이 수입국의 세관을 통과하는 데 있어서 상업송장의 진실성을 증명하기 위하여 상업송장의 내용에 관해 관계관청의 증명을 받은 특정서식의 송장이다.

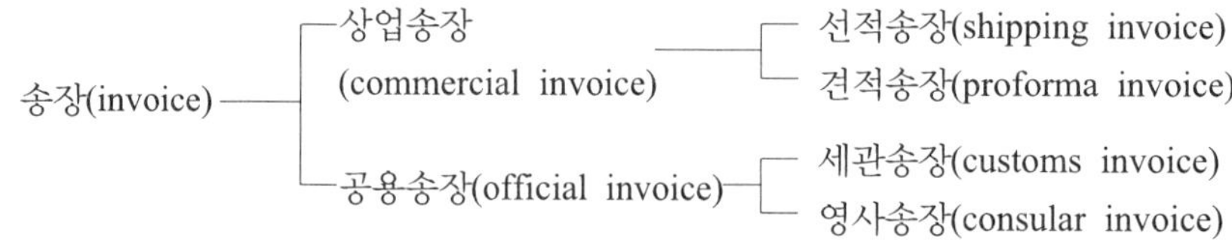

(1) 상업송장

상업송장(commercial invoice)이란 수출자가 수입자 앞으로 작성하는 물품선적 안내서이며 가격계산서로 B/L이나 보험증권과 같이 권리를 나타내는 유가증권은 아니지만 국제매매거래에서 없어서는 안 될 기본서류 중의 하나이다.

① **선적송장**

선적송장이란 실제로 선적된 화물의 내용과 가격을 명시한 서류로서, 수출송장, 매입위탁송장, 견본송장으로 구분된다.

수출송장(export invoice)은 수출상이 자기의 위험과 비용으로 해외의 수입상에게 상품을 송부하여 판매하는 경우 사용되는 송장을 말한다. 매입위탁송장(indent invoice)은 Indent란 주문한다는 뜻으로 수입상이 수출상에게 상품매입의 위탁을 하는 경우 수출상이 매입대리인으로서 당해 상품을 선적할 때 작성되는 송장을 매입위탁송장이라고 말한다. 이 경우 송장에서는 매입원가와 거래비용·선적비·해상운임·해상보험료 등의 입체금 및 매입수수료를 계산하여 수출상이 실제로 받을 금액이 표시된다. 견본송장(sample invoice)은 수출상이 자기 물품의 수출을 촉진시키기 위해서 해외 수입상에게 견본을 보낼 때 그 견본의 품질·규격 및 가격을 표시해서 작성되는 송장을 견본송장이라고 하며, 대개는 무료로 보내진다.

② **견적송장(proforma invoice)**

견적송장이란 수출상이 거래를 유발·촉진하기 위한 수단으로 또는 수입승인·외화배정 등을 받기 위한 수입상의 요청에 의해 수입상에게 장차 그가 매입할 화물에 대해서 시산적으로 작성 발송하는 가송장을 말한다.

견적송장은 외환사정이 좋지 않은 국가에서 주로 수입상이 사전에 외화배정을 받기 위하여 정부당국에 미리 제출할 목적으로 수출회사에게 부탁하여 수출회사가 작성하는 임의송장에 불과하다. 또한 일종의 "Free offer"로 송장상에 표시된 물품가격 등에 대해 법적 구속력이 없으며 단지 수입상의 신용장 개설을 위해 편의상 형식을 갖추어 주는 것에 불과하다.

(2) 공용송장

거의 모든 나라들은 수입화물에 대해서 관세를 부과하고 있다. 수입화물이 수입국의 세관을 통과할 때 상업송장의 진실성을 증명하기 위해 수출회사가 작성하는 상업송장의 내용에 대하여 수출국에 있는 관계관청의 증명을 받도록 요구하는 특정서식의 송장을 공용송장(official invoice)이라 한다. 공용송장은 영사송장과 세관송장으로 구별된다.

① **영사송장**

상업송장은 수출상사가 작성하는 사문서이기 때문에 공신력이 떨어진다. 따라서, 수입국가의 정부 당국은 공신력 있는 송장을 요구하는 경우가 있다. 수출국에 주재하는 수입국의 영사가 본국행 상품의 수출상에게 상업송장의 제출을 요구하고 상업송장과 기재내용이 허위 없이 사실대로 작성되었다는 사실을 선서하게 한 후 발행되는 공문서를 영사송장이라 한다.

영사송장(consular invoice)이란 수입상품가격을 높게 책정함(Over Invoicing)에 따른 외화도피나 낮게 책정함(Under Invoicing)에 따른 관세포탈을 예방 또는 규제할 목적으로 작성된다. 이는 일부 중동국가, 인도네시아, 방글라데시, 온두라스, 콜롬비아, 볼리비아, 파나마 등 주로 후진국에서 이용되고 있으나 점차 폐지되어 가는 경향이 있으며, 영사송장을 발급할 때 영사관은 소정의 사증료를 징수하여 영사관의 주요 재정수입으로 삼고 있다.

신용장에서 "visaed", "legalized" 또는 "notarized" 등의 용어로 사증을 요구하면 "visaed"는 일반송장에 영사가 서명하고, "legalized"는 상업송장 및 선하증권에 영사가 서명하며, "notarized"는 송하인이 서명한 서류에 공증인(또는 상공회의소)이 서명한 상태에서 추가로 영사의 서명이 있어야 영사송장으로서 하자가 없다.

② **세관송장**

세관송장은 ㉠ 수입지 세관이 수입화물에 대하여 과세가격의 결정기준으로 삼기 위하여, ㉡ 외국 수출상의 덤핑(dumping) 유무를 확인하기 위하여, ㉢ 쿼터(quota) 품목의 통관기준량의 계산을 위하여, ㉣ 전반적인 수입통계를 위하여 사용되는 송장이다.

나라마다 세관에서 요구하는 양식이 상이하므로 반드시 지정된 양식에 따라 작성하여야 하는데 우리나라에서는 무역협회나 상공회의소에서 구할 수 있다. 영사의 서명은 없어도 되나 반드시 세관송장 뒷면에 있는 원산지 란에 수출국가의 이름을 기재하여야 한다. 캐나다, 뉴질랜드, 남아연방, 오스트레일리아와 일부 아프리카에서 세관송장을 요구하고 있으며, 미국은 특별 세관송장(Special Customs Invoice 5515)을 요구하고 있다.

3) 송장작성의 주의사항

상업송장을 작성하는 데 주의해야 할 점은 다음과 같다.

① 송장금액이 신용장 총액을 초과하지 말아야 한다.

상업송장은 물품공급의 증빙서류이므로 신용장금액에 "maximum"나 "not exceeding"

라는 용어가 있거나 신용장금액 앞에 "about", "circa" 또는 "approximately" 단어가 있는 경우 분할선적이 허용되더라도 분할로 선적된 송장 총금액을 신용장 금액과 일치하거나 신용장금액 이하로 작성되어야 한다.

② 상업송장에는 반드시 신용장번호와 신용장발행은행의 이름을 기재하여야 하고 계약된 선적조건에 인정되지 않은 비용은 算入하지 말아야 한다.

③ 해상운임을 표시할 때는 B/L상의 전 항로를 포함해야 한다.

④ 상품 내용에 대한 표현은 신용장상의 표현과 완전 일치되어야 한다.

⑤ 선적상품 표시(marks)는 B/L상의 것과 똑같아야 하며, case · carton · box · bag 등의 포장단위의 용어표시도 일치되어야 한다.

⑥ 기타 우리나라 주요 수출국은 미국인데 미국은 외국상품에 대한 수입동향을 효율적으로 감시하기 위해 1987년 2월 2일부터 수입상품 통관 시 수출업체의 고유코드 MID(Manufacturer's Identification) Code를 통관서류인 상업송장 우측 상단에 기재하도록 조치하였다. 이에 따라 반드시 15자 이내의 MID코드를 송장에 기재하여야 하는데 만약 기재하지 않거나 부정확하게 기재할 경우엔 통관지연이나 통관거부 등의 사태를 당할 수도 있다.

3. 운송서류

1) 운송서류의 종류

운송서류는 운송인이 화주와 운송계약을 체결하고 화물을 본선에 적재, 발송, 또는 수탁하였음을 입증하기 위하여 발급하는 서류로서 화물을 해로, 육로, 공중으로 운송하느냐 또는 운송수단에 따라 다양한 종류의 서류가 발급되고 있다.

신용장통일규칙에서는 해상선하증권(ocean bill of lading), 비유통성해상화물운송장(non-negotiable sea waybill), 복합운송서류(combined transport document), 용선계약부선하증권(charter party document), 항공운송서류, 도로/철도/내수로 운송서류, 우편수취증/우편발송증명서/특사수령증 등 다양한 종류의 운송서류가 발급되고 있다.

이러한 운송서류는 무역계약에서 요구하는 조건이나 신용장에서 요구하는 조건을 충족시키는 형식과 내용으로 작성되어야 하지만 다음과 조건을 충족시켜야 한다.

① 운송서류는 법률적으로나 사실적으로 반드시 유효성(validity)과 적법성(regality)

을 갖추고 있어야 한다. 무역서류는 신용장에서 요구하는 서류의 명칭, 제출서류 숫자, 표현 등에 일치하도록 작성하여 은행에 제시되어야 한다.

② 무역현장에서 통상적으로 사용되는 양식과 형태의 요건을 갖추고 있어야 한다. 관행적으로 사용되는 형식의 운송서류로 발행하지 않아 이러한 서류를 취급하는 기관에게 혼란을 야기 시킬 수 있다. 운송실무자를 제외한 무역당사자나 은행 담당자로서는 운송수단에 대한 지식이 부족하므로 복잡-다양한 운송서류 내용을 검토하는데 어려움을 겪을 수 있다. 그러므로 법률적 요건에 따라 또는 이에 준하는 원칙에 따른 형식과 내용을 갖춘 운송서류를 발급하여야 한다.

③ 발행일부터 보통 3주 이전에 제시되어야 한다. 환율변동(자국통화가치의 평가절하)에 따른 이익을 얻기 위하여 운송서류를 발급받고도 은행에 제시하는 것을 고의적으로 늦추게 되면 목적지에 상품이 서류보다 일찍 도착되어 수입자에게 창고료부담을 가중시킬 위험이 있다.

2) 선하증권

(1) 은행에서 수리되는 선하증권

신용장통일규칙에서 규정하고 있는 은행에서 자동적으로 수리할 수 있는 운송서류는 ① 자가 선박을 가지고 운송인이 직접 운송을 수행하는 운송업자(또는 선장)나 그 지정대리인(선장의 대리인)이 정당하게 발행한 선하증권 ② 화물이 선박의 본선에 적재되었음을 입증하는 문언이 있는 선하증권 ③ 화물을 담보할 수 있는 원본의 운송서류 발행전통이 제시된 경우 ④ 운송서류의 문면상 신용장에서 요구하는 조건을 충족시키는 경우 ⑤ 용선계약에 따른다는 어떠한 표시도 포함되지 아니한 것 등으로 제한하고 있다.

통과선하증권(Through B/L), 복합운송선하증권, 제3자 명의선하증권(Third party B/L), 보험증권겸용선하증권(Red B/L), 약식선하증권(Short form B/L)은 신용장조건으로 특별히 제한하는 내용이 없다면 수리될 수 있다.

(2) 은행에서 수리하지 않는 선하증권[3)]

은행은 신용장에 명시하지 않은 서류를 제시받은 경우에는 이에 대한 내용검토 없이 참고자료로 보거나 제시인(흔히 수출자)에게 반송할 수 있다. 그리고 신용장통일규칙에 명시하고 있는 원칙적으로 수리 거절할 수 있는 운송서류는 다음과 같다.

---

3) UCP 600 제 21조

① **용선계약부선하증권(charter party B/L)**

화주가 대량화물을 운송하기 위하여 일정기간 동안 또는 특정의 항로로 부정기선을 용선하는 경우에 화주와 선박회사 사이에 체결된 용선운송계약에 의하여 발행하는 선하증권을 말한다.

② **고장선하증권(Foul B/L)**

운송할 물품을 선적할 당시에 계약했던 내용과 달리 물품의 품질, 수량 등에 파손, 침수, 오염, 수량부족, 중량부족이 있으면 운송인은 이러한 내용을 사실대로 본선수취증(M/R)과 선하증권(B/L)의 비고(Remarks)란에 기록하여야 책임을 면할 수 있다. 이러한 선하증권을 Foul B/L 또는 Dirty B/L이라 한다.

고장선하증권이 발행되면 수입자는 결손부분에 대한 담보 없이 물품대금 전액을 지급해야 하는 문제가 발생하기 때문에 신용장통일규칙상 수출자는 서류매입은행으로부터 수출대금을 받지 못하도록 규정하고 있다. 따라서 수출자는 결손부분을 선박이 출항하기 전에 보완 하던가 선박회사 앞으로 파손화물 보상장(일종의 각서, Letter of Indemnity : L/I)을 발행하고 무사고선하증권(Clean B/L)을 교부받아야 수출대금을 수령할 수 있다.

③ **범선적재표시 선하증권**

항해능력이 부족한 즉, 선박이 동력장치 없이 오직 바람이나 돛에 의해서 운항되는 범선(sailing boat)은 바다에서 통상적으로 부는 바람이나 파도에도 침몰하기 쉬우므로 운항의 안전을 위해 이러한 선박에 선적되었다는 사실이 기재된 서류는 수리하지 않는다.

④ **기간경과선하증권(Stale B/L)**

신용장상에 선적서류 제시기간이 정해져 있는 경우에는 그 기간 내에 운송서류와 금융서류가 지정된 은행이나 매입은행에 제시되어야 하며, 이러한 제시기한이 없는 경우에는 서류발행일자 후 21일(3주) 이내에 서류가 제시되어야 한다. 그러나 정해진 제시기간 또는 21일이 경과되어 제시된 선하증권을 기간경과 선하증권(stale B/L)이라 하여 신용장상에서 허용한다는 명시가 없으면 은행은 이를 수리 거절한다.

⑤ **수취선하증권(Received B/L)**

수취선하증권이란 화물을 선적할 선박이 항내에 정박 중이거나 아직 입항되지는 아니하였으나, 선박이 지정된 경우에는 선박회사가 화물을 수령하고 선적 전에 발행하는 선하증권을 말한다. 컨테이너 화물은 원칙적으로 지정창고에 반입된 후 또는 컨테이너에 적입된 후 발행된 부두수취증(dock receipt : D/R)과 교환으로 선적전에 선하증권이 발행되기 때문에 수취선하증권이다. 따라서 신용장상에서 선적 선하증권(shipped B/L)이나 적재필 선하증권(On Board B/L)을 요구할 경우에는, 수취 선하증권은 은행에서 수리 거절하게 되므로 선하증권 문면에 "loaded on board dated September 6, 2015"와 같이 본선적재 또는 선적완료 문구가 있어야 한다.

⑥ **예정표시선하증권(Intented Clause B/L)**

선하증권에 실제의 선적일이 빠져 있고 앞으로 본선에 적재될 예정이라는 문구가 적혀 있거나, 물품의 선적항구나 도착항구 등이 선하증권 발급 시에 확정되지 않은 경우에 항구의 명칭 앞에 Intented라는 단어를 기재하여 발급한 선하증권이다. 따라서 선박(vessel)의 이름 또는 선적항(port of loading)과 관련하여 "예정된(indented)" 또는 이와 유사한 제한의 표시를 포함하고 있거나 실제로 선적된 일자가 명시되지 않은 선하증권은 선적과 관련한 제반사항 <적재선박, 선적항, 양륙항(port of discharge)>을 확인할 수 없기 때문에 일반적으로 은행으로부터 수리거부 된다.

⑦ **Forwarder's B/L**

Forwarder's B/L은 자체 운송수단을 소유하지 않고 운송업에 종사하는 운송주선업자가 발행하는 운송서류이다. 운송주선업자(Forwarder)는 주로 Container Freight Station(CFS)에서 화주로부터 LCL화물을 받은 후 목적지까지 화물을 운송해주겠다는 Forwarder's B/L(흔히 House B/L로 부른다)을 자신의 이름으로 화주에게 발급해주고, 화물의 도착지역과 도착일이 같은 FCL화물로 정리하여 본선에 적재한 후 다시 일괄적으로 운송계약을 체결하고 Master B/L을 발급 받는다.

따라서 대부분의 운송주선업자는 소자본을 가진 영세업자로서 운송사고가 발생할 경우 운송책임에 한계가 있어 이들이 발행하는 Forwarder's B/L은 화물에 대한 담보가 확보되지 않아 은행은 이러한 운송서류를 수리하지 않는다. 다만 운송주선업자가 자신이 선박을 소유하고 운송업을 하는 운송업자나 일정한 자격을 갖춘 복합운송업자가 발행한 Forwarder's B/L은 예외적으로 수리될 수도 있다.

3) 항공화물운송장(Air Waybill)

항공화물운송장은 항공회사가 화물을 항공기에 적재할 때가 아니라 인수하는 시점에 발급하기 때문에 화물이 운송수단에 적재된 것이 아니라 단순히 운송을 위해 운송회사가 화물수취증거로서 발급할 뿐이다. 따라서 항공화물운송장은 그 소지인에게 화물을 담보해 주는 유가증권으로 인정되지 못하고 유통식이 아닌 기명식 또는 수취인식으로만 발행되며, 명칭에 관계없이 다음과 같은 내용을 표시할 것을 규정하고 있다[4].

① 운송인의 명칭을 표시하고 운송인 또는 그의 대리인의 서명이 있어야 하며,
② 물품이 운송을 위하여 인수되었음을 표시하고 있는 서류
③ 발행일을 표시하고 있어야 하며,
④ 신용장에 명시된 출발공항과 목적공항을 표시하고 있을 것
⑤ 탁송인 또는 송하인용 원본일 것
⑥ 운송조건을 포함하고 있거나 또는 운송조건을 포함하는 다른 자료를 참조하고 있도록 명시하고 있는 내용 등이다.

특히 항공화물운송장(Air Waybill)은 선하증권(B/L)과 같이 유가증권이 아니기 때문에 수출자는 운송중인 항공화물에 대한 담보를 확보하기 위하여 화물의 수취인(consignee)이나 착하통지처(Notify party)를 반드시 신용장 개설은행으로 작성할 필요가 있다. 항공운송의 전운송구간이 하나의 동일한 선하증권에 의하여 커버된다면 화물이 환적될 것이라거나 또는 환적될 수 있다고 표시할 수 있으며(항공운송은 직항로가 적기 때문에 흔히 환적을 암시하는 내용이 기재됨), 신용장에 환적을 금지한다고 되어 있어도 환적이 될 수도 있다는 표시가 있는 운송서류는 수리될 수 있다.

4) 도로/철도/내수로 운송서류

유럽이나 아프리카 내륙국가의 화물운송은 주로 도로, 철도 또는 내수로에 의존되는데 그 운송서류는 명칭에 관계없이 다음과 같은 내용을 명시할 것을 요구하고 있다(UCP 600 제24조).

① 운송서류에 운송인 또는 그 대리인의 서명이 있을 것
② 운송서류에 운송인 또는 그 지정대리인의 서명, 스탬프 또는 부기에 의하여 화물의 수령을 표시하고 있고 그 사실을 확인하는 문언이 있을 것
③ 화물수령에 관한 대리인의 서명, 스탬프 또는 부기는 그 대리인이 운송인을 위하여 또는 대리하여 서명 또는 행동한 것이 표시되어 있어야 하고,
④ 신용장에 명시된 장소에서 선적일 또는 물품이 선적, 발송 또는 운송을 위하여 수령된 일자를 표시하고 있어야 하며(선적서류의 발행일은 선적일로 본다)

4) UCP 600 제 23조

⑤ 신용장에 명시된 선적지 및 목적지를 표시하고 있는 문언

5) 복합운송증권

복합운송증권의 발행형식에는 발행인과 명칭에 따라서 여러 가지로 나눌 수 있으나 무역금융 및 화환취결과 관련하여 가장 중요한 것은 유통성 여부에 의한 발행형식이라 할 수 있다. 이 같은 발행형식은 유통성(negotiable)과 비유통성(non-negotiable)으로 나눌 수 있으며 유통성증권은 다시 지시식과 무기명식으로 나눌 수 있다. ICC 통일규칙과 UN조약에서는 이미 유통성을 지닌 유가증권으로서의 복합운송서류를 인정하여 복합운송증권의 신용기능을 실질적으로 인정받을 수 있도록 선하증권과 같은 성질을 구비한 복합운송증권의 법제화를 시도하였다. 그러나 비유통성 복합운송증권은 다만 증거서류로서의 기능만을 가지고 있을 뿐 유가증권의 기능을 갖지 못하고 화환취결에 따른 담보력이 부족하기 때문에 실무상 이용에 있어 문제점이 있다. 하지만 무역거래의 원활한 이행을 위해 비유통성 복합운송증권의 법적 효력이 점차 확립되어 나갈 것으로 예상된다.

① 유통성 증권의 발행요건

- 지시식 또는 소지인식으로 작성되어야 한다.
- 지시식으로 작성된 경우에는 배서에 의하여 양도가 가능하다.
- 소지인식으로 작성된 경우에는 배서없이 교부에 의하여 양도가 가능하다.
- 2매 이상 복수로 작성된 경우에는 그 통수를 표시하여야 한다.
- 사본이 발행되면 "non-negotiable copy"라는 표시를 해야 한다.
- 물품의 인도는 복합운송인 또는 그 대리인에게 청구하여야 하고 필요한 경우에는 정히 배서된 복합운송증권의 제시가 있어야 한다.
- 복합운송인 또는 그 대리인은 복합운송증권이 1매 이상 발행된 경우 어느 하나의 제시에 의하여 선의로 물품을 인도하면 화물인도의 책임을 면한다.

② 비유통성 증권의 발행요건

- 지정된 수하인의 기재가 있어야 한다.
- 복합운송인은 지정된 수하인 또는 수하인이 지정한 자에게 화물을 인도함으로써 책임을 면한다.

4. 보험서류

보험서류(insurance documents)란 국제거래에 있어 계약물품의 운송 도중 해난이나 기타의 위험으로 인하여 입게 될 손해에 대비하여 거래당사자가 보험을 부보한 입증서류를 말하는데 보험서류의 종류와 담보위험은 당사자 합의에 따라 신용장에 명시된다.

적하보험의 성립을 증명하는 서류를 총칭하여 보험서류라 하는데 보험증권(Insurance Policy : I/P)과 보험증명서(certificate of insurance) 등이 있다.

1) 보험증권

보험증권(insurance policy)은 국제거래를 하는 무역당사자가 상품운송과정에서 발생하는 위험에 대비하여 보험자에게 이러한 위험을 전가시킬 목적으로 보험계약을 체결하고 보험료를 납부한 후 발행받는다. 보험증권은 보험계약의 성립과 그 내용을 입증하기 위하여 보험자가 작성·기명날인 또는 서명하여 보험계약자에게 교부하는 증권을 말한다.

따라서 보험자는 보험계약자의 요청이 있든 없든 계약상의 의무로서 보험증권을 작성·교부할 의무가 있다(독일보험계약법 제3조 및 프랑스보험계약법 제8조). 보험증권은 담보화물에 대한 보험계약의 존재 및 내용을 표시한 증권으로서 개별적 거래에 대한 보험내용이 확정된 경우에 발행되며, 보험사고가 있을 경우에 보험금지급을 청구할 수 있는 증거서류이다.

보험계약은 통상적으로 구두신청에 의해 보험자가 승낙하면 성립되는 낙성계약으로서 요식계약이 아니며, 보험증권의 발행은 계약당사자의 편의를 위한 것이므로 계약의 성립요건도 아니다. 또한 보험자만 기명날인하고 있는 것이므로 계약서로도 볼 수 없으며 다만 보험계약을 청구하는 입증서류가 별도로 있을 경우에 계약의 성립을 입증할 수 있을 뿐이다.

보험증권은 그 기재사항을 법으로 정하고 있는 요식증권이지만 어음·수표 등의 경우처럼 엄격하지 않으므로 법정기재사항이 불비된 경우에도 보험증권의 효력에는 영향이 없다.

우리나라 해상보험회사는 전 세계적으로 통용되는 런던의 해상보험회사가 사용하고 있는 영문보험증권인 Lloyd's S.G. Policy Form을 사용하였으나, 최근에는 협회적하약관(Institute Cargo Clause : ICC)과 함께 사용하고 있다.

2) 보험증명서

보험증명서(certificate of insurance)는 보험회사 또는 지사나 그 대리인이 자사 발행의 원보험증권(original insurance policy)에 의거하여 그 보험계약의 존재 및 피보험물에 보험이 부보되어 있다는 사실을 증명하는 보험증권의 대용서류를 의미한다. 보험증명서는 동종·동질의 물품을 동일지역에 계속해서 수출할 경우 선적할 때마다 개별적으로 부보한다는 것이 번잡하므로 사전에 포괄보험증권(open cover policy)을 발급받은 후 개별적인 선적품이 있을 때마다 이미 발급받은 포괄보험증권에 의하여 개개의 선적품이 부보되어 있다는 사실을 입증하기 위해 사용되고 있다.

보험증명서는 이와 같이 운송화물이 부보되어 있다는 사실을 입증하는 증명서에 불과하므로 보험서류로서의 보험증권을 대용하는 기능은 없다. 그러므로 보험증권상의 모든 보험조건들을 보험증명서에 기재되어 있어야 한다. 매수인에게 보험증권 대신에 매수인으로서 권리를 확인할 수 없는 보험증명서를 제공하는 것은 정당한 것으로 볼 수 없으며, 보험증권상의 모든 권리가 이양되어 있는 보험증명서나 보험증권을 제공하여야 한다.

3) 보험확정통지서

보험확정통지서(insurance declaration)는 보험가입자가 거래편의상 보험회사를 직접 상대하지 않고 보험중개업자(insurance broker)를 통하여 보험에 부보 하였을 경우 보험중개업자가 발급해주는 보험승낙을 증명하는 서류를 말한다. 보험자로서 정당한 자격이 없는 보험중개인이 발급한 것이기 때문에 보험계약이 확실하게 체결된 것으로 볼 수 없기 때문에 은행은 특별한 약관이 없는 한 이러한 보험확정통지서를 수리하지 않는 것이 일반적인 관례이다.

제 3 절 임의서류

1. 중량(용적)증명서

중량(용적)증명서(Certificate of Weight and Measurement)란 수출화물을 선적하기에 앞서 공인검량인(public weighter)에 의해 발급되는 서류이다. 상업송장에는 화물의 수량이 기재되지만 화물의 중량이나 용적은 지면 관계상 생략되는 경우가 있으며, 기재되어도 총괄적인 기재에 그친다. 따라서 수출화물의 각 단위별 총중량, 총용적, 순중량의 명세에 관한 증명이 필요하기 때문에 이에 이용되는 서류가 중량(용적)증명서이다. 본 증명서는 상업송장의 보조서류로서 이용되고 있으며 운송화물에 대한 해상운임(freight) 등을 산출하는 기초가 되기 때문에 정확히 작성되어야 한다.

2. 원산지증명서

원산지증명서(Certificate of Origin : C/O)란 수입통관 또는 수출대금의 결제시 구비서류의 하나로서 당해물품이 당해국에서 생산, 제조 또는 가공되었다는 사실을 증명하는 서류이다.

원산지증명서는 ① 특정국가나 지역으로부터 수입을 금지 또는 제한하기 위한 정책적 목적, ② 호혜통상협정이 체결된 국가간의 수입물품에 대한 협정세율의 적용을 위한 관세의 감면혜택의 부여목적, ③ 선진국의 대개발도상국에 대한 특혜관세의 공여 목적, ④ 기타 국별 수입통계의 목적으로 발급되는 경우 등이 있다.

원산지증명서는 당해물품의 기호·번호·품명·수량·가격 및 생산지와 수출업자·수화인명 등 기타 필요한 참고사항이 기재된 것이어야 하며, 원산지증명서를 제출받은 세관장은 당해 원산지증명서가 표준양식에 준하여 작성된 것인지를 확인하여야 한다. 또한 원산지증명서는 한국어·영어 또는 불어로 표기한 것이라야 한다.

교역상대국의 관세양허를 받기 위하여 수출하는 물품의 원산지증명서를 발급받고자 하는 자는 산업통상자원부장관이 정하는 바에 따라 상공회의소 또는 세관에 원산지증명서의 발급을 신청하여야 한다.

WEIGHT NOTE

THE MERSEY DOCKS AND HARBOUR COMPANY

WEIGHT NOTE

NO. __________
DATE. ________

VESSEL : ________________ PORT & B/LADING NO. ____________________
BERTH : ________________ COMMENCED WEIGHING __________________
A/C : ____________________ COMPLETED WEIGHING __________________
MODE OF WEIGHING ______________________

Marks	Particulars of Goods	Kilograms

THE ABOVE CERTIFIED BE THE CORRECT WEIGHT TAKEN ON LANDING/DELIVERY OF THE GOODS SHEWN ABOVE.

SIGNED __________________________

3. 검사증명서

검사증명서(Certificate of Inspection)는 수출국가가 자국 상품의 품질향상 또는 대외성가를 높여 국위를 선양하고자 수출검사법을 제정하여 자국에서 생산된 상품을 수출할 때 품질, 규격, 포장 등에 대하여 검사를 받도록 하는 경우 또는 수입자의 요청으로 수입회사로부터 직·간접적으로 검사를 받는 경우 발행된다. 일반적으로 검사증명서는 수입회사가 확실한 품질의 상품을 수입하고자 할 때 요구되는 서류이며, 검사의 공정성을 확립하기 위하여 수입업자가 지정한 수출검사인이나 전문검사관의 검사증을 첨부하도록 하고 있다. 또한 검사증명서는 수출화물이 수출국 또는 수입국의 법규 등에 적합하다는 사실관계를 증명하고 나아가 수출상품이 계약으로 정해진 품질이나 규격에 일치한다는 것을 증명하는 서류가 된다.

우리나라의 경우는 수입업자의 요구가 없어도 수출품의 대외성가와 품질의 유지향상을 도모하여 수출무역을 조장시킬 것을 목적으로 하여, 원칙적으로 지정된 물품은 지정된 수출검사기관의 수출검사에 합격하여야 수출할 수 있다.

4. 포장명세서

포장명세서(Packing List)는 각 화물마다 포장되어 있는 내장품의 명세서이며 송장의 기재내용을 보완하는 보조서류로서 수출업자가 작성한다. 이는 운송화물의 포장단위별 명세와 단위별 총중량, 순중량 그리고 화인(Shipping Mark) 및 포장의 일련번호 등을 기재함으로써 화물운송 중의 안전성, 신속성, 오송방지 그리고 통관상의 편의 등을 위해서 작성된다. 특히 각종화물이 혼합되는 컨테이너 상품의 내포장과 외포장을 구체적으로 기록할 때 사용된다. 포장명세서는 공장에서 포장하면서 작성하는 경우가 많이 있으나 보다 정확하고 편리한 방법은 포장명세서부터 먼저 작성하고 이에 따라 포장하는 것이 정확하고 편리하다.

5. 위생증명서

위생증명서(Certificate of Health, Veterinary & Sanitary)는 음료품, 원피류 또는 생동물 등을 수출하는 경우에 수입국 보건기준에 합치된 것을 수입할 수 있도록 관리하기 위하여 수입상의 요구에 의해 수출국의 위생검사당국에서 발행하여 제공하는 서류이다. 모든 국가의 정부는 자국의 국민들의 건강을 위하여 해외로부터 수입되는 식료품, 의약품, 화장품, 육류 등에 대하여 위생증명서를 세관송장에 첨부하도록 요구하고 있고, 산동물에 대해서는 수출당시 무균을 입증하는 검역증(Certificate of Guarantee)을 요구하고 있다.

6. 품질증명서

품질증명서(Certificate of Quality)란 농수산물 등의 수출시 발급되는 것으로 농수산물은 같은 종류라도 그 규격이나 무게, 즉 품질이 각각 다르므로 이들의 등급을 정하여 거래할 경우 그 계통의 공인검사관(official inspector)에 의하여 판정되고, 판정결과에 따라 품질증명서가 발급된다.

7. 분석증명서

분석증명서(Certificate of Analysis)는 주로 광산물, 식료품이나 의약품을 수입하는 화주에게 화물의 성분, 구성원소, 순도를 측정하기 위하여 물품에 대한 분석증명서를 제출하도록 수입국가의 정부는 요구하고 있다. 특히 의약품 또는 광산물의 성분이 무엇으로 어떻게 구성되어 있는지 전문기관의 분석을 통해 품목분류를 확정하여 관세를 정확하게 부과할 필요가 있다. 또한 여러 재료를 혼합하여 수입되는 시료품의 경우 그 원료구성 비율에 따라 관세가 결정되기도 한다.

Chapter 11

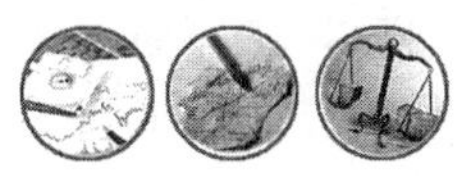

수출입통관과 관세

제1절 관세의 개요

1. 관세의 의의와 성격

관세선을 통과하는 물품에 대하여 부과는 조세[1]를 관세(Customs, Duties, Tariffs)라 한다. 관세선은 일종의 경제적인 영역으로서 정치적 영역의 경계선인 국경선과 일반적으로 일치하지 않는다. 예를 들면 EU와 같은 관세영역 내에는 여러 국가의 국경선이 있다.

조세는 국세와 지방세로 분류되며 국세는 내국세와 관세로 분류된다. 그리고 관세는 간접세에 해당되며 간접세를 소비세와 유통세로 분류할 때 소비세에 해당된다.

관세는 조세이기 때문에 국가의 재정수입을 목적으로 부과하고 있으나 국가 간의 상품의 자유로운 이동을 제한하는 역할을 하고 있어 그 부과의 경중은 국가의 대외정책에 상당한 영향을 미치게 되므로 국제적인 정책을 고려하여 부과되어야 한다.

2. 관세의 종류

관세는 그 분류기준에 따라 다음과 같이 다양한 종류가 있다.

---

1) 조세란 국가 또는 지방공공단체가 재정수입을 목적으로 법률이 정하는 과세요건에 따라 일반국민들에게 균등하게 부과하는 세금이다.

1) 과세기회에 따른 분류

과세기회를 기준으로 수입세, 수출세 및 통과세로 분류된다. 수입세는 수입물품에 부과는 관세로서 대부분의 국가에서 적용하고 있다. 특히 우리나라 관세법은 수입세를 부과징수하기 위한 내용으로 되어 있다. 수출세는 수출물품에 부과하는 관세로서 우리나라는 현재 수출세를 부과하는 상품은 없으나 러시아의 천연가스·원유, 중국의 희토류 등 몇몇 국가에서는 수출세를 부과하고 있다. 통과세는 국가의 영역을 단순히 통과하는 상품에 부과하는 관세로서 교통이 발달하지 못했던 시절에 이웃 나라에서 상품판매를 방해할 정치·경제적 목적으로 적용하였으나, 현재는 GATT 제5조(통과의 자유[2])에 의거 부과하지 않고 있다.

2) 과세방법에 따른 분류

과세방법을 기준으로 종가세(Ad Valorem Duty), 종량세(Specific Duty)와 혼합세(Combined Duty)가 있다. 종가세는 상품의 가격을 과세표준으로 하여 부과된다. 관세의 부담이 물품의 가격에 균등·공평하게 적용할 수 있어 시장가격의 등락에 상관없이 과세부담의 공평성과 균형을 유지할 수 있다는 장점이 있으나 적정한 가격결정이 곤란하다는 단점이 있다.

종량세는 물품의 수량을 과세표준으로 하여 부과하는 관세다. 과세가 간단명료하고 세액계산이 수출국에 관계없이 편리하게 부과할 수 있어 대부분의 선진국가들이 채택하고 있고 우리나라는 영화용 필름과 비디오테이프 수입에 적용하고 있다. 그러나 종량세는 가격변동에 공평하게 적용할 수 없고 물품의 중량산출이 곤란하다는 단점이 있다.

혼합세는 종가세와 종량세의 장점을 서로 결합시켜 관세의 효과를 최대화하기 위한 조세제도이다. 물품에 대하여 종가세율과 종량세율을 동시에 정해놓고 그 중에서 많은 세액 또는 적은 세액 쪽으로 선택해서 과세하는 관세를 선택세(Alternative Duty)라 한다. 그리고 종가세와 종량세를 결합하여 부과하는 관세를 복합관세(Compound Duty)라 하며, 과거 염화비닐수지에 대하여 우리나라가 적용한 바 있다.

2) GATT 제5조(통과의 자유) 3. 체약국은 자국의 영역을 경유하는 통과운송에 대하여 세관에서 소정의 수속을 취하도록 요구할 수 있으나, 관계 관세법규를 준수하지 아니하는 경우를 제외하고는 다른 체약국의 영역에서 오거나 영역으로 향하는 통과운송을 불필요하게 지연 또는 제한하여서는 아니 되며, 또한 동 통과운송에 대하여는 수송요금, 통과에 수반하는 행정적 경비 또는 제공된 용역비용에 상당하는 과징금을 제외하고는 관세, 통과세 또는 기타 통과에 관하여 부과되는 기타 과징금을 면제하여야 한다.

3) 과세목적에 따른 분류

국가의 재정수입을 목적으로 부과하는 관세를 재정관세(Revenue Duty)라 하고, 유치산업을 보호하거나 성숙산업을 유지보호하기 위하여 부과하는 관세를 보호관세(Protective Duty)라 한다. 개발도상국일수록 두 가지 기능 모두가 중시된다. 관세부과가 재정수입확보를 위한 수단의 성격이 강하였으나 최근에 들어서는 개도국이나 선진국 모두 국내산업보호라는 목적을 위한 수단으로 사용하고 있다. 특히 개도국에서는 유치산업보호를 위해서, 선진국은 사양산업보호를 위해서 관세를 보호수단으로 활용하고 있다.

4) 과세근거에 의한 분류

국정관세(national duties)라 함은 일국이 관세주권에 의하여 자주적으로 관세율을 설정한 관세를 말하고, 이에 따른 세율을 국정세율(national tariff)이라고 한다. 우리나라 관세율표(Tariff Schedules of Korea)상에는 '기본(general)'이라고 표시하고 있다.

협정관세(conventional duties)란 일국이 타국과의 조약에 따라 특정상품에 대하여 관세율을 협정하여 당해 조약의 유효기간 중에는 당해 협정된 세율을 변경하지 아니할 의무를 지는 것을 협정세율(conventional tariff)이라고 한다. 현행 관세율표상에는 '협정'이라고 표시하고 있다.

우리나라에는 현재 국정관세로서 기본관세율(general tariff)과 잠정관세율(temporary tariff) 및 탄력관세율(flexible tariff) 등이 있고, 현재 우리나라에서 시행되고 있는 협정관세는 다자간 협상에 의한 WTO 양허관세, WTO 개도국간 양허관세(TNDC), 아시아태평양무역협정에 의한 양허관세(APTA), UNCTAD 개발도상국간 양허관세(GSTP)가 있고, 특정국가와의 양자간 협상(FTA)에 의한 양허관세가 있다.

가맹국이 아닌 나라 중 우리나라와 개별적인 통상우호조약을 체결하고 그 조약에 최혜국 약관이 있는 나라에서 수입되는 물품에 대하여는 그 물품이 양허관세 해당 물품이라면 최혜국약관에 의하여 양허관세의 편익을 주게 되는데 이를 편익관세라 한다.

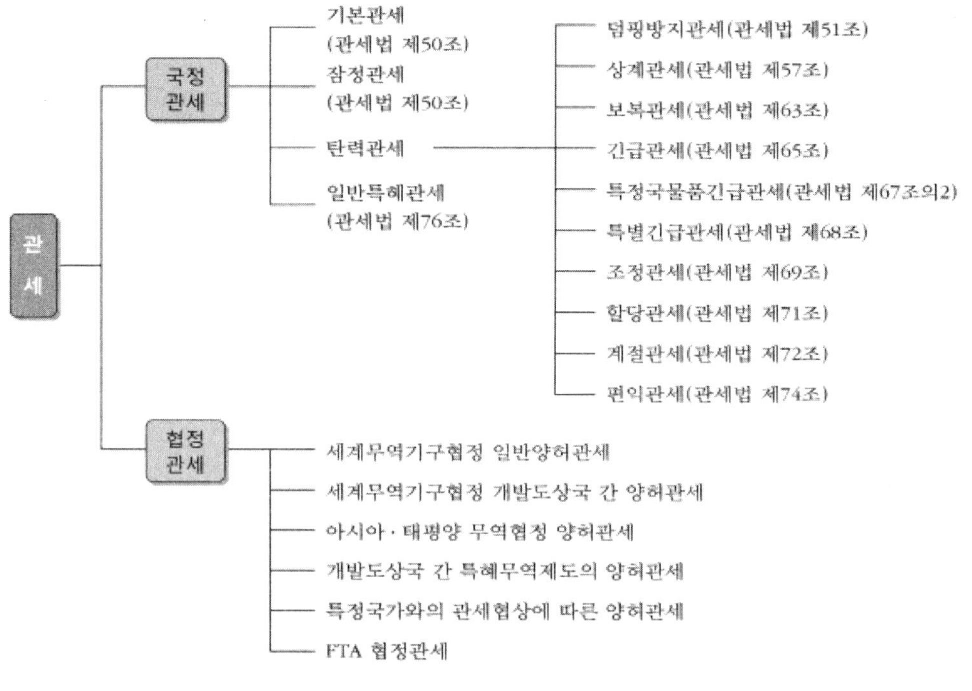

그림 11-1 관세의 구조

5) 탄력관세

조세법률주의에 의해 세율의 산정과 조정권은 입법기관인 국회만이 가질 수 있으나 그 권한의 일부를 행정부에 위임하여 수입되는 상품에 신축성 있게 그리고 탄력적으로 대처하여 부과할 수 있는 관세를 탄력관세라 한다. 탄력관세의 기능은 ① 수입물품의 낮은 가격에 따른 수입증대로부터 국내산업을 보호하고, ② 수입증대로 인한 국제수지의 악화를 방지하며, ③ 국내수요급증 및 국제가격상승의 경우 수입을 증가시켜 국내물가를 안정시킨다. 우리나라의 관세법상 허용되는 탄력관세는 덤핑방지관세, 보복관세, 긴급관세, 조정관세, 상계관세, 편익관세, 계절관세, 할당관세 등이 있다.

(1) 덤핑방지관세(Anti-dumping Duty)

덤핑(dumping)이란 우리말로 투매 또는 부당염매라는 뜻으로 보통 생산비 이하의 저렴한 가격으로 팔아치우는 것을 말한다. 그런데 국제적으로 통용되는 것은 동일한 상품을 동일한 시기에 동일한 조건하에서 국내가격보다 저렴한 가격으로 외국시장에 판매하는 경우를 의미한다. 덤핑의 동기는 주로 국내에서 생산된 과잉상품의 처분, 국내조업

및 가격유지, 특정시장의 신규개척 및 확보, 경쟁대상의 제거, 경쟁업자의 시장탈취, 경쟁업자의 덤핑행위에 대한 보복, 시장의 독점적 지배 및 독점이윤확보 등이 있다. 덤핑의 형태는 ① 재고품처리를 목적으로 하는 산발적 덤핑(sporadic dumping), ② 시장의 침투와 경쟁대상의 추방을 목적으로 하는 단기성 약탈적 덤핑(predatory dumping), ③ 생산가격 이하로 장기적으로 판매하는 지속적 덤핑(persistent dumping) 등이 있다.

덤핑방지관세는 이와 같은 동기로 ① 외국물품이 정상가격 이하로 수입되어 ② 국내 관련 산업이 실질적인 피해를 입고 있어 ③ 국내산업을 보호할 필요가 있다고 인정될 때, 즉 3가지 이유가 있을 경우에 상대국가의 덤핑효과를 없애기 위하여 부과하는 관세를 말한다. 정상가격은 수출국가의 국내기준으로 판단하여야 하며, 실질적인 피해는 국내산업이 실질적인 피해를 받거나 피해를 받을 우려가 있어 사실상 국내관련 산업질서가 위태롭게 되는 경우를 의미하며 무역위원회의 결정으로 덤핑방지관세 조치가 발동된다.

(2) 상계관세와 보복관세

상계관세(Compensation Duty)란 수출국에서 제조·생산 또는 수출에 관하여 직·간접으로 보조금 또는 장려금을 받은 물품의 수입으로 국내산업이 실질적으로 피해를 받거나, 받을 우려가 있거나 또는 국내산업의 확립이 실질적으로 저해되어 국내 관련 산업을 보호할 필요가 있다고 인정될 때에 수출국 또는 수출자를 지정하여 해당물품의 과세가격에 의한 관세 이외에 해당보조금 또는 장려금을 추가하여 관세를 부과하는 것을 말한다. 이는 수출국의 보조금 또는 장려금의 지원효과를 상쇄시킬 목적으로 부과하는 관세이다.

보복관세(Retaliatory Duties)는 수출국가의 물품, 선박, 또는 항공기에 대하여 불리한 취급을 하는 나라로부터 수입되는 물품에 대하여 수출국가에서 종전의 수입관세에 다시 수입물품가격 이하의 금액을 가산하여 관세를 부과하는 것을 의미한다. 우리나라는 보복관세를 부과할 수 있도록 1964년에 입법한 이후 한번도 보복관세를 부과한 사례는 없다.

구체적인 탄력관세의 발동요건을 살펴보면 다음 표와 같다.

Ⅰ 표 11-1 Ⅰ 탄력관세의 발동요건

구 분	발 동 요 건	관세율 변경범위
Ⅰ. 덤핑방지 관세	• 정상가격 이하로 판매되는 물품이 수입되어 국내 산업이 실질적 피해를 받거나 받을 우려가 있을 때	• 관세+(정상가격-덤핑가격)
Ⅱ. 보복관세	• 우리나라의 수출물품·선박 또는 항공기에 대하여 불리한 취급을 하는 나라로부터 수입되는 물품	• 우리나라의 무역이익 침해 상당액의 범위내
Ⅲ. 긴급관세	• 특정물품의 수입증가로 동종물품 또는 직접적인 경쟁관계에 있는 물품의 국내생산자에게 심각한 피해를 주거나 줄 우려가 있어 당해 피해를 방지하거나 구제할 필요가 있다고 인정하는 때	• 정상관세+피해치유 범위내에서 추가부과
Ⅳ. 조정관세	• 산업구조의 변동 등으로 물품간 세율이 현저히 불균형하여 이를 시정할 필요가 있을 경우 • 국민보건·환경보전·소비자보호 등을 위하여 필요한 경우 • 국산개발 물품의 보호 • 농산물 등 국제경쟁력 취약물품의 국내시장 및 산업기반 유지	• 기본관세율+인상세율 ≤100% • 농림축산물인 경우에는 국내외 가격차 상당률
Ⅴ. 특별긴급 관세(농림 축산물)	• 물량기준특별긴급관세 : 당해연도 수입물량이 급증하여 정해진 기준 발동 물량을 초과할 경우 • 가격기준특별긴급관세 : 수입가격(88~90년 평균 수입가격)의 90%에 미달할 경우	• 관세상당치(Tariff Equivalent : TE)의 1/3범위 내에서 추가로 관세를 부과 • 수입가격과 기준발동가격의 가격차에 따라 구간별로 합산하여 누진적으로 부과
Ⅵ. 상계관세	• 보조금·장려금을 받은 물품이 수입되어 국내산업에 실질적 피해가 있을 때	• 관세+보조금(장려금)이하 금액
Ⅶ. 편익관세	• 관세에 관한 조약에 의한 편익을 받지 아니하는 나라의 생산물로서 수입되는 것	• 기준가격-관세가격=관세
Ⅷ. 계절관세	• 계절에 따라 현저한 가격차이가 있는 물품으로 동종·유사·대체품수입으로 국제시장교란 및 생산기반붕괴우려	• 올릴 경우 : 국내외 가격차 상당률 • 내릴 경우 : 기본관세율 -40%Point
Ⅸ. 할당관세 (인하) 할당관세 (인상)	• 물자수급 원활 • 수입가격급등 관련 품목의 국내가격 안정 • 세율불균형 시정 • 특정물품 수입억제	• 일정수량 범위내→기본관세율-40%포인트 • 공산품 : 일정수량 초과분 →기본관세율+40%포인트 • 농산품 : 농림축수산물의 경우에는 국내외 가격차에 상응하는 관세율 인상

6) 일반특혜관세제도

일반특혜관세제도란 개발도상국의 수출확대 및 공업화 촉진을 위하여 선진국이 개발도상국으로부터 수입하는 농수산품, 공산품의 완제품과 반제품 등에 대하여 아무런 조건 없이 일방적으로 기본세율보다 낮은 관세율 또는 무관세를 적용하는 관세상의 특혜대우를 말한다.

개발도상국에 대한 특혜관세공여는 일반적으로 개도국의 수출상품을 증대시키고 그 파급효과가 노동의 이용을 촉진함으로써 전 산업의 생산활동을 제고시키는 자극제가 될 수 있다는데 큰 의의가 있다. 선진국의 입장에서도 무역창출효과와 무역전환효과가 발생되고 개발도상국가로부터 외자수요가 증가될 수 있다.

동 제도는 UNCTAD가 남북문제를 해결하기 위하여 창안한 제도로서 1971년부터 미국, EC국가, 일본 등 19개 국가들이 무차별적이며 비상호주의적인 특혜제도(GSP : Generalized System of Non-reciprocal and Discriminatory Preference)를 개발도상국가[3]들에게 베풀어 왔다. 1994년 마라케시협정에서 1947년의 GATT 무차별최혜국대우원칙을 계승하여 기존의 자유무역지역과 관세동맹 및 일반특혜(GSP)를 예외적으로 인정하는 결정을 하였다. 우리나라는 1996년 12월 12일 OECD (Organization for Economic Cooperation and Development)에 가입하는 등 국제무대에서 지위가 향상됨에 따라 이에 상응하는 역할을 선진국가로부터 요구받고 선진국으로서 개발도상국에 일반특혜관세를 베풀기 위하여 1996년 12월 30일 관세법을 개정하였다. 그 후 관련법령을 정비[4]하여 2000년 1월 1일부터 개발도상국 중 국제연합총회의 결의로 최빈개발도상국가로 분류된 48개 국가로부터 수입되는 원목, 원면, 커피원두 등 80개 품목에 대하여 무관세를 적용하고 있다. 그리고 개발도상국가를 원산지로 하는 물품이 우리나라에 수입될 때에는 기본관세율보다 낮은 세율의 관세를 일방적으로 부과할 수 있으며[5] 향후 수혜국가와 수혜품목의 폭은 확대될 것으로 예상된다.

---

3) UNCTAD 총 가맹국 136개 국가들 중 우리나라를 포함하여 101개 국가가 스스로 개발도상국가라고 주장하고 19개 선진국가들로부터 일반특혜관세의 혜택을 받게 되었다.

4) 우리나라는 1996년 12월 30일 법률 제5194호로 제정·공포한 뒤『최빈개발도상국에 대한 특혜관세공여규정』을 1999년 12월 31일 대통령령(제16653호)으로 제정·공포하였다.

5) 개발도상국 중 UN총회결의로 지정된 최빈개발도상국으로부터 수입되는 물품에 대하여 대통령령으로 정하여 혜택을 베풀 수 있다. 관세법 제43조 17의 제6항.

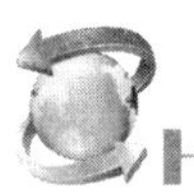

3. 관세법의 해석과 적용

관세법의 의미내용을 분명하게 밝히는 것을 관세법의 해석이라 하고, 어떤 구체적인 사실을 관세법이 정하는 요건에 해당하는 것으로 맞추어 일정한 법률적 효과를 발생시키는 것을 관세법의 적용이라 한다.

우리나라 헌법에는 국민의 재산권을 보장하고(헌법 제23조 1항), 소급입법에 의하여 재산권을 박탈당하지 아니하고(헌법 제13조 2항), 조세의 종목과 세율은 법률로 정한다(헌법 제59조)고 규정하고 있어 국민의 재산권이 조세법의 부당한 해석이나 적용으로 침해되거나 소급과세되지 못하도록 하고 있다. 그리고 관세법의 해석과 적용은 과세의 형평과 관세법조항의 합목적성에 비추어 납세자의 재산권이 부당하게 침해하여서는 아니 되며, 법의 해석 또는 관세관행이 일반적으로 납세자에게 받아들여진 후에는 그 해석 또는 관행에 의한 행위 또는 계산은 정당한 것으로 보고 새로운 해석 또는 관행에 의하여 소급하여 과세되어서는 안된다고 관세법에서 다시 명시하고 있다(관세법 제2조 2의 제1항 및 2항).

따라서, 관세법의 해석에서 관세법 개개조항의 형식이나 그 표현에 구애받지 말고 조세법률주의에 의거 공평의 원칙과 공정의 원칙에 치중하여 관세조항의 목적에 맞도록 해석하여야 할 것이다. 관세법이 복잡하고 다양하게 변천하는 경제현상을 그 규제의 대상으로 하고 있기 때문에 관세법의 목적과 국민의 통념에 어긋나지 않도록 해석하여 적용해야 한다.[6)]

우리나라의 관세행정은 관세행정을 기획·집행하는 일반행정기관과 특정사항을 심의·의결하는 행정위원회가 있다. 관세행정기관으로서 기획재정부가 있고 기획재정부는 관세정책의 수립과 관세제도의 기획·입안을 하고 있다. 관세의 부과, 감면 및 징수와 수출입물품의 통관 및 밀수단속에 관한 사무를 관장하기 위하여 기획재정부 소속하에 관세청을 두고 있으며, 관세청의 관장사무를 분장하기 위하여 관세청 소속하에 세관을 두고 있다. 세관은 주로 수출입물량이 많은 개항과 내륙공업지역에 설치되어 관세의 부과징수, 감면, 추징업무를 담당하고 있다. 우체국에는 관세업무량을 고려하여 출장소 또는 감시소를 두고 있다.

기획재정부에는 관세정책에 관한 주요사항을 심의하기 위하여 관세심의위원회가 있으며, 관세청에는 관세부과나 관세행정에 대한 불만 또는 이의신청을 심사·결정하기 위하여 관세심사위원회와 과세전적부심사위원회가 있다. 그 외 품목분류(HS번호)에 대한

---

6) 고우복, 관세이론과 통관실무, 두남출판사, 2000.7. pp.69~70.

정확성을 기하기 위해 품목분류실무위원회 등이 관세청에 구성되어 있다.

4. 관세의 부과와 징수

1) 관세의 징수와 과세요건

기획재정부에는 관세를 부과, 감면 및 징수와 수출입물품의 통관 및 밀수출입단속에 관한 사무를 관장하는 관세청과 내국세의 부과, 감면 및 징수에 관한 사무를 관장하는 국세청이 있다. 관세청 사무를 실제 현업으로 집행하는 일선 행정기관이 세관이며 국세청 사무를 실제로 집행하는 행정기관이 세무서이다.

수입물품에 부과되는 내국세는 부가가치세, 특별소비세, 주세, 교육세, 교통세 및 농어촌특별세가 있는데, 세관은 이와 같은 내국세의 부과 징수와 그 부수 업무를 모두 집행한다.

관세를 부과하려면 과세대상이 되는 물품이 있어야 하고, 관세를 부담할 납세의무자가 확정되어야 하며, 과세가격의 기준을 무엇으로 삼아야 하는 과세표준이 있어야 하며, 과세표준에 대한 관세액의 비율이 사전에 결정되어 있어야 하는데 이를 과세요건이라 한다.

과세요건이 갖추어져 있을 때 세관은 관세법에서 정하고 있는 일정한 요건에 의거 관세채권을 발생·확정시켜 관세를 징수한다. 관세채권의 내용은 법률에 의한 획일적인 규제로서 납세의무자의 총재산에 대하여 법률에 특별한 규정이 없는 한 모든 공과와 기타의 채권에 우선하여 징수되는 것은 물론 관세대상 물품에 대해서도 다른 조세, 기타의 공과금 및 채권에 우선하여 징수한다. 그리고 납세의무자가 납세의무를 이행하지 않을 때에는 세관은 재판절차 없이 법률에 의거 직접 체납처분을 하여 관세채권을 실현시킬 수 있는 자력집행을 원칙으로 하고 있다.

2) 납세의무자

납세의무자란 국가에 대하여 관세를 납부하여야 할 법률상의 의무를 지는 자를 말하며, 관세채권 채무관계의 확정으로 결정된다. 정상통관절차로 수입되는 물품의 납세의무자는 그 물품을 수입한 화주가 되고, 대행수입인 경우에는 그 물품의 수입을 위탁한 자가 되며, 수입신고 수리 전에 보세구역 등에서 물품이 양도되었을 경우에는 그 물품의 양수인이 된다.

그러나 수입신고가 수리되어 인취한 물품 또는 신고수리전 반출승인에 의하여 반출된 물품에 대해서 이미 납부하였거나 앞으로 납부할 관세액에 부족이 있을 때에 그 부족관세를 해당물품을 수입한 화주가 납부하지 아니한 상태에서 그 화주의 주소 및 거주가 불명확하거나 그 물품을 수입 신고한 신고인인 관세사가 그 화주를 명백하게 알지 못하는 등의 사유로 부족한 관세를 징수할 수 없을 때에는 그 신고인이 화주와 연대하여 납세의무자가 된다.

다양한 방법으로 수입되는 물품 또는 도난·분실품에 대한 납세의무자는 그 수입형태에 따라 다르고 그 상황에 따라 보세구역 운영인, 보관인, 하역회사 등으로 확장될 수 있으므로 관련당사자들은 특별히 주의할 필요가 있다. 수입물품을 수입신고 수리전에 우리나라에서 도난 또는 분실되었다면 이는 수입으로 보고 화주는 해당관세를 납부해야 한다.

3) 과세물건

과세물건은 수입물품을 말한다. 수입물품에는 관세를 부과한다는 관세법(제3조) 규정에 따라 수출품이나 통과물품과는 달리 세관은 관세를 부과·징수한다. 수입물품은 시간의 흐름에 따라 변질 또는 손상되어 그 성질과 수량이 달라질 수 있으므로 과세물건의 확정시기는 관세액 결정에 영향을 미칠 수 있다.

과세물건의 확정시기는 그 물품을 수입하는 방법에 따라 다르나 정상통관절차일 경우에는 수입신고를 한 때의 성질과 수량에 의하여 관세를 과세한다. 그러나 예외적으로 보세공장 또는 자유무역지역(Free Trade Zone)[7]에서 제조·가공한 물품을 일반 수출물품제조에 투입할 경우에는 역시 수입절차를 밟아 관세가 부과되어야 하지만 이미 제조·가공과정에서 부가가치가 존재하고 여기에 사용된 내국물품인 원재료가 있다면 그 원재료에 대해서도 과세를 하게 되어 너무 가혹하다는 결과가 되므로 이 경우에는 외국물품인 원재료에만 과세를 하여야 한다. 이렇게 외국물품의 원료에만 과세하는 것을 원료과세라 하고 원료과세 대상물품은 보세공장에 반입할 때의 성질과 수량에 의하여 과세하고, 미리 신청한 경우에는 외국물품인 원재료를 처음 반입할 때의 성질과 수량에 의하여 과세한다.

이와 같이 수입신고의 때를 과세물건의 과세확정시기로 하는 것은 수입자의 수입의사가 구체화되는 시점이 가장 합리적으로 납세의무자를 확정시키고 있기 때문이다. 따라서, 수입신고 이전에 변질되거나 손상된 물품은 수입신고를 할 때에 이를 제외시켜야

7) 자유무역지역에 있는 물품은 자유무역지역설치법에 의해 면세상태에 있다.
현재 자유무역지역은 마산, 군산, 대불, 김제, 울산, 동해, 율촌 7개 지역이 지정되어 있다.

할 것이며, 수입신고 이후부터 수입신고수리시점 사이에 변질 또는 손상된 경우에는 세관과 납세의무자 사이에 협의·조정하여 결정하는 것이 조세정의에 합당하다(관세법 제33조 1항).

한편, 수입하고자 하는 물품을 수입신고 이전에 운수기관, 관세통로 또는 관세법에 규정된 장치장소로부터 즉시 반출하고자 할 때에는 세관장에게 수입신고 전에 물품반출신고를 하고 즉시 반출할 수 있다. 이 경우에 반출신고일로부터 10일 이내에 수입신고를 하더라도 수입신고일을 기준으로 하는 것이 아니고 세관장에게 반출신고를 할 때의 해당물품의 성질과 수량에 의하여 과세한다.

4) 과세표준

(1) 의의

과세표준이란 세액결정의 표준이 되는 과세물건의 가격, 수량, 품질 등을 말한다. 우리나라는 관세의 과세표준을 수입물품의 가격 또는 수량으로 하고 있다. 수입물품의 가격을 표준으로 하여 세액이 결정되는 것을 종가세라 하며, 수입물품의 수량을 표준으로 하여 세액이 결정되는 것을 종량세라 하는데 수입물품의 가격을 과세가격이라 한다. 과세가격은 국내산업을 보호할 목적으로 자의적이며 가공적인 가격을 과세가격에 포함시켜 수입자에게 부담을 가중하게 함으로써 국제무역에서 제2의 비관세장벽이라 한다.

따라서, 1927년 이후 세계는 과세가격의 결정방법을 시정하기 위하여 노력한 결과 1947년 GATT를 탄생시켰고, 이는 다시 1994년 GATT 제7조 이행에 관한 협정으로 개선되었다. 우리나라는 조약 제729호에 의거 GATT규정을 국내법으로 수용하고, 1995년부터 시행하고 있는 GATT 제7조 규정의 과세가격에 관한 일반원칙은 다음과 같다.

① 과세가격은 수입물품 또는 동종물품의 실제가격[8]에 따라야 한다.

② 실제가격을 확정할 수 없을 때의 과세가격은 실제가격에 가장 가까운 상당가액을 근거로 결정한다.

③ 과세가격에 원산국 또는 수출국에서 수혜받은 내국세, 환급금 등을 포함시켜서는 아니 된다.

④ 외국통화와 자국통화의 환산은 IMF환율에 의하고, 그 외의 경우에는 그 통화의 시세환율에 따른다.

---

8) 수입국의 법령에서 정한 때와 장소에서 그 물품 또는 동종물품이 통상적인 상거래에서 완전경쟁상태로 판매되거나 판매를 위하여 제공된 가격을 실제가격이라 한다.

⑤ 과세가격결정의 기준과 방법은 안정되어 있어야 하고, 무역업자가 상당한 확실성을 가지고 과세가격을 추정할 수 있도록 충분히 공표되어야 한다.

(2) 과세가격의 결정방법

우리나라는 수입물품의 거래가격을 원칙으로 하여 구매자가 실제로 지급하였거나 지급하여야 할 가격에 일정한 가산금액을 가산하여 조정한 가격을 과세가격으로 하고 있다. 따라서, 과세가격의 결정방법은 납세의무자가 신고한 가격이 과세가격에 합당할 때에는 신고가격을 과세가격으로 결정하나, 합당하지 않다고 판단될 경우에는 과세가격으로 인정받은 동종·동질물품의 거래가격을 과세가격으로 하는 등 과세가격에 합당한 거래가격에 가장 가까운 가격을 과세가격으로 인정한다. 합당한 과세가격을 인정할 때에는 임의성을 배제하고 공정성을 높이기 위하여 관세법에는 다음과 같은 방법으로 규정하고 있다.

① 신고가격을 기초로 하는 방법
② 동종·동질물품의 거래가격을 기초로 하는 방법
③ 유사물품의 거래가격을 기초로 하는 방법
④ 국내판매가격을 기초로 하는 방법
⑤ 산정가격을 기초로 하는 방법
⑥ 합리적 기준에 의하는 방법

위의 6가지 방법에서 ①의 방법으로 결정할 수 없을 때는 ②의 방법으로 결정하고, ①과 ②의 방법으로 결정할 수 없을 때에는 ③의 방법으로 결정하며, ①에서 ③의 방법으로 결정할 수 없을 때에는 ④의 방법으로 결정한다. 이하 동일한 방법으로 우선순위를 적용한다.

위에서 구매자가 실제로 지급하였거나 지급하여야 할 가격이라 함은 수입물품의 대가로서 구매자가 지급하였거나 지급하여야 할 총금액을 말한다. 예를 들면 구매자가 수입물품의 대가와 판매자의 채무를 상계하는 금액, 구매자가 판매자의 채무를 변제하는 금액 및 기타의 간접적인 지급액을 모두 총금액에 포함시켜 신고하고, 분명하게 구분할 수 있는 다음의 금액은 제외시킨다(관세법 제9조 2항).

① 수입 후에 그 물품을 건설, 설치, 조립, 정비, 유지하고 기술지원을 하는데 필요한 비용
② 수입항에 도착한 후에 그 물품을 운송하는데 필요한 운임, 보험료 기타 비용
③ 우리나라에서 부과된 수입물품에 대한 관세 등의 세금과 공과금
④ 연불조건 수입의 경우에 지급되는 연불이자

⑤ 원산국 또는 수출국에서 수입물품에 부과하는 내국세로서 그 수입에 대하여 면제 또는 환급방식으로 경감되었거나 장차 경감될 금액(1994년 GATT 제7조3항).

구매자가 실제로 지급하였거나 지급하여야 할 가격에는 다음의 금액을 가산하여 조정한 거래가격으로 한다. 다만, 다음의 금액을 가산함에 있어서 객관적이고 수량화할 수 있는 자료에 근거하여야 하며, 이러한 자료가 없는 경우에는 과세가격에 합당한 거래가격으로 인정할 수 없다.

① 구매자가 부담하는 수수료 및 중개료. 다만, 구매수수료를 제외한다.

② 당해 물품과 동일체로 취급되는 용기의 비용과 당해 물품의 포장에 소요되는 노무비 및 자재비로서 구매자가 부담하는 비용

③ 구매자가 당해 물품의 생산 및 수출거래를 위하여 무료 또는 인하된 가격으로 직접 또는 간접으로 물품 및 용역을 공급[9]하는 때에는 그 가격 또는 인하차액

④ 특허권, 실용신안권, 의장권, 상표권 및 이와 유사한 권리를 사용하는 대가로 지급하는 것으로서 대통령령이 정하는 바에 따라 산출된 금액

⑤ 당해 물품의 수입후의 전매, 처분 또는 사용에 따른 수익금액중 판매자에게 직접 또는 간접으로 귀속되는 금액

⑥ 수입항까지의 운임, 보험료 기타 운송에 관련되는 비용으로서 대통령령이 정하는 바에 따라 결정된 금액. 다만, 기획재정부령이 정하는 물품의 경우에는 이의 전부 또는 일부를 제외할 수 있다.

5) 관세율

관세율이란 과세표준에 대하여 납부하여야 할 관세액의 비율을 말한다. 우리나라 관세율은 관세법 별표로 정하고 있는 국정세율과 외국 또는 국제기구와 합의한 조약 또는 협정에서 정하고 있는 협정세율이 있다. 국정세율과 협정세율이 경합될 경우에는 협정세율을 우선 적용하는 것이 원칙이다. 그리고 관세율에는 기본세율[10]과 잠정세율[11]이 있으며, 두 세율이 경합될 경우에는 잠정세율이 기본세율에 우선하여 적용된다(관세법 제7조 2항).

---

9) 공급하는 물품 및 용역은 수입물품에 결합되는 재료, 구성요소, 부분품, 기타 이와 비슷한 물품, 생산에 필요한 기술, 설계, 고안, 공예, 의장 등 대통령령으로 정한 것에 한한다.

10) 우리나라의 산업정책과 재정정책을 기초로 하여 어느 정도 장래를 예측하여 장기적으로 적용할 세율을 기본세율이라 한다.

11) 산업의 발전 또는 기타 경제의 변동 등 단기적 관점에서 일시적으로 기본세율을 수정할 필요가 있는 경우에 일정기간 기본세율을 대신해서 적용하기 위해 정한 세율을 잠정세율이라 한다.

이러한 모든 세율은 조세법률주의 원칙에 의거 국회에서 결정되어야 하나 관세의 국제성과 특수성 때문에 그 세율의 적용은 탄력성과 신속성이 요구되므로 행정부에 세율결정권이 위임되어 있다. 행정부는 대통령령 또는 기획재정부령으로 필요시 관세율을 개정할 수 있다.

관세율표는 과세물건인 수입물품을 분류한 품목표와 그 품목표의 각 품목마다의 관세율로 구성되어 있다. 수출입물품이 관세율표에 있는 품목표의 품목 중 어느 품목에 해당하느냐에 따라 수출 또는 수입 규제내용과 관세율이 달라지며 물품의 품목분류의 해석과 적용은 매우 중요하기 때문에 정확하여야 한다. 수입물품의 종류는 대단히 많을 뿐만 아니라 신제품도 점증하고 있는 상태에서 관세율표의 어느 품목에 속하느냐에 따라 관세액이 다르고, 분류에 잘못이 있어 부족한 세액이 있을 경우에는 그 부족액을 세관으로부터 추징당한다. 따라서, 수출입하고자 하는 물품에 대한 정확한 세 번을 결정할 수 없을 때에는 관세사를 통해 수출입신고 전에 관세청장에게 그 물품에 적용될 관세율표상의 품목분류에 관한 사전회시를 받는 절차를 취할 필요가 있다.

우리나라는 1987년 11월 29일 통일 상품명 및 부호체계에 관한 국제협약(HS 협약)에 가입하여 다음해 1월 1일부터 그 효력이 발생하여 현장에서 적용하고 있다.[12] 따라서, 수입자는 수입물품의 HS번호를 정확하게 확정한 후 분실, 도난, 변질, 손상 가능성을 고려하여 수입신고일자를 신중하게 선정하여 세관장에게 신고할 필요가 있다.

5. 관세환급

1) 관세환급의 의의

관세환급이란 납세의무자가 관세, 가산금, 가산세 또는 체납처분비를 과오납한 과오납금 또는 이미 관세를 납부한 물품에 관세관계법률에서 정하는 일정사유가 발생하였을 때 이미 납부한 관세를 납세의무자에게 되돌려 주는 것을 말한다.

관세환급은 ① 납세의무자가 과오납한 관세를 환급해주는 과오납금의 환급[13]과 ②

12) 우리나라는 해방 후 관세법이 제정되었던 1945년~1949년 사이에는 미군 당국의 군정법령에 의해 모든 수입물품에 10%의 관세를 부과·징수하였다. 그 후 1949.11.23.부터 일본의 관세율표에 의해 관세를 적용하다가 1962년부터 1987년까지 CCCN분류 방법을 적용하였다.

13) 과오납금 환급이란 납세의무자가 법률상 관세, 가산금, 가산세 또는 체납처분비로 납부하여야 할 원인이 없는데도 이미 납부하였을 경우 국가는 일종의 부당이득이 되므로 당연히 환급할 채무가 발생하여 잘못 납부 받은 관세를 되돌려 주는 것을 말한다.

적법하게 관세를 납부한 물품에 대하여 일정한 법적 사유로 환급해주는 적법환급이 있다. 적법환급은 ① 계약위반 물품이 일정기간 이내에 수출되었을 때 이미 납부한 관세를 환급해주는 위약물품관세환급, ② 지정보세구역에 장치중인 물품이 멸실 되거나 변질 또는 손상되었을 때 이미 납부한 관세를 환급해주는 멸실물품관세환급, ③ 수출용원재료로 사용하여 제조가공한 물품을 일정한 기간 이내에 수출하였을 때 이미 납부한 관세를 환급해 주는 수출용원재료관세환급 등으로 구분된다. 적법환급에 대해서는 관세환급특례법에 별도로 규정하고 있고 나머지 과오납금 환급은 관세법에서 규정하고 있다.

우리나라는 1960년대 이후 정부의 강력한 수출진흥정책으로 수출이 크게 증가하였으나 국내부존자원과 기술부족으로 중요 기초원자재의 대부분을 해외수입에 의존하고 있었다. 외형적인 수출증가와 함께 수출에 투입되는 기자재의 수입증가로 발생하는 문제도 심각하여 정부는 수출을 지원하면서 수출용원자재의 국내생산을 장려하기 위한 정책이 필요했다. 이에 정부는 1975년부터 수출용 원자재에 대한 관세 등의 사전면세제도(간접세 면제)를 폐지하고 관세환급제도(간접세 환급에 의한 수출지원)를 실시하게 되었다.[14] 관세환급제도는 수출행정절차의 간소화와 원재료의 국산화촉진으로 능률적인 수출지원과 균형있는 국내산업의 발전을 기하고 외화가득률을 제고하여 국제수지를 개선하는 효과가 있다. 특히 관세환급특례법은 수출용원재료에 대한 관세, 임시수입부가세, 특별소비세, 주세, 교통세, 농어촌특별세 및 교육세의 환급을 적정하게 함으로 능률적인 수출지원과 균형있는 산업발전에 이바지하기 위하여 관세법, 임시수입부가세법, 특별소비세법, 주세법, 교통세법, 농어촌특별소비세법 및 교육세법과 국세기본법 및 국세징수법에 대한 특례를 정함을 목적으로 한다.

2) 관세환급요건

적법하게 납부된 관세는 원칙상 환급하지 않는 것이 원칙이다. 그러나 관세 등을 납부하고 수입한 물품이 계약내용과 상이하여 그 물품을 수출하거나 지정보세구역에 장치한 물품 중 관세 등을 납부한 이후에 반출하지 않은 상태에서 재해로 멸실하는 등 특수한 사유가 있거나 수출지원이라는 국가정책을 수행하여야 하는 등의 특별한 경우에는 이미 적법하게 납부한 관세 등이라도 환급되어야 한다. 관세환급특례법에서는 수출용원재료를 사용하여 생산한 수출물품을 환급용도에 제공한 때에는 이미 납부한 관세 등은 환급하는 것으로 규정하고 있는데, 그 관세환급은 다음 4가지 요건을 갖추었

14) 우리나라는 수출용 원재료에 대한 관세 등의 환급에 관한 특례법을 제정하여 1974년 12월 12일 법률 제2675호로 공포하고 1975년 7월 1일부터 실시하고 있다.

을 때 가능하다.

① 수입할 때 관세 등을 납부하였거나 납부하여야 하는 수출용 원재료가 수출물품의 생산에 사용되어야 하며,

② 대통령령이 정하는 날로부터 소급하여 2년 이내(수입유효기간)에 수입된 수출용원재료이어야 하며(관세환급특례법 제9조 1항),

③ 그 수출물품을 환급용도에 제공하여야 하며,

④ 수출물품을 환급용도에 제공한 날로부터 2년 이내에 환급신청된 것이어야 한다.

수입하는 수출용원재료에 대하여 관세, 내국소비세 등 간접세를 징수하고, 그 물품으로 생산한 물품을 수출하거나 국내에서 외화획득을 하는 판매 또는 공사 등에 제공한 때에는 이미 징수했던 간접세를 환급함으로써 수출을 지원하는 제도로서 정액환급을 할 때에는 그 구비서류 확인을 생략하고 개별환급에 한하여 확인하고 있다.[15]

수출용 원재료는 관세환급특례법 제3조 1항에 규정된 관세환급을 받을 수 있는 원재료로서 수입할 때 관세 등을 납부하였거나 일괄납부를 하는 재료를 말하며 그 구체적 사항은 다음과 같다.

① 수출물품을 생산한 경우에는 생산시의 물리적·화학적 변화과정에서 당해 수출물품에 물리적으로 결합되거나 화학적 반응 등으로 수출물품을 형성하는데 소요되는 원재료

② 수입한 상태 그대로 수출한 경우에는 수출물품

그러나 국내에서 생산된 원재료가 수입된 원재료와 동일한 질과 특성을 가지고 상호대체사용이 가능하여 국내산과 수입산 여부를 구분할 수 없는 경우에는 원재료의 국산화 지원책의 일환으로 수출물품을 생산하는 과정에서 이를 구분하는 것은 오히려 실익이 없으므로 수출용원재료가 사용된 것으로 간주된다(관환특법 제3조 2항).

대통령령이 정하는 날은 ① 관세법 규정에 의하여 수출신고가 수리된 수출의 경우는 수출신고를 수리한 날, ② 기획재정부령이 정하는 규정에 따라 국내에서 외화를 받고 수출·판매·공사 또는 공급을 완료한 날을 말한다.

수출물품을 환급용도에 제공하여야 한다는 것은 관세환급특례법과 남북교류협력에 관한 법률에 규정하고 있는 ① 수출, ② 국내에서 외화획득을 하는 판매 또는 공사(주한미군 및 외국대사관)·보세구역·자유무역지역(FTZ)입주업체에 대한 공급, ③ 북한으로의 물품반출,[16] ④ 외국 왕래 선박·항공기에 대한 선(기)용품과 원양어선용 물품, ⑤

---

15) 관세환급요건 충족여부를 모두 확인하여야 하나 관세청장은 환급절차를 간소화하기 위하여 정액환급률표에 고시된 금액이 당해 물품을 생산하는데 소요되는 수출용원재료를 수입할 때에 납부한 관세로 보고 (1)과 (2)의 요건을 생략한다. 관환특법 제13조 2항.

반입신고한 내국물품의 관세자유지역 반입(관환특법 제4조 1의 제3항 및 관세자유지역법 제30조) 등을 의미한다.

3) 정액환급과 개별환급

관세 등의 환급방법은 크게 정액환급과 개별환급으로 구분할 수 있는데, 관세를 납부 또는 징수유예받은 물품으로 제조·가공한 물품을 수출하였을 때에 수출물품을 기준으로 하여 일정액을 소정의 정액환급률표에 의하여 환급하는 방식을 정액환급이라 한다. 그리고 수출물품을 제조·가공하는 데 소요된 원자재의 수량을 확인하고 그 원자재를 수입할 때에 납부한 관세 등을 가감하지 않고 그대로 환급하는 방식을 개별환급이라 한다.

개별환급은 환급용도에 제공한 수출물품을 제조·가공하는데 소요된 소요량 증명서에 의하여 확인하고 수출용원자재의 개별품목마다 그 종류나 수량을 하나하나 확인하여 관세를 얼마나 납부하였는지 확인해야 하는 것이므로 환급절차가 상당히 번거롭다. 수출입업자가 수입 시 납부한 세액을 수출이행 후에 그대로 환급한다는 것은 합리적이라 할 수 있으나, 그 세액을 산출하고 확인하는 절차가 까다롭다. 개별환급은 원칙적으로 '납부액 = 환급액'이다. 그러나 관세청장이 고시하는 특정물품, 즉 국산이 가능한 품목에 대하여는 전액을 환급하지 않고 각 품목별로 정하여진 일정률에 따라 환급하도록 하고 있다.

또한 덤핑방지관세, 보복관세 및 상계관세가 부과된 수출용 원재료를 사용하여 제조·가공한 수출품에 대하여 개별환급을 하는 경우에는 이러한 특별세율에 의하여 납부한 세액이 환급되지 않고 기본세율에 의한 금액만을 환급하도록 하고 있다.

개별환급의 대상은 수출물품 중 정액환급대상으로서 정액환급률표에 기재되지 아니한 물품이 개별환급의 대상이 된다. 그러나 정액환급인 경우에는 납부한 세금을 하나하나 확인하여 계산할 필요도 없을 뿐만 아니라, 납부한 세액을 그대로 환급하는 것이 아니고 물품에 따라 일정액을 환급하는 것이므로 오히려 국산원자재를 사용하였을 때에는 실제로 납부한 세금은 없는데도 환급을 받게 되는 경우가 있어 국산원자재의 사용을 촉진시킬 수 있는 것이다.

수출한 후 환급을 청구하고자 하는 수출업자[17]나 대행수출업자는 모두 ① 관세 등의

---

16) 남북교류협력에 관한 법률 규정에 따라 매매, 교환, 임대차, 사용대차, 증여 등을 원인으로 하는 남한과 북한 사이의 물품이동을 말한다. 관환특법 제2조, 남북교류협력법 제2조 3항 및 시행령 제50조 4항.

17) 기초원자재를 수입하여 중간원자재를 제조하여 수출품 제조업자에게 공급할 경우에 환급청구

체납이 없는 경우에 한하고, ② 양자의 인감증명서가 첨부된 수출대행계약서를 제출하여야 한다. 기획재정부령으로 정하는 수출·외화판매 또는 공사의 경우에는 당해 용도에 공한 자의 명의로 환급신청하여야 하며, 보세공장 또는 자유무역지역(FTZ) 입주기업체에 공급한 경우에는 공급자의 명의로 환급신청하여야 한다.

제 2 절 통관의 개요

1. 통관의 의의와 기능

통관이란 관세법에 규정한 절차를 이행하여 물품을 수출, 수입 또는 반송하는 과정을 말한다. 누구나 수출, 수입 또는 반송하고자 하는 물품을 세관장에게 수출, 수입 또는 반송신고를 하여야 하고 서류상의 내용과 현물의 대조, 확인을 받아야 한다.

통관은 세관행정의 핵심을 이루고 있으며, 수출입물품에 대한 통관절차에 의하여 국가는 관세의 부과, 징수를 행하고 수출 또는 수입에 있어서의 제 법령에 의한 규제사항을 실물에 의하여 최종적으로 확인하게 된다. 이러한 통관은 수출통관, 수입통관, 반송통관으로 분류되고 통관절차는 정상통관절차와 간이통관절차로 분류되는데 그 통관기능은 다음 2가지가 있다.

첫째, 실물의 통관절차과정에서 우리나라의 산업·경제·사회·문화·교육·보건·환경 등의 입장을 적용하여 수출입의 가부를 결정함으로써 관세법 또는 기타 수출입관계 규제법의 효과를 확보해 주는 기능이 있다.

둘째, 통관현장에서 관세 및 내국세를 징수함으로써 국가의 재정수입을 확보하는 기능이 있다.

따라서, 통관은 관세법과 관세행정의 핵심이라 할 수 있다.

권은 최종수출자에게 있으므로 내국신용장에 의한 원자재 공급시에 그 공급가격에 기초원자재를 수입할 때 납부한 세액을 포함시켜야 한다.

2. 수출입통관 금지물품

수출입의 규제는 모두 관세법에서 규정하는 것이 입법적으로 타당하겠지만 물품의 수출입을 규제하는 목적·취지·내용·정도 등이 각각의 물품에 따라 다르기 때문에 관세법에서 모두 규정하는 것은 사실상 어려우므로 대부분 관세법 이외의 법령에서 규제하고 있다. 다만 타법령이 수출입규제의 대상으로 하는 물품을 관세법에서는 집약적·최종적으로 확인하여 규제를 실효성 있게 확보하기 위하여 수출입절차의 최종단계인 관세법상의 수출입신고필증을 결부시켜 규제하고 있다. 따라서 타법령에서 화물의 수출입에 관하여 주무관청의 승인 등을 받도록 규정하였을 때에는 당해 화물에 대하여 통관절차를 취할 때에 승인된 사실을 세관에 증명하여야 한다. 관세법에서는 공서양속 또는 기타 사회질서에 위배되는 성질의 물품에 대한 수출입을 절대적으로 금지하고 있는데 그 구체적인 내용은 다음과 같다.

① 국헌을 문란하게 하거나 공안 또는 풍속을 해할 서적·간행물·도화·영화·음반·조각물 기타 이에 준하는 물품(관세법 제146조 1항)
② 정부의 기밀을 누설하거나 첩보에 공하는 물품
③ 화폐·지폐·은행권·채권·기타 유가증권의 위조품·변조품 또는 모조품
④ 상표법에 의하여 등록된 상표권을 침해하는 물품

WTO협정은 무역관련 지적재산권[18]을 국제적으로 보호하도록 규정하고 동 재산권을 침해하는 물품의 수출입을 사실상 금지하도록 하고 있다. 따라서, 상표권을 침해하고 있는 물품은 기본적으로 수출입할 수 없다. 다만 여행자 휴대품 또는 우편물 등 상업적 목적이 아닌 개인용도에 사용하기 위하여 소량으로 수출입 되는 물품은 수출입할 수 있다. 세관장은 상표권 또는 저작권을 침해하는 물품에 대하여 유치·보관할 수 있으나 상표권자 또는 저작권자의 동의를 받아 통관할 수 있다. 수출입신고자가 세관장에게 담보를 제공하고 통관을 요청하는 경우에도 세관장은 통관을 허용할 수 있다.

우리나라 관세법에서는 상표권과 저작권만을 그 보호대상으로 규정하고 있으나 우리나라가 이미 WTO에 가입하고 있는 이상 국제조약을 이행할 의무가 있다고 보므로 사실상 모든 지적재산권을 침해하는 물품의 수출입은 사실상 금지되었다고 할 것이다.

---

18) 지적재산권은 저작권, 저작 인접권, 상표, 지리적 표시, 의장, 특허, 집적회로배치설계, 미공개 정보 등에 관한 권리를 말한다.

3. 수출통관

1) 수출통관의 의의

물품을 외국에 수출하기 위해서는 국내의 각종 법령이 정하는 바에 따라 소정의 절차를 거쳐야 하는데, 이 절차 중에서 최종적으로 거쳐야 할 단계가 수출통관절차이다. 여기서 물품이라 함은 우리나라에 있는 물품으로서 외국물품이 아닌 관세법에서 정하고 있는 내국물품을 말한다. 내국물품을 수출하기 위하여 세관장에게 수출신고를 하고 그 신고를 수리하는 일련의 세관절차를 수출통관절차라 한다.

2) 수출통관의 대상

통관의 대상이 되는 것은 물품이며, 관세행정상 모든 물품을 외국물품과 내국물품으로 구분하고 있다. 관세법상 수출신고필증을 교부받은 물품과 수입신고필증이 교부되기 이전의 물품을 외국물품이라 한다. 그리고 이와 반대로 수출신고필증이 교부되기 이전의 물품 및 수입신고필증이 교부된 이후의 물품을 내국물품이라 한다. 즉, 내국물품이란 국내에 있는 것으로서 외국물품이 아닌 물품이다. 이러한 구분은 그 물품 자체의 속성에 따라 분류하는 것이 아니고 수출입의 대상이 되는 물품에 대하여 관세법상의 제 규제를 가할 필요에 따라서 편의상 분류하는 것에 불과하다.

관세법상 규제대상으로 하는 것은 원칙상 외국물품이다. 외국물품이란 ① 외국에서 우리나라에 도착된 물품으로 수입신고필증이 교부되지 않은 물품, ② 수출신고필증이 교부될 물품이다. 외국으로부터 우리나라에 도착된 물품에는 외국에서 생산된 물품, 우리나라 생산품으로서 일단 수출되었다가 재수입된 물품, 외국의 선박에 의하여 공해에서 채포된 수산물 등이 있다.

수출신고필증이 교부된 물품은 사실상 우리나라 물품이지만 이를 외국물품이라 하는 이유는 이러한 물품은 수출신고가 취소되거나 재수입의 신고가 되지 않는 한 국내에서 인취하여 사용·소비할 수 없고, 최종적으로 외국에 수출됨으로써 관세법·대외무역법규·외국환거래법 등에서 의도하는 수출에 관한 효과가 완전히 발생하게 되므로 이를 국내물품과 구별하여 세관의 특별한 감독하에 둘 필요가 있기 때문이다. 따라서 내국물품을 제외한 우리나라의 모든 물품과 공해상에서 외국의 선박에 의하여 채포된 수산물을 외국물품이라 한다.

외국물품이라도 수입신고필증이 교부된 것은 내국물품이며, 관세법의 적용상 수입신고필증이 교부된 것으로 간주되는 우편물 등은 내국물품이다. 내국물품이 예외적으로

① 수출의 대상이 되었을 때, ② 외국무역선에 의하여 내국운송이 될 때, ③ 외국물품과 혼합 사용되기 위하여 보세공장에 반입되었을 때에는 관세법상의 규제를 받는다.

3) 수출통관절차

수출통관절차라 함은 수출하고자 하는 물품을 수출자의 공장 또는 창고 등 수출검사를 받고자 하는 장소에 장치한 후 세관에 수출신고를 하고, 필요한 검사 및 심사를 거쳐 수출신고필증을 교부받아 수출하고자 하는 화물을 선박 또는 항공기에 적재하기까지의 일련의 절차를 말한다. 세관에서는 이러한 절차를 통해서 관세법은 물론 대외무역법, 외국환거래법 등 각종의 수출규제에 관한 법규의 이행사항을 최종적으로 확인하게 된다.

우리나라는 1996년 7월부터는 수출입면허제가 폐지되고 수출입신고제로 변경하여 시행하고 있으며, 수출물품의 소재장소에 관계없이 수출신고할 수 있다. 물품을 수출하려고 하는 자는 그 수출하려는 물품의 품명·규격·수량 및 가격 등에 관하여 소정의 양식에 의거 세관장에게 신고를 하고 세관의 심사 및 필요한 검사를 거쳐 수출신고필증을 교부받아야 한다.

수출신고는 화주, 관세사, 관세사법인 또는 통관취급법인의 명의로 하여야 한다. 그러나 수출물품을 제조하여 화주에게 공급한 경우에는 그 공급자의 명의로 할 수 있다. 여기에서 화주라 함은 수입신고할 물품에 대하여는 그 물품을 수입한 화주와 수출신고할 물품에 대하여는 수출승인서상의 수출자를 말하고, 무역업자가 대행 수입할 경우에 수입한 화주는 그 물품의 수입을 위탁한 자를 의미한다.

관세사라 함은 관세법의 규정에 따라 관세사의 자격을 얻어 기획재정부에 등록한 자로서 세관장에게 통관업의 신고를 하여 수출입의 신고인이 되는 자를 말한다. 관세사에는 타인의 수출입물품의 통관을 대리하는 관세사가 있고, 화주가 채용하여 당해 화주의 물품에 대한 통관만을 담당하는 관세사가 있다.

수출신고는 소정의 일정한 서류를 첨부하여 세관에 전자신고 방식에 의하여 수출신고서를 제출함을 원칙으로 하며, 세관은 수출신고에 따라 실제로 수출되는 물품여부를 검사하여 밀수출, 위장수출, 허위신고 또는 부정수출 등 외화 및 재산의 해외도피 여부를 세밀하게 검사한다. 수출신고서의 접수 시에 구비서류의 충족여부와 수출승인된 품명, 규격, 수량 등 승인사항과 수출신고사항의 일치여부 등을 심사함으로써 수출신고필증을 발급할 것인가를 결정하게 되는데 위조상품수출 등 지적재산권을 침해할 우려가 있거나 관세환급과 관련하여 위장수출의 우려가 있을 경우 또는 불법수출에 대한 우범성의 정

보가 있는 경우에는 현품검사를 할 수도 있다. 시간과 노력 그리고 소요경비의 절감을 위해 현품검사를 생략하고 서면검사로 대신할 수도 있다.

서면검사대상물품의 경우에는 그 물품이 수출검사기관 등의 검사합격증이 제출된 물품일 때는 당해 검사합격증에 표시되어 있는 규격, 그 물품이 관세청장의 지정에 의하여 서류검사하는 물품인 때에는 수출승인서상에 표시되어 있는 규격에 의하여 심사를 행한다.

심사의 결과 신고사항과 상이할 때에는 다음과 같이 처리된다.

① 수출승인서에 표시된 품명, 규격, 수량 등이 현품과 일치하나 수출승인서에 표시된 HS 번호가 일치하지 않을 때에는 현품에 의한 HS 번호에 따라 통관을 허용한다.

② 수출승인서에 표시된 물품의 중량(용적)보다 현저한 차이가 있을 때에는 관세법 위반혐의로 입건·조사하며 그 차이가 인정할 수 있는 범위 이내이면 현품에 의한 중량(용적)에 따라 통관을 허용한다.

③ 수출금지품 또는 위장수출 등의 혐의가 인정될 때에는 관세법 위반혐의로 입건·조사한다.

④ 수출승인서 및 기타 구비서류의 기재사항과 상이할 때는 통관을 허용하지 아니하고 당해 서류의 정정 등 보완을 요구한다.

⑤ 대외무역법의 규정에 의한 수출의 특례에 해당하는 물품일 때는 각 특별법 및 대외무역법의 규정에 의한 제한조건의 구비여부를 관계서류에 의하여 확인하여 구비되어 있지 않을 시에는 보완요구를 한다. 반면 수출승인서에 의하여 수출되는 물품의 경우에는 당해 승인서발급기관에서 특별법의 규정에 의한 조건의 구비여부를 확인한 것이므로 세관에서는 다시 확인하지 아니한다.

⑥ 그러나 각 특별법에 의한 제한조건이 수출물품 자체에 관한 제한조건인 경우에는 그 조건의 충족여부를 확인한다.

특히 품목분류에 따른 HS번호를 세율이 낮은 쪽으로 결정하여 자진 수입신고하였다가 차후에 분류세번(HS번호)이 품목분류위원회에 의해서 다시 결정되면 무거운 가산세와 함께 소급 추징당할 위험이 있으므로 수입자는 항상 성실한 자세로 올바른 HS번호로 신고하여야 한다. 상품분류가 어렵거나 품목분류번호가 애매한 경우에는 세관에 정식으로 서면질의하여 서면으로 회신 받아 성실한 자세로 수입신고할 필요가 있다.

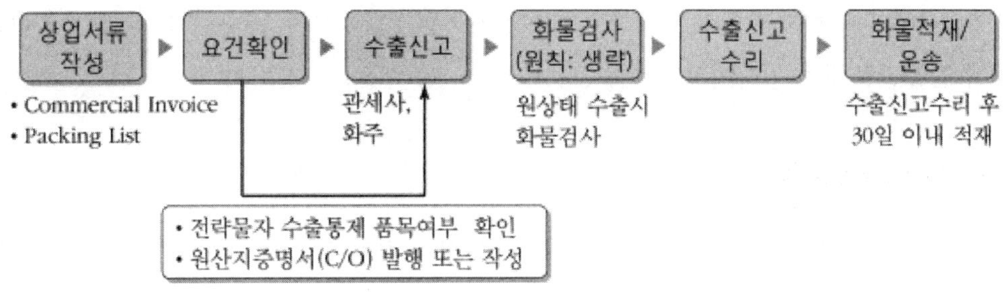

| 그림 11-2 | 수출통관절차

4. 수입통관

1) 수입통관절차의 개요

수입통관절차는 우리나라에 도착된 물품과 수출신고가 수리된 물품을 세관장에게 수입신고를 하고 납부하여야 할 관세 및 내국세를 납부한 후 우리나라에 인취19)하는 통관절차를 말한다. 일반적으로 수입이란 물품이 외국에서 국내에 도착하여 적법한 절차를 거쳐 최종적으로 국내에 인취될 때까지의 연속적 행위라 하며, 대부분의 물품은 보세구역을 경유하여 수입하고 있다. 그러나 관세법에서는 최종단계인 국내에 인취하는 시점을 잡아 수입이라 하며 적법한 절차 없이 국내에 인취하는 경우에도 수입에 포함된다.

물품을 수입하고자 할 때에는 세관장에게 수입신고를 하여야 하고 세관장이 그 수입신고를 수리하여야 수입할 수 있다. 다만 고가품 등 신속한 통관이 필요한 경우에는 물품이 입항되기 전에 세관에 수입신고를 하고 수입신고필증을 교부받아 하역 즉시 수입물품을 반출 받을 수 있어 선박의 입항 전 수입신고로 통관시간 단축효과를 극대화시킬 수 있다.

휴대품, 탁송품 또는 별송품, 우편물, 관세법 제29조 1항(재수출면세) 및 30조(정부용품 면세)의 규정에 의하여 관세가 면제되는 물품과 기본세율이 무세인 국제운송을 위한 컨테이너에 대해서는 그 물품의 특수성을 감안하여 수입신고를 생략하거나 관세청장이 정하는 간이한 방법으로 수입신고를 할 수 있다.(관세법 제137조)

이처럼 외국물품이 선박 또는 항공기에 의하여 반입되면 그때부터 그 물품은 관세법

---

19) 물품이 관세법에 의한 구속으로부터 벗어나 내국물품이 되거나 자유유통의 상태로 되는 것을 의미한다.

의 기속을 받게 되고, 그 물품이 다시 관세법의 기속으로부터 해방되기 위해서는 일련의 수입통관절차를 필하여야 한다.

2) 수입과세확정

관세법은 통관의 신속·적정 및 기타 사정을 고려하여 화주, 관세사, 관세사법인 또는 통관취급법인의 명의로 수입신고를 할 수 있도록 제한하고 있다. 통관업무는 상당한 기술업무일 뿐 아니라 통관의 신속을 기하기 위해서 통관업무에 숙련된 전문인을 필요로 하므로 관세법에서는 원칙적으로 수입신고인을 수출신고인의 경우와 같이 동일하게 제한하고 있다.

과세물건 확정시기는 원칙적으로 수입신고를 한 때가 되며 수입신고할 때의 물품의 성질과 수량에 의하여 부과된다. 예컨대, 외국으로부터 물품이 선적되어 운송되어 오다가 도중에서 화물이 손상을 입었거나 보세구역에 양륙된 후 손상을 입어 수입신고를 하기 전에 과세물품의 성질 또는 수량에 변화가 발생하였을 때에는 그 변화된 상태에서 과세하게 된다.

수입신고는 적용법규, 통관여부, 면세적격여부의 확정 등 중요한 법률효과를 가져오므로 그 시기를 명백히 하여야 한다. 수입신고는 물품을 적재한 선박 또는 항공기가 입항 전이나 입항 후 언제든지 가능하다. 수입신고를 하게 되면 신고 시에 시행되는 법규의 적용을 받게 되며 신고일 이후 법규가 개정되어도 이의 적용을 받지 않는다.

수입신고는 일정한 요식행위에 해당한다. 따라서 수입신고 시에는 세관이 수입물품에 대하여 심사 및 검사를 하여 적정한 관세를 부과·징수할 수 있도록 기타 서류를 제출하여야 한다.

수입신고 시에 세관에 제출해야 할 중요한 서류는 다음과 같다.

① 수입신고서
② 수입승인서(필요시)
③ 상업송장 및 포장명세서
④ 납부서
⑤ 세액계산명세서
⑥ B/L 사본
⑦ 기타 법률에 의하여 세관장이 제출을 요구하는 서류(예를 들어 원산지 증명서 등)

3) 수입물품의 검사·감정

수입물품의 검사와 감정이란 수입신고된 물품이 무엇인가를 확인하여 과세하는 절차이므로 수입신고된 모든 물품은 수출검사 때보다 원칙적으로 엄격한 검사를 받아야 한다. 그러나 검사를 받지 아니하더라도 신고된 물품이 무엇인가를 확인할 수 있을 때에는 검사를 생략하고 서류에 의해서만 감정을 한다. 수입서류검사는 수입신고할 때의 물품의 종류, 성질, 수량, 수입자의 성실성 등을 감안하여 물품검사를 생략하는 관세행정의 효율화를 위한 절차로서 세관장은 서류신고내용에 따라 관세를 부과할 수도 있다.

검사는 수입물품이 무엇인가를 확인하는 작업이기 때문에 검사절차에 의해서 수입물품이 무엇인가를 알게 됨으로써 먼저 그것이 수입금지품인가의 여부, 물품의 원산지·적출지·상표 등과 수량·용적·중량·단위 등을 확인한다. 그리고 최종적으로 관세 및 기타 특별소비세의 세율적용과 무역통계상 필요한 통계품목번호의 결정도 자동적으로 이루어지는 것이다.

수입물품에 대해 검사와 감정을 하는 목적은 ① 수입물품의 규격과 수량을 확인하여 수입승인사항과 현품을 대조하는 동시에 그 물품의 HS를 확인해서 세율을 결정하고, ② 물품의 손상·변질 등을 확인하며, ③ 과세가액을 결정하고, ④ 정상무역을 가장하여 밀수품이 수입되는 것을 막는 데 있다. 이 밖에 특히 단가표(unit price list)나 송장(invoice)과 대조하여 저가신고나 고가신고의 여부를 확인하고 물품손상에 대한 손상정도를 확정시킴으로써 합리적인 감면세조치가 가능하게 된다.

수입검사는 과세표준을 결정하기 위하여 행하여지며 수입물품에 대한 과세표준은 종량세물품의 경우 중량·길이·용적이 되고, 종가세물품의 경우에는 그 물품의 가격이 과세표준이 된다. 신고서 및 송장에 기재되어 있는 물품의 중량·길이·용적과 가격의 정당성 여부는 현물을 검사함으로써 확인하는 것이다.

수입물품의 검사에는 서류검사와 현품검사로 구분된다. 서류검사는 예외적으로 서류에 의해서, 즉 참고문헌, 카탈로그 등을 이용하여 물품의 실체를 파악할 수 있는 경우에 한하여 행하여지며 원칙적으로 현물검사를 행한다. 현품검사에도 다음과 같이 견본검사, 일부지정검사, 전부검사 등을 행한다. 견본검사는 수량사정이 필요하지 않은 물품에 대하여 그 일부를 견본으로 채취하고 그 견본에 의하여 관세율표 분류, 통계품목표분류, 가격감정, 타 법령의 확인, 기타의 검사·감정을 할 수 있을 때에 행한다. 일부지정검사는 성질 및 수량의 확인을 필요로 하는 물품 중 균질·등량으로 포장된 물품으로서 그 일부에 대하여 수량사정을 하여 물품 1개당의 실측수량의 평균치에 물품의 전개수를 곱하여 산출하는 방법에 의존할 수 있다고 인정되는 것에 한한다. 물품 및 각 포장의 내용 및 수량이 다르나 포장마다 내용 및 정미수량이 표시되어 있는 물품 또는 포장번호별 내용 및 수량이 기재된 포장명세서 등이 첨부된 물품으로서 그 일부에 대한 검사로써 검사된 물품 전체의 성질 및 수량에 대한 인정이 가능한 물품에 대하여 행하여진다. 전부검사는 견본검사 또는 일부지정검사에 의해서는 물품의 성질·수량 등 확인이 곤란한 물품에 대하여 행하여진다.

이와 같이 여러 가지 검사방법이 있지만 일반적으로 신고인으로부터 설명을 듣거나 카탈로그 등의 참고자료를 얻어 성실신고에 의존하고 있는 실정이며, 검사결과 물품이 신고서에 기재한 사항과 상이할 때에는 상이한 점을 체크하여 종합적인 재검사를 하게 된다.

세관은 다음에 해당하는 실질적인 통관심사사항을 확인한 후 통관가능여부를 결정하는데 통관심사 시에 세율, 과세표준, 납부세액은 원칙적으로 심사하지 않는다.

① 수입승인사항과 수입신고사항의 일치 여부
② 대외무역법령 및 기타 법령에 의한 조건의 구비 여부
③ 세 번의 정확 여부(세액세출은 면허 후 심사)
④ 분석의뢰 필요성 여부
⑤ 기타 수입물품통관을 위하여 필요한 사항

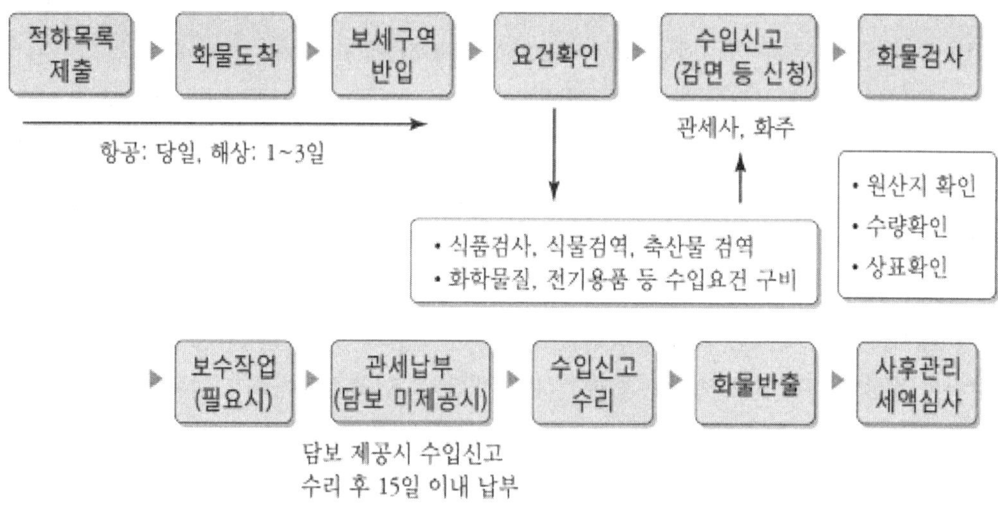

▌그림 11-3▐ 수입통관절차

5. 반송통관

1) 반송 대상 물품

물품의 반송이라 함은 외국물품을 외국으로 반출하는 것으로 다음에 해당하는 물품을 대상으로 하고 있다.

① 보세공장에서 보세작업에 의하여 생성된 제품을 외국으로 반출하는 경우
② 외국에서 우리나라에 도착한 외국물품을 보세전시장에 전시한 후 그대로 다시 외국으로 반출하는 경우
③ 중계무역을 위하여 외국에서 우리나라에 도착한 외국물품을 보세창고에 반입한 후 다시 외국으로 반출하는 경우
④ 외국으로부터 우리나라에 도착한 외국물품이 계약내용과 상이하여 수입신고수리 전에 다시 외국으로 반출하는 경우
⑤ 외국으로부터 우리나라에 도착한 외국물품의 수입신고의 형식적 요건을 갖추지 못하여 그 신고가 수리되지 아니하여 그대로 다시 외국으로 반출하는 경우

2) 반송기간의 제한

물품을 반송하고자 할 때에는 세관장에게 반송신고를 하여야 한다. 세관공무원은 그 물품을 검사할 필요가 있다고 인정할 때에는 검사를 한다. 세관장은 반송신고의 형식적 요건을 심사하여 신고가 적법하고 정당하다고 판단되면 이를 수리하고 신고인에게 신고필증을 교부한다. 반송절차는 수출절차와 같은 점이 많으나 반송신고는 관세법에 규정한 장치장소에 물품을 장치하고 있는 경우에 한하여 할 수 있다. 관세법에 규정한 장치장소라 함은 보세구역, 보세구역이 아닌 장소로서 타소장치 허가를 받은 물품, 재해 기타 부득이한 사유로서 임시장치하여야 하는 물품, 검역물품, 압수물품, 우편물을 각각 장치한 장소를 말한다.

반송신고자는 관세법에 규정한 장치장소에 그 반입일 또는 타소장치허가일로부터 30일 이내에 반송신고를 하지 않으면 가산세[20]가 부과된다. 이와 같이 반송신고기간을 제한하는 것은 신속히 물품을 통관하여 보세구역의 활용을 효율화하고 불법수입을 방지하는 데 그 목적이 있다.

---

20) 관세청장이 신속한 유통이 긴요하다고 인정하여 보세구역의 종류와 물품의 특성을 감안하여 가산세의 부과대상 물품을 정하고 있다. 관세법 제137조 4항 및 시행령 제120조 3항.

3) 반송신고 수리 및 취하

반송신고서를 접수한 세관공무원은 신고서에 기재되어 있는 물품과 동일성을 확인하기 위하여 그 물품을 검사할 수도 있고 물품의 종류, 성질 및 화주의 성실성 등을 감안하여 생략할 수도 있다. 반송신고가 적법하고 정당하게 이루어진 경우에는 세관장은 그 신고를 지체없이 수리하고 신고인에게 신고필증을 교부하여야 하나 형식적 신고요건을 갖추지 못한 경우에는 그 신고를 직권으로 각하한다. 반송신고는 정당한 이유(수입하게 된 경우)가 있는 경우에 한하여 세관장의 승인을 얻어 취하할 수 있다.

그러나 반송대상물품을 운수기관, 관세통로 또는 관세법에서 규정된 장치장소에서 반출한 후에는 취하할 수 없다.

6. 특수통관

1) 우편물 통관

우편물은 소액·소량의 물품으로서 국제사회에서 무상으로 기증되거나 상업용 상품의 견본이나 광고용 소액물품 등이 대부분을 차지하고 있다. 이러한 우편물은 수취인의 편의를 위해 정상통관절차 대신에 간이한 통관절차에 따르도록 하고 있다.

수입, 수출 또는 반송하고자 하는 우편물은 통관우체국[21]을 경유하여 관세청장이 정하는 바에 따라 검사를 받거나 또는 검사를 생략받을 수 있으며 상품에 따라 관세를 납부하여야 한다.

따라서, 우편으로 수출입하고자 하는 경우에는 통관우체국에서 통관절차를 밟아야 하나 외국에서 우편으로 도착된 물품 중에 수입 또는 반송할 수 없는 것으로 결정·통지받으면 그 우편물은 수취 또는 반송할 수 없다.

2) 선용품 또는 기내물품의 통관

내국물품을 외국무역선(기)의 선(기)용품으로 또는 외국무역선(기) 내에서 판매할 목적으로 물품을 이들 운수기관에 적재하면 수출이라 할 수 있고, 외국으로부터 우리나라에 도착된 외국물품을 외국무역선(기)의 선용품 또는 외국무역선(기)에서 판매할 물품으로 적재하면 반송이라 할 수 있다. 이러한 물품은 운항편의상 신속한 통관이 요구되므

21) 체신관서 중에서 우편물의 간이 통관을 위해 관세청장에 의해서 지정된 우체국이다.

로 간이한 통관절차에 의하여 통관된다. 따라서, 이들 물품의 수출 또는 반송의 신고와 그 신고절차를 생략하고 세관장의 허가만으로 외국무역선(기)에 적재할 수 있다.

3) 상호주의 또는 조약에 따른 통관절차

관세는 국가의 재정수입과 유치산업의 보호를 목적으로 하지만 국제성이 있기 때문에 국가 간의 합의 또는 상호주의에 의하여 관세를 양허하거나 통관절차를 간소화하여 국제협력에 기여하여야 한다.

우리나라는 국가 간의 무역협력을 촉진하기 위하여 우리나라상품에 대하여 통관절차의 편익을 주는 나라에서 수입되는 물품에 대하여 상호조건에 따라 간이한 통관절차를 적용할 수 있도록 법제화하고 있다(관세법 제43조 제13항).

전시회, 박람회, 회의 기타 유사한 행사에서의 전시 또는 사용될 물품의 수입에 대한 편의를 위해 ATA협약[22]에 우리나라는 1978년 가입하고 있고, 1985년에는 1972년 컨테이너에 관한 관세협약에 가입하여 일시적으로 수입된 컨테이너는 수입 및 재수출시에 요구되는 통관서류의 제출이나 담보제공 없이 수입이 허용되고 있다. ATA협약에 관련된 업무는 대한상공회의소로부터 관련 서류를 발급받을 수 있으며 발급일로부터 1년간 유효하다.

그리고 1971년에 외교관계에 관한 비엔나협약에 가입함으로써 상업용 항공기의 기장에게 위탁한 외교행랑은 개봉되거나 유치할 수 없고, 공관직원이 직접 기장으로부터 외교행랑을 수령하도록 하고 있다.

---

22) 불어『Admission Temporaire Carnet(Temporary Admission System)』의 약자로 전시회 출품 등으로 물품의 일시수입을 위한 일시 수입통관증서에 관한 관세를 말하며 우리나라는 조약 641호로 체결하여 1978년 7월 3일부터 발효되고 있다.

Chapter 12

무역클레임과 상사중재

제 1 절 무역클레임

1. 무역클레임의 의의

국제상거래는 상이한 법률과 관습이 다르게 적용되는 국가에 소속하고 있는 개인과 개인 또는 개인과 국가기관 사이에 이루어지고 있는 실정이기 때문에 다양한 이유로 분쟁이 발생하기 쉽다. 특히 사용하는 언어가 달라 상호의사소통이 원활하지 못하거나 오해로 발생하는 특징을 지니고 있다. 일반적으로 상거래에서 발생하는 불평이나 불만에 따른 손해배상청구를 클레임(claim)이라 하며, 클레임은 일종의 권리주장을 의미한다.

클레임(claim)의 본래 의미는 당연한 권리를 요구, 청구 또는 주장할 수 있는 것을 의미하지만 일반적으로 무역거래에서 클레임은 피해자가 가해자에게 손해배상을 청구하는 것을 말한다. 즉 무역거래 당사자 중 일방이 매매계약을 이행하는 과정에서 고의나 과실로 계약의 일부 또는 전부를 이행하지 않음으로써 발생된 손해를 구제받기 위해서 상대방이 손해배상을 청구하는 것을 클레임이라 한다.

국제거래로 발생하는 클레임은 권리주장의 내용에 따라 운송클레임(transportation claim), 보험클레임(insurance claim) 및 무역클레임(trade claim)으로 구분하여 그 해결을 모색할 필요가 있다. 운송클레임과 보험클레임이 주로 외부적·자연적·불가항력적인 운송상의 위험을 주 대상으로 하나 무역클레임은 무역거래 자체에 의한 내부적·필연적·인위적인 국제매매계약에서 매매화물을 주 대상으로 하는 손해배상청구를 그 대상으로 삼고 있으므로 국제상거래에서 발생하는 클레임이라 하면 주로 무역클레임을 말한다고 할 수 있다. 따라서, 모든 클레임은 거래당사자의 일방적 청구에 불과하다는

인식으로부터 벗어나기 위해서는 클레임을 객관적으로 입증할 수 있는 입증자료를 확보하여야 한다.

2. 무역클레임의 원인과 특성

무역클레임은 주로 품질불량, 수량부족, 규격상위, 계약위반, 대금지급 문제 등에 관련하여 발생하고 있다.

품질불량(inferior quality), 등급저하(inferior grade), 품질상위(different quality), 규격상위(different specification), 손상(damage), 변질(deterioration) 및 변색(discoloration) 등의 품질과 관련된 클레임, 적화부족(short shipment), 착화부족(short landing), 중량부족(under weight), 감량(diminution) 등의 수량과 관련된 클레임, 선적지연(delayed shipment), 선적불이행(non-shipment), 하역불량(bad handing), 적부불량(bad stowage), 환적(transshipment), 분실(missing) 및 유실(drifting away), 도난(pilferage), 초과지급(over payment), 대금미지급(non-payment), 재포장비용(repacking charge), 벌과금(penalty), 포장불량(inferior packing), 포장불충분(insufficient packing), 불완전포장(incomplete packing), 송장과오(error in invoice), 기재사항불일치(misdescription), 서류미비(lack of documents), 신용장발행지연(delayed issue of L/C), 계약불이행(breach of contract), 계약취소(cancellation of contract) 등의 이유로 클레임이 발생하고 있다.

제조회사·관공서·은행·보험회사·선박회사·하청회사 등의 잘못으로 업무이행을 할 수 없게 되는 경우가 있는가 하면 공공기관으로부터 무역관리상의 승인이 순조롭지 않아 발생하는 분쟁도 있다. 이와 같이 예상하지 못한 결과로 초래하는 불가항력의 문제(손해)는 별도로 면책하는 조항이 명시되어 있지 않으면 클레임을 면하기 어렵다.

화물을 운송할 때 발생하는 통상적인 위험(risk)은 보험에 의하여 보상되지만 특수한 사정으로 발생하는 전쟁이나 파업에 따른 위험은 그 위험을 위한 특수보험에 가입하지 않는 한 보상되지 않는다. 보험에 의한 보상도 Survey Report 같은 정확한 증빙자료가 없거나 피보험자의 사전 동의 없이 선정된 Surveyor가 작성한 Survey Report는 그 자체의 실체 및 진실성과 신뢰성 문제로 부인될 수도 있다.

이와 같이 무역클레임도 클레임을 입증할 수 있는 증빙서류가 첨부되어 있어야 한다. 그 외에 사용언어상의 차이, 법관습의 무지나 신용조사 소홀로 자신의 의사가 상대방에게 잘못 이해되거나 오해로 클레임이 발생하기도 한다. 그러나 거래상대국의 각종 법규와 국제관습, 이를테면 식품위생법·독점금지법·덤핑방지법·공업소유권법 등의 법규에 저촉되어 발생하는 클레임, 상품시세의 변동으로 발생하는 클레임, 환율변동(평가절상(revaluation) 또는 평가절하(devaluation) 등의 이유로 발생하는 클레임은 상품자체의 품질에 관한 직접적인 내용이 아니므로 원칙상 클레임의 대상으로 볼 수 없다.

이러한 클레임은 당사자들이 스스로 처분할 수 있는 민사분쟁에 한하며 당사자들이 처분할 수 없는 형사분쟁(범죄행위)은 관할국가의 사법기관에 고소나 고발로 해결해야 한다. 집단학살, 반인도적 범죄, 전쟁범죄와 같이 인간이 저지를 수 있는 가장 사악한 범죄는 국제형사재판소[1](International Criminal Court : ICC)에 제소하여 해결될 문제이지만 상사분쟁은 당사자 합의로 해결할 수 없으면 소송이나 중재로 해결할 수밖에 없다.

3. 무역클레임의 예방

무역은 기업이 주도한다고 하여 민간외교라고도 한다. 주로 영리를 목적으로 거래가 성립하지만 국가 간의 친선도 도모할 수 있는 것이므로 신의와 성실로써 국제신용을 얻을 수 있도록 노력하여야 하며 더구나 클레임을 일으켜서는 안 된다. 따라서 클레임의 방지책으로서는 클레임이 발생하지 않도록 생산자로부터의 확실한 상품의 공급, 수출상에 의한 주도면밀한 품질검사·포장·적출 등을 들 수 있다. 그러나 예상하지 못한 과실이 일어날 수 있으므로 이에 대비하여 그때그때의 특수한 거래상의 분쟁에 대한 해결방법을 미리 결정해 두는 것이 가장 좋은 클레임의 방지책이다. 그러기 위해서는 다음과 같은 점에 주의해야 한다.

1) 철저한 신용조사

계약체결 이전에 직·간접적인 방법으로 계약대상자에 대한 신용상태(credit standing, business standing)를 엄격히 조사(credit inquiry)하여야 한다. 거래대상자의 지급능력을 평가할 수 있는 경제적 평가와 회사최고경영자의 경영방침과 인격 그리고 회사의 과거 경력은 신용상태를 평가할 수 있는 요소이다. 신용조사는 한 번만 하는 것이 아니

1) 로마법령(1998년)에 따라 2002년 1월 네덜란드 헤이그에 설립된 상설기구로서 신분과 지위의 높낮이를 떠나 범죄자에게 최고 종신형의 실형과 함께 벌금형이나 범죄로 취득한 재산에 대한 몰수형도 부과할 수 있는 국제형사재판소이다. 이에 반해 헤이그에 있는 국제사법재판소(International Court of Justice : ICJ)는 국가간의 분쟁을 해결하는 UN산하 상설재판소이다.

라 적어도 1년에 2회 정도 또는 거래가 성립할 때마다 하는 것이 바람직하다.

한편, 거래대상자가 소속하고 있는 국가의 정치·경제적인 상태가 불안하다면 비상사태로 인하여 비상위험도 발생할 수 있다. 국제경쟁이 치열하게 전개되고 있는 실정에서 판매시장의 불안과 경기침체로 제기하는 소위 마케팅클레임은 흔히 발생하는 문제로서 상호간에 원만한 해결로 귀결된다면 오히려 좋은 관계를 유지하는 기회가 될 수도 있다.

2) 국제법규 및 관습 준수

과학·통신수단의 발달로 새로운 국제법규가 마련되고 있고, 실무관행 역시 생성되고 있다. 과거로부터 실무관행으로 답습되어 온 상거래관습, 무역관계법규, WTO의 통상정책 등의 내용을 꾸준히 검토하여 마케팅계획을 수립하는 한편 일반거래조건협정서(Agreement on General Terms and Conditions of Business)와 같은 계약서에도 새로운 내용을 반영하도록 하여야 한다.

3) 계약이행시 점검

계약당사자는 항상 자신이 해야 할 의무와 책임을 다한 후 자신의 요구와 주장을 할 때 설득력이 있다는 점에 유념하고 클레임에 앞서 자신의 행위를 먼저 점검하는 자세가 필요하다. 매도인은 수출상품에 대하여 엄격한 검사 및 검량을 하였는지? 합격품을 계약과 일치하도록 완전 포장을 하고 필요한 화인을 기입하였는지? 선적기간 내에 선적하여 필요한 서류를 정비해서 상대방에게 인도하였는지 먼저 점검할 필요가 있다. 그리고 매수인은 계약에 따라 적절한 시기에 선박수배를 하고 선적지시를 하였는지? 상품을 인수받고 적기에 품질검사를 하고 검사증명서(survey report)를 제시하였는지를 스스로 점검할 필요가 있다.

그러나 아무리 상세하고 완벽하게 매도인·매수인의 권리·의무와 책임관계를 계약서에 명시하고 성실하게 이행하였다고 하여도 무역클레임은 발생하기 쉽다. 그러므로 클레임이 발생했을 때의 그 해결방법을 명확하게 명시하는 것도 클레임을 예방하는 방법이 될 수 있다.

4. 무역클레임의 해결

1) 무역클레임의 제기

무역클레임은 매도인 또는 매수인의 입장에 따라 내용이 다르다 하겠으나 우선 자신의 손해를 입증할 수 있는 객관적 자료와 함께 클레임을 제기하게 된 경위서를 작성하여 상대방에게 알려야 한다. 클레임 사실문제를 상대방에게 주지시켜 상대방으로부터 공감을 받게 하는 행동이 필요하다. 즉, 손해를 입은 당사자가 손해를 유발시킨 상대방 당사자에게 클레임을 제기하여 상대방으로부터 인식을 받아야 그 해결이 쉬워진다.

수입업자는 검품을 하는 즉시 수출업자에게 클레임 통지서(claim notice)를 전신, 텔렉스 또는 서신으로 발송하고 이어서 곧바로 클레임 서한을 발송하여야 한다. 클레임 제기서한에는 ① 클레임진술서(statement of claim), ② 손실명세서(particulars of loss sustained), ③ 검사보고서(survey report), ④ 청구서 및 증빙서류를 동봉하여 클레임의 정당성을 상대방에게 납득시켜야 한다.

표 12-1 대한상사중재원의 클레임 처리현황

(단위: 건, US$, %)

구분		2013년		2012년		증감율	
		건수	금액	건수	금액	건수	금액
총계	국내	1,080	474,086,121	1,072	1,297,547,108	0.75	-63.46
	국제	174	178,107,745	226	701,580,440	-23.01	-74.61
	계	1,254	652,193,866	1,298	1,999,127,548	-3.39	-67.38
중재	국내	261	461,865,587	275	1,293,911,576	-5.09	-64.3
	국제	77	139,135,912	85	681,262,587	-9.41	-79.58
	소계	338	601,001,499	360	1,975,174,163	-6.11	-69.57
알선	국내	819	12,220,534	797	3,635,532	2.76	236.14
	국제	97	38,971,833	141	20,317,853	-31.21	91.81
	소계	916	51,192,367	938	23,953,385	-2.35	113.72

자료출처 : 대한상사중재원

2) 당사자 해결

클레임을 제기하여 상대방으로부터 신속하게 손해배상을 받거나 그에 상응하는 보상을 받는다면 매우 다행스러운 일이 아닐 수 없다. 그러나 클레임을 제기하여 끝까지 손해를 배상받기까지는 복잡한 소송이나 기타 번잡한 절차를 밟는 과정에서 비용이 많이 들어 배상금액보다 오히려 많게 된다면 절차를 이행하는 과정에서 소비한 노력과 그 노력에 대한 기회비용 등을 고려하여 클레임을 포기하는 것이 이익이 될 수도 있다.

해결가능성이 없고 손해배상에 대한 확정판결문을 받았다 하더라도 상대방이 경제적으로 배상할 수 있는 재원이 없다면 확정판결문은 휴지에 불과하다. 따라서, 상황에 따라서는 클레임 청구를 포기하고 타협과 화해로서 덕을 베풀어 후일에라도 받을 수 있는 지혜를 모색하는 것이 현명하다할 것이다.

당사자 간의 직접타협, 청구권의 포기, 정부 또는 행정기관 등의 제3자를 통한 알선이나 조정의 방법이 있으나 합의내용을 이행시킬 수 있는 구속력은 없어 상대방이 합의내용을 계속 지연시킬 경우 강제력이 없다는 문제점이 있다.

3) 소송법상의 사법적 해결

클레임의 해결은 소송보다 조정이 좋고 조정보다는 화해가 좋다는 말이 있다. 매매당사자간에 원만하게 클레임을 해결하지 못하면 제3자를 통하여 알선이나 조정 또는 중재, 소송의 단계로 해결할 수밖에 없다.

무역클레임 역시 일반 분쟁처럼 당사자 간에 원만하게 합의로 해결되지 않을 때에는 소송(litigation)으로 해결할 수밖에 없다. 그러나 무역분쟁을 소송으로 해결하는 경우 당사자가 소속된 국가의 법률이 다르고 소송절차도 달라 오랜 시일이 걸릴 뿐만 아니라 소송비용, 변호사의 보수, 증인 비용 등 많은 경비가 발생하게 된다. 중국을 제외한 대부분의 국가가 3심제의 소송제도를 가지고 있고, 설사 소송을 통해 확정판결을 받았다 하더라도 그 집행과정이 역시 복잡하여 실제로 배상을 받기까지는 많은 시간과 노력 그리고 비용이 들기 때문에 무역분쟁을 소송으로 해결한다는 것은 사실상 불가능한 실정이다. 따라서, 적은 비용과 비교적 신속하게 그리고 국제적으로 구속력 있게 해결할 수 있는 상사중재제도를 통하여 대부분의 무역분쟁을 해결하고 있는 실정이다.

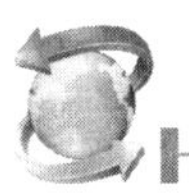

제2절 중재법상의 해결

1. 중재제도의 개념

중재(Arbitration)란 분쟁 당사자 간의 중재계약에 따라 사법상의 법률관계에 관한 현존 또는 장래에 발생할 분쟁의 전부 또는 일부를 법원의 판결에 의하지 아니하고 사인인 제3자를 중재인으로 선정하여 중재인의 판정에 맡기는 동시에 그 판정에 복종함으로써 분쟁을 해결하는 자주법정제도이다.

시비를 판단할 수 있는 권한을 중재인에게 부탁하고 중재인이 내리는 판단에 최종적으로 구속되며 중재인의 선정권을 분쟁당사자가 가지게 함으로써 분쟁당사자의 자주법정이라 한다. 중재제도는 복잡한 분쟁해결제도인 소송제도로부터 도피제도로 발전되어 왔으며 우리나라는 제2차 경제개발이 시작되었던 1967년 중재법을 법률 제1767호로 제정·공포함으로써 중재제도를 무역업계에서 이용하게 되었다.

당사자가 스스로 처분할 수 있는 사법상의 모든 분쟁을 중재의 대상으로 하고 있고 모든 국민은 재판청구권이 헌법으로 보장되어 있기 때문에 분쟁당사자는 반드시 자신의 무역분쟁을 중재로 해결한다는 합의가 있어야 중재가 가능하다.

재판정은 법원의 확정판결과 동일한 효력(강제집행을 할 때는 법원의 집행판결만 구하면 된다)이 있을 뿐만 아니라 1958년에 발효된 뉴욕협약(유엔협약)에 따라 국제적 효력이 있어 중재판정을 받으면 외국에서도 신속하게 집행 받을 수 있다.

2. 중재인

당사자 사이의 분쟁을 해결하기 위하여 선정된 제3자(사인)을 중재인이라 한다. 중재인은 중재절차를 진행하여 법원의 법관처럼 당사자의 주장과 쟁점을 법률적 또는 심증으로 판단하여 분쟁당사자들이 거부할 수 없는 최종판정(중재절차는 단심제로 진행)을 내리는 지위를 가진 자를 말한다. 중재인은 분쟁당사자의 합의로 직접 선정하는 방법과 중재기관의 사무국에 의해서 선정하는 방법이 있다. 대한상사중재원[2)]은 당사자의 요구

2) 대한상사중재원의 중재인단 위촉기준은 ① 법조경력 10년이상, 법학박사 또는 외국인변호사 자격 취득자로 법조경력 5년 이상인 변호사(법조계) ② 실무경력이 10년 이상인 자로서 상장기

에 부응하기 위하여 임기 3년의 중재인 후보자들을 분쟁유형에 따라 미리 중재인단을 확보해 두고, 중재사건이 있을 때마다 분쟁내용을 잘 파악하여 중재할 수 있는 적임자를 당사자들에게 추천하여 당사자의 동의를 받아 분쟁사건별로 선임하는 절차로 중재인을 선임한다. 따라서 법관처럼 중재인에 관한 별도의 자격시험 없이 정상적인 사고력과 판단력이 있는 자로서 중재인 대상자의 경력이나 학력 또는 전문성 등을 고려하여 당사자의 직접합의 또는 간접합의로 누구나 선정될 수 있다.

3. 중재제도의 특징

중재제도는 당사자의 중재합의를 전제로 분쟁을 해결하는 당사자의 자주법정제도로서 소송에 비해 다음과 같은 특징을 가지고 있다.

1) 단심제

소송제도는 3심을 원칙으로 하나 중재제도는 단심제이다. 중재판정의 효력은 국가마다 다소 차이가 있으나 대부분의 국가에서는 분쟁당사자에게 법원의 확정판결과 동일한 효력이 인정되고 있다. 따라서, 중재판정에 불만이 있어도 재판처럼 2심 또는 3심이 허용되는 항소절차가 없다. "확정판결과 동일한 효력"이라 함은 불복신청을 할 수 없어 당사자에게 최종적 판단으로 구속력을 갖는다는 뜻이다.

2) 신속한 분쟁해결

소송은 평균 대법원까지 2~3년이 걸리지만, 중재는 국내중재가 약 3~4개월, 국제중재가 당사자의 주소지에 따라 약 6개월~1년 정도가 소요되고 있는 실정이다. 특히 중재제도는 신속성을 극대화하기 위하여 집중심리로 심리횟수를 줄이고 예비회의 제도를 활성화하여 심리자체의 소요시간도 1주일 내지 1개월로 단축하여 진행된다.

업은 3년 이상, 비상장기업은 5년 이상 임원으로 근무하거나, 전문직종에 15년 이상 또는 분야별 최상위급 자격 취득자로 5년 이상 근무한 자(실업계) ③ 대학교수로 5년 이상, 박사학위자로서 5년이상 근무한 자(학계) ④ 전문기관에서 임원으로 또는 박사학위 소지자로 5년 이상 근무한 자 ⑤ 공인회계사, 변리사, 세무사, 관세사 등 자격 취득자로 5년 이상 현직에서 근무한 자(공인회계사, 변리사) ⑥ 주한 외국인 중에서 외국변호사 자격소지자, 교수, 주한 외국상사 내지 무역유관기관의 임원 또는 대표자로 근무한 자, 전문직종에서 10년 이상 근무한 자 중에서 선임한다.

3) 저렴한 중재비용

중재제도가 단심제이고 신속성에 중점을 둔 당연한 결과라고 할 수 있다. 재판 비용보다 저렴하며, 중재기관마다 공신력을 가지고 서로 경쟁하며 저렴한 비용으로 해결하고 있다. 소송의 인지대금은 심급이 1심, 2심, 3심으로 올라갈 때마다 인지대가 거의 배로 증가하고 있고, 심급마다 반드시 변호사를 선임해야하기 때문에 당사자는 상당한 비용을 부담하여야 하나 중재에서는 반드시 변호사를 선임할 필요는 없다.

다음 표는 변호사 수임비를 제외한 중재비용과 소송비용(인지대)을 비교하고 있다.

❙ 표 12-2 ❙ 중재비용과 법원의 1심 소송비용 비교

신청금액 (원)	중재관리비용 (원)	1심 소송비용 (원)	중재 / 소송
10,000,000	45,000	110,400	41%
50,000,000	225,000	320,600	70%
100,000,000	450,000	545,600	82%
200,000,000	850,000	945,000	90%

❙ 표 12-3 ❙ 중재비용과 소송비용(3심) 비교

(단위 : 천원)

구분 \ 금액	5천만	1억	10억	500억
중재(A)	1,690	2,840	9,090	134,140
소송(B)	6,116	10,250	47,650	1,493,150
A/B(%)	27.6	27.7	19.1	9.0

❙ 표 12-4 ❙ 대한상사중재원과 ICC중재기관과 비용비교

기관 \ 금액	4천2백만원	7천만원	2억1천만원	9억8천만원
중재원(A)	1,558	2,510	4,045	8,980
ICC(B)	8,820	11,200	22,015	55,090
A/B(%)	17.7	22.4	18.4	16.3

4) 국제적인 효력과 집행

「뉴욕협약」에 가입한 체약국간에는 중재합의의 효력을 인정하거나 외국중재판정을 상호간 승인하고 강제집행도 보장되고 있다. 따라서 뉴욕협약에 가입한 국가에서 내린 중재판정은 같은 협약가입국가에서 승인되어 강제집행을 받을 수 있고 비협약국가에 대해서도 준용해서 중재판정의 효력을 적용받을 수 있는 기준이 되고 있다.

5) 집중심리에 따른 합리적인 판단

소송은 얼굴도 붉히지 않고 거짓말을 한다는 서면 중심의 재판이지만 중재는 실체적 진실을 정확하게 찾아내기 위하여 분쟁 분야에 대한 해박한 지식과 경험이 있는 전문가로 하여금 사건을 검토하고 판정한다. 변호사의 법률지식, 기업인의 사업경륜, 교수의 학문적 이론 등을 종합하여 가장 합리적으로 시비를 판단할 수 있는 제도이다. 공정성 보장을 위하여 당사자에게 스스로 중재인을 선임할 권리가 부여되며 공정성에 의심이 되는 중재인 후보자를 배척할 수도 있다. 중재인은 당사자와 평등한 위치에서 상하 격식 없이 심리를 진행하며 증인에게 증인선서를 요구하지 아니하며, 증인과 당사자의 인격을 최대한 존중하고 이들의 진술과 주장 그리고 증언을 자유심증으로 판단할 뿐이다.

| 표 12-5 | 대한상사중재원이 확보하고 있는 중재인 후보자(중재인단)

(2015.1 기준)

구 분	법조계	실업계	학 계	공공단체, 기타	회계사, 변리사	총 계
국내중재인	416	208	225	53	21	923
국제중재인	213(116)	18(6)	53(19)	17(16)	0(0)	301(157)
합 계	532	214	244	69	21	1,080

※ 괄호 안은 국내중재인에 포함되어 있지 않은 순수 국제중재인
자료 : 대한상사중재원

6) 충분한 주장과 변론기회 부여

중재는 단심제로 운영하기 때문에 일단 내려진 중재판정은 변경될 수 없다. 따라서 분쟁당사자는 중재인에게 충분한 변론기회와 변론시간 그리고 증인 또는 증거물 제출기회를 요구할 수 있다. 중재심리는 당사자 간의 분쟁발생 책임소재에 대한 공격·방어과정에서 실체적 진실을 파악하는데 있다. 따라서 당사자가 허락하지 않는 한 사건과 무

관한 제3자의 심문과정 참여를 허용하지 않으며 그 절차도 공개하지 않는 제도이다.

4. 중재합의와 중재기관

중재는 당사자의 자발적인 의사에 따른 중재합의 없이는 중재신청이 불가능하므로 중재합의는 분명하게 서면으로 되어야 하며, 구두 또는 불확실한 중재합의로 중재절차를 진행하여 중재판정이 되더라도 그 중재판정의 집행은 중재판정권이 없다는 이유로 거부될 수 있다.

중재합의는 서면에 의한 별도 합의 또는 계약서상에 중재조항의 형식으로 할 수 있다.

우리나라 중재법은 "중재계약은 당사자들이 서명한 문서에 중재합의가 포함되어 있거나 교환된 서신 또는 전보 등에 중재합의가 포함되어 있어야 한다."고 규정하여 중재합의의 서면주의를 명문화하고 있다. 중재합의는 중재의 대상이 되는 분쟁이 발생하기 전에 미리 합의해 두는 사전중재합의와 이미 발생한 분쟁을 중재로 해결하기로 합의하는 사후중재합의 방법이 있다. 사후중재합의는 분쟁해결에 미온적이거나 중재합의를 거부하는 경우에는 중재합의를 할 수 없게 되거나 상당한 노력과 시간을 낭비한 후 어렵게 중재합의를 보는 경우가 많다.

따라서 무역거래계약을 체결할 때 무역계약서에 중재조항을 미리 삽입하는 사전 중재합의 방식을 취하는 것이 좋다. 중재합의 조항을 유효하게 성립시켜 중재절차를 순조롭게 진행하기 위해서는 특히 중재기관이 권고하는 표준중재조항을 명시해 두는 것이 필요하다.

중재합의내용에 중재장소, 중재인 선정방법, 적용할 준거법(사용언어) 등을 정확하게 명시할 필요가 있으나 일반적으로 무역당사자의 이해관계로 이러한 필요성을 인식하지 못하고 위 3가지 요소 중에서 하나라도 빠뜨리는 결격사유가 있다면 결격사유를 보완하는데 많은 시간과 비용을 부담하게 되거나 심지어 중재가 불가능해 질 수도 있다.

중재합의를 명확하게 하기위해 중재기관마다 권유하는 중재조항이 있는데 대한상사중재원에서는 다음과 같은 내용의 '표준중재조항'을 계약서에 삽입하도록 권유하고 있다.

1) 국내거래

"이 계약으로부터 발생되는 모든 분쟁은 대한상사중재원에서 국내중재규칙에 따라 중재로 해결한다."

2) 국제거래

"이 계약으로부터 발생되는 모든 분쟁은 대한상사중재원에서 국제중재규칙에 따라 중재로 해결한다." 중재인의 수 [1/3], 중재지 [도시/국가] 중재에 사용될 언어 [언어]

"Any disputes arising out of or in connection with this contract shall be finally settled by arbitration in Seoul in accordance with the International Arbitration Rules of the Korean Commercial Arbitration Board." The number of arbitrators shall be [one / three]. The seat, or legal place, of arbitral proceedings shall be [city / country]. The language to be used in the arbitral proceedings shall be [language]

5. 중재인을 당사자가 직접 선정하는 방식

1) 단독중재인의 경우

"이 계약과 관련하여 당사자간에 발생하는 모든 분쟁은 대한민국 서울에서 대한상사중재원의 국내(국제)중재규칙과 대한민국법에 따라 중재에 의하여 최종적으로 해결한다. 중재판정부는 양당사자들의 합의에 따라 1인으로 구성한다."

"All disputes which may arise between the parties, in relation to this contract, shall be finally settled by arbitration in Seoul, Korea in accordance with the Domestic(International) Arbitration Rules of the Korean Commercial Arbitration Board and under the Law of Korea. The dispute shall be decided by a sole arbitrator appointed by agreement of both parties."

2) 3인판정부의 경우

"이 계약과 관련하여 당사자 간에 발생하는 모든 분쟁은 대한민국 서울에서 대한상사중재원의 국내(국제)중재규칙과 대한민국법에 따라 중재에 의하여 최종적으로 해결한다. 중재판정부는 3인으로 구성하되 각 당사자는 각자 1인의 중재인을 선정하고, 이에 따라 선정된 2인의 중재인들이 합의하여 의장중재인을 선정한다."

"All disputes which may arise between the parties, in relation to this contract, shall be finally settled by arbitration in Seoul, Korea in accordance with the Domestic(International) Arbitration Rules of the Korean Commercial Arbitration Board and under the Law of Korea. The arbitral tribunal consists of three arbitrators, each party shall appoint one arbitrator and two arbitrators chosen by them shall appoint a third arbitrator, as a presiding arbitrator."

3) 신청인 국가에서 중재를 하기로 하는 경우(한·중 기업간의 예)

"이 계약과 관련하여 발생하는 모든 분쟁은 신청인의 국가에서 중재로 최종 해결한다. 만일 신청인이 (한국기업)일 경우 대한상사중재원에서, 만일 신청인이(중국기업)일 경우 중국국제경제무역중재위원회에서 진행한다."

"All disputes in relation to this contract shall be finally settled by arbitration in the country of the claimant. In case the claimant is (a Korean enterprise), the arbitration shall be held at the Korean Commercial Arbitration Board. In case the claimant is (a Chinese enterprise), the arbitration shall be held at the China International Economic and Trade Arbitration Commission."

4) 피신청인 국가에서 중재를 하기로 하는 경우(한·일 기업간의 예)

"이 계약과 관련하여 발생하는 모든 분쟁은 피신청인의 국가에서 중재로 최종 해결한다. 만일 피신청인이(한국기업)일 경우 대한상사중재원에서, 만일 피신청인이(일본기업)일 경우 일본상사중재협회에서 진행한다."

"All disputes in relation to this contract shall be finally settled by arbitration in the country of the respondent. In case the respondent is (a Korean enterprise), the arbitration shall be held at the Korean Commercial Arbitration Board. In case the respondent is (a Japanese enterprise), the arbitration shall be held at the Japan Commercial Arbitration Association."

6. 신속중재절차

1) 국내거래

"이 계약으로부터 발생되는 모든 분쟁은 대한상사중재원 국내중재규칙의 신속절차에 따라 중재로 최종 해결한다."

2) 국제거래

"이 계약과 관련하여 당사자 간에 발생하는 모든 분쟁은 대한민국 서울에서 대한상사중재원 국제중재규칙의 신속절차 및 대한민국 법에 따라 중재에 의하여 최종적으로 해결한다."

"All disputes which may arise between the parties, in relation to this contract, shall be finally settled by arbitration in Seoul, Korea in accordance with the Expedited Procedures in International Arbitration Rules of the Korean Commercial Arbitration Board and under the Law of Korea."

한편, 국제상업회의소(ICC: International Chamber of Commerce)는 부설 국제중재법원(ICA: International Court of Arbitration)의 중재로 분쟁을 해결하도록 다음과 같이 표현을 권유하고 있다.

"All disputes arising out of or in connection with the present contract shall be finally settled under the Rules of Arbitration of the International Chamber of Commerce by one or more arbitrators appointed in accordance with the said Rules."

국제적으로 공신력을 인정받고 있는 중재기관은 다음과 같다.

ICC(국제상업회의소내 국제중재법원)	(www.iccwbo.org)
AAA(미국중재협회)	(www.adr.org)
JCAA(일본중재협회)	(www.jcaa.or.jp)
CIETAC(중국국제경제무역중재위원회)	(www.cietac.org.cn)
SAA(스위스중재협회)	(www.arbitration-ch.org)
SIAC(싱가포르중재협회)	(www.siac.org)
LCIA(런던국제중재법원)	(www.lcia-arbitration.com)

7. 중재합의의 효력

중재법 제8조 제3항에서 “중재합의는 당사자들이 서명한 문서에 중재합의가 포함되어 있는 경우, 서신·전보·전신 및 모사전송 기타 통신수단에 의하여 교환된 문서에 중재합의가 포함되어 있는 경우”로 규정하고 있어 중재합의의 서면주의를 명문화하고 있다. 동 계약은 중재의 대상이 되는 분쟁이 발생하기 전에 합의해 두는 사전 중재합의방식과 이미 발생되어 있는 분쟁을 중재로 해결하기 위하여 합의하는 사후 중재합의방식으로 나눌 수 있다.

그러나 대부분의 경우 분쟁이 발생한 후에는 중재합의가 이루어지기가 어려우므로 주된 계약체결 시에 계약서의 한 조항으로서 중재조항을 삽입하여 두는 것이 가장 바람직하며, 중재합의를 함으로써 일반적으로 다음과 같은 효력이 발생한다.

1) 직소금지의 효력

중재법 제9조에서는 “중재합의의 대상인 분쟁에 관하여 소가 제기된 경우에 피고가 중재합의 존재의 항변을 하는 때에는 법원은 그 소를 각하하여야 한다.”라고 규정하고 있다. 즉, 중재합의가 있음에도 불구하고 상대방이 법원에 소를 제기하였을 경우, 1차 변론기일 전까지 본안전 항변을 통하여 중재계약이 있음을 주장, 입증하면 법원은 소각하 판결을 해야 한다.

2) 최종해결의 효력

중재법 제35조에서는 “중재판정은 당사자 간에 있어서 법원의 확정판결과 동일한 효력을 가진다.”라고 규정하여 분쟁을 한번으로 해결함을 확실하게 천명하고 있다. 즉, 중재판정이 일단 내려지면 소송과 같이 불복절차인 항소나 상고제도가 허용되지 않는다는 것을 의미하며 대법원의 판결과 같이 확정판결의 효력이 있다.

3) 국제적 효력

중재판정은 국제적으로는 “외국중재판정의 승인 및 집행에 관한 UN협약”(The United Nations Convention on the Recognition and Enforcement of Foreign Arbitral Awards : 약칭으로 ‘New York협약’이라 한다. 1958년 채택, 1973년 한국 가입, 2007. 9월 현재 142개국 가입)에 의하여 국제적 효력을 인정받고 있다. 이 협약에 따

라 우리나라에서 내려진 중재판정이 외국에서도 승인·집행되며, 반대로 외국에서 내려진 중재판정 역시 우리나라에서도 승인되고 집행이 보장된다. 그러나 우리나라가 이 협약에 가입할 때 한국법상 상사관련 분쟁에 한하고, 상호 체약국인 경우에 한해서만 이 협약을 적용한다는 유보선언을 하고 있다는 점을 유의할 필요가 있다.

8. 중재판정의 강제집행

1) 중재판정의 강제집행 개요

중재판정은 당사자에게 법원의 확정판결과 동일한 효력이 있어 형식적 확정력이 생기므로 민사소송에서처럼 법원에 항소나 상고와 같은 불복을 할 수 없고, 중재인은 중재판정을 철회 또는 변경할 수도 없다. 그러나 중재판정은 그 자체로서 집행력이 없으므로 채무명의를 얻고자 할 때에는 관할법원에 별도로 「집행문 부여의 소」를 제기하여 집행판결을 얻어 강제집행을 할 수 있다. 강제집행은 법원의 집행판결로 그 적법함을 선고한 때에 한해서 할 수 있고, 중재판정의 취소의 소를 제기할 수 있는 이유가 있을 때에는 그러하지 못하나 그런 사례는 없다. 집행판결에는 상당한 담보를 제공하게 하거나 담보를 제공하지 아니하고 가집행을 선고받을 수도 있다.

중재인에 의한 중재판정과 외국법원의 확정판결에 대한 강제집행은 국법의 실현상 아무래도 불안하고 부적당하다고 보고 소송으로서 그 요건을 심사한 뒤 판결로서 그 당위성을 인정하려고 한 절차로 볼 수 있다. 따라서, 중재판정은 국가의 전속하는 집행권의 행사로 사실화하기 위해서는 국법으로 집행력이 부여된 후 중재판정내용이 강제집행되도록 하고 있다.

2) 뉴욕협약

중재판정의 효력을 외국에서도 승인 및 집행되도록 하려는 노력은 1920년 설립된 국제상업회의소에 의해서 발효된 제네바의정서와 제네바협약이 있다.

제네바의정서는 중재계약의 효력을 인정하기 위한 국제협약(1923년)이며, 제네바협약은 외국중재판정의 집행을 위한 국제적 협약(1927년)으로서 유럽을 중심으로 가입하고 있었으나 미국의 국제동맹 미가입과 세계 제2차 대전의 발생으로 사실상 사문화 되었다. 그러나 세계대전이 종결되면서 미국을 중심으로 세계평화를 위해 설립한 유엔이 제네바의정서와 제네바협약에서 각각 규정하고 있는 중재계약의 효력과 집행력을 함께 규정하고 있는 것을 하나의 국제조약으로 통합할 필요가 있다고 인식하고 있었다.

1958년 5월 20일에서 6월 10일까지 UN본부에서 개최된 유엔총회에서 48개국 대표자와 15개 국제단체 대표가 참가한 가운데 오늘의 「외국중재판정의 승인 및 집행에 관한 협약(Convention on the Recognition and Enforcement of Foreign Arbitral Awards 일명 뉴욕협약 또는 유엔협약이라 한다)」을 탄생시켜 오늘에 이르고 있다. 유엔협약에 가입하고 있는 국가는 2015년 1월 6일 현재 150개 국가이다. 이들 국가 사이의 국제상사분쟁은 대부분 유엔협약에 의거 중재판정이 집행되고 있다.

3) 국제투자분쟁해결과 워싱턴협약

국제투자분쟁은 주로 외국인투자자와 투자유치국 정부 사이에 발생하는 분쟁을 투자유치국 국내법원에서 해결하는 것은 주권면제나 판결집행의 문제로 공정한 재판이 어렵다. 이러한 문제를 극복하기 위해 IBRD의 주도와 후원 아래 1965년 3월 18일 워싱턴에서 "국가와 다른 국가 국민간의 투자분쟁해결에 관한 협약(Convention on the Settlement of Investment Disputes between States and Nationals of other States)"이 채택 되었다.

이 협약은 워싱턴에서 채택되었다고 해서 워싱턴협약[3)]이라 하고, 이 협약에 따라 국제투자분쟁해결센터(International Centre for the Settlement of Investment Disputes : ICSID)가 워싱턴에 설립되어 현재 지국촌의 투자분쟁의 해결을 주도하고 있다.

ICSID는 한쪽 당사자가 '체약국이거나 그 하부조직, 기관이라 한다면 그 상대방은 다른 체약국의 국민(자연인이나 법인)이어야' 한다[4)]는 워싱턴협약의 당사자조항에 따라 이들의 분쟁을 중재(Arbitration)로 해결하고 있다.

양자간투자협정(Bilateral Investment Treaty : BIT)이나 자유무역협정(Free Trade Agreement : FTA)에서는 여러 가지 방법으로 이들의 투자분쟁을 해결할 수 있도록 합의 할 수 있으나 ICSID의 중재이외에는 다른 분쟁해결 방법이 없는 실정이다.

현재 투자유치국이 준수해야할 의무는 ① 내국민대우(National Treatment : 외국인 투자자를 투자유치국 국민보다 불리하게 대우하지 않을 의무) ② 최혜국대우(Most Favored Nation Treatment : 외국인 투자자를 제3국 투자자 보다 불리하게 대우하

3) 일명 UN의 주도하에 성립되었다고 해서 UN협약이라고도 부르는데 2015년 1월 현재 150개 국가가 본 협약에 가입했으며, 우리나라는 1967.3.23. 가입했다. 세계은행 총재는 2012.4.26. 취임한 한국인 김용 박사이다.

4) 투자자와 투자 유치국 사이에 발생하는 분쟁을 ISD(Investor - State Dispute)라 한다.

지 않을 의무 ③ 최소기준대우(Minimum Standard of Treatment : 최소한의 공정·공평한 대우 충분한 보호와 안전을 제공할 의무 ④ 직접 또는 간접수용 보상 ⑤ 자유로운 송금보장 ⑥ 외국인투자자에게 국산원료이용 등 불합리한 의무 강제금지 등이 있으나 북한은 이러한 의무규정을 준수하지 않아 투자자로부터 외면당하고 있는 실정이다.

부록
종합문제

종합문제 1

01. 다음 중 간접무역의 형태가 아닌 것은?

① 스위치무역 ② 통과무역 ③ 구상무역 ④ 중계무역

02. 일반적인 무역계약의 체결과정으로 옳은 것은?

① Offer→Inquiry→Acceptance→Counter Offer→Sales Contract
② Offer→Inquiry→Business Proposal→Acceptance→Sales Contract
③ Inquiry→Counter Offer→Firm Offer→Acceptance→Sales Contract
④ Market Research→Circular Letter→Inquiry→Offer→Acceptance→Sales Contract

03. 무역계약과 관련된 다음 기술 중 잘못된 것은?

① 무역계약은 불요식계약이다.
② 승낙의 내용은 정확히 청약의 내용과 일치해야 한다.
③ 우편으로 승낙통지를 하는 경우 그 효력은 청약자에게 우편이 도달한 때에 발생한다.
④ 청약은 상대방에게 도달됨으로써 효력이 발생한다.

04. 무역계약의 효력발생요건으로 타당하지 않는 것은?

① 매매당사자의 법률적 행위능력이 있어야 한다.
② 계약내용이 적법성이 있어야 한다.
③ 계약내용은 반드시 문서로 작성되어야 한다.
④ 사기, 착오, 강박에 의한 계약은 무효이다.

05. 다음 중 무역계약의 법률적 성질에 해당하지 않는 것은?

① 낙성계약 ② 편무계약 ③ 유상계약 ④ 불요식계약

06. 거래상대를 선정하기 위한 신용조사(credit inquiry)의 3C's에 들지 않는 것은?

① capital ② currency ③ character ④ capacity

07. 의사표시에 관한 효력발생시기의 일반원칙은?

① 도달주의 ② 발신주의
③ 요지주의 ④ 도달주의 또는 발신주의

08. 다음은 신용조회시 신뢰도 측정에 관한 내용이다. 그 내용이 잘못된 것은?

① capital-financial status ② capital-integrity
③ capacity-turn over ④ character-reputation

09. 신용조회의 3C's 중 마케트 클레임 또는 악의적 클레임을 예방하기 위한 내용은?

① character ② capacity ③ capacity ④ condition

10. 무역계약에 관한 다음 설명 중 옳지 않는 것은?

① 유효기간이 경과하면 확정청약은 자동적으로 효력을 상실한다.
② 확정청약에 대해 유효기간 내에 조건부 승낙통지를 하면 이것은 반대청약으로 본다.
③ 확정청약은 그것이 피청약자에게 도달하기 전이면 청약자가 그 내용을 변경, 취소 또는 철회할 수는 없다.
④ 구두청약도 확정청약이 될 수 있다.

11. 다음 설명 중에서 그 내용이 틀린 것은?

① 무역계약은 정형화된 양식을 이용해야 한다.
② 무역계약은 상대방의 승낙이 있을 것을 요건으로 한다.
③ 무역계약은 양당사자 모두가 채무를 부담하는 계약이다.
④ 무역계약은 주영업소의 국적을 달리하는 상인간의 물품매매 계약이다.

12. 청약서상에 "This firm offer is subject to acceptance reaching your reply here by September 19, 2003"라고 명시되어 있을 때 다음 내용 중 관계없는 것은?

① 승낙의 효력발생시기 ② 취소불능적인 청약
③ 도달주의 ④ 조건부 청약

13. 청약의 효력에 관한 설명 중 틀린 것은?

① 후발적 위법일 경우에는 청약의 효력을 소멸된다.
② 승낙기간이 정하여져 있는 청약은 유효기간이 경과하면 효력을 잃게 된다.
③ 청약이 상대방에게 도달 전에는 취소가능하다.
④ 일반적으로 청약은 피청약자에게 도달하기 전이라도 효력이 발생한다.

14. 청약에 관한 다음의 설명 중 틀린 것은?

① 구두청약은 불확정청약으로 간주된다.
② 일반적으로 불확정청약에는 유효기간이 설정되어 있지 않다.
③ 일반적으로 불확정청약은 청약자의 최종확인이 있어야 계약이 성립할 수 있다.
④ 확정청약은 상대방의 동의 없이 청약자가 임의로 그 내용을 변경할 수 없다.

15. 다음 중 청약의 유인에 해당하지 않는 것은?

① price-list ② counter offer ③ catalogue ④ circular letter

16. An offer creates a power of acceptance in the ( ) and a corresponding liability on the part of the ( ).

① offeror-offeree ② offeror-offeror ③ offeree-offeree ④ offeree-offeror

17. "( ) is an offer open a specific time in which the offeror binds the offeree to accept it within that period."

① Offer subject to market fluctuation ② Firm offer
③ Offer on approval ④ Offer without engagement

18. 다음은 원래의 청약을 실효 또는 무효화시키고 그 자체를 새로운 청약으로 간주하는 경우를 열거한 것이다. 그렇지 않은 것은?

① conditional acceptance ② offer without engagement
③ counter offer ④ delayed acceptance

19. 승낙의 의사표시에 대한 효력발생시기와 관련하여 대화자간 및 격지자간에 모두 도달주의를 적용하는 법제는?

① 영국법 ② 미국법 ③ 비엔나협약(CISG) ④ 한국법

20. 청약내용이 다음과 같을 경우에 밑줄친 부분과 부합되는 것은?

We offer you firm subject to your reply received here by noon May 29, 2003.

① 발신주의 ② 도달주의 ③ 요지주의 ④ 도달 또는 발신주의

21. 청약서상에 'This offer is subject to our final confirmation'라고 명시되어 있는 경우 다음의 설명 중 틀린 것은?

① 피청약자의 승낙으로 구속력이 부여되지는 않는다.
② 청약자가 최종승낙자가 되는 오퍼이다.
③ 피청약자가 승낙하더라도 청약자는 청약서 내용을 변경할 수 있다.
④ 확정청약으로 볼 수 있다.

22. 승낙의 본질에 대한 설명 중 타당하지 않는 것은?

① 승낙은 무조건적으로 이루어져야 한다.
② 청약조건과 반드시 일치할 필요가 있다.
③ 약정된 기간내에 승낙이 이루어지지 않아도 무방하다.
④ 적극적인 행위로 승낙에 대한 의사표시를 하여야 한다.

23. 승낙이 청약자에게 도착하는 때에 물품의 재고가 없는 경우에 매매계약이 성립될 수 없다는 조건부 청약은?

① offer subject to prior sale ② offer without engagement
③ offer on approval ④ offer on sale or return

24. 'Stock offer'란 무엇을 지칭하는 표현인가?

① conditional offer ② firm offer
③ ready to ship offer ④ cross offer

25. 불확정청약(free offer)에 관한 다음의 설명 가운데 옳은 것은?

① 구두청약(oral offer)은 불확정청약에 속한다.
② 상대방(offeree)의 동의가 없어도 청약자가 임의로 내용을 변경·철회·취소 가능하다.
③ 상대방이 이를 승낙하면 바로 매매계약성립의 효력이 발생된다.
④ 보통 승낙기간이 설정되어 있지 않다.

26. 오퍼상에 "This offer is subject to being unsold"로 명시되어 있다면?

① Firm Offer ② Stock Offer ③ Cross Offer ④ Sub-con Offer

27. "Conditional Offer"가 아닌 것은?

① counter offer ② offer without engagement
③ offer on approval ④ offer subject to prior sale

28. 다음 중 조건부 청약(conditional offer)에 해당되는 것은?

① We offer you firm subject to your reply received our company by May 9.
② We offer you the undermentioned goods subject to being unsold.
③ Your offer price is too high. We can accept your offer if you quote us US$ per set.
④ We are pleased to offer you Compact Disk No. 19 as follows:

29. "We have the pleasure to offer you subject to being unsold as follows:"와 거의 유사한 청약은?

① offer subject to return ② offer on approval
③ offer without engagement ④ offer subject to prior sale

30. 무역계약 과정에서 제공되는 견품의 흐림과 가장 가까운 것은?

① original sample → production sample → counter sample → approval sample
② original sample → counter sample → approval sample → production sample
③ production sample → approval sample → counter sample → original sample
④ approval sample → counter sample → production sample → original sample

31. 선박이나 철도차량 등과 같은 전문적인 기계제품을 매매할 때 가장 적합한 품질 결정 방법은?

① sales by sample ② sales by specification
③ sales by standard ④ sales by brand

해답

01 ③	02 ④	03 ①	04 ③	05 ②	06 ②	07 ①	08 ②	09 ①	10 ③
11 ①	12 ④	13 ④	14 ①	15 ②	16 ④	17 ②	18 ②	19 ③	20 ②
21 ④	22 ③	23 ①	24 ①	25 ④	26 ②	27 ①	28 ②	29 ④	30 ②
31 ②									

〈부록〉

종합문제 2

01. 농수산물과 같이 정확한 견본제공이 곤란한 물품거래에 주로 이용되는 품질조건은?

① sales by inspection ② sales by standard
③ sales by specification ④ sales by brand or trade mark

02. 다음 조건 중 양륙품질조건에 해당하는 것은?

① U.S.Q. ② S.D. ③ T.Q. ④ R.T.

03. 무역거래에서 일반잡화류를 매매할 때 일반적으로 가장 많이 사용되고 있는 품질의 결정방법은?

① 견본매매 ② 표준품매매 ③ 규격매매 ④ 명세서매매

04. JIS나 BBS 등과 같은 기준에 의하여 품질이 결정되는 매매방식은?

① 견품매매 ② 표준품매매 ③ 규격매매 ④ 명세서매매

05. 주로 곡물류의 매매시에 인도물품의 품질은 선적시의 선적장소에서 당해 계절의 출하품의 평균중등품질을 기준으로 하는 품질조건은?

① DEQ ② U.S.Q. ③ G.M.Q. ④ F.A.Q.

06. 냉동어류나 패류 등의 매매거래시 사용될 수 있는 품질조건은?

① F.A.Q. ② G.M.Q. ③ T.Q. ④ C.Q.D.

07. 무역계약서에서 "Whereas clause"란?

① 설명조항 ② 통지조항 ③ 대금지급지조항 ④ 당사자의 주소조항

08. 무역계약의 최종적으로 문서로 작성되면 이미 당사자가 행한 약속, 타협 등은 본 계약에 흡수되어 본 계약이 우선한다는 조항은?

① Governing ② Default ③ Entire Agreement ④ Assignment

09. 핀(pin)과 같은 잡제품의 수량단위에서 많은 수량 순서대로 나열된 것은?

① great gross → small gross → gross
② great gross → gorss → small gross
③ gross → great gross → small gross
④ small gross → gross great → gross

10. 견품에 의해 품질 약정에 있어서 봉제인형과 같은 비규격품의 거래에서 무역클레임 예방을 위하여 바람직하지 않은 표현은?

① about equal to the sample ② up to the sample
③ same as the sample ④ similar to the sample

11. 아직 소개되지 않은 신규개발품의 선전효과도 기대하면서 직접 소비자에게 현물과 함께 청약서를 보내어 물품을 판매하려고 한다면 다음 중 어느 형태의 청약을 하는 것이 좋은가?

① offer without engagement ② offer on sale or return
③ offer subject to prior sale ④ offer on approval

12. 중량단위로 사용되는 톤(Ton)에 대한 설명 중 잘못된 것은?

① Short Ton은 Mini-Killo Ton이라고 한다.
② Short Ton은 미국계 톤으로 2.000 LBS를 나타낸다.
③ Metric Ton은 프랑스계 톤으로 2.204 LBS를 나타낸다.
④ Long Ton은 영국계 톤으로 2.240 LBS를 나타낸다.

13. 톤의 단위 중에서 현재 우리나라에서 사용되고 있는 단위는?

① Long ton ② British ton ③ Metric ton ④ Short ton

14. 수량단위 중 Great Gross란 몇 개를 말하는가?

① 12×10 ② 12×12 ③ 12×12×12 ④ 12×12×10

15. 과부족용인조항(More or Less Clause)에 관한 설명으로서 잘못된 것은?

① 과부족수량에 따라서 지급대금은 가감될 수 있다.
② UCP 500에 의하면 "approximately"란 10%의 과부족을 허용하는 것으로 해석한다.
③ 당사자 합의에 의해 정해질 수 있다.
④ 목적지에서의 수량과부족을 확인하여 결정하는 것이 일반적이다.

16. 과부족용인조건에 관한 설명 중 틀린 것은?

① 광산물 등과 같은 살물(bulk cargo)인 경우에 적용된다.
② 살물의 경우 신용장거래시 금액, 수량, 단가 앞에 about나 circa와 같은 용어를 사용하였을 때 과부족 용인된다.
③ 신용장상에 물품수량의 과부족용인 문언의 표시가 없더라도 포장단위나 개개품목으로 수량이 명기된 경우에 신용장 금액을 초과하지 않는 범위 내에서 5% 과부족은 허용된다.
④ 라디오 10대 등 개개품목으로 수량이 정하여지는 경우에는 적용되지 않는다.

17. 과부족 용인조건과 관련하여 적절한 표현이 아닌 것은?

① Shipment: on or about May 10, 2003
② approximately 2,000 M/T of Tiger Brand Cement
③ circa 100 bales of cotton
④ about US$10,000 of M-grade crude oil

18. 물품수량을 표시함에 있어 "5% more or less at seller's option"이라는 표현을 사용할 때 이러한 조항은?

① escalation clause ② more or less clause
③ product release clause ④ seller's option clause

19. 석탄, 광물 등 실물거래에서 신용장상 과부족 용인조항(M/L clause)이 명시되어 있지 않은 경우 신용장통일규칙에 따르면 어떻게 해석될 수 있는가(단, 개개품목당 단가나 수량이 약정되어 금액이 확정되지 않았을 경우)?

① 3%의 과부족이 용인되는 것으로 본다.
② 5%의 과부족이 용인되는 것으로 본다.
③ 10%의 과부족이 용인되는 것으로 본다.
④ 과부족용인약관이 없으면 과부족이 용인되지 않는 것으로 본다.

20. 다음 중 신용장거래에서 과부족 허용한도가 적용될 수 있는 품목은?

① 컴퓨터 200대
② 자동차 200대
③ 철광석 1만 톤
④ 60kg짜리 쌀 열 가마

21. 다음 선적조건에 대한 설명 중 옳은 것은?

① 분할선적은 신용장에서 별도로 규정하지 않는 한 허용된다.
② 할부선적인 경우에는 화주의 사정에 의하여 조기선적도 가능하다.
③ 선적일은 선적증권의 일자이므로 실제 출항일과 일치하여야 한다.
④ 신용장상에 환적금지문언이 있다면 복합운송이 필요하더라도 환적은 허용될 수 없다.

22. "More or less clause means that the quantity of the goods specified must not be exceeded or reduced, a tolerance of 5% more or 5% less will be permissible. This clause (   )."

① applies for the sale of bulk cargo
② applies for packing units or individual items
③ only applies packing units
④ applies for bulky cargo and Credit amount
⑤ dose not apply for bulk cargo

23. 다음의 선적기간을 약정하는 문언 중 실무상 바람직한 표현으로 볼 수 없는 것은?

① Shipment must be made on September 15, 2003.
② Shipment must be made on or about May 10, 2003.
③ Shipment must be made not later than October 25, 2003.
④ Shipment must be made during the middle of December, 2003.
⑤ Shipment must be made within 30days from the date of this contract.

24. "We inform you that your order No. 100 will be shipped per m.s. 'miss korea' leaving (   ) January 15, 2003."

① Busan on or about
② from Busan on or before
③ Busan at
④ Busan in

25. 선적조건에 관한 설명 중 옳지 않은 것은?

① 직항선을 이용하여 물품운송이 이루어지는 경우 환적이 금지되는 것으로 볼 수 있다.
② 해난 등으로 재선적이 있는 경우에는 환적금지조항의 위반으로 볼 수 없다.
③ 선화증권(B/L)에 실제 선적일의 표시가 없으면 선화증권의 발행일을 선적일자로 추정하게 된다.
④ 복합운송을 하는 경우 환적금지조항은 유효하다.

26. Shipment not later than Oct. 15, 2003.

① Shipment must arrive on Oct. 15, 2003.
② Shipment must be made by Oct. 15, 2003.
③ Shipment must be made on Oct. 15, 2003.
④ Shipment anytime after Oct. 15, 2003.

27. "Shipment shall be made on or about August 10, 2003, and the documents stipulated in this Letter of Credit must be presented to ABC Bank within 10 days after the contracted goods during the period from (　) days before to (　) days after August 10, 2003, both end days included."

① five-five　② seven-five
③ seven-eleven　④ five-fifteen

28. 신용장상에 "Shipment shall be effected on or about November 5, 2003."로 규정되어 있을 경우 선적기일은?

① 2003. 11. 1~11.9　② 2003. 11. 1~11.10
③ 2003. 10. 31~11.9　④ 2003. 10. 31~11.10

29. 다음 중 신용장상의 선적일자와 관련된 설명이 틀린 것은?

① "after"의 용어는 당해 일자가 제외되는 것으로 간주한다.
② "second half"라는 용어는 그 달의 11일부터 20일까지는 간주한다.
③ "immediate shipment" 등과 같은 표현이 사용된 경우 은행은 무시한다.
④ "to", "until", "from" 등의 용어는 당해 일자가 포함되는 것으로 간주한다.

30. 신용장에 할부선적의 회수와 매회의 수량이 정해져 있을 때 어느 한 회의 할부선적이 정해진 수량대로 물품선적이 이루어지지 못하였을 때의 해석방법은?

① 당해 할부선적분만 무효이며 나머지 부분은 선적할 수 있다.
② 당해 할부선적분은 물론이고 이후의 할부선적분도 무효이다.
③ 당해 할부선적뿐만 아니라 이전의 선적분도 무효이다.
④ 당해 부족선적분 또는 초과선적분은 다음에 가감하여 선적하여 전체수량에 차이가 나지 않으면 된다.

31. 신용장통일규칙에서 선적(shipment)이라는 표현에 대응하지 못하는 것은?

① loading on board　② dispatch
③ taking in charge　④ discharge

32. 선적시기를 정함에 있어 가장 적절하게 약정한 것은?

① as soon as possible
② immediate shipment
③ Shipment must be effected on May 10, 2003.
④ Shipment shall be effected within 90 days after the date of this contract.

33. Under the Article 47 of UCP 500, the terms beginning, a month shall be construed as the of such moonth.

① 1st day
② 1st to the 5th day
③ 1st to the 7th day
④ 1st to the 10th day

34. 신용장통일규칙을 고려하여 선적시기에 관해 다음과 같이 약정하였을 때 선적조건 위반에 해당되는 일자(기간)는?

shipment shall be effected on or about may 20, 2003.

① 5월 10일~5월 20일 ② 5월 15일~5월 19일
③ 5월 21일~5월 25일 ④ 5월 20일

35. "The words 'from' and words of similar import applying to any date or period in the Credit referring to shipment will be understood to include the date mentioned. The word '(　　)' will be understood to exclude the date mentioned."

① to ② until ③ till
④ while ⑤ after

36. 무역계약시 대금결제조건을 다음과 같이 약정하였다. 대금결제조건과 관련하여 보완이 필요한 사항은?

> "Terms of payment : By an irrevocable L/C at 30 days after sight to be opened in our favor."

① 신용장 유형 ② 결제기간
③ 신용장수익자 ④ 기한부이자 부담자

37. D/A 계약서상의 결제조건을 다음과 같이 약정하였을 경우 기한부 기간 동안의 이자는 어느 당사자가 부담하는가?

> "Terms of payment : Under D/A at 90 days after sight."

① Remitting Bank ② Collection Bank ③ Seller ④ Buyer

38. 다음 중 선지급(payment in advance)에 해당되는 것은?

① CAD ② Open Account ③ CWO ④ COD

39. 다음 중 동시지급(concurrent Payment)에 해당되는 것은?

① COD ② CWO ③ T/T ④ Open Account

40. 다음 중 연지급(deffered payment)에 해당되는 것은?

① Open Account ② Red Clause L/C
③ Cash on Delivery ④ Cash Against Document

41. 대금결제조건을 약정함에 있어 신용장을 이용하지 않고, 또한 물품생산·인도전에 미리 결제하기로 하려면 다음 중 어떤 대금결제방법으로 계약을 체결할 수 있는가?

① CAD ② Escrow Account ③ CWO ④ Open Account

42. 다음의 대금결제방식 중 환어음이 발행될 수 없는 것은?

① D/P ② Usance L/C ③ D/A ④ COD

43. 다음 중 D/P와 가장 유사한 대금결제방식은?

① CAD ② CWO ③ Open Account ④ COD

44. 대금결제방식중 유럽형 D/P라고 불리우는 것은?

① CAD ② COD ③ CWO ④ BWT

45. 국제 Factoring 거래의 특징과 관련된 설명 중 틀린 것은?

① 수입상, 수출상은 신용만으로 금융제공을 받을 수 있다.
② D/A, D/P 거래에 비하여 수입상·수출상에게 유리한 거래이다.
③ 수입국과 수출국에 수입팩터 및 수출팩터를 필요로 한다.
④ 대기업이 이용하는 거래규모가 매우 큰 외상거래라 할 수 있다.

46. Forfaiting 거래와 관련하여 적절하지 않은 설명은?

① Forfaiting 거래의 당사자는 수출상, 수입상, 보증은행 및 Forfaitor로서 Forfaitor는 금융기관이 그 역할을 담당한다.
② Forfaiting 거래는 장기 외상의 무역거래에서 발생하는 외상매출채권을 보증은행이 보증하고 이를 다시 Forfaitor가 고정금리로 할인하여 대금을 지급한다. 그러나 Forfaitor는 보증은행으로부터 대금을 회수하지 못할 경우에는 수출상에 대하여 소구권을 행사할 수 있다.
③ Forfaiting 거래는 외환부족 국가와 거래 시에 수입상에 대한 보증은행의 보증만으로는 Country Risk 및 환율변동 위험을 회피하기 어려운 경우 이를 보완하기 위한 적절한 거래방법이다.
④ Forfaiting 거래는 거래금액이 고액인 기계류, 플랜트, 선박 등의 거래시에 적절히 이용될 수 있다.

47. 신협회적화약관에서의 ICC(A)는 구협회적화약관의 어느 조건과 유사한가?

① FPA ② WA ③ A/R ④ WA 3%

48. 해상적화보험에서 손해보상의 범위가 넓은 것부터 보험조건을 순서대로 나열한 것은?

① TLO > WA > A/R > FPA
② TLO > FPA > WA > A/R
③ A/R > WA > FPA > TLO
④ WA > FPA > A/R > TLO

49. 다음 중 보상범위가 가장 좁은 보험조건은?

① ICC(All Risks)
② ICC(WA)
③ ICC(WA 3%)
④ ICC(FPA)

50. 일반적으로 포장이라고 하면 다음 중 어느 것을 말하는가?

① unitary packing
② interior packing
③ outer packing
④ shipment packing

51. 화인(Cargo Mark = Shipping Mark)에 관한 설명 중에서 올바르지 않은 것은?

① counter mark는 main mark가 다른 화물과 동일한 것에 대비하려 main mark의 보조로서 다른 화물과 식별을 용이하게 하기 위한 것이다.
② caution mark는 care mark라고도 하며, 화물의 수송·보관시 취급상의 주의를 표시한 것으로서 이는 보통 목적항구의 표시 밑에 그림 또는 부호로서 표시한다.
③ 화물의 원산지가 한국인 경우 원산지표시는 'MADE IN KOREA'로 한다.
④ 화인에는 화물의 선적·양화작업을 용이하게 하고 화물이 오송되는 일이 없도록 목적항/목적지를 표시한다.

52. 화인에서 타 상사의 상품과 식별을 용이하게 하고자 하는 것은?

① Origin Mark
② Case Number
③ Main Mark
④ Care Mark

53. 물품을 운송·취급하기에 편리하도록 몇 개의 개장을 합하고 내부결속, 충진, 칸막이 등을 목적으로 행하는 포장은?

① unitary packing
② interior packing
③ outer packing
④ shipment packing

54. 다음 연결이 잘못된 것은?

① Engagement Clause - 지급확약문언
② Force Majeure Clause - 불가항력조항
③ Governing Law - 준거법
④ Unknown Clause - 지상약관

55. Choose the best on holding the same meaning with the sentence.

> "If during the performance of this agreement the seller's costs of delivering the goods to the buyers increase unexpectedly by more than three percent from the contract due to fluctuations in currency exchange rates, increases in the cost of raw materials, oil or other energy sources, taxes or other govermental charges, or any other similar factors beyond the reasonable control of the parties concerned, then the prices shall be proportionally increased, unless otherwise agreed."

① Force majeure clause
② Governing law clause
③ Escalation clause
④ Arbitration clause
⑤ Institute cargo clause

56. 클레임 해결에 있어 가장 바람직한 수단은?

① 당사자간 타협
② 조정
③ 중재
④ 소송

57. "There are some sellers and buyers who attempt to shrink their obligations. That's why every contract note and trade agreement should contain (　) clause."

① conciliation　② claim
③ arbitration　④ waiver
⑤ Litigation

58. 다음 가운데 무역계약에 직접적으로 관련되지 않은 것은?

① "Incoterms, 2000"　② "Hague Rules, 1924"
③ "Warsaw-Oxford Rules, 1932"　④ "CISG, 1980"

59. 다음의 인코텀즈에 대한 설명 중 타당한 것은?

① CISG에 체약한 국가의 상인은 인코텀즈에 의하여 거래를 하여야 한다.
② 인코텀즈는 임의규정이 아니고 강제규정이다.
③ 인코텀즈는 강제규정이기 때문에 계약서상에 적용규정을 명시할 필요가 없다.
④ 인코텀즈는 당사자 간 합의에 의하여 계약체결 시 이를 배제할 수도 있다.

60. "CPT term requires the (　) to clear the goods for export. This term (　) be used for any mode of transport including multimodal transport."

① seller-must　② seller-may
③ buyer-must not　④ buyer-will not

해답

01 ②	02 ④	03 ①	04 ③	05 ④	06 ②	07 ①	08 ③	09 ②	10 ③
11 ④	12 ①	13 ③	14 ③	15 ④	16 ③	17 ①	18 ②	19 ②	20 ③
21 ①	22 ①	23 ①	24 ①	25 ④	26 ②	27 ①	28 ④	29 ②	30 ②
31 ④	32 ④	33 ④	34 ①	35 ⑤	36 ④	37 ③	38 ④	39 ①	40 ①
41 ③	42 ④	43 ①	44 ①	45 ④	46 ②	47 ③	48 ③	49 ④	50 ③
51 ②	52 ③	53 ②	54 ④	55 ③	56 ①	57 ③	58 ②	59 ④	60 ②

〈부록〉

종합문제 3

01. 인코텀즈 2000에 대한 설명 중에서 잘못된 것은?

① 국제규칙이기 때문에 무역거래에서는 강행법규라고 볼 수 있다.
② 13가지 정형거래조건을 규정하고 있다.
③ 매매당사자의 개별적 편의에 적합하도록 특별조항을 변경하거나 추가할 수 있다.
④ 매도인과 매수인의 의무를 대칭되게 10개 조항으로 배열하고 있다.

02. 무역거래에서 가격조건을 약정하는데 가장 일반적으로 이용되는 국제상관습은?

① American Foreign Trade Definition
② Warsaw-Oxford Rules for CIF Contract
③ Uniform Commercial Code
④ INCOTERMS

03. 다음 중 선적지 인도조건이 아닌 정형거래조건은?

① DES ② FCA ③ CPT ④ CIP

04. 다음 중 도착지 인도조건이 아닌 정형거래조건은?

① DAF ② DES ③ CIP ④ DDP

05. 복합운송(multimodal transport)이 가능한 정형거래조건이 아닌 것으로 묶여진 것은?

① CIP, CIF ② CPT, DDU ③ FCA, CPT ④ FCA, CIP

06. 인코텀즈 2000에 대한 FAS조건에 대한 설명 중 잘못된 것은?

① 위험부담의 분기점은 본선에 물품의 인도가 완료된 때이다.
② 비용의 분기점은 선측에 물품인도가 완료될 때까지이다.
③ 매도인은 해상운송 및 보험계약의무를 부담하지 않는다.
④ 매도인은 물품을 수입통관할 의무를 부담한다.

07. 일반적으로 선적수량조건으로 이해될 수 있는 정형거래조건은?

① DES ② DEQ ③ CFR ④ DDU

08. "If the buyer has a duty to name the precise point his failure to do so might result in liability to bear the risks and additional costs resulting from such failure. In addition, the buyer's failure to use his right to indicate the point may give the seller the right ( )."

① to select the point which best suits his purpose.
② to refuse the point which best suits buyer's purpose.
③ to after the point which best suits buyer's purpose.
④ to delay the point which best suits his purpose.

09. 다음 정형거래조건 중 물품에 대한 위험부담의 분기점과 비용부담의 분기점이 상이한 것으로만 나열된 것은?

① CFR, CPT, CIP ② FCA, CFR, CIF
③ CIP, DES, CIF ④ CPT, CIF, DAF

10. 다음 문장 중 내용이 틀린 것을 고르시오.

① Under "E" term the seller makes the goods available to the buyer at the carrier's own premises.
② Under "F" term the seller is called upon to deliver the goods to a carrier appointed by the buyer.
③ Under "C" term the seller contract for carriage without assuming the risk of loss of/or damage to the goods occuring after shipment and despatch.
④ Under "D" term the seller has to bear all costs and risks needed to bring the goods to the country of destination.

11. 다음 중 CIF 가격조건에서 매도인의 의무를 설명한 것 중 옳지 않은 것은?

① 수출지에서 필요한 수출통관절차를 수행해야 한다.
② 계약물품에 대하여 최소한의 적화보험에 부보하여야 한다.
③ 수입지에서 필요한 수입신고서를 매수인에게 제공하여야 한다.
④ 본선에 물품적재를 마친 후 선박회사로부터 선화증권을 입수하여 이를 매수인에게 제공하여야 한다.

12. 인코텀즈 2000상의 DEQ에 관한 설명 중 틀린 것?

① The buyer must pay the price agreed in the contract of sale.
② Risk is transferred from the seller to the buyer when the goods are placed at the disposal of the buyer on the quay.
③ This term requires the seller to clear the goods for import.
④ Cost is transferred from the seller to the buyer when the goods are placed at the disposal of the buyer on the quay.
⑤ This term is evidence of arrival contract.

13. "The seller fulfills his obligation to deliver when he has made the goods available at his permises to the buyer, and the buyer is responsible for the export/import clearance and the carriage of the goods to the destination."

① DDU ② EXW ③ FCA ④ FAS

14. "The price is quoted at ( ) for a quantity of no less than 300 dozen."

① CIF New York US$2.00 per dozen
② US$2.00 per dozen New York CIF
③ US$2.00 New York CIF per dozen
④ US@2.00 per dozen CIF New York

15. CIF조건의 거래에서 신용장상에 별도명시가 없다면 매도인은 CIF가격의 ( )%를 보험금액으로 부보하게 된다.

① 100 ② 110 ③ 120 ④ 130 ⑤ 140

16. 다음 가격조건 중 수입상에게 가장 유리한 정형거래조건은?

① US$300.00 per pc. FCA Washington
② US$300.00 per pc. FOB New York
③ US$300.00 per pc. CIP Seoul
④ US$300.00 per pc. CIF Busan

17. "In particular, the seller is not responsible for loading the goods on the vehicle provided by the buyer or for clearing the goods for export unless otherwise agreed. The buyer bears all costs and risks involved in taking the goods from the seller's premises to the desired destination. This (　) terms thus represent the (　) obligation for the seller."

① EXW-maximum　② EXW-minimum
③ DDP-maximum　④ DDP-minimum

18. 인코텀즈 2000에 따라 한국소재 매도인의 입장에서 가격조건을 바르게 표시한 것은?

① FOB New York　② COF Busan
③ FCA Incheon Airport　④ York-Antwerp Rules

19. 다음 국제규칙 중 CIF 조건에 관하여 규정하고 있는 것은?

① COSG　② Warsaw-Oxford Rules
③ Hague-Visby Rules　④ York-Antwerp Rules

20. "If the buyer buys on CFR or CIF basis, the selection of the carrier is with the (　)."

① importer　② carrier　③ consignee　④ exporter

21. 다음 가격조건의 지명이나 항구가 나머지 셋과 그 성격이 다른 표현은?

① FCA Ulsan　② CPT Seattle　③ DES Yokohama　④ DDP New York

22. 가격조건에서 가격이 낮은 것부터 높은 순서로 잘 배열된 것은?

① FAS-DES-DDP-CIF ② FOB-CPT-DEQ-FCA
③ EXW-DDU-CIF-FCA ④ FCA-FOB-CPT-DDU

23. 다음 거래조건에서 현실적 물품인도(actual delivery)라고 할 수 있는 것은?

① FOB ② CFR ③ CIF ④ CIP

24. 다음 중 물품에 대한 위험부담의 분기점이 수출국내의 어느 지점이 되는 정형거래조건만으로 묶여진 것은?

① DDU-FCA-FOB ② DES-CIF-FOB
③ DEQ-DES-CFR ④ CFR-FAS-CIF

25. 인코텀즈 2000에서 규정하고 있는 최소한의 보험부보조건은?

① ICC(A) ② ICC(B) ③ ICC(C) ④ A/R

26. 인코텀즈 2000에 준거하여 무역계약을 체결할 경우에 가격조건 표기가 적절하지 않은 것은?

① FOB(named port of shipment) ② CIF(named port of destination)
③ CPT(named place) ④ FCA(named place)

27. Warsaw-Oxford Rules, 1932에서 인정하는 물품소유권의 이전시기는?

① 선적서류가 매수인에게 인도되었을 때
② 특정한 선상에 물품이 선적되었을 때
③ 매수인에게 물품이 인도되었을 때
④ 선박회사에 물품이 인도되었을 때

28. “The seller fulfils his obligation to deliver when the goods have been made available to the buyer on board the ship uncleared for import at the named port of destination.”

① Delivered Duty Unpaid ② Delivered Ex Ship
③ Free on Board ④ Delivered Ex Quay(duty paid)

29. 인코텀즈 2000에 의하면 CIF조건으로 계약한 경우 계약시 보험조건에 관한 약정을 구체적으로 하지 않았다면 매도인은 다음 주 어느 약관으로 부보하면 되는가?

① ICC(A) 또는 ICC(W.A.) ② ICC(C) 또는 ICC(F.P.A.)
③ ICC(B) 또는 ICC(W.A.) ④ ICC(A) 또는 ICC(F.P.A.)

30. 신용장상에 “Insurance to be covered by buyer”라고 기재되어 있는 것과 공통점이 없는 사항은?

① CFR ② CIF ③ FOB ④ FAS

31. 인코텀즈 2000의 CIF조건으로 계약한 경우 매도인이 매수인에게 제공해야 할 서류 가운데 적절하지 않는 것은?

① 선적선화증권 ② 보험증명서 ③ 원산지증명서 ④ 상업송장

32. CIF에 관한 다음의 설명 가운데 가장 타당한 것은?

① 보험계약자와 피보험자는 동일인이다.
② “Warsaw-Oxford Rules, 1932”에 의하면 물품의 위험부담 분기점은 물품이 본선난간을 통과한 때이다.
③ 물품인도방법이 상징적 인도방법이므로 선적서류의 인도로 물품인도의무를 이행한다.
④ 피보험이익은 매도인(Seller)에게 귀속된다.

33. RO/RO 방식에 의하여 선적작업이 이루어지는 경우의 정형거래조건 중 알맞지 않은 것은?

① CIF ② FCA ③ CPT ④ CIP

34. Multimodal Transport B/L을 요구하는 것이 바람직한 정형거래조건은?

① FOB ② CIP ③ CFR ④ CIF

35. 다음 열거한 것 가운데 CIF와 DES의 두드러진 차이점이라 할 수 없는 것은?

① 물품에 대한 위험부담의 분기점
② 매도인의 물품인도의무와 이행방법
③ 수출국에서 수입국까지의 주된 운송수단
④ 해상적화보험에서의 피보험이익의 귀속

36. 다음 정형무역조건 가운데 물품에 대한 위험이전장소, 곧 위험부담의 분기점이 수출국 또는 적출국 국내 어느 장소가 되는 적출지인도조건에 속하지 않는 것은?

① CFR ② CIP ③ FCA ④ DES

37. 매도인이 수입국에서의 수입관세와 수입통관관련 제세공과금을 부담하여야 하는 거래조건은?

① CPT ② DES ③ DDP ④ DDU

38. Revised American Foreign Trade Definition, 1990에 의한 FOB Vessel 조건의 위험부담의 분기점은?

① 물품이 본선에 적재완료된 시점
② 물품이 본선의 난관을 통과한 때
③ 물품이 선측에 인도완료된 때
④ 물품이 지정운송인에게 인도완료된 때

39. 한국에서 일본산 제품을 수입하고자 할 경우 정형거래조건 표기가 맞는 것은?

① CIF Kobe ② FCA Narita Airport
③ CIP Hukuoka ④ FOB Busan

40. "If the goods sold 'CFR Landed', ( ) are borne by the seller."

① unloading costs, excluding lighterage and wharfage charges
② unloading costs and lighterage excluding wharfage charges
③ unloading costs including lighterage and wharfage charges
④ unloading costs including lighterage, wharfage charges and any import

41. 매도인의 최소의무부담에서 최대의무부담순으로 나열한 것 중 맞는 것은?

① FAS < FCA < FOB < CRF ② CRF < FOB < FAS < FCA
③ FCA < FAS < FOB < CRF ④ FCA < FOB < FAS < CRF

42. 매수인의 최소의무부담에서 최대의무부담순으로 나열된 것은?

① DDP < CIP < CIF < FCA ② CIP < CIF < FCA < DDP
③ FCA < CIF < CIP < DDP ④ DDP < CIF < CIP < FCA

43. "Pay all duties, taxes and other official charges as well as the costs of ( ) customs formalities payable upon ( ) of the goods and, where necessary, for their ( ) through another country."

① carrying out-importation-transportation
② carrying out-importing-transit
③ proceding-importing-transit
④ carrying out-importation-transit

44. 부산에서 뉴욕으로 수출할 경우 다음 중 무역계약을 체결할 때 가격조건(price term)의 표기가 잘못된 것은?

① DDP ABC Container Terminal, New York per set
② FOB Pusan, per set
③ FCA ABC Warehouse, Busan per set
④ DES New York Airport per set

45. 한국의 수입상이 물품을 수입하기 위하여 미국 뉴욕항에서 부산항까지 해상운송 방식을 이용할 경우 정형거래조건 표기가 잘못된 것은?

① FAS Busan ② CIF Busan ③ CFR Busan ④ DES Busan

46. "If the words ( ) or words of similar effect appear by stamp or otherwise on shipping documents, they will be accepted as constituting evidence of the payment of freight."

① freight prepayable ② freight perpaid
③ freight to be perpaid ④ freight collect

47. 다음 가운데 특히 복합운송에 적합한 정형거래조건만으로 나열된 것은?

① CIP, CIF, CPT ② CFR, CPT, CIP
③ FCA, CIP, CPT ④ FCA, CFR, CIP

48. 다음의 정형거래조건에 관한 설명 중에서 틀린 것은?

① EXW조건에 의한 거래서 매도인은 운송계약과 보험계약에 관한 의무는 없다.
② FCA조건에 의한 거래시 매도인은 운송계약과 보험계약에 관한 의무는 없다.
③ FAS조건에 의한 거래시 매도인은 운송계약과 보험계약에 관한 의무는 없다.
④ CFR조건에 의한 거래시 매도인은 운송계약과 보험계약에 관한 의무는 없다.

49. 선화증권상에 "Freight Collect"로 되어 있으면 다음 중 어떠한 정형거래조건을 선택한 경우인가?

① FOB ② DES ③ CIP ④ CFR

50. CPT조건에 있어서의 매도인의 의무에 관한 다음 설명 중 틀린 것은?

① 자기의 위험 및 비용부담으로 수출통관 절차를 밟아야 한다.
② 지정목적지의 합의지점까지 자기의 비용으로 운송계약을 체결하여야 한다.
③ 물품의 최초의 운송인에게 인도될 때까지의 모든 위험을 부담하여야 한다.
④ 자기의 위험 및 비용부담으로 수입통관 절차를 밟아야 한다.

51. 부산에서 뉴욕으로 수출할 경우 다음 중 무역계약을 체결할 때 가격조건 표기가 잘못된 것은?

① DEQ New York port per piece
② DDU BBC Warehouse, New York per piece
③ FOB Busan Airport per piece
④ FCA Busan port per piece

52. 물품에 대한 위험부담의 분기점이 수출국의 국내지점이 되는 적출지(선적지) 인도조건만으로 나열된 것은?

① FAS, EXW, DDP ② FCA, CFR, CIP
③ CIF, DDU, DAF ④ FOB, CIF, DES

53. 다음은 인코텀즈 2000에서 CIF조건과 DES조건을 비교하여 설명한 것 중 타당한 것은?

① 매도인과 매수인 사이의 비용과 위험의 분기점이 동일하다.
② 해상운송과 내수로운송에서만 사용되는 조건이다.
③ 피보험자가 동일한 조건이다.
④ 선화증권으로 물품을 인도하는 상징적 거래에 사용되는 조건이다.

54. 인코텀즈 2000에 의한 FCA조건의 설명으로서 적절한 것은?

① 해상운송에 의한 무역거래에만 사용가능하다.
② 항공운송에는 원칙적으로 사용될 수 없다.
③ 수출승인과 같은 수출통관절차는 매수인이 이행한다.
④ RO/RO 하역에 적절히 사용할 수 있다.

55. 무역외수지의 흑자전환을 위해 한국 수입상들이 채택해야 할 가격조건과 거리가 가장 먼 것 하나만 고르시오.

① FOB ② CIP ③ FAS ④ FCA

56. 다음 문장의 밑줄 친 부분의 해석 중 맞는 것은?

"FCA means that the seller fulfils his obligation to deliver when he has handed over the goods, cleared for export, into the charge of the carrier named by the buyer at the named place or point."

① 부두인도조건 ② 운송비·보험료지급 인도조건
③ 운송비지급 인도조건 ④ 운송인 인도조건

57. 다음 가격조건 중 수출상에게 가장 유리한 표현은?

① US$200.00 per pc. FCA Seattle
② US$200.00 per pc. FOB New York
③ US$200.00 per pc. CIP Seoul
④ US$200.00 per pc. CFR Incheon

58. "Under this term, the seller quotes a price including the cost of transportation of goods to named point of exportation, bearing any loss or damage, or both, incurred up to that point. This term is known as the (   )."

① FOB(named inland point in the country of importation)
② FOB(named inland carrier at named point of exportation)
③ FOB(named inland carrier at named inland point of departure)
④ FOB Vessel(named port of shipment)

59. "The seller must pay the costs and freight necessary to bring the goods to the named port of destination."

① Carriage Paid to ② Cost and Freight
③ Free on Board ④ Cost, Insurance and Freight

해답

01 ①	02 ④	03 ①	04 ③	05 ①	06 ①	07 ③	08 ①	09 ①	10 ①
11 ③	12 ③	13 ②	14 ④	15 ②	16 ③	17 ②	18 ③	19 ②	20 ④
21 ①	22 ④	23 ①	24 ④	25 ③	26 ③	27 ①	28 ②	29 ②	30 ②
31 ③	32 ③	33 ①	34 ②	35 ③	36 ④	37 ③	38 ①	39 ②	40 ③
41 ③	42 ①	43 ④	44 ④	45 ①	46 ②	47 ③	48 ④	49 ①	50 ④
51 ③	52 ②	53 ②	54 ④	55 ②	56 ④	57 ④	58 ②	59 ②	

〈부록〉

종합문제 4

01. 컨테이너 화물을 인수하고 터미널운영자가 발행하여 주는 서류는?

① Mate's Receipt ② Fixture Note ③ Booking Note ④ Dock Receipt

02. 항해용선계약 운송에 있어서 지정된 정박기간내에 하역을 완료하지 못한 경우에 용선자가 선주에게 지급하는 벌과금은 다음 사항 중 어느 것인가?

① Demurrage ② Stowage ③ Back freight ④ Despatch money

03. 다음 중 해상기업의 주체(운송인)가 아닌 것은?

① 선박소유자 ② 선박임차인 ③ 정기용선자 ④ 항해용선자

04. 다음 중 Tramper와 관련 있는 것은?

① Conference line ② Liner Vessel
③ Non-Conference line ④ Regular Vessel

05. 선박용선시 하역일수 초과에 대한 할증금을 용선주에 지불하는 것은?

① Dispatch money ② Demurrage
③ Back freight ④ Debit note

06. 다음 설명과 관련이 있는 것을 고르시오.

"These are vessels that ply on a regular scheduled service between groups of ports."

① Liners ② Trampers ③ Barge carrier ④ Combi carrier

07. 정기용선(time charter)의 특징상 용선자가 부담하지 않는 비용항목은?

① 수선유지비 ② 연료비 ③ 제수수료 ④ 항비

08. 다음 중 선박임대차 계약과 유사한 형태의 용선에 해당하는 것은?

① 선복용선(lumpsum charter) ② 나용선(bare boat charter)
③ 일대용선(daily charter) ④ 정기용선(time charter)

09. 화주가 선복예약을 하였으나 화물을 싣지 않았을 때에는 싣지 않은 톤(ton)수에 대하여 운임 상당액을 선박회사에 지급하는 운임을 무엇이라 하는가?

① dead freight ② pro rata freight
③ back freight ④ lumpsum freight

10. 화물운송계약에 관한 설명 중 옳은 것은?

① 용선운송계약이란 운송인이 다수의 송화인으로부터 개개의 화물을 운송할 것을 인수하는 계약을 말한다.
② 나용선계약이란 화물운송을 위하여 선주로부터 선복의 일부를 용선하는 계약을 말한다.
③ 기간용선계약은 하루 단위로 선복을 빌리는 일대용선계약을 말한다.
④ 항해용선계약이란 특정의 항구로부터 항구까지 화물을 운송하기 위하여 용선하는 계약을 말한다.

11. Carriage of goods by at least two different modes of transport, from a place at which the goods are taken in charge situated in one country to a place designated for delivery situated in a different country : that is a (   ).

① unilateral transport ② unimodal carriage
③ land bridge carriage ④ combined transport

12. 선박운항 일정표상에 기재되어 있는 “ETA” 와 “ETD”의 의미는?

① 도착일-출발일 ② 도착예정일-출발예정일
③ 출발일-도착일 ④ 출발예정일-도착예정일

13. 정기선 운임시장의 특성으로 옳은 것은?

① 운임률이 시장기능에 따라 변한다.
② 카르텔이 형성되어 있어 시장에의 진입이 상대적으로 어렵다.
③ 선주의 시장통제능력이 크지 않다.
④ 경쟁을 제한하는 제도적 장치가 전무하다.

14. 부정기선의 특징과 관련 있는 것은?

① 주로 광석, 곡류, 목재 등 살화물의 대량운송에 이용되고 있다.
② 항로가 일정하고 정기적으로 운항된다.
③ 일반적으로 해운동맹에 가입한다.
④ 운임은 운임률표에 따른다.

15. 선복을 기준으로 하여 일괄계산하는 운임을 무엇이라고 하는가?

① Lkumpsum Freight　② Dead Freight
③ Back Freight　④ Prepaid Freight

16. (　) is the reward payable to the carrier for the safe carriage and delivery of the goods.

① Premium　② Insurance money
③ Freight　④ Commission

17. 해운동맹에 관한 설명으로 올바르지 않은 것은?

① 해운동맹에는 가맹을 희망하는 선박회사는 어느 회사나 무조건 가입시키는 영국식의 개방동맹과 일정한 조건을 준수하고 가맹회사의 이익을 해할 염려가 없다고 인정되는 선박회사만을 가맹시키는 미국식 폐쇄동맹이 있다.
② 해운동맹 운임은 화물의 양에 관계없이 정기적으로 운행되는 것이므로 부정기선박의 운임보다 일반적으로 고율이다.
③ 해운동맹은 운임에 중점을 두기 때문에 운임동맹이라고도 한다.
④ 해운동맹이 항로에 중점을 두었을 경우에는 항로동맹이라고도 한다.

18. "An association of foreign-going ships of various nationalities running on schedule in the same trade at uniform rates of freight and giving advantages to regular clients."

① Tramper ② P&I club
③ Liner conference ④ CLP

19. 다음 중 해운동맹의 장점으로 볼 수 없는 것은?

① 운임의 안정 및 균형
② 정기 운송의 유지 및 운송기간 확정으로 무역거래에 편리
③ 대·소 하주에 대하여 균등운임이 적용되기 때문에 소하주를 대하주로부터 보호
④ 운송인의 과대이윤

20. "A ( ) charter party arises when the charterer is responsible for providing the cargo and crew, whilst the shipowner merely provides the vessel."

① lumpsum charter ② time charter
③ trip charter ④ demise charter

21. 용선계약시 하역 제비용의 부담조건에 관한 설명으로서 잘못된 것은?

① 'berth terms'란 선적시와 양륙시에 공히 화물손상과 하역비를 선주가 부담하는 것으로 부정기선박에 의한 운송의 경우에 많이 이용되는 조건이다.
② 'free in and out'란 선적이나 양륙을 함에 필요한 하역비와 화물의 손상을 화주가 부담하는 것으로 용선운송의 경우에 많이 이용되는 조건이다.
③ 'free in'란 하역비와 하역시의 화물손상을 선적시에는 화주가 부담하고 양륙할 때에는 선주가 부담하는 조건이다.
④ 'free out'란 하역비와 하역시의 화물손상을 선적시에는 선주가 부담하고 양륙할 때에는 화주가 부담하는 조건이다.

22. "A chartering term meaning the number of days agreed for loading and discharging."

① Demurrage　　② Laydays
③ Dispatch Money　　④ Laytime Saved

23. 다음은 항해계약의 정박기간에 관한 설명이다. 그 내용이 틀린 것은?

① 화주는 정박기간내에 하역을 끝내지 못하면 초과된 정박기간에 대하여 체선료를 지불하여야 하며 만일 약정기일 이전에 하역이 완료되면 선주가 화주에게 조출료를 지급하여야 한다. 통상 조출료는 체선료와 동일하다.
② 정박기간 약정방법 중 관습적 하역방법 및 하역능력에 따라 가능한 한 빨리 적·양하하는 조건은 C.Q.D.이다.
③ 우천, 파업 및 기타 불가항력 등 어떠한 원인에도 관계없이 하역개시 이후 종료시까지의 일수를 모두 정박기간에 계산하는 약정방법을 Running Laydays라고 한다.
④ 하역 가능한 좋은 일기상태의 날만 정박기간에 산입하는 것으로 현재 가장 많이 사용하고 있는 조건은 W.W.D.이다.

24. 다음 중 개품운송의 운임조건에 적당한 것은?

① FI　　② Berth Term　　③ FIO　　④ FO

25. 선박의 정박기간을 당해 항구에서의 관습적 조속하역으로 설정한 조건은?

① CQD　　② Running laydays
③ SHEX　　④ WWD

26. 신사복, 숙녀복의 정장이나 견제품 등 고급의류를 수출할 때 적합한 컨테이너는?

① dry container　　② tank container
③ open top container　　④ hanger container

27. 수출입통계 및 항만물동량통계의 기준이 되는 컨테이너 규격은?

① 8 feet ② 20 feet ③ 35 feet ④ 40 feet

28. 컨테이너 운송과 관련하여 "60 TEU"란 무엇을 의미하는가?

① 20 foot container 60대 ② 35 foot container 60대
③ 40 foot container 20대 ④ 40 foot container 60대

29. 다음 컨테이너 중 식품이나 수산물의 운송에 적합한 것은?

① Dry Container ② Reefer Container
③ Open Top Container ④ General Ship

30. 국제물품운송에 관련한 조약과 거리가 먼 것은?

① 철도운송-CIM조약 ② 도로운송-CMR조약
③ 해상운송-TCM조약 ④ 항공운송-Warsaw조약

31. 불특정 화주를 상대로 운송서비스를 제공하는 운송인은?

① Forwarder ② Consolidator
③ Industrial Carrier ④ Common Carrier

32. 송화인이 컨테이너를 이용하기 위하여 반출이나 반입할 때 작성하는 서류는?

① Dock Receipt ② Container Receipt
③ Booking Note ④ Equipment Receipt

33. 정기선에 대한 일반적인 설명으로 옳지 않은 것은?

① 부정기선보다 운임의 변동폭이 크다.
② 소량이고 다종다양한 화물로 구성된다.
③ 운항형태가 규칙적이고 반복적이다.
④ 부정기선보다 운임이 저렴하다.

34. 다음 중 연결이 옳지 않은 것은?

① Acts of God - 천재지변 ② M/L Clause - 무인화물
③ FCL Cargo - CY ④ Escalation Clause - 가격상승조항

35. Dead Freight(공적운임=부적운임)이란?

① 지불하지 않아도 되는 운임
② 손상된 화물의 운임
③ 화물을 싣지 않고도 지불해야 하는 운임
④ 선박이 파선하여 선주가 손해를 입은 운임

36. 불특정 화주를 상대로 운송서비스를 제공하는 운송인은?

① Forwarder ② Common Carrier
③ Industrial Carrier ④ Consolidator

37. 컨테이너를 직접 적재하기 위하여 정렬해 놓은 곳을 무엇이라 하는가?

① Storage Yard ② Marshalling Yard
③ Apron ④ Container Freight Station

38. 컨테이너의 운송형태에서 관계가 잘못 연결된 것은?

① LCL/LCL - CFS/CFS - Pier to Pier
② FCL/FCL - CY/CY - Door to Door
③ LCL/LCL - CFS/CY - Pier to Door
④ FCL/LCL - CFS/CFS - Door to Pier

39. 컨테이너 운송방식의 장점을 최대로 이용하는 방식은?

① FCL/LCL ② LCL/FCL ③ LCL/LCL ④ FCL/FCL

40. 운송인이 선적항의 집화장에서 여러 운송인의 화물을 집화하여 컨테이너에 적입한 후 최종목적지에 있는 한 사람의 수화인의 공장 또는 창고까지 운송하는 방식은 다음의 어느 형태인가?

① CFS/CY ② CFS/CFS ③ CY/CFS ④ CY/CY

41. LCL화물을 집화하여 선사가 컨테이너에 적입하는 곳을 이르는 말은?

① Container Yard ② Container Freight Station
③ Bonded Warehouse ④ ODCY

42. 물품의 선적과 양륙에 소요되는 하역비를 화주가 모두 부담하는 조건은?

① F.I ② F.I.O. ③ Liner ④ F.O.

43. 다음 문장의 밑줄 친 부분의 해석 중 맞는 것은?

While freight is normally arranged according to weight, measurement or value, the shipper may agree to pay a lump sum freight for the use of the entire ship or a portion thereof.

① 부적운임 ② 총괄운임 ③ 선불운임 ④ 반송운임

44. 다음 중 화주가 화물을 선적하는데 소요되는 비용만 부담하고 양륙비용은 선박회사에서 부담하는 하역조건은?

① F.I ② F.O ③ Liner Terms ④ F.I.O

45. 선박의 현측을 통하여 크레인 등으로 화물을 하역하는 방식을 무엇이라고 하는가?

① RO/RO ② FO/FO ③ LO/LO ④ Lash

46. 인코텀즈 2000에서 RO/RO 운송과 같이 본선에 난간(Ship's Rail)을 이용할 수 없는 무역거래에서 FOB조건을 채택할 수 없는 경우에 이용할 수 있는 적합한 정형거래조건은?

① FCA ② CIP ③ DDP ④ FAS

47. 항공운송으로 물품을 운송하기로 하고 수입국 목적지까지의 운송비와 보험료도 매도인이 부담으로 하기로 한 경우에는 인코텀즈 2000상의 어느 정형거래조건을 채택하여야 하는가?

① DDP ② FCA ③ CIP ④ CPT

48. "Maritime perils" means the perils consequent on, or incidental to, the navigation of the sea, that is to say, ( ), fire, war, perils, pirates, robbers, thieves, captures, seizures, restraints, and detainment's of princes and peoples, jettisons, barratry, and any other perils, either of the like kind or which may be designated by the policy.

① strike risks ② perils on the seas
③ standing ④ perils of the seas

49. 다음 중 SLB에 대한 설명 중 옳은 것은?

① 극동에서 미대서양 연안까지의 복합운송루트를 말한다.
② 극동에서 미태평양 연안까지의 복합운송을 말한다.
③ 극동에서 유럽까지의 복합운송구간 중 시베리아 횡단철도를 이용하는 방식이다.
④ 극동에서 미국을 통하여 남미로 수출되는 화물의 복합운송 구간이다.

50. 다음 중 복합운송에 관한 내용 중 틀린 것은?

① 운송인의 책임은 전구간의 단일책임형태이다.
② 두 가지 이상의 동종운송수단에 의해야 한다.
③ 운송증권의 형식은 B/L 이외의 형식도 가능하다.
④ taking in charge란 물품의 인수증명

51. 복합운송인의 책임체계 중 단일책임으로서 전운송구간 동일형은?

① Network Liability System ② Uniform Liability System
③ Combined Liability System ④ Modified Uniform Liability System

52. 컨테이너를 철도하차에 적재하여 운송하는 방식은?

① piggy back ② fishy back ③ birdy back ④ Ro/Ro

53. Siberian Land Bridge에서 가장 많이 이용되는 수송방식은?

① Trans-sea ② Tracons ③ Trans-Rai ④ Sea & Air

54. 최초의 운송인이 전운송구간에 걸친 운송을 인수하고 그 전부 또는 일부를 다른 운송인에게 운송시키는 형태의 계약을 무엇이라 하는가?

① 통운송계약 ② 일괄운송계약 ③ 후속운송계약 ④ 혼합운송계약

55. CIF계약에서 서류매입의 기본서류에 해당되지 않는 것은?

① 원산지증명서 ② 환어음 ③ 상업송장 ④ 운송서류

56. 신용장상의 운임지급이 'Freight perpaid'로 되어 있음에도 불구하고 운임지급의 표시가 없어도 수리되는 운송서류는?

① Courier's Receipt ② Sea Waybill
③ Combined Transportation B/L ④ Air Waybill

57. 화물의 파손여부 또는 포장상태의 결함여부와 가장 관련이 깊은 것은?

① Order ② On board ③ Clean ④ Full Set

58. UCP 500의 규정에 의거 운송서류의 발급일자가 신용장상의 선적기일보다 빠른 것만으로는 선적기일을 지킨 것으로 간주되지 않는 운송방법은?

① 해상운송 ② 항공운송 ③ 복합운송 ④ 도로운송

59. 다음 중 밑줄 친 부분의 뜻을 잘못 해석한 것을 고르시오.

> "Should the number of ①running days be exceeded the ②charterer must pay ③ demurrage : should the work be completed in less than number of days allowed, he receives ④despatch money."

① 용선기간　② 용선자　③ 체선료　④ 조출료

60. 선적에 대한 다음 설명 중 옳은 것은?

① 즉시선적(immediate shipment)의 경우 수출승인 후 30일 이내 선적해야 한다.
② 환적에 대한 언급이 없는 경우 환적은 금지된다.
③ 선적일이 누락된 신용장은 무효이기 때문에 신용장을 변경하여야 한다.
④ 최종선적일이 공휴일이라도 반드시 최종선적일까지 선적하여야 한다.

61. 선적기일에 관한 설명으로 옳지 못한 것은?

① 최종일이 은행의 휴업일이면 다음의 영업일까지 연기된다.
② 신용장 유효기일이 연장된다고 선적일이 연장되는 것은 아니다.
③ 선화증권상 선적일자가 기재되지 아니하면 선화증권의 발행일을 기준으로 한다.
④ 본선적재부기일은 선적일자로 간주되어야 한다.

62. 무역계약에서 선적일자의 해석으로 잘못된 것은?

① 해상선화증권 - 본선적재일
② 용선계약부 선화증권 - 수탁일
③ 항공운송서류 - 발송일 또는 발행일
④ 특사(courier) - 접수일 또는 수령일

63. 다음 운송서류 중 양도성이 인정되지 않는 것은?

① Sea Waybill　② Combined Transportation B/L
③ Inland Water Way B/L　④ Received B/L

64. 항공화물운송의 설명으로 옳지 않은 것은?

① 운송보험료가 싸다.
② 화물의 적기인도를 통한 재고비용의 절감이 가능하다.
③ 대량화물의 중단거리운송에 적합하다.
④ 물품의 파손율이 적으며 포장비용이 적게 든다.

65. 다음 중 항공운송에 관한 국제조약(규칙)은?

① Hague Rule 1924 ② Warsaw Rule 1929
③ Hague-Visby Rule 1968 ④ Hamburg Rule 1978

66. 다음 중 항공화물운송에서 많이 이용하는 단위탑재용기(ULD)운임은?

① 일반화물 요율 ② 품목분류요율
③ 특정물품 할인요율 ④ 컨테이너·팔레트 운임

67. 선주가 속한 국가가 아닌 제3국의 국적을 취득한 선박을 이르는 말은?

① VLCC선 ② 편의치적선 ③ LASH선 ④ 나용선

68. 다음 중 해상운송주선업자가 LCL화물을 화주로부터 집화하여 혼재운송할 경우 선박회사로부터 발급받는 선화증권은?

① Master B/L ② House B/L ③ Groupage B/L ④ Red B/L

69. 선화증권의 발행으로부터 21일이 경과한 선화증권이나 신용장의 유효기일을 경과한 선화증권은?

① Red B/L ② Stale B/L ③ Short Form B/L ④ Straight B/L

70. 항공화물 혼재업자(consolidator)가 발행하는 운송장을 무엇이라고 하는가?

① House Air Waybill ② Master Air Waybill
③ Groupage Air Waybill ④ Air Transport Document

71. Please be advised that the undermentioned cargo (　　) to you arrived aboard subject vessel on fourth of April, 2003, at the port of Busan.

① negotiated　② mentioned　③ consigned　④ paid

72. 한국의 수출상은 컴퓨터 모니터 150대, 총 25CBM에 상당하는 용적의 물량을 컨테이너에 적재하여 수출하고자 한다. 이 경우 가장 적합한 운송형태는?

① LCL/LCL　② LCL/FCL　③ FCL/LCL　④ FCL/FCL

73. 운송인의 선적항의 집화장에서 여러 운송인의 화물을 집하하여 콘테이너에 적입 한후 최종목적지에 있는 한 사람의 수화주의 공장 또는 창고까지 운송하는 방식은 어느 형태인가?

① CFS/CY　② CFS/CFS　③ CY/CFS　④ CY/CY

74. 다음 중 선적선화증권(shipped B/L)의 발행근거가 될 수 있는 서류는?

① M/R(mate's receipt)　② S/O(shipping order)
③ L/H(letter of hypothecation)　④ L/A(letter of attorney)

75. (　) is a document signed and delivered by the master or agent of a ship to the shipper against the goods loaded on board or delivered for shipment.

① D/O　② M/R　③ B/L　④ S/O

76. 전자무역과 관련하여 볼레로(Bolero)란 무엇인가?

① 화물배상책임보험조합
② 전자선화증권에 관한 해사위원회규칙
③ 세계은행간 금융데이터통신협회
④ 선화증권 전자등록기구

74. Should the number of (   ) be exceeded the charterer must pay (   ) ; should the work be completed in less than number of days allowed, he receive (   ).

① laydays-demurrage-dispatch money
② running days-dispatch money-demurrage
③ laydays-dispatch money-demurrage
④ shipping days-demurrage-dispatch money

78. 다음 중 항공화물운송장 원본의 용도가 잘못된 것은?

① Original 1은 항공회사용이다. ② Original 2는 수화인용이다.
③ Original 3은 송화인용이다. ④ Original 4는 개설은행용이다.

79. If the words (   ) or words of similar effect appear by stamp or otherwise on shipping documents, they will be accepted as constituing evidence of the payment of freight.

① freight prepayable ② freight prepaid
③ freight to be prepaid ④ freight collect

80. When there is no intention of the shipper to transfer the title of the goods to anyone except the consignee, (   ) is issued in the name of particular consignee.

① on board B/L ② stale B/L
③ third party B/L ④ straight B/L

81. A shipping container designed for carriage of liquids.

① Refrigerated container ② Pen container
③ Dry container ④ Tank container

82. 다음은 화인에 자주 사용되는 주의표시이다. 틀린 것은?

① Handle with Care : 취급주의
② Keep out of the Sun : 햇볕에 보관할 것
③ Keep from Heat : 열에 주의
④ Fragile : 깨어지기 쉬움

83. The money paid to the charterer if the charterer saves time of loading.

① demurrage ② dispatch money
③ laydays charge ④ charterage

84. Door-to-door service will be possible under ( ) transport.

① LCL/LCL ② LCL/FCL ③ FCL/LCL ④ FCL/FCL

85. In general, bill of lading are made out in sets of ( ) originals of same validity.

① one ② two ③ three ④ four

86. 다음 중 '종가세'란 표현에 알맞은 것은?

① ad valorem duty ② valorem duty
③ duty valorem ④ duty-free

87. 항공화물의 중량에 곱하여 산출된 금액이 일정액에 미치지 않을 경우 적용되는 운임은?

① Commodity Classification Rate ② Minimum Rate
③ Bulk Unitization Charge ④ Specific Commodity Rate

88. 다음 중 해운동맹에서 일반적으로 채택되고 있는 제도가 아닌 것은?

① Deferred Rate System ② Dual Rate System
③ Contract Rate System ④ Fidelity Rate System

89. 다음 중 항해용선계약에서 사용하고 있는 표준서식은?

① Baltime ② Gencon ③ Jason ④ Uniform

90. 다음 중 극동과 유럽간 화물수송에 대하여 미대륙을 육교로 하는 복합운송루트는?

① American Land Bridge(ALB) ② Canadian Land Bridge(CLB)
③ Micro Land Bridge ④ Siberian Land Bridge(SLB)

해답

01 ④	02 ①	03 ④	04 ③	05 ②	06 ①	07 ①	08 ②	09 ①	10 ④
11 ④	12 ②	13 ②	14 ①	15 ①	16 ③	17 ①	18 ③	19 ④	20 ④
21 ①	22 ②	23 ①	24 ②	25 ①	26 ④	27 ②	28 ①	29 ②	30 ③
31 ④	32 ④	33 ①	34 ②	35 ③	36 ②	37 ②	38 ④	39 ④	40 ①
41 ②	42 ②	43 ②	44 ①	45 ③	46 ①	47 ③	48 ④	49 ③	50 ②
51 ②	52 ①	53 ③	54 ①	55 ①	56 ①	57 ③	58 ③	59 ①	60 ④
61 ①	62 ②	63 ①	64 ③	65 ②	66 ④	67 ②	68 ②	69 ②	70 ①
71 ③	72 ④	73 ①	74 ①	75 ②	76 ④	77 ①	78 ④	79 ②	80 ④
81 ①	82 ②	83 ②	84 ④	85 ③	86 ①	87 ②	88 ④	89 ②	90 ①

〈부록〉

종합문제 5

01. 보험가액과 보험금액의 관계에 관한 설명 중 틀린 것은?

① 보험가액과 보험금액이 일치하는 경우의 보험을 전부보험이라 한다.
② 보험가액보다 보험금액이 적은 경우의 보험을 일부보험이라 한다.
③ 보험금액이 보험가액을 초과하는 경우의 보험을 초과보험이라 한다.
④ 동일한 피보험이익 및 위험에 관하여 복수의 보험계약이 존재하고 보험금액의 합계액이 보험가액을 초과하는 경우의 보험을 복수보험이라 한다.

02. 해상보험의 보상원칙은?

① 실손보상의 원칙　② 최소보상의 원칙
③ 이익보상의 원칙　④ 증액보상의 원칙

03. 다음 설명 중 올바른 것은?

① 중복보험은 복수의 보험계약이 위험 등에 관하여 일부가 중복되는 경우에는 성립하지 않는다.
② 전부보험에 있어서는 보험자는 소손해면책액 또는 자가부담액이 없는 한 피보험자가 실제로 입은 손해액 전부를 보상하여야 한다.
③ 초과보험은 항상 보험계약체결시에 발생된다.
④ 중복보험의 경우 보험자의 손해보상방법은 우선책임주의, 비례보상주의가 있다.

04. 초과보험(over insurance)에 대한 설명으로 맞는 것은?

① 보험금액이 보험목적물의 평가액을 초과하는 경우
② 보험목적물의 평가액은 계약기간 동안 항상 변동하므로 시가를 기준으로 한다.
③ 초과보험의 경우는 계약당사자의 악의가 없는 경우, 초과부분에 대해서도 유효하게 인정한다.
④ 해상보험계약이 평가보험(valued policy)으로 된 경우 협정보험가액으로 초과보험이 되어도 무효이다.

05. 다음 중 보험에 관련된 용어가 잘못 짝지어진 것은?

① 보험가액 - insurable Value
② 보험의 목적 - Subject Matter Insured
③ 보험계약의 목적 - Subject of Insurance
④ 보험료 - Insurance Commission

06. 다음 설명 중 맞지 아니한 것은?

① 일부보험의 경우 보험금액의 보험가액에 대한 비율로 비례 보상한다.
② 초과보험은 초과된 부분에 대해서는 무효이다.
③ 피보험이익은 보험계약체결시에 반드시 존재하여야 한다.
④ 해성적화보험의 보험가액은 보험기간 중 불변인 것이 원칙이다.

07. 보험금액과 보험가액과의 관계가 맞는 것은?

① 보험금액 > 보험가액 [초과보험]　② 보험금액 = 보험가액 [초과보험]
③ 보험금액 < 보험가액 [초과보험]　④ 보험금액 ≥ 보험가액 [초과보험]

08. 해상보험계약의 특성과 거리가 먼 것은?

① 요식계약　② 쌍무계약　③ 선의계약　④ 부합계약

09. 다음 중 보험의 성립요건에 해당하지 않는 것은?

① 보험사고가 우연히 발생할 것
② 대상위험은 다수의 동질적 위험이 존재할 것
③ 대수의 법칙에 따라 보험료를 산출할 수 있을 것
④ 발생할 위험의 예측이 가능할 것

10. 다음 중 해상보험증권의 해석원칙이 아닌 것은?

① 수기문언의 우선원칙　② POP원칙
③ 작성자 이익의 원칙　④ 동종제한의 원칙

11. 해상보험증권의 해석원칙에서의 적용상의 우선 순위가 맞는 것은?

① 수기문언 > 타자문언 > 인쇄문언 > 스탬프약관
② 타자무언 > 수기문언 > 인쇄문언 > 스탬프약관
③ 인쇄문언 > 타자문언 > 수기문언 > 스탬프약관
④ 수기문언 > 인쇄문언 > 타자문언 > 스탬프약관

12. 보험계약의 성립을 위하여 보험계약 당사자간의 합의 이외의 별도의 방식을 필요로 하지 않는다는 보험계약의 법적 성질은?

① 낙성계약성　② 불요식계약성　③ 쌍무계약성　④ 선의계약성

13. 보험계약 체결에 있어 보험자와 피보험자간에 약정된 금액으로, 손해발생시 보험자가 부담하는 보상책임의 최고한도액은?

① 협정보험가액　② 법정보험가액　③ 보험금액　④ 보험료

14. 다음 중 해상피보험이익에 속하지 않는 것은?

① 선박 또는 적화의 소유이익
② 선박 또는 적화에 대한 담보이익
③ 선박 또는 적화에 대한 수익이익
④ 선박 또는 적화에 대한 처리이익

15. 중복보험에서 보험자의 손해보상방법이 아닌 것은?

① 우선책임주의　② 차갱보상주의　③ 비례보상주의　④ 연대책임주의

16. 해상적화보험 계약청약서의 기재사항이 아닌 것은?

① 보험계약자　② 피보험자　③ 보험금액　④ 선박의 국적

17. 한국상법상의 고지의무위반의 요건은?

① 객관적 요건　② 주관적 요건
③ 객관적 요건+주관적 요건　④ 경제적 요건

18. 다음 중 명시담보에 해당하지 않는 것은?

① 적법담보 ② 중립담보 ③ 안전담보 ④ 협회담보

19. 담보에 대한 설명 중 틀린 것은?

① 담보내용은 중요하든 그렇지 않든 간에 엄격하게 문자 그대로 충족되어야 한다.
② 담보를 위한 사실이 손해와의 사이에 아무런 인간관계가 없다 하더라도 담보 이후에 발생하는 손해에 대해서 보험자는 면책이 된다.
③ 담보위반에 대한 입증책임은 피보험자측에 있다.
④ 담보위반 시점까지의 납입보험료는 계약의 유효성에 따라 피보험자에게 반환되지 않는다.

20. 해상보험자의 의무에 관한 설명 중 틀린 것은?

① 보험자의 보험증권 교부의무는 보험계약자가 보험료의 전부 또는 최초의 보험료를 지급한 때에 진다.
② 보험자는 해상사업에 관한 사고발생에 의하여 피보험이익에 발생하는 손해보상을 약정하고 보험금 지급의무를 진다.
③ 보험계약의 전부 또는 일부가 무효인 경우에 보험계약자 또는 피보험자가 선의이며 중대한 과실이 없는 때에는 보험자는 보험료의 전부 또는 일부를 반환할 의무를 진다.
④ 보험계약자가 보험사고의 발생 전에 보험계약을 해지한 경우 다른 약정이 없으면 미경과보험료를 반환하여 줄 의무가 없다.

21. 보험계약자 및 피보험자의 의무에 관한 설명 중 틀린 것은?

① 보험계약자가 최초의 보험료를 납입하지 않은 때에는 다른 약정이 없는 한 보험자의 책임이 개시하지 않는다.
② 보험계약을 체결한 후 보험계약자는 사고발생의 위험이 현저하게 변경 또는 증가된 사실을 안 때에 그 사실을 통지하여야 한다.
③ 보험계약자 또는 피보험자는 보험사고의 발생에 의해 생기는 손해의 방지와 경감을 위하여 상당한 노력을 기울이면 충분하고 반드시 최선의 노력을 기울여야 할 필요는 없다.
④ 보험자는 피보험자의 손해방지 경감의무로 인한 비용지출에 대하여 보험금액을 초과할 경우 초과한 부분에 대한 보험금은 지급하지 않는다.

22. 영법상의 고지의무위반의 요건에 해당하지 않는 것은?

① 명료성 ② 객관성 ③ 중요성 ④ 의존성

23. 피보험이익의 요건에 관한 설명 중 틀린 것은?

① 피보험이익은 그 사용목적이 반드시 경제적 목적이어야 한다.
② 보험계약체결시점에서 피보험이익은 확정 가능하여야 한다.
③ 피보험이익은 보험계약체결에 있어 개별화가 가능한 이익이어야 한다.
④ 피보험이익의 보호 자체가 법률적으로 인정될 수 없는 경우 보험적 보호의 대상이 아니다.

24. 다음 중 보험계약 당사자에 대한 설명 중 틀린 것은?

① 보험자란 보험계약자와 해상보험계약을 체결하고 해상사업에 관한 사고에 의해 피보험이익에 발생하는 손해보상을 약속하는 자이다.
② 피보험자는 피보험이익이 귀속되는 주체로서 보험사고의 발생에 의해 손해를 입은 경우 보험자에게 직접 손해보상을 청구할 수 있는 자이다.
③ 보험대리상이란 일정한 보험자를 위하여 계속적으로 보험계약의 체결을 대리하거나 매개하는 것을 업으로 하는 독립된 상인이다.
④ 보험중개인이 중개대리상과 다른 점은 특정한 보험자에 종속된다는 점이다.

25. 담보(warranty)에 대한 설명으로 틀린 것은?

① 담보는 피보험자가 반드시 준수하고 이행해야 할 사항으로 위반시에는 위험에 대한 중요성 여부를 불문하고 담보위반이 있는 날부터 보험자는 면책을 주장할 수 있다.
② 피보험자 담보를 위반한 경우엔 담보위반 이전에 발생한 손해에 대해서도 보상받을 수 없게 된다.
③ 담보는 피보험자가 반드시 지켜야 할 약속으로 그 중요성 여부와는 무관하다.
④ 후속법령으로 인해 피보험자가 담보를 준수하는 것이 위법이 되는 경우에는 담보위반이 묵인된다.

26. 보험가액(insurable value)과 보험금액(insured amount)에 대한 설명으로 틀린 것은?

① 보험금액은 곧 보험회사의 최고책임한도액이 된다.
② 보험가액은 보험사고가 발생한 경우에 피보험자가 입게 되는 손해액의 최고한도액이다.
③ 보험가액보다 보험금액이 적은 경우를 일부보험(under insurance)이라 한다.
④ 중복보험이란 동일한 보험목적물에 대해 2인 이상의 보험자가 가입되어 있는 경우를 말한다.

27. 피보험이익(insurable interest)에 대한 설명 중 틀린 것은?

① 항해사업이 이해관계가 있는 자는 피보험이익을 가질 수 있다.
② 해상보험계약이 유효하게 되기 위해서 피보험이익은 적법성, 경제성, 확정성의 요건을 갖추어야 한다.
③ 피보험이익은 반드시 금전으로 산정할 수 있어야 한다.
④ 피보험이익은 반드시 계약체결시에 확정되어야 한다.

28. 담보와 고지에 대한 설명 중 틀린 것은?

① 담보는 서면에 의해서도 이루어지며 보험증권에 기재되든가 인용에 의해서 보험증권에 포함되어야 한다.
② 고지내용은 엄격하고 문자대로 충족될 필요는 없고 실질적으로 충족되면 충분하다.
③ 고지는 구두나 서면에 의해서 가능하며 보험증권에 기재되지 않으므로 계약의 일부를 구성하지 않는다.
④ 담보는 중요성 불문의 원칙에 따라 담보된 사실은 엄격하게 충족되어야 한다.

29. 다음 중 해상적화보험증권의 기재사항이 아닌 것은?

① 피보험자의 성명　② 선적항과 도착항
③ 보험금액　④ 항해범위

30. 다음 중 Lloyd's S.G. 증권상의 담보위험으로 해상고유의 위험이 아닌 것은?

① 침몰 ② 투하 ③ 악천후 ④ 항해범위

31. 런던보험자협회가 제정한 구협회적화약관에서 보험자의 보상범위가 넓은 순서로 바르게 나열된 것은?

① ICC(A/R) > ICC(FPA) > ICC(WAIOP) > ICC(WA3%)
② ICC(A/R) > ICC(WAIOP) > ICC(WA3%) > ICC(FPA)
③ ICC(A/R) > ICC(WA3%) > ICC(WAIOP) > ICC(FPA)
④ ICC(WA3%) > ICC(WAIOP) > ICC(A/R) > ICC(FPA)

32. 다음 부가위험담보조건 중 깨어지기 쉬운 제품의 수출에 가장 적합한 보험조건은?

① FPA & TPND ② WAIOP & Breakage
③ WAIOP & Leakage ④ WA 3% & RFWD

33. 신협회적화약관 제4조의 일반면책조항에서 ICC(A) 조건의 면책위험이 아닌 것은?

① 피보험자의 고의적인 불법행위 ② 통상의 누손, 중량손, 용적손, 자연소모
③ 포장의 불완전이나 부적합 ④ 제3자에 의한 고의적인 손상, 파괴

34. 다음 중 위험변경의 형태에 해당하지 않는 것은?

① 항해의 지연 ② 선박의 변경
③ 환적 및 분할선적 ④ 이로

35. 다음 중 상법상의 주관적 위험변경에 해당하지 않는 것은?

① 보험계약자 등의 고의나 중과실로 인한 위험의 증가/변경
② 항해변경
③ 선박변경
④ 보험계약자 또는 피보험자가 개입할 수 없는 제3자의 행위로 인한 것

36. 해상적화보험에서의 담보위험에 관련된 소위 해상 주요사고에 들지 않는 것은?

① 화재(Burning)
② 충돌(Collision)
③ 난파(Shipwreck)
④ 좌초(Stranding)

37. 협회적화보험증권상의 보험기간에서 보험자의 책임이 개시되는 때는?

① 화물이 보험증권에 기재된 지역의 창고 또는 보관장소를 떠날 때
② 화물이 본선상에 적재될 때
③ 화물이 본선의 난간을 유효하게 통과할 때
④ 보험계약이 성립한 때

38. 다음 중 현실전손이 아닌 것은?

① 물리적 멸실
② 예상수리비가 보험금액을 초과할 때
③ 화물 본래의 성질 상실
④ 행방불명후 상당한 기간이 경과한 때

39. 다음 중 보험에 관련된 용어가 잘못 짝지어진 것은?

① 단독해손 - particular
② 공동해손 - General Average
③ 추정전손 - Actual Total Loss
④ 손해방지비용 - Sue & labour Cost

40. 해상적화보험에서 사용되는 신구 협회적화약관(ICC : Institute Cargo Clause) 가운데 담보범위가 가장 좁은 기본약관은?

① ICC(TLO) 또는 ICC(A)
② ICC(A/R) 또는 ICC(C)
③ ICC(FPA) 또는 ICC(C)
④ ICC(WA) 또는 ICC(A)

41. 분손 중 소손해 면책비율을 인정하지 않는 담보조건은?

① WPA ② WAIOP ③ WA ④ FPA

42. 다음 설명 중 틀린 것은?

① FPA조건에서 선박이 충돌되고 그 후 악천후로 인한 화물손해는 보상되지 않는다.
② FPA조건에서 투화로 인한 손해는 공동해손이 성립하지 않으면 보상되지 않는다.
③ WA 3% 조건은 악천후로 인한 손해는 부보수량의 3% 이상 되어야 보상된다.
④ A/R조건에서도 면책위험은 있다.

43. 적화보험 WA조건에서 단독해손이 발생된 경우 보험보상이 되지 않는 사고는?

① 선원의 취급부주의 ② 투하 ③ 화재 ④ 충돌

44. 해상적화보험약관 중 WA조건에서의 일반적인 담보대상의 범주에 들지 않는 것은?

① 공동해손분담금(general average contribution)
② 하역작업중의 매 포장당 전손
③ 특정 분손(specified particular average)
④ 발화(piferage), 서열(暑熱), 한유(sweat damage)로 인한 분손

45. 기본보험조건으로 WA 3%, 부가보험조건은 Breakage in excess of 5%로 보험에 가입하였을 경우 다음 설명 중 틀린 것은?

① FPA조건에서 보상되는 위험으로 야기된 손해는 상기 3%나 5%와 관계없이 보상한다.
② WA 3%조건은 해난을 기인된 침수손해가 3% 이상인 경우 공제없이 보상된다.
③ 선원이 고의로 Breakage 손해를 야기한 경우는 5%의 공제 없이 보상한다.
④ 선원 등의 취급부주의로 인한 Breakage 손해가 5%를 초과할 때 5%의 초과분에 대해서만 보상한다.

46. 다음 사항 중 FPA조건에서 해상보험자가 보상하지 않는 손해는?

① 추정전손 ② 공동해손 ③ 계약구조비 ④ 특정분손

47. 다음 중 MIA상 보험자의 이후면책위험이 아닌 것은?

① 담보위반 이후의 일체의 위험 ② 고지의무위반 이후의 일체의 위험
③ 항해변경 이후이 일체의 위험 ④ 이로 후의 일체의 위험

48. ICC(A)나 A/R조건하에서 보상받을 수 없는 위험은?

① 전쟁, 파업, 폭동, 소요 ② 좌초, 침몰
③ 화재, 폭발 ④ 도난, 발하, 불착손

49. 다음 중 A/R조건하에서 보험자가 부담하는 위험은 어느 것인가?

① 전쟁위험
② 동맹파업, 소요 및 폭동
③ 보험목적물의 고유의 하자 및 성질
④ 도난불착위험

50. 부보에 관한 기술 중 틀린 것은?

① UCP 500에 의하면 부보를 요하는 최저금액은 당해상품의 CIF가격 110%이다.
② 인코텀즈 2000에 의하면 CIF거래에서의 매도인은 FPA조건의 보험에 부보하면 된다.
③ CIF가격이 서류상으로 결정될 수 없는 경우에, 은행은 신용장에 의하여 발행되는 어음금액과 송장금액 중 큰 금액을 부보의 최저금액으로 인정한다.
④ 보험서류의 통화와 신용장상의 표시통화는 일치하여야 한다.

51. 신 협회적화약관의 내용에 포함되지 않는 것은?

① 위험약관 ② 전쟁면책약관 ③ 타보험약관 ④ 포기약관

52. 다음 중 적화보험금 청구시·제출시 제출하여야 할 서류가 아닌 것은?

① 보험증권 ② 보험료 납입영수증
③ 선화증권 ④ 상업송장

53. 해상적화보험에서 사용되는 약관인 "ICC(A)"로 부보하였을 경우 담보범위에 들지 않는 것은?

① 본선 또는 부선의 좌초나 침몰에 의한 물적 손실
② 본선 또는 부선과 다른 물체와의 충돌에 의한 물적 손실
③ 전쟁 또는 동맹파업에 의한 물적 손실
④ 본선 또는 부선에의 선적작업중 발생된 포장단위의 전손
⑤ 투하 또는 갑판유실로 인한 물적 손실

54. 신용장금액이 100만불이고 보험금액이 130만불이며 담보위험으로 인한 손해금액이 10만불일 경우 보상받을 수 있는 보험금은?

① 10만불 ② 11만불 ③ 12만불 ④ 13만불

55. 선박 및 화물이 공동의 위험에 놓여질 때 공동의 이익을 위하여 선박 또는 화물에 대하여 고의적으로 비상조치를 취하거나 일부를 희생하는 손해는?

① Particular Average ② Ceneral Average
③ Particular Loss ④ Total Loss

56. 다음 중 보험계약자와 피보험자가 같을 수 있는 정형거래조건은?

① CFR ② CIF ③ CIP ④ FOB&I

57. 다음 약관 중 A/R에는 없으나 ICC(A)조건에서 신설된 것은?

① 증액약관 ② 보험이익불공여약관
③ 추정전손약관 ④ 위포포기약관

58. 현실전손(actual total loss)에 대한 설명 중 틀린 것은?

① 보험의 목적물이 완전히 파괴되어 멸실한 경우
② 선박의 수선비가 수선 후의 선박가액을 초과하는 경우
③ 보험의 목적물이 물적으로 존재하고 있지만 부보된 물건이 아닐 정도로 심하게 손상되었을 경우
④ 피보험자가 보험의 목적물을 탈취당하여 다시 찾을 수 없는 경우

59. 추정전손(constructive total loss)으로 보는 설명 중 틀린 것은?

① 보험의 목적물이 완전히 파괴되어 멸실한 경우
② 보험목적물에 대하여 피보험자가 그것을 회복할 가망이 없을 경우
③ 선박의 수리비가 수리 후의 선박가액을 초과하는 경우
④ 화물의 수선비와 목적지까지의 운반비가 도착 후의 화물가액을 초과하는 경우

60. 위부(abandonment)란 무엇을 뜻하는가?

① 현실전손으로 처리하기 위해 피보험자가 보험목적물에 대해 갖는 일체의 권리를 운송인에게 이전하는 것
② 추정전손으로 처리하기 위해 피보험자 보험목적물에 대해 갖는 일체의 권리를 보험자에게 이전하는 것
③ 추정전손으로 처리하기 위해 보험자가 보험목적물에 대해 갖는 일체의 권리를 제3자에게 이전하는 것
④ 현실전손으로 처리하기 위해 피보험자가 피보험 목적물에 대해 갖는 모든 권리를 보험자에게 양도하는 것

61. 위부(Abandonment)에 관한 다음 설명 중 옳은 것은?

① 추정전손(Constructive Total Loss)이 성립하는 경우 피보험자가 보험의 목적에 대하여 가지고 있는 일체의 권리를 보험자에게 이전하고 전손금의 보상을 받는다.
② 현실전손(Actual Total Loss)이 성립하는 경우 보험자가 보험의 목적에 대하여 가지고 있는 일체의 권리를 피보험자에게 이전한다.
③ 추정전손이 성립하는 경우 보험자가 보험의 목적에 대하여 가지고 있는 일체의 권리를 피보험자에게 이전한다.
④ 현실전손이 성립하는 경우 피보험자가 보험의 목적에 대하여 가지고 있는 일체의 권리를 보험자에게 이전한다.

62. 다음 기술 중 틀린 것은?

① 해상보험의 보상원칙은 보험금액을 한도로 실제 발생한 손해액을 보상하는 실손보상의 원칙이다.
② 손해방지비용의 경우 보험금액을 한도로만 보상받을 수 있다.

③ 보험자는 물적 손해만을 원칙적으로 보상하고 비용손해 및 책임손해는 약관에 의해 예외적으로 보상한다.
④ 위부통지후 피보험자 또는 보험자가 손해방지행위를 하더라도 그 행위는 위부의 포기 또는 승낙으로 간주되지 않는다.

63. UCP 500에서 신용장 양도시 양도신용장 관련서류 중 원신용장의 범위보다 감액이 불가능하도록 규제하고 있는 서류는?

① 상업송장상의 청구금액 ② 환어음상의 청구금액
③ 보험증권상의 부보금액 ④ 선화증권상의 화물의 수량

64. 보험기간에 대하여 보험개시와 종료시기에 대하여 운송약관에 규정한 내용과 거리가 먼 것은?

① 화물이 운송개시를 위해 보험증권에 기재된 지역의 창고 또는 보관장소를 떠날 때 보험이 개시된다.
② 보험증권에 기재된 목적지의 수화인 또는 최종창고, 또는 보관장소에 인도될 때 종료된다.
③ 피보험자가 운송의 통상과정이 아닌 보관·할당 또는 분배를 위하여 창고 또는 보관장소에 인도될 때 종료된다.
④ 최종양륙항에서 외항선으로부터 부보화물이 양륙작업완료후 30일이 경과될 때 종료된다.

65. 전위험담보약관에 관한 설명 중 옳은 것은?

① 부보화물에 대한 고의의 하자 또는 성질, 피보험자의 고의의 불법행위, 항해의 지연 등을 제외한 모든 위험을 보험자가 포괄적으로 담보하는 특약
② 부보화물에 대한 고유의 하자 또는 성질, 피보험자의 고의의 불법행위, 항해의 지연 등을 제외한 모든 위험을 보험자가 포괄적으로 담보하는 조건, 다만 W/R은 제외되나 SRCC는 포함된다.
③ 부보화물에 대한 고유의 하자 또는 성질, 피보험자의 고의의 불법행위, 항해의 지연 등을 제외한 모든 위험을 보험자가 담보하는 조건, 다만 W/R, SRCC는 특약에 의하여만 추가 담보된다.
④ W/R와 SRCC가 담보되는 조건이다.

66. ICC(A) 약관에 의해서는 담보되지만, ICC(B) 약관에서는 담보되지 않는 위험은?

① 공동해손희생손해 ② 육상운송용구의 탈선
③ 조난항에서의 적화의 양하 ④ 선창내의 습기손

67. 다음 해상손해 가운데 분손에 해당하는 것은?

① 공동해손 ② 구조비 ③ 손해방지비용 ④ 특별비용

68. 다음 중 추정전손의 실질적 요건에 해당하지 않는 것은?

① 선박이나 적화의 점유를 박탈당한 경우 피보험자가 회복할 가망이 없을 때나 회복하는데 드는 비용이 회복한 후의 가액을 초과하는 경우
② 선박의 수리비가 수리후의 선박가액을 초과하는 경우
③ 적화의 수리비와 목적지까지의 운반비가 도착후의 적화가액을 초과하는 경우
④ 피보험자의 손해방지노력은 위부권의 포기로 간주될 수 있다.

69. 다음 중 보험자가 보상하는 주요한 간접손해가 아닌 것은?

① 손해방지비용 ② 계약구조비
③ 공동해손분담액 ④ 충돌손해배상액

70. 다음 중 손해방지비용의 성립요건에 해당하지 않는 것은?

① 행위결과의 성공 ② 합리적으로 발생된 비용
③ 실제로 발생한 위험 ④ 담보위험에 근인하는 위험

71. 다음 중 공동해손의 성립요건에 해당하지 않는 것은?

① 공동의 희생손해나 비용손해는 이례적이어야 한다.
② 공동해손행위는 우연한 것이어야 한다.
③ 공동해손행위와 공동해손은 합리적이어야 한다.
④ 위험은 항해단체 모두를 위협하는 것이어야 한다.

72. 공동해손의 정산의 기준과 원칙은 일반적으로 어느 기준에 따르고 있는가?

① Marine Insurance Act ② UCP
③ Incoterms ④ York-Antwerp Rules

73. 다음 중 보험자대위를 인정하는 근거는?

① 이득금지의 원칙 ② 손실보상의 원칙
③ 최대선의의 원칙 ④ 동종제한의 원칙

74. 근인주의(proximate cause)에 대한 설명으로 옳지 못한 것은?

① 손해의 원인이 담보위험에 실질적으로 기초하여 발생한 경우 최종적인 손해가 꼭 담보위험에 의한 것이 아니라도 보상해야 한다는 상당인과관계설을 뜻한다.
② 여러 원인이 복합적으로 동시에 작용하여 손해를 야기시킨 경우 여기에 면책위험이 개입되어 있으면 보험자는 책임이 없다.
③ 근인의 해석에 있어 초기엔 시간적으로 가까운 원인만이 근인으로 해석되었다.
④ 오늘날의 경향은 점차 시간적으로 손해에 가장 가깝게 발생한 원인이 담보위험인 경우에만 보상하는 엄격한 입장을 취하고 있다.

75. 보험자의 보상은 보험금액을 한도로 하는데 다음 손해 중 보험금액에 추가하여 보상될 수 있는 것은?

① 손해방지비용 ② 공동해손비용 ③ 구조료 ④ 단독해손

76. 다음 중 공동해손(General Average)의 성립요건이 아닌 것은?

① 공동해손은 합리적이면서 의도적인 상황이 아니어야 한다.
② 우연이나 우발적인 손해가 불가항력의 손해는 공동해손의 대상이 되지 않는다.
③ 위험이 현실적으로 절박해야 한다.
④ 위험은 선박·적화 및 운임을 모두 위협하는 것이어야 한다.

77. 공동해손의 기본원칙에 공동안전주의(doctrine of common safety)와 공동이익주의(doctrine of common benefit)가 있다. 다음 내용 중 틀린 것은?

① 영국은 공동안전주의를 택하고 있다.

② 미국은 공동이익주의를 택하고 있다.

③ YAR은 문자규정에서 공동이익주의를, 숫자규정에서 공동안전주의를 택하고 있다.

④ YAR은 공동안전주의와 공동이익주의의 절충주의를 택하고 있다.

78. YAR에서의 공동해손 안전손해가 아닌 것은?

① 고의좌초에 의한 화물손해　② 투하로 인한 화물의 손해

③ 화재시 연기로 인한 화물이 손해　④ 양륙중 발생된 화물의 손해

79. 현행 수출보험제도에 해당되지 않는 것은?

① 해외투자보험　② 수출금융보험

③ 해외공사보험　④ 중장기수출보험

80. 현행 수출보험 중 신용장 및 무신용장방식 2년 이내 수출거래의 선적전 수출불능 및 선적 후 대금회수불능위험을 담보해 주는 보험은?

① 수출어음보험　② 단기수출보험

③ 수출보증보험　④ 중장기 수출보험

81. 현행 수출보험 중 금융기관이 해외공사계약 또는 수출계약 등과 관련하여 보증서를 발급한 경우에 보증상대방으로부터 보증이행청구를 받아 이를 이행함으로써 입게 되는 손실을 보상해 주는 보험은?

① 해외투자보험　② 중장기수출보험

③ 수출보증보험　④ 수출어음보험

82. 수출어음보험에 관한 설명 중 틀린 것은?

① 기한부신용장 발행은행의 차산으로 인한 지급불능에 대비하기 위한 보험이다.
② 어음의 지급인인 수입자의 인수거절 또는 인수불능위험에 대비하기 위한 보험이다.
③ 수입국 정부의 환거래제한에 대비하기 위한 보험이다.
④ 수입국의 전쟁, 내란상태로 인한 지급불능상태에 대비하기 위한 보험이다.

83. 수출보증보험에 관한 기술 중 틀린 것은?

① 수출보증이란 해외건설공사와 관련된 입찰보증, 계약이행보증 등을 말한다.
② 보험계약자는 해외건설업자이다.
③ 보험가액은 수출보증의 보증금액이다.
④ 보험금액은 보험가액의 70/100이다.

84. 다음 중 수출보험에서 담보하는 위험이 아닌 것은?

① 비상위험 ② 신용위험 ③ 기업위험 ④ 마케팅위험

85. 다음 수출보험 중 보험계약자가 수출상이 아닌 것은?

① 단기수출보험 ② 해외투자보험
③ 수출보증보험 ④ 시장개척보험

86. 보험계약 체결당시에 계약에 관한 일반적 사항만 명시하고 장차 발생될 여러 건의 선적화물을 미리 포괄적으로 부보하여 보험증권을 발행하고 그 후 매선적시마다 선적항, 선박명, 화물명세, 가액, 목적지 등을 통보하기만 하면 자동적으로 부보되는 적화보험계약과 관계있는 것은?

① definite policy ② time policy
③ open policy ④ voyage policy

87. 다음 설명 중 그 내용이 맞는 것은?

① 희망이익(Expected Profit)이란 피보험자가 판매하여 얻을 수 있는 최소한의 예상이익을 말한다.
② 희망이익은 보험가액에 일반적으로 10%를 더하여 산출한다.
③ 보험금액이란 상업송장 금액에 희망이익을 더한 금액이다.
④ 보험가액이란 보험사고 발생시 보험자가 보험금으로 지급하는 최고한도액이다.

88. 적화보험에서의 부가위험에 대한 해석이 잘못된 것은?

① TPND - 도난·발하·불착위험
② RFWD - 우수·담수에 의한 손해
③ COOC - 유류·타물과의 접촉에 의한 손해
④ JWOB - 습기·가열에 의한 손해

89. 다음 내용 중 위보(abandonment)의 원인으로 맞지 않는 것은?

① 선박 또는 적하품이 나포된 때
② 선박의 수선 불가능
③ 선박의 행방불명
④ 전쟁, 폭동 등에 의한 손해

90. 다음 중 보험서류에 관한 설명으로 옳지 않은 것은?

① 복합운송이 이루어질 경우 보험서류상의 담보는 운송서류상에 표시된 본선적재 또는 발송 또는 수령일보다 늦은 일자로 발행된 보험서류는 수리된다.
② 일반적으로 보험중개인이 발행한 부보각서(Cover Note)는 수리되지 아니한다.
③ 보험서류상의 부보금액은 최소한 CIF가격의 110%이어야 한다.
④ 보험서류상의 피보험자(assured)는 특별한 명시가 없는 한 수출상의 명의로 발행된다.

91. "This insurance covers general average and salvage charges, adjusted or determined according to the contract of a freightment and/or the governing law and practice" 문장을 적절하게 번역한 것은?

① 이 보험은 용선계약 및/또는 준거법 및 관례에 따라 정산 및 결정된 공동해손 및 구조비를 담보한다.

② 이 보험은 해상운송계약 및/또는 준거법 및 관례에 따라 정산 또는 결정된 공동해손 및 구조비를 담보한다.

③ 이 보험은 해상운송계약 및/또는 준거법 및 관례에 따라 조정된 공동해손 및 구조비를 담보한다.

④ 이 보험은 용선계약 및/또는 준거법 및 관례에 따라 조정된 공동해손 및 구조비를 담보한다.

92. US$100,000 상당의 어떠한 물품을 CIF New york 조건으로 수출할 경우 신용장에 특별히 부보금액에 대한 명시가 없다고 하면 매도인이 부보하여야 할 보험금액(Insured Amount)은?

① US$110,000　　② US$210,000
③ US$100,000　　④ US$99,000

93. In the event of ( ), the assured may claim from any underwriters concerned, but he is not entitled to recover more than the statutory indemnity.

① reinsurance　　② double insurance
③ coinsurance　　④ full insurance

94. 다음 해상고유위험(perils of seas) 중 가장 흔히 일어나기 때문에 특별히 취급되는 위험인 해상주요사고에 해당하지 않는 것은?

① 선박화재(burnig)　　② 선박침몰(sinking)
③ 선박좌초(stranding)　　④ 선박이로(deviation)

95. "( ) means a principle where'by all parties to an adventure, who benefit from the sacrifice or expenditure, must contribute to make ( ) the amount sacrificed or the expenditure incurred."

① General average - for　　② Particular average -for
③ General average - good　　④ Excess (deductable)

96. 분해 중 소손해면책비율을 인정하는 조건은?

① WPA　　② WAIOP　　③ WA　　④ FPA

97. In ocean marine insurance, the transfer by the insured to an insurer of all right, title, and interest in and to the insured property, in return for the sum insured, (   ) is relinquishing ownership of damaged property to an insurer to permit total loss claim to be made.

① compensation ② abandonment
③ letter of indemnity ④ letter of guarantee

98. This insurance attaches from the time the goods leave the warehouse or place of storage.

① 부보한다. ② 보험이 개시된다.
③ 담보한다. ④ 보험에 귀속한다.

99. "Originally, the term meant 'free from' but in marine insurance practice it came to mean an amount or percentage specified in the policy which must be reached before a claim is payable. Once the amount or percentage is attained the claim is payable in full."

① FPA ② Eranchise
③ Excepted percentage ④ Excess(deductable)

해답

01 ④	02 ①	03 ②	04 ①	05 ④	06 ③	07 ①	08 ①	09 ④	10 ③
11 ①	12 ②	13 ③	14 ④	15 ②	16 ④	17 ②	18 ③	19 ③	20 ④
21 ④	22 ②	23 ④	24 ④	25 ②	26 ④	27 ④	28 ①	29 ④	30 ②
31 ②	32 ②	33 ④	34 ③	35 ④	36 ③	37 ①	38 ②	39 ③	40 ②
41 ②	42 ①	43 ①	44 ④	45 ③	46 ③	47 ②	48 ①	49 ④	50 ①
51 ③	52 ②	53 ③	54 ④	55 ②	56 ①	57 ①	58 ②	59 ①	60 ②
61 ①	62 ②	63 ③	64 ④	65 ③	66 ④	67 ①	68 ④	69 ②	70 ①
71 ②	72 ④	73 ①	74 ④	75 ①	76 ①	77 ④	78 ③	79 ②	80 ②
81 ③	82 ①	83 ②	84 ④	85 ③	86 ③	87 ①	88 ④	89 ④	90 ①
91 ②	92 ①	93 ②	94 ④	95 ③	96 ②	97 ②	98 ②	99 ②	

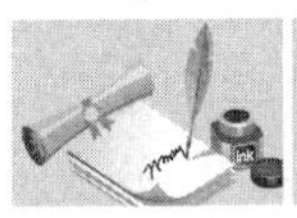

찾아보기

| 아 |

| 자 |

| 차 |

| 카 |

| 타 |

| P |

| R |

| S |

■ 저자약력

신 한 동

- 건국대학교 상경대학 무역학과 (경영학석사, 경제학 박사)
- 무역사 자격취득(상공부 장관)
- 동덕여자대학, 중앙대학, 충남대학, 건국대학교 강사
- 미국 일리노이주립대학(어바나 샴페인) 수학
- 국가공무원 9급 및 7급관세행정직 시험출제위원
- 한국무역학회 부회장 및 한국관세학회 부회장
- 전 관세청 관세심사위원회 위원 및 관세청 6급승진 평가위원
- 현) 대한상사중재원 중재인
  현) 관세청시행 관세사 자격시험 출제위원
  현) 한남대학교 무역학과 교수
  현) 한국무역상무학회 부회장

【주요 저서】
- 최신무역영어(삼영사, 2000)
- 국제무역실무(신영사, 2001)
- 무역분쟁과 상사중재(도서출판 두남, 2003)
- 국제무역영어(한남대학교 출판부, 2005)

김 만 길

- 충남대학교 경영경제연구소 전임연구원
- 청주대학교 경제통상학부 무역학전공 전임강사
- 고려대학교, 대전대학교 등 출강
- 현) 한남대학교 무역학과 강의 교수(경영학박사)

【주요 저서】
- 대외무역법(도서출판 두남, 2002)
- WTO 통상법(대왕사, 2006)
- 최신 대외무역법(우용출판사, 2006)
- 세계화와 무역(도서출판 두남, 2007)
- 최신관세법(우용출판사, 2007)
- 성공 창업과 수출입 실무 가이드(도서출판 두남, 2015)

무역실무

초　판 1쇄 발행 —— 2015년　2월 25일
초　판 2쇄 발행 —— 2016년　2월 25일
지은이 —— 신 한 동 · 김 만 길
펴낸이 —— 전 두 표
펴낸곳 —— 도서출판 두남
서울시 강동구 성내로6길 34-16 두남빌딩
신 고 : 제25100-1988-9호
TEL : 02) 478-2065, 2066, 2067, 2311
FAX : 02) 478-2068
E-mail : dunam1@unitel.co.kr
http://www.dunam.co.kr

정가 26,000원

ISBN 978-89-6414-582-1　93320